雅林鸿爪
汉语字词论馀

黎良军◎著

北京理工大学出版社
BEIJING INSTITUTE OF TECHNOLOGY PRESS

自 序

与别人合作的著述不计,《雅林鸿爪·汉语字词论馀》是我的第五本书。五本书关注的中心都是汉语字词,尤其是字词的理据。另外四本是《汉语词汇语义学论稿》(广西师范大学出版社 1995)、《雅林赏翠:湘语邵阳话音义疏证》(黄山书社 2009)、《雅林探赜:汉语字义引申例论》(广西师范大学出版社 2016)、《雅林小憩:汉语字词论集》(线装书局 2009)。头一本的书名可以加"雅林鸟瞰"四字,叫《雅林鸟瞰:汉语词汇语义学论稿》。这样,五本书的书名也成了一个系列了,可以用一个总名来叫它们:雅林五种。本书为《雅林五种》之五,它所辑录的,以馀年文稿为主,也有馀剩文稿和业余文稿。

以《借词论纲》和《"打"字新说》为中心的汉语语言学论文,是我古稀之年以后的"馀年文稿"的主要部分。汉语词侨归的现象,是汉语在同别种语言交流中出现的,早已引起人们的注意。我是想用"侨归词"这个概念来指称那些有分身侨居历史的汉语词,主要是取代现代汉语词汇构成中的"日源借形词"概念,因为这个概念不但不科学,还特别缺乏文化自信,对自己老祖宗的语言文字很是不恭。《"打"字新说》则从一个新角度论述了现代汉语中颇有代表性的

"打"字的复杂含义，回答了一千多年来学界对"打"字的疑问，在现代汉语词汇理据的研究中有着某种方法论的价值。此外的文稿则涉及了"斤""尺""权""搚""作""老板""跋扈""脾气""占色""备不住""耒""婪""平""粟""殿"等字词。这是篇幅最大的一种。这些馀年文稿的写作，十分依赖互联网。国学大师网给我提供了网络版的各种工具书，北京大学中国语言学研究中心的 ccl 语料库和教育部语言文字应用研究所计算语言学研究室的语料库在线，给我提供了古今的语料。没有互联网，没有语料库，这些文章是写不出来的。

　　本书的"馀剩文稿"有两种：一是写于七十岁之前而《雅林小憩》未收的有关湘语邵阳话的几篇论文，如《邵阳方言词语趣谈》《螳螂异名的理据》《邵阳（南路）话中的苗瑶语底层疏证》等，其材料虽多已见于《雅林赏翠》，但从该书中翻检出来并不容易，而学界似乎还有人愿意看看。二是有关我的家族、师友等的文稿，如《怀念恩师袁定安先生》《芷江故地行》《黎氏四修族谱总序》《经师人师，仰之弥高》之类。

　　"业馀文稿"指诗和歌。我原来是中学语文教师，后来从事高校中文专业语言学课程的教学，研究的是汉语的字词，写诗自然是"业馀"；四十岁以前的东西，只有三首诗词和两个歌，说明我也年轻过。

　　在编辑这些文稿时，我把它们分成两部分：主体是有关汉语字词的语言学论文，其他文稿和诗歌则放在最后。要说明的是，这些诗文不是汉语语言学论文而已，如果要知人论世，它们是不可替代的。

　　我四十四岁到高校任教，五十五岁才出第一本书，一辈子就这五本书。五本书好像我的五个儿子，八十来岁才"五子登科"，这还真有点不容易。不过首先应该感谢的，一是我的父母和师友，二是祖国的好土壤、好风雨、好时代。

　　是为序。

　　黎良军识2020年12月15日改定于桂林广西师范大学育才校区藜藿轩

目 录

- 001 — 1 借词论纲 *
- 010 — 2 论侨归词 *
- 023 — 3 论日文中的汉源借形词及其回归 *
  ——《论侨归词》续补
- 038 — 4 漫谈侨归词的理据
- 097 — 5 邵阳方言词语趣谈 *
- 106 — 6 螳螂（daekmax）异名的理据 *
  ——汉壮语词比较研究一例
- 117 — 7 邵阳（南路）话中的"那"文化成分 *
  ——湘语中的壮语底层现象研究系列论文之二
- 129 — 8 邵阳（南路）话的汉壮合璧词 *
  ——湘语中的壮语底层现象研究系列论文之三
- 142 — 9 邵阳（南路）话中的苗瑶语底层疏证 *
  ——兼论湘语邵阳话的形成
- 158 — 10 谈《/A 里 AB/ 新论》的写作 *
- 165 — 11 关于文献研究和文字研究的界限 *
- 167 — 12《雅林小憩：汉语字词论集》书后
- 169 — 13 湖南一名两地现象的初步观察
- 175 — 14 短文四篇
- 187 — 15 搊抽二字音义辨正 *
- 200 — 16 藜藿轩寄语 *

202	—	17 说斤尺及其他 *
210	—	18 "桃山古色"辨正
215	—	19 书简二则 *
220	—	20 文字领域的奇葩
226	—	21 释脾气
231	—	22《雅林赏翠：湘语邵阳话音义疏证》正补
252	—	23 權字秤锤义的来源
265	—	24 摹拟仨吸气音的汉字
		——"斗啵"本字考的教训
278	—	25 楼书中的耒字古形
285	—	26 "跋扈"解
291	—	27 "板"字说
297	—	28 备什么不住？
		——汉字孳乳一例
307	—	29 "打"字新说
359	—	30 两副下联的诞生
370	—	31 谈"聊斋"，说"聊"字
378	—	32 浅说"无耻"
387	—	33 和、平与和平
397	—	34 说会意字"娄"
405	—	35 "粟"字漫谈
417	—	36 纵目说
427	—	37 馘字遭遇漫评
435	—	38 韵与天道
456	—	39 "廿"的笔意
461	—	40《黎氏四修族谱》总序
464	—	41 芷江故地行 *

479	—	42 怀念恩师袁定安先生 *
		——兼谈袁师所著《论语与做人》
491	—	43 家传砚池记
494	—	44 经师人师,仰之弥高
		——怀念俞叔迟先生
505	—	45 评改一首诗
508	—	46 诉衷情·赠全班同学 *
509	—	47 七律·雪夜悼焦裕禄 *
510	—	48 七律·贺燕子三十寿辰 *
512	—	49 七绝(二首)和李谱英教授《游潭诗草》*
514	—	50 七绝·梦圆 *
515	—	51 七律·七十抒怀 *
516	—	52 七律·南溪山今昔
518	—	53 五绝·沈家冲屋场旧址 *
520	—	54 七律·庚寅登游记
522	—	55 七律·北望伏波山 *
524	—	56 十六字令(三首)咏书贺天宫一号
526	—	57 读述良摄影(五首)
530	—	58 七绝·象牙红老枝护花
531	—	59 七律·癸巳清明厦门即事 *
533	—	60 南乡子·榕树颂
535	—	61 五律·纪念袁师 *
		——书《雅林探赜》卷首
536	—	62 七律·答世静 *
540	—	63 七律·手机淘宝
541	—	64 七绝·看植柏古镇摄像并忆其琴声有感
542	—	65 七律·戊戌重阳感怀

543	—	66 七律·悼连德 *
545	—	67 拜读和诗奉赠路遥运宽教授 *
549	—	68 原韵赠毛教授并请正 *
551	—	69 七律·古国脱贫

　　——应广西师范大学离退处征文而作

552	—	70 五绝·晨望
553	—	71 次韵和毛教授《登伏波山》 *
556	—	72 读梦中得句
558	—	73 女神节忆元宵
559	—	74 咏物诗二首
561	—	75 歌曲二首

1 借词论纲 *

经济活动中自古存在着借贷关系。借方为借入的一方,它的资产会增加;贷方为借出的一方,它的资产会减少。人类的语言活动也存在借贷关系,借方语言的词汇量会增加,比原来多出了一种"借词",即"外来词";但贷方语言的词汇量却不会减少,因为贷出的词只是"分身侨居",不是搬家到借入方去,它仍像原来一样完整地存在于本族语中,与未曾贷出的词并无丝毫不同。因此贷方语言也就不会要求借方语言归还什么。例如日语中的"革命""半径(日文此字右上角变为'又')"借于汉语;汉语曾经有个词"吉地",指木屐,它是个和语(日本的民族语)借词,是和语词げた的音译。但汉语中的"革命/半径"依然存在,日语中的げた同样依然存在,它们都不必从借出的语言搬家到借入的语言中去。某种语言的一个词诚然能代表世界(物质的或意向性的)的某个部分,但它却并不就是世界的那个部分。它只是世界的那个部分的符号,这个符号可能死亡,但永远属于这种语言。至于这个符号如何使用,使用多少次,别的语言是否借用它,这些都不会影响它在这种语

---

* 写作此文是为《论日语中的汉源借形词及其回归》作准备。

中的存在。词语的借贷关系，不过是一种比喻性说法，它与经济活动中的借贷关系类似，但不全同。一般说来，任何一种语言中都有从别种语言中借入的词，也都向与其有密切接触的别种语言贷出自己的某些词；而从"借词"或"贷词"本身的角度看来，它在外族语中的存在，和一个人侨居外国，也只是相似，并不完全相同。其最大的不同是：人不能"分身"，其侨居需要搬家，从一国搬到另一国；词语的侨居则不需搬家，是"分身"侨居。此时它有两个或多个身子：它在本族语中依然存在，这是它的"原身"；别的语言把它借去了，它在别种语言中就以"借词"的身份存在，这是它"分身侨居"于别种语言的"化身"。

一

语词的借贷活动中所借贷的是"词"的整体，即音义（或音形义）的结合体，而且借用的方式一定要借音（音中有义）或借形（形中有义），有时则借音兼借形，而不能不借音形只借"词义"。为什么呢？

任何口语的词都是音义结合体，汉语书面语的字则是形义结合体，并依赖其与口语的对应关系而获得音；西方拼音文字的形则直接记录音素。一种语言向另一种语言借入词语，也可以从口语和书面语两个不同的角度来观察。在口语中，音义结合的词语，其意义是附着在语音上的。意义是内容，是灵魂；语音是形式，是肉体。虽然内容或灵魂似乎更重要，但它却不能离开形式或肉体而独立存在。因此词语的借入，只能通过借音才能实现，由于音中有义，通过借音就把音义结合的词语整体借过来了。在形中有义书面语系统中，字义附着于字形，借进书面语的"字"，就是借其有义之形，情况与口语借音类似。

有没有"借义词"？这是语言研究中一个重要问题，其中的关键点则是：所谓"借义词"究竟是本族词还是外来词。所谓"翻译"，指的是用一种语言的词句表示另一种语言的意义。在翻译过程中，意义是交流了，但两种语言的词语并没有发生借贷关系。篇章如此，语词也是如此。例如用"钟"翻译 clock，"钟"仍是汉语词，clock 并没有进入汉语。用"黑洞"翻译天文学术语 black hole，"黑洞"仍然是汉语词，black hole 也没有进入汉语。有人觉得，"钟"原来是一种打击发声的乐器，即"钟鸣鼎食"的钟，用它来翻译 clock 以后，"钟"才有了"计时器"的意义，因此，钟表的"钟"应该是一个"借义词"。问题在于，词是一种音义结合的整体。"钟"的读音完全是汉语的，上面附着的自然是汉语的词义，"钟鸣鼎食"也还在用，把它视为外来词，仅仅因为它增加了"计时器"这个义项，这没有道理。因为，为了适应交际的需要，词义有所变化（义项有所增加，或义素有所增减）是词义世界的常事。汉语的"钟"，本义是"一种打击乐器"，与古代的"礼"有关；先引申为佛寺的"梵钟"，有召集僧众、报告时间以及参与法事等作用；再引申为"钟表"的钟即"计时器"，专门用于计时。达成后面这种引申的外部条件，诚然是翻译 clock 的需要。只能这么说，翻译 clock 的需要，使汉语"钟"的词义向 clock 的词义引申了，或者说把 clock 的词义改造为自己的引申义了，但它还是汉语词，虽然英语词 clock 的词义以汉语词"钟"的引申义的身份进入了汉语，clock 这个词本身却并未进入汉语，这里并没有发生词语的借贷活动。这样认识问题才是合理的。所以，"用一种语言的词句表示另一种语言的意义"，也只是一种大概的说法。严格地说，一种语言只能表示该语言自身的意义，只能阅读翻译作品的人，永远难以透彻理解原作，因为翻译作品本身在意义上也只能做到与原作"近似"，尤其是文艺作品。翻译活动之所以可能，是因为操不同语言的人，都是能够思维的人；而世界又存在着懂得不同语言、能够用不同语言进行思维的人，他们能判断两种语言的片段在语义上是否相似，以及相似的各种不同程度。

意义的交流和语词的借贷是两回事，虽然二者都是在语言接触的过程中发生的。可以这样认为：在一个懂得甲乙两种语言的人看来，只有在甲语言的某个结构成分（例如某个词）的意义，无法用乙语言的任何结构成分或结构成分的组合来表达的时候，这个人在使用乙语言进行交际而又不得不使用甲语言中这个成分的含义时，才会在乙语言中"插入"甲语言的这个结构成分（词）。而这种"插入"，从乙语言的视角看来，就是"借用"，而这个被借用的词，就是乙语言中的源于甲语言的借词。当然，为了使这个借词适应乙语言这种新的环境，乙语言对它也要进行一点改造。而且正是因为有这么"一点改造"，这个借词虽然源于甲语言，却属于乙语言。要明确认识到：一种语言中的借词虽然在另一种语言中有源词，但它并不就是源词，而只是源词在这种语言（目的语）中的化身。当借词和源词同形时尤其要注意称说，不要混淆了源词和借词。例如，汉文中有"料理"，日文中也有"料理"，我们说的"料理"到底是汉文中的源词，还是日文中的借词，一定要让受众清楚明白。

或曰，clock 的"计时器"这个意义，不是进入了汉语的"钟"了吗？怎么不能说"钟"是个借义的"外来词"呢？这个问题需要细致地分析。我们的问题是：clock 有音有义，二者是结合在一起的，其读音既没有进入汉语，其词义是怎么进入汉语的？难道词义可以脱离语音？我们知道，"钟"的词音是 zhōng，谁人有这种本事，能把英语 clock 的词义从词音的束缚中剥离出来，让它与汉语的音 zhōng 相结合？因此，我们不能说"计时器"含义的"钟"，其读音是汉语的，而词义是英语的。一种语言的词语，其意义可以翻译（即用另一种语言表示这意义），可以引申，而不可以借贷，因为它们被语音牢牢地束缚着。语词只有作为音义结合的整体，才能借贷。那么，汉语中"钟"的"计时器"这一词义，究竟是怎么来的呢？只能认为，它是从"一种击打发声的乐器"引申出来的，而促成这种引申的外部条件，正是翻译 clock 的需要。因此，不能把词义为计时器的"钟"视为"外来词"，如果一定要说它是"借义词"，那么，汉语中的"借义词"的本质，就只能是在翻译过程中词义有所引申的汉语本族词，或者是用汉语的造词材料构成的表达外来事物或概念的新词（如汽车、轮船之类），这新词当然也是汉语本族词——因为它是用汉语的材料构成的。

总之，如果构词成分是本族语的，而不是任何外族语的，那么，即使词义表达的是外来的事物或概念，这个词仍然是本族语词。单纯词如此，合成词也是如此。概念具有全人类性，而词义只能是民族的，不能不具有民族性。

二

在书面语中，由于增加了"形"的因素，问题就更複杂了。

书面语中的"形"，指的是语言的书写系统——文字。在尚未出现文字的古代，口语受到时空的极大限制，转瞬即逝，只能当面交谈，异时异地的人是无法用语言交流的。为了克服这种局限，人类才创造了文字，从此进入文明时代。文字虽然都是记录语言的，虽然都是形音义的结合体，西方的表音文字和中国的表意文字二者与口语的关系却极为不同：前者以词义为背景，从语音切入，从分析语音入手，为每一种音素（音位）制定一种字符，用它来记录口语语流，常常需要多个音素的组合才与语流的最小意义单位一致，从而从语流获得语义；后者以词音为背景，从语义切入，从分析语义入手，为每一种语义制定一种字符，用来记录口语语流，并从语流获得语音，它的每一个字符都是有义有音的。表音文字的"形"与"音"直接联系，直接对应，表面上有形音义三因素，本质上仍然只有音与义两个方面。可以说表音文字的语言中，其语音有两种形式的物理存在，一是诉诸听觉的空气振动，二是诉诸视觉的表音线条。表意文字在开始阶段是形与义直接联系（象形），直接对应，但无形的义（事物）太多，少量的可用已有文字组合起来间接指向其义（会意）并从而获得其音，大多数就只能用文字组合来记录其音与义类了（形声）。由于形声字的声符是"形中有义"之字的字音（与形声字本身的读音不完全等同），而不是在分析语音之后创立的专门的记音符号，因此，字符与语音之间没有直接的对应关系，一音多形或一形多音的现象比比皆是。因此表意文字的字形具有了独立性，是真正的形义音三维性质的文字。

这样，汉文或日文借用英文的方式，一般是借音（汉文借形的如 WTO 极为少见，而且借形的实质是借音），日文借用汉语字词，就有了借形、借音之别。日文借汉字之音的如ツァイテェン（再见），这是日语中的源于汉语的外来词，与汉字之形无关。日文借汉字之形的，则只能是摹写汉字之形，与汉文的字形几乎没有区别，其汉字之音却有音读、训读和混读三种。音读的音是借于汉语的，这是借形又借音，字义则在形音之中。音读的音又分吴音、汉音和唐音。训读的音则是日语的对应同义词的音，这是仅借汉字之形（形中有义），不借汉字之音。如"海"字念うみ，"山"字念やま。这种训读词是日文的独创，在当今世界上似乎只此一家，别无分店。[1]它们的特点是：既是和语词又是汉语词。其形义是汉语书面语词，其音义是和语词。只是因为其形中之义和音中之义相同，至少基本相同，它们的形音义才能结合为一体。日语中的汉字，绝大多数是既有音读音，又有训读音。只有训读音的汉字极少，而且大多是日语按照汉字的造字法所造的方块字（即所谓"国字"）。至于混读，即借于汉语的字串（词）有的字音读，有的字训读，情况就更加複杂了。

日文中音读的汉字，可以与日语口语的借词比较。一个汉字，本是古代汉语中一个词，它在口语中只有音义两个方面，在书面语中则有形音义三个方面。口语的借词，通过借音把一个词当作音义结合的整体借入；书面语的借词，则通过借形又借音把一个字当作形音义结合的整体借入。它们都是地道的借词，它们的借入，使日语的口语和书语增加了新词。

日文中训读的汉字就不是典型的借词了，因为它们抛弃了汉字原有的音。只是由于语义的对应，日文把汉字之形，与和语（日本的民族语）之音结合起来了。从书语记录口语的角度看，日语中训读的汉字，记录的是和语的口语词。汉字的借入，并没有使和语增加词汇量。从书面语本身的角度看，训读汉字的形音义，字音虽然是和语的，那字形却借自汉语，而且形中有义。这"义"与训读汉字的音中之义（即和语词义）是一样的，否则就不能借入某个汉字来记录对应的和语词了（注意，日语中的汉字也有"假借字"，如借"兎角"记录和语词とかく［往往，总之］。这样的汉字完全成了表音符号，不是形音义结合的汉字，不在本文的讨论之列）。在历史上，它解决了和语没有书面形式这个大问题，使日本民族从此进入了文明阶段；在现在，它解决了和语音系简单，需要区别同音词的问题——这也是书面语的一个重大问题。这样看来，日语书面语中由训读汉字构成的书面语词，其音是本族的，其形是外来的，音中之义与形中之义则相同，这种情况的实质应该是，字形外来的本族词，可以叫做借形和语词。借形和语词的出现，并不能增加和语词的词汇量。汉字本是汉语的记词文字，为什么能够训读而记录和语？因为汉字体系不表音而表义，汉字的音是凭借它与汉语口语的对应关系而获得的，归根结底是外在的。既然说着彼此听不懂的汉语方言的人可用汉字"笔谈"，完全不顾字音，日本人借去"山""水"后也就既能读さん（san）、すい（sui），也能读やま（yama）、みず（mizu）了。

三

语词的借用既然无需归还，为什么有些借词会回归？借词的"回归"到底是一种怎样的语言现象？

虽然日文中的汉源借形词常有回归汉语的现象，也引起了人们的注意，但是，至今人们对这种现象的研究却很不够。甲语言中的借词是甲语言中源于乙语言的词，这话至少有两个意思：（1）这借词的源头在乙语言；（2）这借词是甲语言的词。"借词的回归"是什么意思？一般理解是：甲语言中的源于乙语言的借词，又回到乙语言当中，成为乙语言中源词的一部分。比如"料理"，凡是承认汉字是汉语的表词文字的人，都会承认它首先是一个汉语的书面语词。日文中也有"料理"这个词，音リョウリ。它是个日语词，但属于汉源借形词。在日语中，借词"料理"首先是"照料处理"之意，这个意思源于汉语词"料理"。但它后来特指"对食材的照料处理"即"烹饪"之义，又由"烹饪"引申指烹饪的结果"菜品"。这两个含义原来是日语的"料理"特有的引申义，最后汉语中的源词"料理"又把这两个引申义收纳了，也有了这两个义项。汉语源词收纳它的贷出形式所特有的引申义，就是日语中的汉源借词向着它的源词的回归。为什么"烹饪/菜品"义的"料理"从日语流入汉语，不是汉语向日语借用？因为日语中的"料理"借于汉语，汉语中本来就有"料理"这个词（见于南朝宋刘义庆《世说新语》），而且是日语中"料理"的母体。所以我们说汉语中的侨归词，是有着侨归义项的汉语本族词。所谓侨归义项，指它分身侨居外语时获得的义项。而与源词词形不同的，就与源词成为两个有着间接源流关系的同义词，如"大风"与"台风"。由于日语中的汉源借形词既是借形的，它们归来后，尚未发现与源词不同形的情况。

  借形和语词的形，是形中有义的，而其形义也有回归汉语的，例如取消，取缔。拙作《论侨归词》曾说：汉语中的"手续"和"打消"，是从日语借入的，但它们的字形原来是汉语贷出的，可以叫做"贷形借词"。这个说法不妥。出现于汉语中的"手续""打消""取缔""取消"等，实际的情况如何呢？看字形，它们都是汉语的，日语中的这些汉字，都借自汉语，仅"续"作"続"，是汉语"續"字的变异（日语的"読"也是汉语"讀"字的变异）。看字音，这些字在汉语中按照汉字的标准音来读，与其在日语中的读音毫无关系。看词义，这些词的意义由汉字字义提供其理据，词义与汉字原有的意义是有关系的（"打消"的

"打",来源于"取",如"打水"来源于"取水"。"打"字的"取"义是"击也"义的引申)。可见这些词的形音义都是汉语的,不应视为借词。日语的贡献,只在于把相关的汉字组合起来。因此,它们应是侨归词的第二代。它们与音读的"海拔"之类的区别,仅仅出现在日语中:"海拔"中的汉字是借形又借音(形音中有义),"取缔"中的汉字则仅仅借形(形中有义)。回到汉语以后,这种区别却消失了:海拔也好,取缔也好,都按汉字原有的音来念,词义则从字义的提示性而获得。

这就出现了语言借贷关系中的一种奇特现象:"取缔"类词,出现在日语中时是日语词(借形和语词);出现在汉语中时是汉语词。同样一个词形,为什么会没有固定的归属呢?根本原因在于这"词形"指的是形中有义的书写形式,而与这"形中之义"结合着的读音,在两种语言中却毫无共同之处:在日语中是训读,记录的是和语词;在汉语中复原汉字本音,记录的当然只能是汉语词。

现代汉语中确有一种源于日语的贷形借词,如"寿司"。在日语中,"寿司"是个借形和语词,不过,与"取缔"不同,"寿司"中的"寿""司"二字是有音无义的,是纯粹的记音符号,它们只是用汉字的读音记录和语词すし。汉文中的"寿司"借于日语,但"寿""司"两字之形是汉文原来贷出的,所以是"贷形和源借词"。

2018-05-04 初稿于桂林藜藿轩,2020-07 改定

注释

[1] 训读字在历史上别的民族语言中也曾出现过,但大多不是民族或国家的正式文字。见周有光《比较文字学初探》,语文出版社,1998。

2 论侨归词*

一 什么是侨归词

  汉语中有这样一种词：它们曾经被别种语言借用，因而读音或意义发生了某些改变；后来它们又回到了汉语中。如果回归后的词形与借出前不同，汉语中就出现了两个存在着间接的源流关系的词；如果回归后的词形与借出前相同，仍属同一个词，则这个词就可能出现两个引申关系有点特别的义项。这种词就是本文所说的侨归词[1]。例如，粤语的"大风"被英语借去，成为 typhoon，而后又回到汉语中来，成为"台（繁体作颱）风"。这"台风"就是一个侨归词。照理说，别的历史悠久的语言也可能有侨归词，但本文的侨归词则专就汉语而言。
  侨归词的产生是汉语和邻近语言长期密切接触的结果。汉语的邻近语言主要是国内的少数民族语言和周边的日语、朝鲜语和越南语。例如"夫人/太子"到满语中侨居后又回到汉语便成了"福晋/太极"；"将

---

* 本文发表于《宁波大学学报》2010年第3期，标题是"谈谈侨归词"。收入《雅林探赜：汉语字义引申例论》时标题改为"论侨归词"，行文也有所修改。

军"被蒙古语借去，到《元朝秘史》的汉文本中成了"桑昆"；"博士"到维吾尔语中侨居时成为 baksi，回归汉语便成了"巴克西""把势"或"把式"；"博士"还曾被日语借去意译英语的 doctor，这时它读はかせ，书写形式未变；回归后恢复了汉字的本音，但保持着从 doctor 获得的"学位的最高一级"之义。

侨居于国内少数民族语言而回归汉语方言的侨归词，是一种非常有特色的方言词。它们是中华民族各族群之间长期密切交往的见证者，是方言研究尤其是本字考必须注意的。下面从湘语邵阳话中举两个例子[2]。

①邵阳话中有个"梦公菩萨"，常用来形容人一动不动的痴呆样子。其中"梦公"的意思是"木头似的"，因此也说"木菩萨"。用例：退嘎休也要寻滴事叽做，不然成天坐着，梦公菩萨样，对身体冒好。

在这个词组中，"梦公 [moŋ⁵koŋ¹]"是壮语 moegyou [mo¹kiou¹]（木偶）的借音，其第一音节增加的 -ŋ 尾是受第二音节声母逆同化的结果，第二音节韵母的改变又是受到音变后的第一音节顺同化的结果。而 moegyou 又是汉语"木偶 [mo¹ŋou³]"的借音，是个汉语借词。因此，邵阳话的"梦公"，是"木偶"到壮语中侨居后回归邵阳话的侨归词，二者之间存在着间接的源流关系。

②陀螺，邵阳叫雷贡 [luei²koŋ⁵]。勉瑶语为 tə²lwei⁵，其中的螺字（第二音节），与邵阳话的雷字同音。旋转，勉瑶语为 kjwin²，变成邵阳话贡字的音也完全可能。而勉瑶语的"螺""旋"又很可能来源于古汉语（螺，郭锡良《汉字古音手册》拟上古音作 luai。旋，张尚芳《上古音系》拟作 sGWan）。这样看来，"雷贡"原来是汉语的螺、旋二字到勉瑶语里边去打了一个转，组成"螺旋（旋转的螺）"后又回了老家的侨归词。为什么邵阳的"雷贡"不是直接从古汉语来的？因为如不到勉瑶语中打一转，邪母的旋字不可能念 [k] 声母（邵阳话的邪母字大都念 [dz/dʑ]，另有个别念 [z/ɕ]，没有一个念 [k] 声母的）。

要考求邵阳话中"梦公 / 雷贡"的本字，如果不从侨归词的角度进行研究，就很难解决问题。汉语方言中此类词估计数量不少，需要大力挖掘。

二　侨归词是一种特殊的本族词，不是借词。

侨归词是研究汉语和别种语言之间的词语借贷关系的极好实例。从上一节的例子可以看出：侨归词有时是作为一个音义结合的整体先被别种语言借用，后来又回归到汉语之中；有时却是别种语言把借于汉语的单个汉字组合成为新词，这个新词后来又回到了汉语当中。它们与"译词"和"借词"都有点儿瓜葛。

前辈语言学家胡以鲁《论译名》曾说："传四裔之语者曰译，故称译必从其义；若袭用其音，则为借用语。"这就是著名的"译词""借词"之别，孙常叙、王力也有过类似的论述。前者现在多叫"意译词"，属于本族词，后者就是外来词。借词除后文将要论述的贷形借词外，只能通过借音或音形兼借的方式达成对某个音义结合的词语的整体借用。"坦克"是借音，但同时得到了义，所借的是 tank 这个词的音义结合的整体。WTO 借了音和形，同时也得到了义，所借的也是 WTO 这个简缩词的形音义的整体。词义虽然是词语的灵魂，却是附着在音形上面的抽象物。因此词义可译而不可借，不可能有什么借义词。而译义的结果是产生译词。有些译词由引申本族语中原有语词的词义形成，如汉语原有的"钟"，本来指称一种乐器，后来用它指称佛寺的梵钟（可视为对梵文词 Ghantā 的译义），再后来又用它指称西方的计时器（可视为对英语词 clock 的译义）。"钟"的词义引申了，义项增加了，但仍是一个汉语词。还有一些译词却是用本族语的材料构成的新词，如创造"对角线"来意译英语的 diagonal (line)，创造"激光（器）"来意译英语的 laser。"对角线、激光（器）"都是汉语本族词。

本族词和外来词的深层区别在于：本族词的理据在本族语中就能找到，也只能在本族语中才能找到；外来词的理据则只能到贷出该词的语言中去寻找。这一点很容易检验。同样是可对译 laser 的汉语词，译词"激光（器）"的理据在汉语中，可见它属于本族词；而借词"莱塞"的理据却在英语中，只能借助对 laser(light amplibfication by stimulated emission of radiation 的缩略）的内部结构的分析来说明"莱塞"的理据，可见它是外来词。据此可以判定侨归词的类别归属。例如可以做如下推论：既然"梦公"的理据不在壮语的 moegyou 而在汉语的"木偶"，"飓风"的理据不在英语的 typhoon 而在汉语粤方言的"大风"，那么，它们就不是外来词，而是汉语本族词。

　　这里涉及到外来词溯源的界限问题。"飓风"溯源到 typhoon，"梦公"溯源到 Moegyou，已经找到来源了，为什么还要继续追溯下去呢？外来词溯源工作有没有一个界限？我们的回答是：在纯语言学的范围内，外来词溯源工作的目的，是为了确认其外来词身份。如果一级溯源已足以证明其身份，当然就不必进行二级溯源了；如果一级溯源还不能完全确认该词究竟是本族词还是外来词，那就有必要进入二级溯源，追问一级溯源所得的源头本身又是从何而来的。

　　虽然侨归词属于本族词，但它们毕竟被别种语言借用过，语音或语义方面受到过别种语言的某些影响，所以同一般本族词相比多少有点儿异样。因此，侨归词是一种特殊的本族词。

　　侨归词概念的建立，特别是把所谓"日语借形词"的主体部分如实地归入汉语本族词的侨归词（详下文），是汉语词汇构成研究的深入和发展，其影响将不限于汉语词汇学，而会帮助人们更加全面而深刻地理解中华民族各族群之间，以及中华民族和周边民族尤其是日本民族之间的语言交流的历史。

三 "日语借形词"概念质疑

汉语词汇中有一种外来词叫做"日语借形词"[3]，这个概念的所指范围几十年来还越来越宽。50多年前，周祖谟在《汉语词汇讲话》中说过：有两类词不是外来词，一类是词形和读音是汉语固有的，只是增加了新义或改变了原义的词（如教授），另一类是根据外国词的意思，按照汉语的构词方式，用汉语的构词成分所创造出来的新词（如电话、唯物论）[4]。30年前，王力《汉语史稿》也明白讲过：尽量利用日本的译名，并不是汉语向日语"借"词；日本语里的汉字，才是真正来自汉语的借词[5]。后来，有人把周王二位排除在外的这些词，都算做汉语从日语吸收的外来词，扩大了"日语借形词"的范围[6]。到今天，甚至有硕士学位论文和期刊文章主张把所有译词都归入外来词[7]。

按照上述宽泛的范围，所谓"日语借形词"大致可以分为五类。①取缔类：即用汉字记录的日语本族词——和语词（取缔/打消）；②瓦斯类：即用汉字字音转写西语词读音的借词（瓦斯/淋巴）；③革命类：即用来意译西语词的古汉语词或词组（革命/经济）；④海拔类：即用几个汉字组合起来意译西语词的译词（海拔/学位）；⑤茶道类：即用几个汉字组合起来表达新义的一般复合词（病虫害/茶道）。当它们在日语中时，①类词的读音是训读，即和语的音，其余②③④⑤四类词的读音都是音读（即经过日语语音系统改造的汉字字音，如入声字的塞音尾往往扩展成一个音节），属日语词汇中的汉语借词。

这里得交代一下：日语语言学认为，日语词汇按照来源的不同可以分为四种成分：第一种叫和語（わご），即和语词，其音为训读，如水（みず），打消（うちけす）；第二种叫漢語（かんご），即汉语词，是来自汉语的词汇，包括日本人用汉字组合创造的一般新汉语词和为翻译西语所创造的汉语译词，其音为音读，如豆腐（とうふ），公立（こうりつ），论战（ろんせん，意译英语 controversy）；第三种叫外来語（がいらいご），即外来词，一般用片假名书写，主体部分源于英语，也包括近现代进入日语的汉语词，例如インターナショナル（international），メンツ（面子）；第四种叫混種語（こんしゆご），即混合词，是由不同来源的语言成分混合组成的词语，如アルカリ性（碱性）。在整个日语词汇中，汉语词数量最多，而和语词出现率最高[8]。

让我们对汉语中的上述五类所谓"日语借形词"作些分析。

①类虽然是日语借词，但不能说是日语借形词。日文的书写形式由方块字和假名构成，其假名汉语不会借用，日语特有的方块字（和字），汉语也极少借用[9]。例如，汉语把和语词"取缔り（とりしまり）"借进来，"取""缔"二字回了老家，"り"则被舍弃了。可见汉语的"取缔"虽然借于日语，却根本没有向日语借形。汉语的"打消"源于和语词"打消（うちけし）"。但如果把汉语借入"打消"的方式叫做"借形"，就把词形的来源搞颠倒了：因为"打""消"二字原是日语从汉语借去的。日语中所有①类词的书面词形中的汉字，日语是借方，汉语是贷方。据此，日语中的"取缔"类词该叫"借形和语词"，而汉语借入的"借形和语词"则是一种非常特别的借词，似乎可以叫做"贷形借词"——先是汉语向日语贷出书面词形，后来又把整个词作为形义结合体借了进来，并置其原有的日语读音于不顾，而从词形中的汉字衍生出词的读音。

②类是典型的借词，但其借用方式也不是向日语借形，而是经过日语向西语借音。例如，在日语中，"瓦斯"是借用汉字的形音来转写荷兰语词 gas，"淋巴"则是拉丁语 lympha 的转写。在日语中，它们是日造汉语词中的借词，借用方式则是借音。可见"瓦斯/淋巴"的书面词形并非源于日语，而是源于汉语。正因为如此，它们进入汉语时才不用改变词形[10]。

虽然把①②两类词叫做"日语借形词"不合适，但它们到底还是借词。不过①②两类词数量很少，③④⑤三类才是所谓日语借形词的主体部分，估计占全部日语借形词的九成以上。而把③④⑤三类词叫做"日语借形词"就更加不合适了，因为它们连借词都不是。为什么这么说呢？

首先，这样归类违背了以汉语为母语的人的语感。在以汉语为母语的人看来，"革命"类、"海拔"类、"茶道"类词语的形音义与普通汉语词几乎没有什么差别。例如，"经济、哲学、物理、化学、地质"这些学科名称，都有汉语理据可说，与"历史、地理、政治"等无异，怎么前者是借词、后者却是本族词呢？又如，依照刘正埮等《汉语外来词词典》，"强度、高度、硬度、宽度、深度、热度、湿度"似乎都是本族词（因为该词典未收），而"温度、密度"却是外来词，它们真有这么大的差别吗？一种词汇理论，如果跟广大的本族人的语感抵牾，那么，这种理论是至少是大可怀疑的。

其次，"日语借形词"概念中的"日语"，意思是"日源"。这对于上述③④⑤三类词来说，是不合事实的。事实是，这三类词的理据在汉语中，它们在日语中时被归入漢語（かんご）即汉语词，可见它们"源自汉语"。那么，即使它们带上点儿"日语色彩"出现于汉语也不是"借用"而是"回归"。何况把它们视为日语借形词，就是在形式逻辑上也难以成立：既然承认日语的"论战/经济/病虫害"等等借自汉语，因而是日语中的"漢語（かんご）"，就不能同时承认汉语的"论战/经济/病虫害"等等借于日语，因而是汉语中的"日语借形词"。否则，我们岂不成了卖矛又卖盾的楚人了？

第三，同样是用汉语的造词材料和造词方式创造的译词，不能认为只有出自中国人之手的才是汉语词，出自外国人之手的就不是汉语词。从明末开始，中国人（不少是与西方人合作的，如徐光启和利玛窦、王征和邓玉涵、焦勖和汤若望、李之藻和傅汎济）和日本人都在用汉字或汉字组合来意译西方的科学概念或一般语词。举例来说，中国人制定的术语"几何/平面/体积/直角/锐角/对角线"和"寒带/温带/热带/

寒流/暖流"等，至今仍在汉语中使用（要是认为这些词是"日语借形词"，那就数典忘祖了）。有时，对于同一个西语词或短语，日语和汉语各自创造了不同的译词，这就产生了竞争。最终日制译词战胜中国译词的，如"哲学"战胜"理学"，"自然科学"战胜"格致学"，"经济学"战胜"平准学"。相反，日制译词"写真、切手、放送"，却被中国人创造的"照相、邮票、广播"所战胜[11]。以"温带"和"温度"为例，"温带"是中国人创造的，"温度"是日本人创造的，要是把前者归入汉语本族词，后者归入"日语借形词"，这样做合理吗？把译词创造者的族别作为判定本族词或外来词的唯一根据，完全不顾他们创造新词所用的同样是汉语的造词材料和造词方式，这种做法，恐怕难免舍本逐末、轻重颠倒之诮！

最后，作为借词的一个小类，"借形词"只能理解为通过借形方式把某个外语词作为形义结合的整体予以借用的词。"形"指的是词的书写形式。事实上，作为日文中③④⑤类词的书写形式的汉字，原是由日文向汉文借去的形音义的统一体；现在却把汉文中的③④⑤类词叫做"日语借形词"，彷佛这些词中的汉字竟为汉文所无而为日文原创似的。这误会也太大了。

由此可见，从③④⑤类词的具体情况看来，既然这些词的最终源头在汉语，那就并非"日源"；其书面形式是汉语固有的方块汉字，那汉语就并没有向日语"借形"。既非"日源"，又未"借形"，这"日语借形词"的概念还能成立吗？

四　所谓日语借形词绝大多数是汉语侨归词

一种语言要向另一种语言借入某个词，只能把这个词作为一个整体借过来。"日语借形词"既然是借词，所借的就只能是一个个形义结合的日语词。作为日语借形词主体的③④⑤三类词果真是汉语借用的日语词吗？这些词究竟有着怎样的历史来源？让我们从③④两类词中各举一例来说明问题。

先看③类的"革命"。这个词的历史可以分为三个阶段：第一阶段，中国古人创造了"革命$_1$"，"汤武革命"的说法首见于《易·革》，后来长期沿用；第二阶段，日语借用"革命$_1$"意译英语词 revolution，得到日语中的漢語（かんご）"革命$_2$"，读かくめい，字形不变，这是把一个汉语词组的形音义都借了过去作为译词，不过读音走了样；第三阶段，汉语把日语中的"革命$_2$"搬回来，字形和含义与"革命$_2$"相同，但把走了样的读音矫正了，成为"革命$_3$"。

要想把"革命$_3$"归入"日语借形词"，首先得置"革命$_1$"和"革命$_2$"于不顾，眼中只有"革命$_3$"；其次，还要承认"革命$_3$"是汉语通过"借形"的方式向日语借用的。我们认为，既然要从来源的角度给汉语中的"革命$_3$"定性，就不能舍弃"革命"一词的第一、第二两个阶段而只看第三阶段，否则定性时难以避免片面性带来的谬误。如果顾及"革命$_1$"和"革命$_2$"，试问"日语借形词"这个概念中的"日语（即日源）"二字还站得住脚吗？其次，仅就第三阶段而言，只要尊重历史事实，也不可能把这个阶段认定为汉语通过"借形"方式向日语借用"革命$_2$"。因为，"革命$_2$"本来来自汉语，当中国人把"革命$_2$"搬到汉语中来成为"革命$_3$"时，不过是把日语借去的东西拿了回来，虽然捎带拿回了"革命$_2$"的词义，但无论是读音还是书面字形，汉语实在没有向日语借用了什么。

"革命$_3$"回归汉语的结果是，使得汉语中的"革命"增加了一个义项，变成了"革命$_{1+3}$"。汉语把"革命"看做一个整体，"革命$_1$"和"革命$_3$"是这个整体的两个义项。在词义方面，"革命$_3$"和"革命$_2$"相同，它们源于英语而非日语，但可以看做是"革命$_1$"的词义的某种引申（否则就不能用来对译了）。再说，把汉语中的"革命$_3$"处理为"日语借形词"，还会造成理论上的混乱。因为"革命$_1$"是汉语本族词，加上一个日语借形词"革命₃",这就逼迫我们承认汉语中有两个"革命",它们是两个同形词。我们能够承认这一点吗?须知同形词在意义上是毫无联系的,而两个"革命"的意义联系却十分显然。我们是修改同形词的概念?还是改变对"革命₃"的认识?恐怕只能是后者。

可见,汉语中的"革命"类词语应该是汉语本族词,把它们归入"日语借形词"不符合这类词的真正来源。正如孙常叙所说:"认定日语借词首先要辨明它是不是汉语贷词","被借去的汉语词是汉语贷词"[12]。虽然如此,毕竟它曾经到日语中侨居过,"革命₃"这个义项还是侨居时从英语获得的,因此属于特殊的本族词——侨归词。

再看④类的"海拔"。汉语的"海拔"果真源于日语吗?我们的答复是:既是也不是,但归根到底不是。为什么?说它是,是因为"海拔"作为一个整体首先出现于日语;说它不是,是因为④类词中的汉字原是形音义一体的,其源头都在汉语书面语中。日语得先借入相关汉字(注意,字是形音义一体的,是古汉语的书面词汇单位),然后才能造出④类词来。就"海拔"来说,日语先得借入"海(大海的海)"和"拔(拔地而起的拔)",而后才能造出"海拔"。"海拔"的字形字义和日语读音かいばつ(kaibatsu)都借自汉语,其词义"以海平面作基准的高度"则来自英语词组 height above sea level。因此,可以说日语对"海拔"的形成有影响,如若说到它的源头,那就只能认为在汉语中。

人们会说:把"海"和"拔"放在一起创造"海拔"这个词的是日本人,它是个"和製漢語(わせいかんご)"即日造汉语词,而日造汉语词是属于日语的。这话表面上似乎言之成理。可是,不要忘记,对新造词起决定作用的不是造词的人,而是造词所用的语言材料和造词方式。"和製漢語(わせいかんご)"这个名称本身就意味着,日语语言学也认为它们仍然属于"漢語(かんご)"即汉语词。因此,为意译西语而创造的日造汉语词在日语中的真实身份是"汉语借词中的译词"。这才是事情的本质。就像中国侨民的第二代一样,虽然出生于侨居国,却仍然是中国侨民的子孙，属于中国血统。更为重要的是，现在这些侨居日语的汉语词已经回到了老家，又舍弃了日语音系的影响，这就完全恢复了汉语本族词的身份。难道我们硬要拒绝它们认祖归宗吗？因此，虽然汉语中的"海拔"之类複合词是"日造"的，也不能改变它们属于汉语本族词这个本质。"海拔"一词如此，所有④类、⑤类（"茶道"类）的词也都是如此。不过，考虑到它们原来是"日造"的，与"革命"还不完全一样，属于"侨归词"的另一个小类；要是模仿"3G 手机"的说法，似乎可以叫做"2G 侨归词"。

总之，日语借形词的概念是不合理的，因为它只看到汉语中这类词的历史的一个局部，有着明显的片面性谬误，因而不能令人满意地揭示这类词的真正性质。侨归词这一概念则从这类词的全部历史着眼，把它们的本族词身份揭示出来了，使我们对这类词的认识更加深化，也更加符合实际。如此说来，汉语词典不应把这类词标注为外来词，汉语外来词词典也不应把这类词收入其中[13]。汉语词汇学应该在研究汉语本族词时充分阐述其中的侨归词的特点，说明侨居阶段它们的音义发生了哪些变化，为什么会发生这些变化，其造词方式有什么新的元素，等等。

在此我们愿意指出：侨归词对于现代汉语的形成和发展曾经起过非常重要的促进作用，它们在侨居阶段的音义变化是汉语和侨居语互相接触交流的历史见证。我们把这类词归入汉语本族词并且命名为侨归词，一方面是为了尊重语言规律和历史事实，还其本来面目；另一方面，也正是为了肯定别种语言在借用汉语词或借用汉语材料创制汉语新词的过程中对现代汉语的发展所起的积极作用。值得注意的是，日语中的汉语借词数量众多，情况复杂，日造汉语词中的字义和造词方式，有些与现代汉语相距甚远，所以并不都能认祖归宗。对于已经认祖归宗的侨归词，我们不能另眼相看，得实事求是地承认其为汉语本族词；对于那些没有回归的，我们的态度应该是既要虚心学习，也要择善而从，不能只看它们用的是方块汉字，就随随便便搬到汉语中来。

附注：

[1] 黎良军（2009）多次出现侨归字的概念。如第472页说："刘正埮等《汉语外来词词典》说金刚石是日语借词，恐误。'金刚石'与'革命''颱风'一样，本是汉语词，后来到某种外语中打了一转，沾了些洋气又回来了。它们是'侨归词'。"不过这种语言现象历来为学者们所注意：罗常培《语言与文化》（1950）叫"贷词还原"；张永言《汉语外来词杂谈》（1989）叫"贷词回归"；刘中富《关于〈现代汉语词典〉收释外来词的几个问题》（2001）叫"归侨词"；冯天瑜《中国近代术语的形成》（2002）叫"侨词来归"。研究这一现象的专题论文则有周玉琨《也谈"回归词"》（香港《词库建设通讯》1997）。

[2] 黎良军（2009），第241页、492页。

[3] 孙常叙（1956）叫日语借词，认为它是"从书写形式借入的特殊借词"；刘叔新《汉语描写词汇学》（1990）叫"返回式的辗转外来词"；沈开木、柴春华主编《现代汉语》（1988）和黄伯荣、廖序东主编《现代汉语（增订版）》（1991）都叫借形词。现在一般叫日源外来词或日语借形词。

[4] 周祖谟（1959），第53-54页。

[5] 王力（1980），第528-529页。

[6] 符淮青（1983），第187-190页。

[7] 如中国海洋大学硕士论文《论英汉互借词中的意译词》（阎海宁）。

[8] 彭广陆（2007），第3-4页、第152-179页。黎按，在日语词汇中，"漢語（かんご）"的地位很特别。它们既然是汉语词，本当属于外来词，但却自成一类而与外来词并列。这是因为它们融入日语已久，"外来"的色彩已经磨损，不大像外来词了。但从它们没有与和语词混同看来，它们本质上仍是外来词。

[9] 彭广陆（2007）说，日本《常用汉字表》中有8个字是日本人按汉字六书的造字原理创造的（第75页）。如果日语借形词指的是"癌汞腺吨"等由日语创造而被汉语借用的字词，倒是比较合理的。

[10] gas是操荷兰语的化学家Van Helmont（1577-1644）创造的术语，后来几乎进入了各种西方语言。《现代汉语词典》说日语中的汉语词"瓦斯"源于英语，恐有不妥。

[11] 冯天瑜（2002），《中国近代术语的形成》。见于豆丁网。

[12] 孙常叙（1956），第 320–322 页。

[13] 事实上，《现代汉语词典》把"瓦斯""俱乐部"标注为日源外来词，刘正埮等《汉语外来词词典》则收了不少"革命"类、"海拔"类和"茶道"类侨归词。

参考文献

1. 胡以鲁 1914，《论译名》，《庸言》第 25、26 期合刊号。
2. 孙常叙 1956，《汉语词汇》，商务印书馆 2006 年重排版。
3. 周祖谟 1959，《汉语词汇讲话》，外语教学与研究出版社 2006 版。
4. 王力 1980，《汉语史稿》，中华书局。
5. 符淮青 1983，《现代汉语词汇》，北京大学出版社。
6. 刘正埮等 1984，《汉语外来词词典》，上海辞书出版社。
7. 沈国威 2005，《译词与借词》，［日本］《或问》第 9 号。
8. 彭广陆 2007，《日语知识百题》，北京大学出版社。
9. 黎良军 2009，《湘语邵阳话音义疏证》，黄山书社。

3 论日文中的汉源借形词及其回归 *
——《论侨归词》续补

一 什么是汉源借形词

"借形词"原来是现代汉语外来词的一个下位概念，专指现代汉语中像"饱和/场合/本质"一类词，据说这类词是从日文借来的，因为它们"只取书写符号"，完全舍弃了日文的音，与现代汉语中源于西语的一般外来词"借音词"很不相同，所以叫做"借形词"。为标明这类词的语源，现在一般叫"日语借形词"或"日源借形词"[1]。其实这个概念不能成立，日语中的这类词才是真正的汉源借形词。

一般说来，语言有口头形式和书面形式两种。在书面语中，供"目治"的线条状符号，就是"形"。但音素文字的"形"和表意汉字的"形"有本质的区别。音素文字的单个符号是字母，字母与音素有着严整的对应关系（音素如果比字母多，有些音素就得用字母组合来表示），从形可以得音，但是音中无义；音的一定组合构成了语素或词，才有语

---

* 本文发表于《汉字文化》2018 年第 20 期（理论卷第 5 期）。又，"癌"字是汉字系统本有的，不是日本"国字"，详见《漫谈侨归词的理据》。

义。表意汉字是表词文字[2]，它的单个符号是"字"。原则上每个字都是词（词素），都是形中有义的。汉字作为"形义一体的书语词"，其中也有音，但在汉字中，音不如形那般确定，可以有各种变化——讲着相互听不懂的汉语方言的人，可以"笔谈"。所以，讲汉字就是讲形义一体的汉语书语词（词素）；借用汉字之形，事实上就是照抄汉文原词（词素）。[3] 日文中的英源借音词ペン，其原词是 pen，前者是后者的转写；日文中的汉源借形词"笔（ヒツ）"，其原词就是"笔"，这是照抄原词之形。就文字系统而言，不同的语言可以共用某种拼音字母，来书写自己的本族语；汉字既是记录汉语的表词文字，别的语言就只能借用其词（借音或借形），无法与汉语共用。借音是转写表词汉字之音，而借形的结果，就是在本族语的书语中出现汉源借形词——照抄汉字之形的汉文原词（或用这种原词复合而成的新词）。

汉源借形词的"源"，指的是语源。语源和义源是有区别的。意译词的语源在本族语中，是本族语的词，而其义源则在别的某种语言中。例如意译词"黑板"，其语源是汉语，"黑"和"板"都是汉语成分，"黑板"也是汉语本族词；但其义源却在英语的 blackboard。音译词的义源、语源都在外语，如"咖啡"的语源就不在汉语，它不是汉语本族词，在汉语中是找不到它的理据的。

日语还没有文字的时候，就同已经具有悠久书写传统的汉语汉字发生了密切的交往。由于汉字不是表音文字，日文长期不能用汉字去记录和语的音，只好大量地照搬汉字——汉语原词；后来它借鉴汉字或汉字偏旁创立了自己的音节文字——平假名和片假名，但一则由于日语音节简单，同音词太多，仍必须借助汉字加以区分，二则以前所借的汉语原词也不能完全废弃，所以日语中的汉源借形词特别多。[4]

如今日文中的汉源借形词虽有某种程度的"和化"，但只要是源于汉语，其汉字形中有义（本义及其引申），它们就都是汉源借形词。"源于汉语"这一点很重要，不注意会上当。例如"火事"念かじ，火灾的意思。只看汉字及其音读,就很可能认为这是个汉源借形词。其实其源头是和语词ひのこと。先是用汉字分别标注构词成分ひのこ(火)与こと(事),后来就以此标注代替假名,并采用音读,这就创造了一个源于和语的"日制漢語"(日文的"漢語"是汉语词的意思),它的汉语词身份其实是假的。又如"大根"念作だいこん,源于和语词おおね(萝卜)。这说明,日文中用形中有义的汉字书写的词,其源头也有可能在和语中,只是用形中有义的音读汉字置换了和语词的构词成分。日文中的这种词很怪,似乎可以叫做"和源漢語"或"仮漢語",它们的产生大概与那时的日本知识界对汉语很崇拜有关。

有两种情况要排除在外。第一种情况,那些把汉字当作记音符号,借去记录和语词的所谓"汉字词",不是本文说的"汉源借形词"。例如,"旦那"念だんな,意思是"老爷"(被雇佣者称呼主人)。它却不是汉源借形词。因为,汉字形中有义,而"旦/那"两字却没有其字义,只是表音符号。因此这只是一个和语词的书写问题,并没有向汉语借什么词。第二种情况是所谓"国字",这种字具有方块之形,但无汉字之实。它们是日本人造的"倭字",为传统中国汉字系统所无。这种字在造字之初就同汉语无关,当然也不是"汉源借形词"(个别流入汉语中的字如畑辻畠腺,应作为特例一个个具体分析)。

二 汉源借形词的性质

日文中的汉源借形词,既是一种"照抄的汉文原词或新词",本应属于外来词,但日文的文字系统却不支持这一观点。日文的文字系统承认,日文中有大量汉语词(日文叫"漢語"),却不承认这些汉语词是外来词。因为,日文中的外来词(大多数是源自西语的借音词,也包括少量来自近现代汉语的借音词)都是用片假名书写的,"漢語"却不用片假名书写,而用汉字或汉字加平假名书写。既然如此,它们就不能算外来词。日文不把"漢語"算作外来词还因为"漢語"中有着日文的许多创造：有"和制漢語"，有"仮漢語"，有"漢語"在日文环境下的特殊使用造成的特殊引申或其他变化，等等。在日文中，论使用频率，固然是和语词最高，但要是论词种的数量，却是"漢語"最多。离开了汉语词，日文就难以成立和运转。[5]日本也曾有人想"脱汉"，即废除汉字，但终究搞不成。不管人们怎么对待日文中的汉字，日文究竟承认其书语系统中存在着大量并非和语词的"漢語"，也没听说有什么日本人要把汉字作为日本的原创而向联合国申遗，这一点就值得我们认真地学习和思考。至于中国有人把日文中的"漢語"，不理解成"汉语词"，而说是"汉式词语"或"汉字词"，这种理解恐怕与事实相悖，因为日文也把日语本族词叫做"和語"或"倭語"，把外来词叫做"外来語"或"洋語"，另外还有"混合語"。

语言高于逻辑，但语言学得合乎逻辑。从学理上说，メンツ（面子）、ワンタン（馄饨）是外来词，而機関（きかん）、成果（せいか）则不算外来词，这似乎不合逻辑：它们都源于汉语，只是前者用片假名转写（借音），后者照抄汉文原词（借形）而已。但是，如果我们把"漢語"理解为因地位特殊而独立成类的外来词，似乎能够克服这种逻辑上的尴尬。

要尊重科学，就得实事求是。我们觉得，语言学理论要以语言为本。一方面，需要把日语中借于汉语的词全部纳入外来词的范围，另一方面，又需要在外来词的范围里边，同借音词并列，建立"借形词"的概念。这样，日文的词汇系统中，按照来源划分的各种类型之间的关系，就理顺了。语言学理论完全可以说明，所谓"汉字词"并不是一个科学的语言学概念，因为这个概念把书写形式置于首要地位，既可能混淆和语词和汉语词的界限，又可能分裂不同时代借于汉语的外来词。

综上所述，所谓"汉源借形词"，就是日文中源于汉语的一种外来词，就是日文借于汉文、并用形中有义的汉字书写的汉语词。说白了，它们就是照抄的汉文原词或用原词複合的新词，不过出现在日文中；它们同汉文中的汉语词，在字形方面几乎无别，其区别主要在词音的变化和词义的引申（或複合词义的导出）方面。认清了日文中汉源借形词的本质，我们就能理解：为什么中国人当年能够把它们大量地直接"搬回来"，为什么中国人曾经能够"日语汉读"——因为这"日语"，指的是日文中照抄汉字之形的汉文原词或新词。

三 训读的汉源借形词

日文中的"汉源借形词"的共同特点是"汉源"和"借形"两点，其读音则有各种区别。有音读（汉字的古音及其变体）的汉源借形词，这是形音义皆借，如：苦（ク）/ 保险（ホケン）/ 必要（ヒツヨウ）/ 储藏（チョゾウ）/ 法律（ホウリツ）/ 亲戚（シンセキ）/ 日记（ニッキ）。有训读（与汉字对应的和语同义词的音）的汉源借形词，这是借形义而舍其音，如：大风（おおかぜ）/ 手下（部下之意，てした）/ 火花（ひばな）/ 肋骨（あばらぼね）（"大"字音读タイ或ダイ，"风"字音读フウ，"手"字音读シュ或シュウ，"下"字音读カ或ゲ，"火"字音读カ，"花"字音读カ或ケ，"肋"字音读ロク，"骨"字音读コツ或コチ）。也有音训混读的汉源借形词（平假名标训读，片假名标音读），如：每朝（マイあさ）/ 夏服（なつフク）/ 百日咳（ヒャクニチせき）。

其中，训读的汉源借形词非常有特色，可说是举世无双。

例如"广场"（广场）的日语读音是ひろば，但"广"字日语音读为コウ，宽广之意，对应和语词为ひろい。"场"字汉音チョウ，吴音ジョウ，场地之意，对应的和语词是ば。表面看来，这似乎只是个用汉字记录的和语複合词。可是，日文"广/场"两字源于汉语，它们形中有义，可见它们又是一个汉源借形词。汉语文献有"广场"。《唐会要》卷三十四："自有隋頹靡，庶政凋弊。征声遍于郑卫，炫色矜于燕赵。广场角抵,长袖从风,聚而观之,寖以成俗。"日语的ひろぱ,完全是汉语词"广场"的逐字对译(仿译)。可见日文的"広場",从字形看是个汉语词,形中有义(広字之形有变异);从读音看是个和语词,音中有义。由于形中之义和音中之义相同,至少基本相同,它们的形音义才能成为一个整体。训读的汉源借形词在日文中挺多,大约占全部汉源借形词的近一半。但它们并没有增加日语的词汇量,而是为了改善日语书面语的表意功能,因为和语音节简单,同音词特别多,因此,仅仅用假名记音不行,非借用表意汉字(汉语书语词)来区分其同音词不可。一种书语词,却同时归属两个不同的语种,真是世所罕见。语言的接触和交流,会绽放出多么惊人的灿烂之花,任何人都难以想象!

四　日构的汉源借形词

这类词在日文中属于"和制漢語"或"日制漢語",数量很多,也极有特色。在日构汉源借形词里边,所谓"和制"或"日制",并不是全新的创造,而是把照抄的汉源借形词降格为词素然后使之複合成为新词,并从构词成分的理据义导出词义。所以我们叫"日构","构"的意思就是"组合"或"複合"。其中一个小类是意译词,就是用新的複合词去意译一个西语词。[6]这种意译词是新词(汉语本就不断地产生着新词),其义源虽然是某种西语,却仍然属于汉源借形词,因为它们的构词成分是汉语成分,其语源在汉语。须知一个词属于何种语言,主要决定于其构词成分的语源。这一点日语语言学也是明确承认的,如日本佐藤喜代治编《漢字百科大事典》说,"和制漢語"或称"和制熟語",是汉语词汇日语化的表现,是在日语中产生的汉语词即字音词,中国汉语中原本没有这种词。其原文是:"漢語の日本語化として、日本語で生まれた漢語(字音語 とも言う)を和制漢語とも言い、本来の 漢語(中国語)にない漢語である。 和制熟語ともいう。"[7]遗憾的是,反倒是一些中国人认为它们是日语词，回归汉语后就成了汉语中的"日源外来词"或"日语借形词"的主体。

例如，日文中意译英文词 saturation 的"飽和"：溶液里某种溶质达到极限（念ホウワ。"飽"字念ホウ是汉音或吴音，"和"字念ワ是吴音）。这就是个日构的汉源借形词。"飽"和"和"两个照抄的汉语原词，提供了"飽和"这个複合词的理据。"飽"本指吃够了，不能再吃了，引申指达到极限了，不能再增加了。"和"是"和药"的和，是把几样东西掺和在一起，特指把溶质掺和到溶液中。"飽和"，指一定的溶液已经被掺到极限了，它不能再溶解那种溶质了。其语义结构与"飽餐"并无二致，虽然词性有别。

也有不是为了意译西语的日构汉源借形词。如"場合"是一定的时地或情况之义，念ばあい，其音是训读即对应的和语词的音（"场"字汉音チョウ，吴音ジョウ，处所、场地义。"合"字汉音コウ，吴音ゴウ，回合之义）。但从字形看，"场"与"合"两个汉字都是形义结合的汉语书语成分，"場合"无疑是个汉语书语词（不过它同时也是音义结合的和语词）。

"飽和"与"場合"都是"日构"的，它们诞生时是新的汉源借形词，如果说"飽/和/场/合"是第一代，"飽和/场合"就是第二代：它们诞生于日本，血缘在中国，籍贯在中国。它们首先出现于日语文献，但却是汉源借形词。

书写日构汉源借形词的字串，在此词回归汉语前，汉语典籍中是没有的。这一点很重要。正如孙常叙（1956）所说，"认定日语借词先要辨明它是不是汉语贷词。"如果这个字串在此词回归前的汉语典籍中出现过，那么它就不是"日构"，而是普通的汉源借形词了。例如白金／白旗／白夜／半径／本質／必要／標本／標高／警察／表象／博士／博物／成分／储藏／創作／代表／道具／定義／法律／法則等。这些都是一般的汉源借形词，不能视为"日构"的。《尔雅》就有"白金"，《国语·吴语》有

"白旗"，唐代孟郊的诗句中有"白夜"，宋代沈括《梦溪笔谈》有"半径"，汉代王充《论衡》有"本质"，南北朝贾思勰《齐民要术》有"必要"，《黄帝内经》有"标本"，白居易诗有"标高"……至于词义有所不同，原因很多，只要它与其字义提供的理据不矛盾就行——词义本来就是不断引申变化的。有人虽然知道《史记》有"博士"，汉代桓宽《盐铁论》有"博物"，仍然认为现代汉语中的"博士/博物"是外来词，我们将在下文辨明：这种看法是经不起推敲的。

五　汉源借形词的回归

（一）词语借贷关系的特点

　　词语的借贷关系是一种比喻性说法。人类的经济活动中存在着借贷关系，在这种借贷关系中，一定数量的资产会从贷方转移到借方，借方的资产增加了，而贷方的资产减少了，但贷方从借方获得了债权，保证"有借必有还"。语言接触中的词语借贷关系与此类似，但有明显的不同。首先，借方语言的语词确实增加了，它从贷方语言中获得了"借词"即外来词，丰富了自身的词汇。不同的是，贷出的词语仍在贷方语言中存在，贷方语言的词汇并没有减少，因此它不需要什么"债权"，也不需要借方语言"归还"什么。这是因为语词并不是实物，而只是实物的一种符号。作为一种符号的语词，人们如何使用，别的语言是否借用或照抄，都不会影响其原本的存在。汉语的"坦克"借于英语，"沙龙"借于法语，但英语中仍有 tank，法语中仍有 salon，它们是不要汉语"归还"什么的。

（二）汉源借形词回归的条件（上）

　　借词虽然不用"归还"，但有一些汉源借形词事实上是回归了。这是为什么呢？原因之一是，汉源借形词的词义有所引申，同汉语原词的词义有差别。所谓回归，实质是汉语原词把日文中的汉源借形词那有差别的词义收了回来，新增一个义项。例如，"本質"早就出现在汉语文献中，含义多样。或指"本来的状貌"，或指"人的本性、资质"，或指"本来的事实"。日文把它搬去意译英语的 essence，指"事物本身所固有的、决定事物的性质、面貌和发展的根本属性"。这样，日文"本質"的词义就和它的汉语原词"本质"的词义产生了差别。后来，汉文原词"本质"又把日文"本質"的词义收纳了，也有了"事物本身所固有的、决定事物的性质、面貌和发展的根本属性"的含义。事实很清楚：日文中的"本質"是一个地道的汉源借形词，"本質"的真正源头在汉语中。日文"本質"的词义被原词收纳后，原词便增加了一个新的义项。如此而已。日文在搬用"本質"意译 essence 时，知道它的各项词义来源于其理据义"根本性质"，并认为引申其义可以达到与 essence 之义相符，或者 essence 的含义可以以"本"与"质"的含义为理据义来导出，它才搬用"本質"去意译 essence。虽然"本质"的意义如此引申或如此形成，是日语所造成，但它到底是汉语原词"本质"的词义或其引申。又如"革命"最早出现于《易·革》的"汤武革命"，本来是变革天命即改朝换代的意思，日文搬去意译英语的 revolution，引申指"社会阶级关系的巨大变革"，这一意义又被"革命"收纳，汉语的"革命"便多了一个义项。从汉语的角度说，"本质／革命"中存在着侨归的义项，是第一代侨归词，但它们无疑是汉语本族词。"博士／博物"等亦应作如是观。

当然，汉源借形词在日语中的引申义是否会被汉语原词所收纳，最终决定于汉语世界的需要。如果并不需要，即使其引申义为原词所无，也不会被原词所收纳。如日语搬去的"街道"，在日语中引申有"公路"之义，汉语的"街道"就不必收纳这一含义了，因为汉语中有"公路""马路"等词负载这一意义。

（三）汉源借形词回归的条件（下）

汉源借形词回归的条件之二，是它们在日文中降格成了构词成分，由它们组合形成了新的複合词，多半用来意译西语政治、社会、经济、文化方面的概念。这类複合词作为汉源借形词的第二代，诞生于日本，籍贯在中国。例如前文提到的"饱和"，此外如"标语／表决／财阀／採光／茶道／刺激／贷方／电话／读物／番号／服务／幹部／故障／光年／海拔／号外／集中／取缔"等等。由于这类词正符合当年中国人学习日本、或通过日本学习西方以救国的需要，他们便把这类词大量地、直接地搬回了汉语。可是，今天的人们似乎大多认为，回归汉语的这类"日制汉源借形词"不是汉语本族词。有人说，这种词"不是汉族和汉语环境下所造，也不是为汉语和汉族所创，它借了词的形式，但却不是词的语音形式，而只是词的书面形式，因此它是汉语中一种特殊的'借形词'"[8]。上述说法主要是两点，一是它们非汉语汉族所造，二是所借的是字形而不是字音。第二点的回答已见于前文第一部分，后文第六部分还会谈到。对第一点，我们的回答是：一个意译词属于何种语言，一般决定于其构词成分的语源，与译者的族别无关。比如，汉语意译词"几何／寒带／温度／赤道／化学"，不管它们的译者是利玛窦、徐光启，还是王韬，或者别的什么人，也不管这人属于哪个民族，它们都是汉语本族词。因此，中国人把这类词搬回汉语，是使它们回归了本族语，而不是汉语向日语"借用"。"日制"的本质是"日构"，这种局部的创造就能使它们变成和语词吗？也许有人要辩解说，我们不是说"日制漢語"是和语词，而是说它们是日语词。这种辩解是苍白无力的。所谓"日语词"是什么意思？日语词按来源说不就是和语词和日语中的外来词的整体吗？如果它们不是和语词，就只能是一种外来词了。日语中的汉源借形词一旦回归了汉语，就只能是汉语本族词了。这里边似乎并没有什么深奥难明的道理。

"取缔"的情况略有不同。在日语中，这个词写作"取（り）缔（ま）り"（括号内的送假名可写可不写），念とりしまり。它既是形义结合的汉语词，又是音义结合的和语词。需要特别指出的是：这类词回

归汉语的只有其形义结合的一面，而两字之音原来就在汉语中，只需恢复。按汉字理解，"取"者"采取"，是"选择施行（某种政策措施）"之意，"缔"者"结不解也"，引申指束缚、拘管或了结。《汉语大词典》把"取缔"释为"明令取消或禁止"，这词义正是从"取""缔"两字的含义导出的。可见汉语中的"取缔"，其理据就在汉语中，所以应该归入汉语本族词的侨归词。黎良军（2016）《论侨归词》似乎没有看到"取缔"是形义结合的汉语词的一面，只看它是音义结合的和语词的一面，因而把汉语中的"取缔"归入外来词，叫"贷形借词"。这是不妥当的。现代汉语中真正的贷形借词是"寿司"类词，汉语先是贷出汉字"寿""司"给和语词すし记音，然后又把和语词"寿司"借来。

（四）侨归词对汉语的贡献

回归汉语的汉源借形词可以叫做侨归词，它们是汉语本族词。侨归词既然回归了，自然会舍弃那不必要的"洋装"，恢复其本来面貌（如抛弃日语语音系统的影响，恢复其原有的汉字读音）。但历史的印迹不可能、也不必要完全清除。它们有的在侨居时获得了新的词义内涵，有的甚至诞生于异域，有外语的义源或者新的构造方式……总之，它们大多有着新鲜活泼的性格，使古老的汉语面貌为之一新。侨归词充分发挥了汉字的表意功能，证明了意译法是汉语吸收外语词汇的主要方法。这一方法能够让外语词的义源在汉语中找到恰当的形式而落户生根。意译法既展现了汉语无限的生命力，又开拓了汉语在新时代的发展空间，使汉语在与其他语种的碰撞中既能保持住自己词汇的本色，又能泼辣地吸收外语词汇的含义，是汉文化吸收外域文化的有力武器。侨归词也充分证明了汉语字串的引申能力，使陈旧的字串焕发出新的光辉，《易经》的"革命"和"形而上（学）"是极好的例子。侨归词还进一步巩固了双音词在现代汉语词汇中的支配地位，丰富了词汇内部的结构形式。等等。研究侨归词对汉语的贡献，具有重要的理论和实践价值。

六　名不副实的"日语借形词"

"日语借形词"是一个十分糟糕的概念,因为它太名不副实了。

首先,"日语借形词"是拿来分析现代汉语词汇构成的语言学概念,却离开了语言学的理论和语言事实。语言学的概念应该以语言为本,肯定构词成分的语源是判定该词所属语种的决定性因素,而这个概念却强调社会历史与文化。近代以来,特别是戊戌变法以后一段时间,中国人为了救国,拼命地学习日本,或通过日本学习西方,把日文借于汉文的词语大量搬了回来。这确实是当时一种社会历史潮流。但是,在这个历史潮流中被搬回来的"日文借于汉文的词语"是否属于日源外来词,是需要用语言学的理论和语言事实来判断的。如果说"承认这一历史潮流,就得承认汉语中存在大量日语借形词",就是用社会历史或社会文化来代替语言学了。而实事求是地分析日语中的汉源借形词的产生和发展,揭示它们在本质上就是照抄汉字之形的汉文原词或新词,把其中回归汉语的部分归入汉语本族词而命名为侨归词,研究侨归词回归的原因和条件,等等,正是在深入地研究中日之间的文化交流和语言接触的全部历史。名不副实的"日源借形词"概念,只会干扰对中日之间语言文化交流的研究;而把侨归词中的意译词归入本族词,完全可以研究意译词与其义源的各种关系。

其次,"日语借形词"概念中的"日语",指的是"日源"。有人说,"今天我们文科方面的名词术语,有70%是从日本输入的","离开了日语外来语,我们今天几乎就无法说话","如服务、组织、纪律、政治……数不胜数,全是来自日语"(见互联网《搜狗百科·日制漢語》)。作者说的"日语外来语"就是指汉语中的所谓"日源借形词"。这话真使人感到大惑不解。因为从语言接触的历史看,隋唐以来,日文学习汉文是历史的绝对主流。虽然19至20世纪的几十年,发生过中国人学习日本的热潮,但几十年怎么能同一千几百年相比?要是说日文中有大量"汉源"的词汇，那才合乎情理。具体说，汉语中的"本质""警察""饱和""场合"之类，其义源或语源真的在日语吗？这些词的构词成分，即形音义结合的汉字（汉语书语词或词素），以及它们的构词方式，到底有多少是日语的原创？即使它们全都是"日构"的，它们在日文中也还被认为是"日制漢語"！"日构"诚然有功，但"日制漢語"终究是"漢語"，是一种源头在中国而有一定和化的汉语词。现在它们已经回到汉语了，怎么反倒成了"日源借形词"了？不说日语把中国汉字搬过去是"借形"，也不说这汉字是"汉源"（而叫日本汉字！[9]），汉语从日语中把自己的书面形式——汉字搬回来就算"借形"，这中国汉字就成了"日源"的了，世界上哪有这样的道理！

"形"的实质是什么。书语的"形"固然是书写符号，但前文说过，音素文字的"形"和表词文字的"形"，有着本质的区别。汉字作为表词文字的"形"是"形中有义"，它就是汉语的书语词（词素）。西语音素文字的"形"是字母，它是"形中有音"，但"形中无义"。日文照抄的汉字，实质是汉文的"原词"，日文本身（假名）则是音节文字（属表音文字）。依理说，汉文向日文借形，只能是借假名之形。汉文中哪有这样的外来词？当然，"日源借形词"概念中的形，在使用这个概念的人的心目中，指的也是汉字之形。但这样一来，汉文向日文借形，岂不是汉文向日文借那"日文向汉文借去的汉文原词"了？这不等于说英文会向汉文借 BRT/CEO/e-mail 吗？这也太滑稽可笑了！可见，"日语借形词"这个概念，实在是逻辑混乱，贻误学人。

因此，一般说来，现代汉语词汇中没有"日语借形词"，使用这一概念的人心目中所指的那些词，绝大多数是汉语本族词中的侨归词（有少量是地道的汉语本族词，它们被日文借去了，却用不着回归，如半径之类）。

注释

［1］"日语借形词"这一概念最早由谁提出,目前虽说不准,但其思想应该源于我国现代汉语词汇学的开山之作《汉语词汇》(孙常叙,1956)。该书第二十一章为"外来语词汇",认为"在汉语里的日语借词部分,却出现了一种不从语音形式借取,只取书写符号的特殊现象"。但是,另一方面,作者强调指出,隋唐时代,"日本语几乎整个地借用了汉语词汇",还强调了"汉语词书写形式的表意作用",特别是强调了"认定日语借词先要辨明它是不是汉语贷词",还提到"日语汉读"等。虽然该书没有最终解决"汉源借形词"的回归问题,却为我们提供了思路,使我们得以提出"回归的汉源借形词是汉语本族词""一个词的构词成分的语源,是判定该词所属语种的决定性因素"等论点。

［2］布龙菲尔德《语言论》中译本,第360-361页。商务印书馆,1985。

［3］汉字形中有义是一个总的趋势,总的性质,它并不否定音中有义作为一种补充,用来解释汉语典籍中的假借现象。象形字、会意字,是典型的形中有义,其字义可以从分析字形的象似性中得到。历代相沿的假借字和形声字也是形中有义的。如湘字,其字形中就有湘江、湖南等义,"我"字,字形中有第一人称指代义。这种形中之义不是从分析古字形的象似性得到的,而是千百年来约定的、世代相传的。但在用字时不取字义的假借现象至今还是有的:如汉文的"坦克"和日文的"寿司"。

［4］据宋茜《日语"汉字借形词"的源流与现状研究》,《中日交流标准日本语》(初级上、下册)有汉源借形词1551个。

［5］见彭广陆等《日语知识百题》124-125页。

［6］据森田聪的硕士学位论文《〈现代汉语词典〉中的日语借词研究》,刘正埮等的《汉语外来词词典》收了标注日源的词892个(大多数属于侨归词),其中750个是意译词,占80%以上。从构词成分导出词义的贡献,也不全属于日语。好些意译西语的複合词,其方式是构词成分的对译。这时,从构词成分导出词义的贡献属于西语。例如"白热(ハクネツ)"是英语 a white heat 的仿译;"版画(ハンガ)"是英语 block print 的仿译;"背景(ハイケイ)"是英语 background 的仿译。

［7］转引自崔崟《进入中国的"和制漢語"》,《日语学习与研究》2007［6］

［8］见张威的硕士论文《汉语借形词研究》(2004),中国知网。

[9]"日本汉字"的意思,如果是"日文中的汉字"那倒名副其实。问题是有人把"日本汉字"理解为"日本文字"或"日本国字",其强调日文中的汉字不同于中国汉字的特殊性,已经到了抹杀汉字源头的地步了。见潘旭《日本汉字的确立及其历史演变》第3页。

参考文献

1 孙常叙2006,《汉语词汇》(重排本),商务印书馆(原版1956年由吉林人民出版社出版发行)。

2 鎌田正米山寅太郎2004,《新漢語林》,日本大修館書店。

3 彭广陆等2007,《日语知识百题》,北京大学出版社。

4 刘正埮等1984,《汉语外来词词典》,上海辞书出版社。

5 潘钧2013,《日本汉字的确立及其历史演变》,商务印书馆。

6 陈达夫等1973,《袖珍日汉词典》,商务印书馆。

7《新英汉词典》编写组,1985《新英汉词典》(增补本),上海译文出版社。

8 周玉琨曲娟2000,《日语借形词的构词问题》,《汉字文化》第3期。

9 宋茜2013,《日语"汉字借形词"的源流与现状研究》,豆丁网。

10 黎良军2016,《论侨归词》,载《雅林探赜:汉语字义引申例论》,广西师范大学出版社。

11 曹莉亚2009,《百年汉语外来词研究热点述要》,深圳大学学报第3期。

4 漫谈侨归词的理据

一 关于字串的同一性

  现代汉语中的所谓"日源借形词",其实是一个虚假概念。汉语中没有什么"日源借形词",除了偶尔一见的"の"。日文中的汉字或汉字字串,都是借于汉语书面语的形义结合体(这是个基本事实。它忽略了像"辻"这样的个别和制汉字,也忽略了像"寿司"这样仅取汉字形音而舍弃其义的微量借形和语词)。它们在日文中时,就是外来词"汉源借形词",因为它们的结构成分是汉语成分,其理据在汉语中。虽然语言中的借贷关系不同于经济上的借贷活动,借词是无须归还的,但是,现代汉语中却有从日语归来的"侨归词"。这些侨归词的新义,或者是汉语原义的引申,或者由汉字字义所导出,它们的理据,无一不在汉语中。因此,所有的侨归词都是汉语本族词。只是其中有些词的理据不甚透明,人们不明白词义同其中的字义有什么关联,这就扩大了现代汉语中"日源借形词"的市场。为了从根本上否定"日源借形词"这一谬说,我们有必要说明,这些词的理据确在汉语中,它们是地道的汉语本族词。

  为了探讨侨归词的理据,我们先说一下字串及其同一性问题,免得人们在"词"和"短语"的区分上白绞脑汁。

在书面,"词(words)"是西语的最小使用单位,不证自明:前后有空间间隔把本身隔离出来的一串字母,就是一个词。汉语的最小使用单位则是"字",也不证自明:一个方块形状的形音义统一的符号就是一个字。"形音义统一"的含义涉及一些複杂情况,在此不能展开论述。大致说来,一字就是一形一音一义的统一。随时可以互相替换的异形和多读,是语言中的赘馀,应该加以规范;一义则指一个义项系统,包含互有联系的多个义项。字串就是经常连用而整体有意义的几个字(大多是两个字)。字串的性质多样,我们不必按照西语的概念去考虑每个字串是 word(词)还是 phrase(短语),也许两者都是而又不全是。在性质上,字串与字大致平行:有同形同音字,也有同形同音字串;有一字多义,也有多义字串;同一个字可有动名之别,同一个字串也可有不同的性质……字与字串的主要区别是:字内没有语法结构,字串中却程度不同地存在着语法结构。以字串"白云"为例,①义"白色的云",其修饰结构最为明显。②义"黄帝时掌刑狱之官",其理据义在"黄帝受命有云瑞,故以云纪事也。由是而言,故春官为青云,夏官为缙云,秋官为白云,冬官为黑云,中官为黄云。"(《汉书·百官表上》)此理据义仍是修饰结构。③义"喻思亲",理据是狄仁杰望着白云说:"吾亲所居,在此云下。"所以王遵宪有"白云望断眼空悬"的诗句,修饰结构也降到理据层面了。④义"喻归隐"也同前条一样。至于陈抟老祖又叫"白云先生",就不好贸然说什么了,因为人的名字的理据是难以遽然断定的。

"字串"这个概念至少已经隐含在《汉语大词典》的编撰实践之中,即至少它是个词典学的实用概念,只是没有明确加以定义而已。例如该词典的[中国]这个字串有六个义项:①上古时代,我国华夏族建国于黄河流域一带,以为居天下之中,故称中国,而把周围其他地区称为四方。后泛指中原地区。②指生长、居住在中原地区的人。③犹国家、朝廷。④京师。⑤我国的专称。⑥指恒河中游一带的中印度,佛教徒译称中国。参阅晋法显《佛国记》。如果不讲字串，只讲 word 或 phrase，义项①就既是 word 又是 phrase，义项⑥则应该另外出条（它与其他义项之间没有引申关系）。若讲字串，义项⑥仍属于这个字串，因为其中的"中""国"两字，与其他义项的两字是分别同一的。

所谓字串的同一性，就是指一个字串所能容许的内部差别的限度，超过了这个限度，它就是另外一个字串了。字串的同一性，是建立在字的同一性基础上的。字是形音义的统一体。一个字如果不是"一形一音一义"，那就不是"一字"，而是"多字"。如吞并的"并"和并排的"并（並）"，就不是同一个字，而是两个不同的字（其音形也有区别，其音的区别至今还存在于某些方言之中，其形的区别则存在于繁体字读物中）。字串中如果出现这种情况，那么也就不是同一个字串了。如"爱好"，后字如果有上声去声之别，那就是两个不同的字串了。所谓"一形"，基本上以通行繁体汉字字形为准。所谓"一音"，大致以普通话为准，适当参考《广韵》音和有较大影响的方音。所谓"一义"，得以对字义引申的深入研究为基础，诸多含义只要有引申关系，就属于"一义"。判断"一音"或"一形"需要排除没有区别字义功能的"多读"或"异形"，困难不算多；判断"一义"既然需要以引申研究为基础，困难似乎多一些。好在有大型辞书《汉语大字典》《汉语大词典》可以参考，义项之间是否存在引申关系也能基本解决。

单个汉字的理据，从音义关系方面说，就是用某种语音指称某种事物的理由和根据，除了派生性理据（如"仞"来源于"人"）和摹声性理据（如"咳"来源于模拟咳嗽声）之外，其理据一般已经无法追寻。从形义关系方面说，就是用某种构形来指称某种事物的理由和根据，象形字的理据一般可由古字形的像似性推得，会意字和指事字中字形与字义的联系，就含有一定的或然性。形声字是汉字的大多数，从形旁只能推知其义类，难以确知其具体含义。好在我们面对的不是单个汉字，而是字串，因此不会受到单个汉字理据不明的影响。字串由两个或两个以上汉字构成，它们的理据，就是字串的某一整体意义得以形成的理由和根据，它多数表现为这个整体意义与其中字义的直接联系（包括字义之间的联系），也可能表现为此一整体意义与彼一整体意义之间的引申关系，其与字义的联系是间接的。例如：

字串"保险"有四个含义：①据守险要之处（保于险）。如"保险自守"。其中"保"字之义为"依仗"，"险"字之义为"险要之地"。②谓稳妥可靠，不会发生意外。如"多穿点保险"。释文之义亦犹"可以保证不会出现危险之事"，其中"保"字之义为"保证"，"险"字之义为"危险之事"。③指枪枝、门锁等机械物件上起保障安全、以防意外的装置。如"打开手枪的保险"。这里的"保"是"保障"之义，"险"字是"危险之事（指走火）"义。但字串义转指枪支的一种装置或零件，它们有保障安全的功能。④集中分散的社会资金，用于补偿因自然灾害或意外事故而造成的经济损失，或对公民因疾病或丧失工作能力而给予医疗或物质保证的一种方法。如"医疗保险"。这里的"保"还是"保障"义，"险"还是"（发生）危险之事"义。但整个字串转指一种社会经济活动，使人们在遇到危险之事时能在经济上得到救助。

四个"保险"中，"保"字诸义都是其初义"背负孩子"的引申（依仗之义可从孩子的角度引申出来），"险"字诸义则是其初义"险阻"的引申。这样，四个含义不同的保险，属于同一个字串。它们是同一个"保险"的不同义项。

另一种情况是，字串的某一义项的理据，与字串中的汉字没有直接关系，而在字串的另一个义项。例如，"料理"这个字串，原来是"办理/处理"义，1980年代以后，"料理"又增加了"烹调"和"菜肴"两个含义。"处理"义的料理和"烹调""菜肴"义的料理，是同一个字串吗？《说文》料字段注："称其轻重曰量，称其多少曰料，其义一也。"度量物件的多少，是人们生活中极为平常的一种具体行为，而"理"字本义"治玉也"也是一种具体行为。两字组合为"料理"后，构成对一般事物的"处理"义,这就是"处理"义得以形成的理由和根据。日语把"处理"义的料理借去后,这泛化的"处理"义,后来又专指处理食材的"烹调",从烹调再引申指烹调的成品"菜肴"。日本辞书《新漢語林》把这两个含义标作"国",意思是"料理"的这两个义项是日语特有的。但这专化义1980年代后又被汉语的原字串"料理"收纳了。现在的《现代汉语词典》中,"料理"有三个义项:①处理;②烹调;③菜肴。它们的引申关系是:①处理→②烹饪→→③菜肴。就是说,①引申出②,②引申出③,而①的理据在"料"和"理"。这就是说,"菜肴"义"料理"的理据("菜肴"义和"料""理"二字的意义关联),经过"烹饪"和"处理"就能得到说明。可见汉语中三个不同含义的"料理"属于同一个字串,不过其中有两个义项是侨归义项,它们与"料""理"二字的联系是间接的。

其次,字串中字与字的关系不同,不影响其为同一个字串。例如:"孝子"中两字的含义分别是"孝顺""儿子",但两字之间可能有不同的关系。"你对父母那么好,真是孝子啊!"其中的"孝子"是"孝顺的儿子"义;如果把"父母"改成"儿子",说"你对儿子那么好,真是孝子啊!""孝子"的重音随即转到"子"字上,其含义就只能是与"孝顺父母"结构相同的"孝顺儿子"了。两个"孝子"是同一个字串吗?本文认为还是同一个字串,字串的同一性只要求字串中诸字是"一音一形一义",字间关系的不同不影响字串之同一性。

又如存款:①指一种行为,"存"与"款"是支配关系:我去银行存款。②指一种名物,"存"与"款"是修饰关系:我去银行取存款。"存款"的两个意义不同,是由于两字的关系不同。但"存"与"款"的意义并无不同,或者更一般地说,"存"和"款"所属的义项系统并无不同。因此,它们是同一个字串。

字串"标本"的情况也与此类似,有平列和支配两种结构,因而有两个含义,前者如"标本兼治",后者如"动物标本"。前者之"标"从树梢义泛化为"末尾","本"从树根义泛化为根源义,二者相对。后者是"标其本"之意,其"标"字引申为"标记",再用作动字,含义是"显示"。整个字串的意思是:经特殊处理而能较长时间显示其本来面貌的动植物遗体(有的意思没有得到字义的提示)。"标记/末尾"属于同一个义项系统,"本来面貌/根源"属于同一个义项系统。因此两个含义属于同一个字串。

西语的 word 中,同根而不同词性的,算作不同的词,因为名词有自己的变格系统,动词有自己的变位系统。它们的读音各有不同。汉语没有形态,一名一动如果完全同形同音,字义也就属于引申而不是孳乳,不宜视为不同的词。因为词性的变化源于字义的变化,因而可以在字义引申的范围内处理这些问题。如锄地之锄和锄柄之锄,就是同一个字,而不是两个同音同形字。

不属于同一个字串的同音同形字串,是没有同一性的。例如"下手",既有"出手/动手/着手"义,也有"助手/右边的位置/知识或才能低下的人"等义。它们是同一个字串吗?"下"字含义极多,如"下棋""下战书""下人""下嫁""下种""下场""下力""下班""下作"等,它们是同一个义项系统吗?查"下"字《广韵》本有二音,一为胡雅切,上声;一为胡驾切,去声。上声之"下"表形容,主要是卑下之义,去声之"下"表动作行为,主要是降下之义。由于其声母是"匣"母,属于"全浊",在语音的历史演变中,"浊上归去",今天一律念去声了。"下"字参与组合的字串,原来同形不同音的,现在就变成了同形同音词。"动手"义的"下手","下"字古今都是去声;"助手"等三义的"下手",其"下"字古为上声,今也念去声。从来源看,既然不同音,当然不可能是同一个字串。即使古去声之"下"是从古上声之"下"分化孳乳出来的,降下义也从引申义变成孳乳义了。所以"下手"不是同一个字串。有人从今语出发,认为今语的"下"字都念去声,可以合为一字(见《汉语大字典》),这样一来,由于降落义可以从卑下义引申而得，两个"下手"就是同一个字串了。这种意见虽不是毫无道理，可惜割断了历史。要分析字串的理据，就不能不重视历史，就不能不把古今汉语作为一个整体来对待；而一重视历史，"下"字不同音的两个"下手"，就不可能是同一个字串了。另如数学领域的"方程式"和赛车领域的"方程式"，也是两个不同的字串，因为它们在意义上完全不相干（参见后文［方程式］条）。

分析字串理据的过程一般是：先用汇释法理解字串的整体意义，字串中每个字的含义，然后在此基础上寻求理据，即寻找字串的整体意义与字义的联系。寻求理据时，须时时注意将字义与字串的整体意义对勘，其内容大致有：（1）确定每个字的具体含义（义项），分析其中的引申脉络；（2）确定字串的整体意义中没有得到字义提示的意义。这部分意义，对于字串的理据没有影响。例如"仪表"或指人的外表，或指量度某些物理量的仪器，前者的"仪"和"表"指仪容外表，后者的"仪"是"法度"义，"表"指有刻度的外形。"仪"字的"法度"义是"仪容"义的引申（经过典范义），因而两个"仪表"的含义虽然很不相同，其中的两字的含义却各属于同一个义项系统。所以它们是同一个字串。表示仪器义的"仪表"，转指一种"工具"或"器物"，这个意思没有得到字义的提示，但不影响其理据分析（字串"仪表"还有别的义项，见《汉语大词典》）。

虽然本文讲字不讲词，但为了行文的方便和大家的习惯，本文不可避免地用到"词"这个字，请读者不要死抠这个字所表达的通行概念，记住，它大概相当于"字"或"字串"，有时也指西语的 word。

二 第一代侨归词的理据

第一代侨归词是指诞生于汉语，被日语借去后发生了意义变化，最后又带着变化了的意义回归汉语的字串。从另一个角度说，所谓回归，实质就是汉语字串被日语借去后发生的意义变化（即引申），后来被汉语承认了，汉语的原字串收纳了它，增加了一个义项。它们是有着侨归义项的汉语本族词。这一代侨归词的个体，在侨居前和侨归后，本来是同一个汉语字串，只是义项有增加，却被人为地分裂了，成了两个"同音同形词"了。

不少论者只承认汉语古籍中的原词（字串）是汉语词，而把侨居归来而词义有所引申的同一个词叫做"日源借形词"。其理由是，侨归的词义是日语的，与侨居前的汉语原词不同。例如"革命"，论者只承认《易·革》的"革命"（变革天命）是汉语词，现代汉语中普遍运用的"革命"非此义，而是"根本性的变革"或"暴力夺取政权以改变社会制度的激烈行动"，它是"日源借形词"，因为它本来是日语词。

本文认为，上述观点站不住脚。日语中的汉字或汉字字串，除了少量的所谓"国字"和记录和语词的记音汉字之外，都是"汉源借形词"，其词义则是汉语原词之义，或者是原词之义的引申。从汉语角度说，这些"汉源借形词"只是"分身侨居"于日语，大多没有回归汉语，因为其"原身"在汉语中依然存在。其回归汉语的部分，实质是汉语原词（"原身"）收纳了日语中"汉源借形词"（"分身"）的引申义，增加了一个义项。这才是事情的本质。

1【单位】"单位"是个常用词，按一般辞书的释义，它有两个义项：①计算事物多少的某种标准量的名称。②指为应聘人员提供就业机会的机关、团体、企业或公司等社会机构，是人们干活儿领薪资的地方。这两个含义之间有引申关系吗？它的理据是什么？今天似乎很难理解了。《汉语外来词词典》说义项①源于日语"単位たんい"，日语用它意译英语词 unit。

其实，日文的"単位"是个汉源借形词，而汉语的"单位"是有理据的。

（1）昏钟鸣，须先归单位坐禅。（唐代怀海编《敕修百丈清规》卷

六，日用轨范）

（2）又有指目单位，略说姓名，或任同秩异，业均迹别者，如希林真人为太微右公，而领九宫上相，未委为北宴上清，当下亲相职邪？（《全梁文卷四十七·真灵位业图序》）

"单"指僧人坐禅礼佛的坐具，是褥单、床单之义的引申（《说文》本字作禪）。如"拜单"指行跪拜礼所用的垫褥。"僧单"指僧堂的禅床。"卷单"的意思是，僧人收拾自己的行装离开寺院。这儿的"单"已经引申，指代僧人的行装。因此汉文"单位"的原意或理据当是"坐具的位置"，即僧人在僧堂坐禅礼佛的坐具所放置的地方。从这原义可以引申出义项②：对僧人来说，坐禅礼佛就是他们的事业；对一般人来说，上班干活儿就是他们的事业。坐禅礼佛得在寺庙有个"位置"，上班干活儿也得在社会上有个"地方"。这位置或地方都叫做"单位"，前者是原义，后者是引申义，而且原义就是引申义的理据。这类引申过程很常见，叫比类移用之引申。但汉语的"单位"如此引申的契机，是日语用它意译英语的 unit 之时。此后，汉语的"单位"收纳了这个引申义。

"计算事物多少的某种标准量的名称"指起算的量。任何事物，其起算的数一般是一，但是一斤、一升、还是一尺、一元？这斤、升、尺、元是什么，怎么叫？它就是"计算事物多少的某种标准量的名称"，里边包含着"某种标准量"即起算的量。如我国周朝规定"方寸黄金重量是一斤"。"斤、升、尺、元"是专名，其通名英语叫 unit，汉语现在叫"单位"，以前曾叫"名"。

《汉书·食货志下》："秦兼天下，币为二等：黄金以镒为名，上币。"颜师古注："改周一斤之制，更以镒为金之名数也。"周制据说是太公定的，"黄金方寸而重一斤"。《元史·志第十九·礼乐二》："宫县乐器既成，大乐署郭敏开坐名数以上：编钟、磬三十有六虡……"《百度百科·名数》说，"名数"有一个义项是"含有单位名称的数"，"只带有一个单位名称的叫做单名数，如 5 小时；带有两个或两个以上单位名称的叫做複名数，如5小时6分。"笔者1940年代学算术时，先生也这么教我们：数目有"名数"，如1斤，3尺，也有"不名数"，如1,67,135。此外似乎没有包含所有计量单位的通名。《汉书·律历志》也只有"五度""五量""五权"，分别指长度"名"分寸尺丈引，容积"名"龠合升斗斛，重量"名"铢两斤钧石。虽然，《荀子·致仕》说："程者物之准也，礼者节之准也；程以立数，礼以定伦。"杨倞注："程者度量之总名也。"《史记·太史公自序》裴骃集解引如淳曰："程者，权衡丈尺斛斗之平法也。"似乎可以认为"程"有"单位"义。但是，实际上"程"是计量之义，它包括"单位"，还包括进位制。而且后来"程"的计量义不但用于度量衡，也用于其他非物理量，如"计日程功""程吏"（考核官吏）"程才"（衡量才能）之类。

"计算事物多少的标准量"的通名什么时候从"名"改叫"单位"了？现在只能笼统说是新中国建国以后，而且几乎是同工作单位同时用开的。从"工作单位"到"计量单位"是怎么引申的？我们知道，"工作单位"指的是机关、团体、学校、公司、工厂、农场等社会组织机构或其部门，它们是由若干人（或连带其他物件）组成的整体，而"计量单位"指的是米、千克、秒等，它们都包含一定数量的同质客体，这一定数量的同质客体也构成一个整体（即标准量）。从整体性的角度看，若干同质客体组成的整体和若干人与相关物件构成的整体，是相似的，因此也可以叫"单位"，计量单位是工作单位的比类移用之引申。英语的 unit 也有工作单位和计量单位两个义项（它的含义更多，还有元件、教学单元、一整套等义）。

2【定义】说"定义"源于日语完全是数典忘祖的，汉语典籍中早有字串"定义"。如：

（1）西方写经虽同祖梵文，然三十六国往往有异，譬诸中土犹篆籀之变体乎？案苍颉古文沿世代变，古移为籀，籀迁至篆，篆改成隶，其转易多矣。至于傍生八体则有仙龙云芝，二十四书则有楷草针殳，名实虽繁，为用盖鲜。然原本定义，则体备于六文；适时为敏，则莫要于隶法。东西之书源亦可得而略究也。（［梁］释僧祐（445-518）《出三藏记集》）

（2）古称孩而名之，冠而字之。盖以名者义之制，字者名之饰。先民之论其亦多矣。故吐情自纪，名以示谦，均体相称，字以为重，质文既变，单兼并兴，要在顺言，亦无定义。（宋代王钦若等《册府元龟卷八百二十四·名字》）

僧祐的"定义"与"原本"并列，"原""定"都用作动词，是溯源与确定之义。"本"指事物的根源，"义"当指事理的法则。《册府元龟》的"定义"指名物。"定"是"确定的"，"义"当是"法则"之意。它们与今语"定义"息息相通。

今语"定义"的用法，也有名动两种，可以是"确定的（或既定的）意义"，也可以是"确定其含义"（即下定义）。只有在逻辑学中，才进一步说"定义"是对一种事物的本质特征或一个概念的内涵和外延的确切说明。不能只说"定义"是从意译英语 definition（名）或 define（动）来的，因为这只说了引申义，而它的理据，仍然是汉语中那"确定的法则"或"确定其法则"。汉语只是用自己本有的字串"定义"来意译英语词，其结果是含义略有引申。

汉语典籍中的"义"字含义复杂，而且与"仪"字关系密切。简要地说，《说文》："义，己之威仪也。"威仪有其形式和内容，其形式方面后来用"仪"字，其内容方面后来用"义"字。故"义"字引申为正义、道义、义法，又引申为含义（即内容）。因此，僧祐与《册府元龟》的"定义"虽然与今语有别，它们仍是同一个字串，今语"定义"不过是古语"定义"的引申。

3【法庭】汉文典籍中的"法庭"与今语"法庭"含义大不相同。晋代谢灵运《庐山慧远法师诔》云："仰弘如来，宣扬法雨。俯授法师，威仪允举。学不窥牖，鉴不出户。粳粮虽御，独为芒楚。朗朗高堂，肃肃法庭。既严既静,愈高愈清。从容音旨,优游仪形。广运慈悲,饶益众生。""肃肃法庭"的"法庭",就是指上边一句中的"高堂",即净土宗祖师慧远所建所居之庐山东林寺的厅堂,那儿是他弘扬佛法之处,因而称为"法庭"。其中的"法"字是梵文一个词的意译(音译达摩),在佛教中指影响整个宇宙的真理或规则。"佛法"怎么来的?它来自教主之口,是如来佛(即释迦牟尼佛)所说的一切教旨、教义、教规的总和。

梵文的"达摩"之所以意译为"法",是因为汉语的"法"原来就有类似意思。"法"字字形古作灋,《说文》:"灋,刑也。平之如水,从水;廌,所以触不平而去之,从去。"在中国古代指王法。其主要内容是刑法。《逸周书·小明武》有"敦行王法,济用金鼓",指的是讨伐有罪。而"王法"是出自天子、君王之口的。《尚书·说命》(清华简[战国时代的简牍]):"天子惟君万邦,百官承式,王言惟作命,不言,臣下罔攸禀令。"《国语·楚语上》作:"王言以出令也,若不言,是无所禀令也。"这样,"法"与"王"就天然地联系在一起(黄宗羲《原法》所谓"一家之法")。《穀梁传·僖公二十年》:"南门者,法门也。"范宁注:"谓天子诸侯皆南面而治,法令之所出入,故谓之法门。"王宫正殿也叫"法宫",因为这儿是皇帝处理政事之处,甚至御驾也称"法驾",御车也称"法车"。于是王庭也可叫"法庭"。孔庙的正殿之所以称"法庭"(柳宗元《柳州文宣王新庙碑》:"十月乙丑,王宫正室成。乃安神栖,乃正法庭"),原因就在这里。因为孔子生前虽无爵位,死后却是封了王的。何况以孔子为代表的儒家学说,还是古代中国的"王法之源"呢。"法庭"的本义,原是"王法之庭",这儿是立法、释法、执法的最具权威的所在。

王法和佛法都非常神圣[2]。王法讲究的是公平,正直,讲究"言出法随"。佛徒则几乎可用"法"虔敬地指称任何事物。法言、法匠、法身、法曲、法岸、法衣、法供、法事、法务、法物等等,数不胜数。《易·系辞上》用"法象"指万事万物:"是故法象莫大乎天地,变通莫大乎四时。"这样,"法"字再引申用于一般人时,即是一种敬称,如法挥、法笔、法眼。由于"法"分别指王法和佛法,后字含义相同的字串"法某",有好些也有两个含义,如法堂、法教、法场、法嗣、法意、法网、法籍、法服、法典等。难怪《宋高僧传》中赞宁要主张"佛法据王法以立"了。

《汉语大词典》"法庭"的两个义项都是中国本土的:①指孔庙正殿(按,其理据义是王庭)。②即法院。国家的审判机关。亦指法院内审判诉讼案件的组织机构或场所。这是因为"法"字的含义有发展变化的缘故。就"法"字的古义说,谢灵运的法庭是"弘扬佛法之庭",是意译时获得的引申义;柳宗元的法庭是"王法所出之庭",是本义;今天的"法庭"则是"执法之庭",又有所引申了。今天的"法"指宪法及由国家制定或认可并用国家强制力保证执行的一切法律、法令。"法"之所出要体现人民的意志,而且要合乎程序。

"法庭"之"法"的具体内容虽然随着时代的不同而变化,但其"治理社会的强制性律条"这一根本性质并没有变。所以今天的"法庭"与典籍中的"法庭"是同一个字串。"法庭②"是"法庭①"的引申,其语源无疑在汉语中。在字义上,court 只与"庭"字相当,不过它从庭院义引申特指法庭(如庭审之庭)。汉语的"法庭"用"法"字明确限定了这"庭"的性质,比 court 的含义更为清楚,更具有可分析性。只要对"法"的理解跟上了时代,对"法庭"的理解也就会跟上时代,说"法庭"源于日语是没有道理的。

4【范畴】《汉语外来词词典》说,"范畴:哲学用语,人的思想对客观事物本质的概括和反映。源:日。範疇 hanchū(按片假名作ハンチュウ)。意译英语 category 或德语 Kotegorie。"这个说法的意思是:"范畴"源于日语,而日语的"範疇"又是从意译英语或德语来的。汉语的"范畴"源于日语吗?至少,"范"和"畴"这两个字是汉字,不是假名,日文中的範疇二字的字形和字音,都源于汉语。这两个字连用为"范畴",在唐代就出现了。而那时日语的假名还在襁褓之中呢。唐代徐浩和陆龟蒙两位诗人都用过"范畴"。徐浩(703—782)《谒禹庙》诗云:"亩浍敷四海,川源涤九州。既膺九命锡,乃建洪范畴。"陆龟蒙(?—881)《读襄阳耆旧传》诗云:"伊余抱沉疾,憔悴守圭窦。方推洪范畴,更念大玄首。陈诗采风俗,学古穷篆籀。"两诗说的都是"洪范畴","范"字先与"洪"组合,然后"洪范"和"畴"组合。这是因为它们源于《尚书·洪范》。此书本作"洪范九畴",周秉钧师《尚书易解》释为"大法九类"。"九"应该是"多"的意思。"大法九类"即各类大法。去掉"洪范九畴"中的修饰语,就成了"范畴"。所以"范畴"是"洪范九畴"的紧缩。在西方哲学中,category 被用于对所有存在的最广义的分类,如物质,存在,时间,空间,数量,关系等。在分类学中,它是最高层次的类的名称,与"洪大"意通。所以,用"范畴"来意译 category 是挺合适的。

据《尚书·洪范》说,"洪范九畴"源于夏禹时代,是箕子给周武王讲的。大意是,夏禹的父亲鲧治水用堵塞之法,把五行搞乱了,上帝生了气,没把治国安邦的各类大法教给他,常理(即《尚书》之彝伦,顾炎武《日知录》说是"天地人之常道")就被破坏了;后来鲧在流放中死了,大禹继承父业,他用疏通之法治水,上帝才把这各类大法(汉儒视为洛书)教给了大禹,于是常理也就井然有序了。"洪范九畴"的具体内容是:一曰五行(金木水火土),二曰敬用五事(貌言观视听),三曰农用八政(食、货、祀、司空、司徒、司寇、宾、师),四曰协用五纪(岁、月、日、星辰、厤数),五曰建用皇极(指任用官员有原则),六曰乂用三德(治民用刚、柔、正直),七曰明用稽疑(用卜筮解决疑难),八曰念用庶征(思虑要用各种征兆),九曰嚮用五福(寿、富、康宁、攸好德、考终命)、威用六极(凶短折、疾、忧、贫、恶、弱)。可见"范畴"的本义,就是总称各种重大的治国理政的方策。而意译 category 的"范畴"(今义)指世界上范围最大、概括性最高的事物的类别,作为概念它是没有上位概念的(如哲学的矛盾、政治经济学的价值之类)。二者都是"常理",即事物的类或其概念。它们的区别是,前者属于治国安邦的政治领域,比较具体;后者属于哲学或思维逻辑的领域,更为抽象概括。因此可以很自然地从前者(器)引申出后者(道)。"范畴"的这一引申义的产生,自然是在用它意译西语之时,但"范畴"决不是什么外来词,而是一个地道的汉语字串,不过意义有所引申而已。

词是音义结合体。在汉外翻译的过程中,得把汉语和某种外语的字词加以比较。当两种语言的对应字词在意义上完全契合时,翻译就是极简单的意译。当汉语中肯定没有与某个外语词对应的字词时,往往得用音译法把外语词借进来。第三种情况是,汉语中虽然没有同某个外语词对应的字串,但这个外语词的构成可以分析,其构成成分却可以和汉字对应。这时往往根据外语词的构成创造出一个汉语仿译词。第四种情况是:只能在汉语中找到与外语词含义相近的字词。在这种情况下,要尽量意译,也许只有两个办法,一是用已有的字或字串而引申其义,二是用已有之字创造新的字串,并使之贴近外语词之义(偶或也贴近一部分音)。这两个办法所用的字串,不管是已有的还是新造的,都是汉语词,不是外来词。因为译者此时并没有考虑直接借用外语词,而是在研究如何用汉语的材料把外语的含义翻译过来。用旧有的字串"范畴"而引申其义以意译西语 category,创造"水泥"代替"士敏土"意译 cement,都属于这种情况。此外,在化学和医学领域,则有创造新字音译外语词(或其减缩形式)的情况,如钙、嘧啶之类,虽然新字的部件也是汉语的,但这已不是意译,这些新字在本质上应是借词。

5【方程式】《汉语外来词词典》说,"方程式:数学上指(按此处脱"含有"二字)未知数的等式。源:日。方程式 hōtei-shiki(按片假名作ハウテイシキ)。[方程〈古代汉语《周礼·地官·保氏》郑玄注:'九数:方田、粟米、差分、少广、商功、均输、方程……'意译英语

equation]。"词典的意思是,"方程式"源于日语,日语是用它意译英语的 equation。其中的"方程"则源于古代汉语《周礼》的郑玄注。按,今数学领域的"方程式"往往简称"方程","方程"和"方程式"两个字串的含义一样,"解方程"就是"解方程式",所以《现代汉语词典》用"方程"来解释"方程式"。

由于今语"程"字不单用(姓氏义除外),其含义难明,"方程式"仿佛是个外来词。说"方程"源于郑玄,不如说它源于《九章算术》,郑玄的注解是源于《九章算术》的。"方程"是什么意思?《九章算术》第八章的标题就是"方程",晋代数学家刘徽注云:"程,课程也。群物总杂,各列有数,总言其实。令每行为率,二物者再程,三物者三程,皆如物数程之。并列为行,故谓之方程。"这儿的"课"字意为"计算",是修饰语,指为了计算求解而开列的;"程"即"程式",指按不同物品的各种数量关系而用算筹依序列成的特定数式。"各列有数,总言其实",指的各未知量之数(即系数)和总数(常数)。"令每行为率",就是把一个条件下的几个数字列成一竖行。"如物数程之",有几个未知量(物)就必须列出几个"程式"(几竖行)。注意,同横列的数字必须属于同一个未知量(物)。方程之"方"指的是若干竖行数式总体看略呈"方形"。所以为计算求解而并列出来的若干竖行数式称"方程"。

例如《九章算术·方程》第一题:"今有上禾三秉(捆),中禾二秉,下禾一秉,实(籽实)三十九斗;上禾二秉,中禾三秉,下禾一秉,实三十四斗;上禾一秉,中禾二秉,下禾三秉,实二十六斗。问上、中、下禾一秉各几何?"

依照中国古代用算筹排列成"方程",就是:

$$1 - 2 - 3$$
$$2 - 3 - 2$$
$$3 - 1 - 1$$
$$26 - 34 - 39$$

这"方程"的实质,就是用现代三元一次线性方程组的系数和常数排列而成的数表;如用 x, y, z 代替未知量,列出现代方程组(联立方程),就是:

$$\begin{cases} 3x+2y+z=39 \\ 2x+3y+z=34 \\ x+2y+3z=26 \end{cases}$$

"方程"的本义,就是把数学问题中的全部数字(系数和常数)按一定次序用算筹摆成方形的特定数式以便计算求解,其实质是今天的线性方程组。由于思维日趋精密,数学表达方法也日益进步,《现代汉语词典》"方程"的释文作"含有未知数的等式",这是就今天"方程"的表达方式立说的,"方程"所意译的英语词 equation 也有"等式、平衡"之类意思。但"方程"的本义指一种古代的数式,比等式含义多些,也古朴一些。事实证明,"方程"的今义是本义的引申。

不能因为人们用"方程"意译英文词 equation(据说首度这么翻译的是清代数学家李善兰)就说它是外来词,就像不能因为人们用"钟"来意译 clock,就说"钟"是外来词一样。把外文翻译成汉文,总得用汉字(汉语词)。在翻译中,最顺利的是把外语中的词译为汉语中对应的词,如把 one 译为"一"。如果可以引申某个汉字或字串之义,或者用汉语的构词成分构成新词来翻译,那是次一等的顺利。因为这是创造意译义项或意译词来解决问题,它们都是汉语本族词。如果在汉语中既没有对应词,也不能在意译词范围内解决问题,那就只能把外文词借入汉语了。这是不得已的办法。不能说汉语的意译义项或意译词是外来词,因为它们的构词成分都是汉语的。把意译词叫外来词,就是用"义源"来代替"语源"了。至于说"方程式"源于日语,就更加没有道理了:明明是日文把汉文的"方程"和"式"借去,而且是把形音义一股脑儿搬去(木ハウテイシキ就是方程式三个汉字的古音),怎么能说汉语中的"方程""式"源于日语呢?这样把借贷关系颠倒过来是毫无道理的。

4 漫谈侨归词的理据

在赛车领域，也有"方程式赛车"的说法。这个"方程式"不同于数学领域的方程式，它是英语 formula 意译。《新英汉词典》的 formula 有一个义项是"公式、程式；（作为讨论、协商或行动的基本原则的）准则、方案"，人们在琢磨赛车运动中的这个英语词的译法时，也许想到了数学中的"方程式"，就从中取了方、程、式三个字，构成了另一个意译词"方程式"来翻译它。值得注意的是，这个"方程式"不能简作"方程"，不能说"方程赛车"。另一方面，这个"方程式"把"方案""程式"合成"方程式"，是受到汉语数学名词"方程式"的暗示而生硬凑出来的，不符合汉语构词的规律，只能说是偶然联想造成的一个蹩脚的意译词。令人称奇的是，它似乎已经在汉语世界用开了！英语的 equation 和 formula，汉语的方程和方案／程式，如果说它们不是风马牛不相及，起码不是同义词或近义词，怎么会变成同一个"方程式"呢？因此，只能说汉语有两个意义上不相干的"方程式"，它们是两个不同的词，虽然同形又同音。

《现代汉语词典》说，"方程式赛车"是"汽车比赛的一种形式。赛车的长、宽、重以及轮胎直径等数据都有严格规定，其複杂和精确程度就像数学方程式一样，因此得名。"按照这种理解，赛车领域的"方程式"是数学领域的"方程式"的比喻义，它们是同一个"方程式"的不同义项。但这个说法很可疑。因为比喻的灵魂是"恰似点"，赛车领域的"方程式"和数学领域的"方程式"的恰似点何在？是"複杂而精确"吗？不对啊。数学方程式有複杂的，可也有简单的，"複杂"并不是所有数学方程式的共有特征。至于精确，数学方程的解和其他数学问题的解一样，其精确度得看情况具体规定，数学方程并没有自己特有的高度精确的规定。其次，在赛车领域，确实对车子有各种严格而精确的规定；但是，凡是国际比赛，对于影响比赛成绩的因素，都应有严格而精确的规定，否则比赛的成绩就缺乏可比性了。乒乓球比赛，对球、球拍、发球姿势的规定不严格而精确吗？田赛和径赛还要规定合格的外在环境

（包括风速）呢，够複杂和精确了。总之，把赛车领域的"方程式"看做数学领域的"方程式"的比喻义，颇为不妥。是否可以在意译中去掉"方"字，或者干脆音译"佛缪乐"？请高明赐教。

6【方针】汉语典籍有"方针"，但用例极少。成书于北宋而署名刘基的军事著作《百战奇法·骄战》中，陆逊致书关羽有云："古术：军胜弥警。愿将军广为方针，以全独克。"（译文：古人用兵之法是：胜仗之后应更加警惕。希望将军能广为筹划，制定周密方略，以保全克敌的战绩）译文以"筹划""方略"解释"方针"，是也。"方"本是医方、药方之方（另有字串"针方"，隋唐之际的名医甄权著有《针方》一卷），引申为方法、方策之义。针本是针砭之针，《说文》："砭，以石刺病也。"针刺是一种治疗方法，所以也能引申为方法、方策之义。从"药方"和"针石"（《文心雕龙·铭箴》："箴者，针也，所以攻疾防患，喻针石也。"）两个字串可知，"方针"与"药石"理据义近同。但它们的含义却有区别：药石治病，比喻规劝，叫人别犯错；方针理政，比喻治国之法，多用于大事。另一方面，从字义说，"针"与"策"有一个重要的共同点。《说文》："策，马箠也。"它与"针"一样，也有一头是尖的。所以"方针"可以说就是"方策"。"方策"典籍常见。如南齐《百喻经·五百欢喜丸喻》："昔有一妇，荒淫无度，欲情既盛，嫉恶其夫，每思方策，规欲残害，种种设计，不得其便。"又《三国志·吴书·周鲂传》："鲂遣间谍，授以方策，诱狙杀嗣。"《汉语大词典》说这个"方策"是"方法对策，方针策略"之义。

周起予《新名词训纂》说"方针"是罗盘指南针。如果以"指针""南针"之义理解"针"（这个理解是有根据的，唐代戴叔伦《赠徐山人》诗有"针自指南天窅窅，星犹拱北夜漫漫"之句），"方"字就只能是"方向"义。但是，"罗盘针"却是"方针"这个字串的罕见的近代新义。虽然字串"方针"的理据既可以是"方向/南针"（整体意义是罗盘针），也可以是"药方/针石"（整体意义是针方对策），但前者多用于天文、历法与航海，后者则用于日常生活的看病抓药及其引申义方略，其常用性不可比拟。北京大学 ccl 语料库古代汉语部分有"方针"80例，只有《老残游记》（1903年面世）第一回有一个用例的"方针"指罗盘针。而曾国藩1847年已经用了方策义的"方针"。今日的"方针"常与"政策"连用，它不可能是一个罕见的近代新义的引申。《汉语大词典》的"方针"条列出了两个义项，①是"罗盘针"，②是"比喻指导工作或事业前进的方向或目标"。②当然是①的引申："方"乃方向之方，"针"是南针之针。可是②的用例"教育方针""双百方针"之类，却是方策之义。这就完全是同释文唱反调了：方策之义的方针，其"方"是药方之方，其针是针石之针，与罗盘针风马牛不相及。

至于"政策"，汉文典籍也有这个字串，只是与今语"政策"的距离比较大。《朱子语类》卷139《论文上》有云："旧见某人作《马政策》云：'观战，奇也；观战胜，又奇也；观骑战胜，又大奇也！'这虽是粗，中间却有好意思。"在这里，"政策"虽是一个字串，但其"策"指一种议论文体，这篇文章是议论"马政"的，"马政"就是关于"马"的事情。但"策论"须谈国家政事，因为中国古人读书写文章是为了做官理政的。如《文心雕龙·议对》说："又对策者，应诏而陈政也。射策者，探事而献说也。"明徐师曾《文体明辨·策》："一曰制策，天子称制以问而对者是也；二曰试策，有司以策试士而对者是也；三曰进策，著策而上进者是也。"所以"马政"之"策"诚然是要说马，但得站在国家政事的高度立说。这样的"马政"之"策"，离关于"马"的"政策"也就不远了。日本辞书《新漢語林》有"政策"，音セイサク，它也承认这是个汉语词。

7【共和】马西尼《现代汉语词汇的形成》把"共和"定为"来自日语的原语借词"，理由是"古义和今义之间没有直接的关系"。所谓"原语借词"，是与"回归借词"（如解剖）并列的另一类借词，是非汉语词。它们共同构成现代汉语中的"日语汉字借词"。见该书第176-

179 页。《汉语外来词词典》说:"共和:国家元首和国家权力机关定期由选举产生的一种政治制度。源:日,共和 kyōwa(按片假名作キョウワ)。[〈古代汉语《史记·周本纪》:'召公、周公二相行政,号曰共和。'意译英语 republic]"。其意思大致是,现代汉语中的"共和"源于日语,而日语中的"共和"则是借用古代汉语的"共和"意译英语词 republic。在这里,虽然没有直接说及现代汉语和古代汉语的关系,但潜台词却是:现代汉语和古代汉语是两种不同的语言。

截断现代汉语和古代汉语的联系是不可接受的,也是不现实的。现代汉语(普通话)的最终形成,恐怕应在新中国成立之后,它是唐宋以来的白话文运动、20 世纪前半期的国语运动和新中国成立后的汉语规范化工作的共同结果。汉语书面语的形式则一直是形音义一体的"表词汉字",从秦始皇统一汉字算起也有两千多年了,如果把汉语书面语也分成现代和古代,那么,"现代汉语书面语"即使从梁启超的"新民体"算起,也只有 120 来年。在现代中国人的现实生活中,义务教育阶段的孩子还念文言,读古诗,电视里还讲《论语》《老子》的原文,报刊杂志中的古代典故、成语也层出不穷。汉语有历史的变化发展,可以把汉语分出不同的历史阶段,对不同历史阶段的汉语也可以分别研究,但决不能把不同阶段之间的联系割断,尤其不能有意无意地胡说"古代汉语"和"现代汉语"是两种不同的语言。

尽人皆知,"共和"出现于汉语的《史记》,它在汉语书语中已经有两千多年的历史了,比日本文字的历史都要久远好几个世纪,它怎么会是日文的"原语借词"呢?要作出这样的判断,得有缺一不可的三个前提:一得把古代汉语和现代汉语看做两种不同的语言,二得把《史记》中的"共和"与今天的"共和"看做两个意义上完全无关的字串,三得把日文中的表词汉字看做没有语言属性的纯粹的拉丁字母似的表音符号。如果古代汉语和现代汉语是同一种语言,"共和"就只能是这种语言中的一个字串;如果《史记》中的"共和"和今天汉语中的"共和"在意义上有联系，它们就是同一个字串，而不是两个不同的字串；如果汉字不是一种纯粹的拉丁字母似的记音符号，而是记录汉语的表词符号，日文中的"共和"就只可能是个形义皆借的汉源借词，而不是什么"日语词"。在我们看来，汉语只有一种，"古代""现代"之分，只是一种语言的不同发展阶段而已。汉字是表词文字，这是事实，也早已为语言学界所揭示。日文"共和"借于汉文，念きょうわ，是汉语的唐代音。它的形音义皆借于汉语书面语。剩下的问题只有一个：《史记》的"共和"与今天的"共和"在意义上是否有联系？

《史记》中"共和"的含义历来有争论，主要是两种意见。一种认为是"国人暴动"赶走周厉王后，"诸侯奉［共（恭）伯］和以行天子事，号曰共和元年"（共［恭］，国名；伯，爵名；和，人名）。一种认为是周厉王逃走后"召公、周公二相行政，号曰共和"，共者"共同"，和者"协和"，意思是彼此和谐地共同执政。"共和元年"即公元前841年，是中国历史有确切纪年的开始，影响深远。在现实环境中，"诸侯奉和行天子事"其实并不与"二相共和行政"全然对立。据说共伯和"修其行，好贤仁"，很受拥护，他与周（定）公、召（穆）公的关系和谐是完全可能的。但在文字上，"共和"两字到底是"共（恭）伯和"还是"共同协和"，就只能二选一了。虽然此事至今尚无定论，我们却必须承认，即使"共（恭）伯和"比较合乎史实，中国的文化传统却一直把"共和"理解为"共同协和"。如明代《周朝秘史》说："时，太子年幼，二公相与共和朝政。"清皮锡瑞《经史通论》说，"自黄帝始，至共和二伯行政止"。另外，"共和"作为普通语词，是"同别人和睦相处"之意，里边并无专名。如《五灯会元》载布袋和尚《忍辱偈》云："宽却肚肠须忍辱，豁开心地任从他。若逢知己须依分，纵遇冤家也共和。"

《现代汉语词典》的"共和"一词包括两个义项："①历史上称西周从厉王失政到宣王执政之间的十四年为共和。共和元年为公元前841年。②共和制。"日本辞书《新漢語林》也收录了"共和"，也分两个义项，与《现代汉语词典》大致相同，只是对"共和制"有所说明。两本词典都认为《史记》的"共和"与今天常用的"共和"是同一个词的两个义项，今天常用的"共和"，是《史记》"共和"的含义之引申。事实上，两三人共同协和执政，同几十或几百个人按少数服从多数的原则执政，当然有共同点；就像今日西方的议会制是"共和"，咱们的民主集中制也是"共和"，它们之间也有共同之点一样。认为《史记》的"共和"与今天是"共和"完全没有联系显然不合事实。

同样，有《礼记·礼运》的"小康"，也有今天的政治术语"小康"，它们之间也是有引申关系的。从理据说，康者安也，小康就是稍安，指生活基本上安然适意。作为政治术语，《礼记》的"小康"是低于理想的"大同"社会的一个阶段，政教清明、人民富裕安乐，一切以礼制为依归，禹汤文武、成王周公时代就是典型。今天的"小康"，也低于我们的最高理想，只是社会主义现代化的一个阶段。邓小平在规划我国社会经济发展的蓝图时说，"达到小康水平，就是不穷不富，日子比较好过的水平"，"从国民生产总值来说，就是年人均达到 800 美元"。中国共产党第十八次代表大会又提出了在 2020 年前全面建成"小康社会"的要求。《礼记》的小康和今天的小康，含义固然不同，但都是"小康"这个词的义项，研究词义变化时把后者视为前者的引申，《汉语大词典》也是这样处理的。

语词是一个民族的共有财富，它是没有阶级属性的。词语的意义是随着时代的进步而变化的。记住这两点，就不会把"共和"之类分裂为二了。至于"小康"的新义项是在自己的母语中引申出来，而"共和"的新义项是侨居异域时引申而得，这种区别需要承认，而不能任意夸大——把引申的"共和"视为外来词，就是无限夸大了这种区别。

8【观念】字串"观念"为汉语所原有，原来表示主观世界的两种活动形式。如唐代宋之问《游法华寺》诗："观念幸相续，庶几最后明。"但这个字串用得不多，这是因为它是梵文的意译，是个汉译佛教词语。

如唐代《入唐求法》云："大花严寺十五院僧皆以远座主为其道座,不受施利,日惟一食,六礼拜涅盘相。于双林树下右胁而卧,一丈六尺之容;摩耶闷绝倒地之像、四王八部龙神及诸圣众或举手悲哭之形、或闭目观念之貌,尽经所说之事,皆模为像也。"唐魏静《〈禅宗永嘉集〉序》云:"物物斯安,观念相续;心心靡间,始终抗节。"

什么是"观"和"念"呢?据《汉语大字典》等,"观"的梵文音译是"毗钵舍那",指运用智力观察妄惑,义近"观照",是"观看"和"思维"的结合。如《大乘义章》卷二说:"粗思曰觉,细思曰观。"宋王安石《读维摩经有感》云:"晏坐世间观此理,维摩虽病有神通。""观"与"止"相对,是佛家修定的法门。天台家系心于脐下为止;昏沉掉举,引心于眉间为观。《摩诃止观》卷一:"法性寂然名止,寂而常照名观。"又卷二:"观如灯,止如密室。""止"的梵文音译是"奢摩他"。"观"和"止"的对象就是"念",即"念头"。人生"念头"相续不断,若能通过"观"做到前念已灭,后念未生,就达到了"止"的境界。所谓"念起即觉,觉之即无。""念起即照,照之即消。"佛家常说:"念起是病,不续是药。不怕念起,只怕觉迟。但事来不受,一切处无心,便即可无念也。无念之念,谓之正念;正念现前,识念(妄念)自然污染不得。"可以说,观念的最常见的含义是"观照俗念"以宁心,最后达到"止"的境界。这是佛徒的一种修为,我辈俗人也可以借鉴。正如《大学》所说,"知止而后有定,定而后能静,静而后能安,安而后能虑,虑而后能得。"

另一方面,"念"又特指"正念",是佛家所谓"别境"之一,指自觉的记忆。《俱舍论》卷四:"念谓于缘明记不忘。"《大乘广五蕴论》:"云何念?谓于惯习事,心不忘失,明记为性。"但这种"念"是不需"观"的。

"观"和"念"的联系很密切,故能合成"观念"这个字串。《汉语大词典》的"观念"有三个义项:"①对特定对象或义理的观察、思维和记忆","②思想意识","③观点；概念"。① 是意译佛教语的含义；②③ 作为常用的词义，是 ① 的词义有所引申的结果：佛家的"观"和"念"，都是人的意识活动。而其 ③《现代汉语词典》概括为"客观事物在人脑里留下的概括的形象（有时指表象）"。两部词典对义项 ③ 的概括有所不同：一般地说，"概念"是抽象的，而"形象"是具体的，"观念"至少有形象的因素。

日语曾经借用汉语的"观念"意译英语的 idea，表示"真理"的意义，马西尼便把它误断为"来自日语的原语汉字借词"。实际上，日语辞典《新漢語林》把"觀念"视为汉语词，《汉语外来词词典》也未收。而英语中没有一个词可以完全与"观念"对应，《汉英词典》（商务印书馆 1981）的"观念"条，先列出了 sense\idea\concept 三个单词，在举例中还用了 mentality。这说明，"观念"本来是个汉译佛典中的汉语意译词，日语只是借用了这个汉语词而已。

9【经济】刘正埮等《汉语外来词词典》说现代汉语的"经济"源于日语，[意]马西尼《现代汉语词汇的形成》说它是"来自日语的原语汉字借词"，都不符合事实。其实，汉语早有字串"经济"，本义是"经世济民"，即治国救民；其"生计／食货"义（即与"政治"对举的"经济"），是从"经世济民"义引申而得的。

汉文典籍中的"经济"，其最早用例可能在《晋书·殷浩传》："足下沉识淹长，思综通练，起而明之，足以经济。"后世一直绵延不断。这个"经济"的含义是什么呢？《周礼·天官·大宰》："一曰治典，以经邦国，以治官府，以纪万民。"贾公彦疏："治典云经者，所以经纪为名，故云经。""以经纪为名"的大意是，[治国理政所采取的办法措施，都]以邦国的法度、法纪的名义颁布。经、纪的含义都是"治理"。《庄子·庚桑楚》："简发而栉，数米而炊，窃窃乎又何足以济世哉？"成玄英疏："此盖小道，何足救世。"济者救助之意。可见"经济"的本义是"经世济民"，即治国救民。直到清代末年（1903）科举考试的"经济特科"中的经济,仍是这一含义。

"经济"从"经世济民"向着"生计/食货"之义引申,是有充分道理的。因为"经世济民"指的是治国救民,"生计/食货"指的是富国理财,而富国理财是治国救民的主要内容,正如《汉书·食货志》所说,"《洪范》八政,一曰食,二曰货。"李白《读诸葛武侯传书怀赠长安崔少府》诗云:"余亦草间人,颇怀拯物情。晚途值子玉,华发同衰荣。托意在经济,结交为弟兄。毋令管与鲍,千载独知名。"说他自己和崔氏都"托意在经济",不能让管仲和鲍叔牙独占了"经世济民"的好名声。而管仲"经济"的成功,是由于他治理齐国时"通货积财,富国强兵,与俗同好恶"(《史记·管晏列传》),其"经济之才"中最重要的是施行了一系列富国理财政策。如"轻重鱼盐之利","准平"粮价,"相地而衰征",设"轻重九府"专管货币,要求"百乘之国,中而立市","弛关市之征,五十而税一"等等。又如《朱子语类》卷一三六云:"陆宣公(按指唐代陆贽)奏议末数卷论税事,极尽纤悉。是他都理会来,此便是经济之学。"这个"经济"仍是"经世济民"之义,但其实际内容却指"税事",纯属"富国理财"的食货问题。可以说,字串"经济"的含义,从"经世济民"的本义引申为"生计/食货"的过程,在这儿已经完成大半了。

汉语字串"经济"引申指"生计/食货"的最后完成,是日文借用它构成"経済学"来意译英语的 political economics,而最后 political economics 又定型为"政治经济学"(或者引申 economics 之义,使之与 political economics 等同),"经济"就和 economy 对应了。西方的 political economics 这个名称是法国重商主义学者蒙克莱田在《献给皇上和皇太后的政治经济学》(1615)中首先使用的。当时的 economics 研究的是家庭的收支和管理,属于"家政";蒙克莱田为了强调自己研究的是国家范围或社会范围的 economy,因此加上 political 这个修饰语。可见 political economics 的原意就是从国家社会(即治国理政)的角度研究理财问题。马君武《新学术与群治之关系》（1903）引进日人译名说："18世纪所发明之一种新科学，而今日占极重要之地位者，即经济学（political economy）是也。"把 political economy 叫"经济学"，这"经济"就是就是同一年进行的科举考试中"经济特科"的经济，无疑是"经世济民"之意。这在他的《民食问题》（1919）一文中说得更清楚："民食问题，固政治生计学（日人译为经济学）之一部分也。"可见日文是用"经济学"来意译 political economics 的，本来是"经世济民之学"之义，因为如马君武所说："近世文明国家之政府事业，以国民生计政策居十分之七八。"（曾德珪选编《马君武文选》第 146 页，又 202-203 页）；梁启超在 1898 年还这么用（见马西尼第 222-223 页）。他们把这门学科的开山之作定为亚当·斯密的《国富论》（the wealth of nations），因为"富民之本，在于食货"（《东观汉纪·马援传》）。所以，"经济学"这个译文的原义，就是"经世济民之学"（亚当·斯密是经济学的奠基人，但他的开山之作的书名里面并没有 economy）。而与 economics/economy 对应的，严复译《天演论》（1898）叫"计学"，原文是："晚近欧洲富强之效，识者皆归功于计学，计学者首于亚丹斯密氏者也。"梁启超、马君武则叫"生计"。鎌田正与米山寅太郎合著的日文辞书《新漢語林》（2004）说，日文中的"経济"有三个义项：① 治国救民，源于经世济民，"济"就是"救"；② 收取或使用财物的各种行为和状态；③ 节约费用，即俭省。该词典如实认为"经济"源于汉语，第②③两个义项当然是第①义项的引申。它的第③义项标了"国"，意思是这个引申义是"经济"被日文借入后才在日本出现的，为日文所特有。值得我们高度注意的是，该词典并不认为"经济"的第②义项属于日文，所以没标"国"，与前引李白诗说管仲独擅"经济"之名、《朱子语类》说陆贽很懂"经济之学"遥相呼应。这就是说，用"经济"来指称"生计/食货"，是汉语词"经济"之本义的自然引申（1862 年堀达之助编《英和对译袖珍辞书》已经把 economics 对译为"经济"，用的是"经济"的引申义；1890年［英］阿尔弗雷德·马歇尔出版《principle of economics》经济学原理，把economics等同于political economy，在我们看来也是把economics的原义引申了）。

"生计/食货"义的经济（《新漢語林》【经济】的义项②）从本义"经世济民"中引申出来是非常自然的。"物有整零"，"经世济民"是整体，"食货/生计"是部分，词义由前者变为后者，属于整零之引申，就同"梨"既指梨树（整体），又指"梨子"（部分）一样。由于political economy最终被译成"政治经济学"，或者被视为就是economics，使汉语原词"经济"与economy对应，流传开来，"经济"就顺理成章地变为"生计/食货"（收取或使用财物的各种行为和状态）之义，完成这一引申过程了。

既然如此，说汉语有两个彼此无关的"经济"，或者说与economy对应的"经济"是个"日源借形词"，就完全站不住脚了。因为，日文的"经济"本来借于汉文，原来指称political economy，是"经世济民之学"的意思，当人们把"经济"与economy对应时，"经济"才获得"生计/食货"这个引申义。即使指称economy的"经济"源于日文，它也只是一个借于汉语的词的引申义，其语源无疑在汉语。这个引申义是不会与原来的母体（经世济民之本义）分庭抗礼的。

探讨"经济（生计/食货）"的理据，只追溯到"意译economy"是不行的，因为这还根本没有回答"字串的整体意义与其字义的联系"问题。而要真正回答这个问题，就非经过"经世济民（之学）"这个本义不可。既然指称economy的"经济"是从经世济民之义（political economy）的"经济"引申而得的，因此我们说，第一代侨归词是收纳了自己的侨归义项的汉语本族词，而这个侨归义项一般是它"分身"侨居于外语时获得的引申义。

以上是就汉语的"经济"这个字串立说的。至于学界有人把"政治经济学"和"科学经济学"视为经济学的两个分支，那是另一回事，它并没有讨论汉语字串"经济"的语源及词义引申问题。

10【绝对】现代汉语"绝对"的基本意思是：唯一的，无条件的，永恒的，无限的。引申可表示"一定""完全""极端"等义。其理据义是"没有配对者"。它根本不是外来词，也没有侨归的义项。其语源、义源都在汉语中。《汉语外来词词典》说它源于日语的"绝对ザッタイ"，应该是忘了自己的老祖宗了。

汉语典籍中有"绝对"，含义丰富：① 丧失情侣：唐代张鷟《游仙窟》："比目绝对，双凫失伴，日日衣宽，朝朝带缓。"② 最佳配偶：清代李渔《奈何天·闹封》："天生绝对，佳人才子。"③ 最好的对仗：清代《镜花缘》第七十七回："春辉道：'"长春"对"半夏"，字字工稳，竟是绝对。'"④ 失去对象：南宋《五灯会元》卷十："诸仁者还明心也未？莫不是语言谭笑时，凝然杜默时，参寻知识时，道伴商略时，观山玩水时，耳目绝对时，是汝心否？如上所解，尽为魔魅所摄，岂曰明心？"见《汉语大词典》。

今语"绝对"就是义项④的"绝对"，只是义项④没有提到哲学的高度。"耳目"的视听要有对象，"绝对"即失去对象，指世俗的视而不见听而不闻，这只能是"大大咧咧"，当然不是"明心"。

"绝"字本义是"断丝"，经泛化为"断"，注意，断字从斤，本义是"使断"，故《说文》解释为"截也"，是今语斩钉截铁之截。段注《说文》绝字说："断之为二，故曰绝。""对"字古形的形中之义至今不清楚，《说文》以为本义是"应对"，即"对答"之义，应对、对答以有提问为前提，引申为"面对"、"朝向"、"对仗"、"双"等义。

从哲学角度说，"对"字的灵魂是两物相对，互相依存。"绝对"就是去掉或失掉配对者。没有了配对者，也就是没有了依存者与制约者，这"绝对"者就独一无二、至高无上了，所以可引申为"无限、永恒、无条件"之义。

有人说"绝对"的哲学含义源于英语词 absolute（英语的 absolute

还有"专制的""上帝"之义。中国古人则讲皇帝"乾纲独断",皇帝是俗世的"绝对者")。其实不然。中国古人有对立物互相依存的矛盾观念,特别是一些学问家和禅师。秦汉的古籍中,相反相成的思想资料不断有所表现,《易经》的"无平不陂,无往不复",《老子》的"有无相生,难易相成",《论语》的"君子和而不同,小人同而不和",《庄子》的"一尺之箠,日取其半,万世不竭",就都是的。表现在"对待"一语中,如唐代《黄檗山断际禅师传心法要》:"诸佛与一切众生,唯是一心,更无别法。此心无始已来,不曾生,不曾灭,不青不黄,无形无相,不属有无,不计新旧,非长非短,非大非小,超过一切限量、名言、纵迹、对待,当体便是,动念即乖。犹如虚空无有边际,不可测度。唯此一心即是佛。"这就是把"心"看成绝对者,看成"佛"。又如《朱子语类》卷六二:"《中庸》旧本不曾解'可离非道'一句,今先生说云'瞬息不存,便是邪妄',方悟本章可离与不可离,道与非道,各相对待而言。离了仁便不仁,离了义便不义。"至于与"相对待"同义的"相待"思想,战国时已经成熟,《管子》有"高下者不足以相待"的说法,《淮南子·说山训》云:"事固有相待而成者:两人俱溺,不能相拯,一人处陆则可矣。故同不可相治,必待异而后成。"

值得注意的是,南宋《古尊宿语录》卷三一有"绝对待"一语:"不与万法为侣者,岂不是出尘劳耶?心不知心,眼不见眼,既绝对待,见色时无色可见,闻声时无声可闻,岂不是出尘劳耶?"(按尘劳:俗务引起的烦恼。万法,即万象。"不与万法为侣",就是一个完全的"绝对者",永恒者)

因此,从"失去依存或制约的一方",引申得到"唯一""永恒""无限""独断"之类意思的,既是"绝对",也是"绝对待"。"对"和"对待"有单复之别,所指是一回事:前引《汉语大词典》[绝对]的义项④,指的就是"绝对待"。

11【客观】"客观"是个哲学名词,有两个含义:① 在人类意识之外，不依赖人类意识而存在的事物。②按照事物本来面目去考察，不加个人偏见的观点。日语借用汉语字串"客观"去意译英语object的哲学含义，使汉语"客观"的含义产生了重要的引申。

古汉语中有"客观"。《左传·襄公二十四年》："齐社，搜军实，使客观之。"

又，《太平广记》卷七十五《周生》讲了一个故事，其中有"请客观焉"的话：

唐太和中，有周生者，庐于洞庭山，时以道术济吴楚，人多敬之。后将抵洛谷之间，途次广陵，舍佛寺中，会有三四客皆来。时方中秋，其夕霁月澄莹，且吟且望。有说开元时明皇帝游月宫事，因相与叹曰："吾辈尘人，固不得至其所矣，奈何？"周生笑曰："某尝学于师，亦得焉，且能挈月至之怀袂，子信乎？"或患其妄，或喜其奇，生曰："吾不为明，则妄矣。"因命虚一室，翳四垣，不使有纤隙。又命以箸数百，呼其僮，绳而架之。且告客曰："我将梯此取月去，闻呼可来观。"乃闭户久之，数客步庭中，且伺焉。忽觉天地曛晦，仰而视之，即又无纤云。俄闻生呼曰："某至矣。"因开其室，生曰："月在某衣中耳，请客观焉。"因以举之。其衣中出月寸许，忽一室尽明，寒逼肌骨。生曰："子不信我，今信乎？"客再拜谢之，愿收其光。因又闭户，其外尚昏晦。食顷方如初。（出《宣室志》）

在汉语典籍中，"客观"之"客"，就是客人之客，其"观"字则是观看之观。今语的客观与主观相对，不难推出"主观"之"主"就是主人之主。这就是这两个字串的理据。英语词object平常指物体，对象，在语言学术语中指宾语，在哲学术语中指客体或客观。日语为什么要借用"客观"去意译哲学中的object呢？有人拿个object摆到面前，问：它到底是什么？为了克服先入为主的弊病或偏见，使观察的结果符合object的实际情况，还是请与之没有利害关系的客人来观看验证吧，这样大家才信服。这就是理由。从"与事物没有利害关系的客人来观看验证"到"按照事物的本来面貌去考察，不加个人偏见"，引申的距离并不遥远。"使客观之/请客观焉"与"客观"的含义大不一样，但有着内在的联系，"使客观之/请客观焉"确实是比较"客观"的，前者是后者的理据。因此，今语"客观"同汉语典籍中的"客观"，无疑是同一个字串。一般汉语辞书把"客体"之"客"解释为"在人类意识外独立存在的"，其实这是"客观"的义项①，因为"客体"之客，本是"客观"之略。

可见今语"客观"的义源虽然在西语，但它是个汉语词。"使客观之/请客观焉"中的"客观"尚未紧密结合，前字属前，后字属后，是在翻译 object 时才紧密结合起来；而且其含义有重要引申。但两字都是汉语成分，字间的语义联系也一直没变，只有在汉语中，才能说明其理据。

"客观"一词诸义项之间的引申关系应该是：[客观]①叫客人（同某事物无利害关系的人）观看验证→②按照事物的本来面貌去考察，不加个人偏见→→③在人类意识之外独立存在的。

12【肯定】《说文》："肯，骨间肉肯肯箸也。"段注："肯肯，附着难解之貌……肯之言可也。故心所愿曰肯，得其窾郤曰中肯，引申之义也。""窾郤"是某个人或某种学说的要点、要害、关键之义，清《今世说·政事》："[董巽峰]少以理学经济自任，得伊川、考亭窾郤，旁瞻子史说集。""肯綮"和"窾郤"都源于《庄子·养生主》："方今之时，臣以神遇而不以目视，官知止而神欲行。依乎天理，批大郤，导大窾，因其固然，技经肯綮之未尝，而况大軱乎！"段玉裁以为"肯"与"可"同源，这是完全可能的；但他又说肯字的"愿意"之义是"附着难解之貌"的引申，这就不大好理解了。我们宁可承认：愿意之义的肯和中肯的肯，是两个意义无关的同形同音字。至少，二者之间有没有意义关系需要存疑。

"肯""可"义同是源远流长的。《说文》："可，肯也。"《尔雅·释言》："肯,可也。"成语"肯堂肯构"源于《尚书·大诰》,是愿意之意;汉代《论衡·问孔》有"心服臆肯",宋代"首肯"一语用得很多,是赞同、许可之意。前者表示意愿,后者表示行为。二者用法有别而含义近同:意愿上"肯可"了,行为上才会表示首肯或许可。"肯可"还是个同义连用的双音词,如宋代《禅林僧宝传》卷十五:"上士闻之熙熙,下士闻之肯可。"又清代《聊斋志异》卷十:"先令其夜来一聚,彼宁不肯可?"

汉文典籍中,字串"肯定"很少见,但也不是没有。《朱子语类》第一〇一:"某旧作《孟子或问》云:'人说性,不肯定说是性善,只是欲推尊性,于性之上虚立一个"善"字位子,推尊其性耳。不知尊之反所以失之!'""不肯定说"四字,古人也许是两字一顿,但与今人把"肯定"作为一个字串,在意义上并无区别。这就是说,今语"肯定",与朱子的"不肯定说"应该有源流关系。"肯定"的理据义是"愿意确定"或"愿意断定",由此得到"承认/无疑"之义,引申为"正面/积极"诸义。

"否"是"不"的意思,几乎可以同一切正面的字词对立,其中最常见的是"然否""可否""肯否""能否"等。《说文》:"否,不也。"段注:"不者,事之不然也;否者,说事之不然也。故音义皆同。"本来,"可"与"否"对立,如《左传·昭公二十年》晏子说:"君所谓可而有否焉,臣献其否以成其可;君所谓否而有可焉,臣献其可以去其否。"既然"可""否"对立,"肯""可"相同,则"肯""否"也就对立。其实,"肯""否"的对立有悠久的历史。宋《太平广记》卷二〇〇:"有人道我恶,汝辈又肯否?"宋《五灯会元》四:"凡睹人家男女,大地林沼,总是境。汝还肯否?"元《水浒传》第四十一回:"小可今欲下山走一遭,乞假数日,未知众位肯否?"清《薛刚反唐》第十五回:"我有一个愚见,但不知爵主肯否?"

由于"肯否"是常见的由两个具有反义关系的字构成的字串,有

"肯定",自然可以仿造出"否定"(鲁迅还仿照"公理"造出过"婆理"、仿照"自信"造出过"他信"呢)。对汉语说来,这是题中应有之义,一点儿也不奇怪。至于仿照"肯定"而造出"否定"的是谁,倒是个无关紧要的问题。

《汉语外来词词典》说"肯定/否定"源于日语用它们意译英语的 **affirmation/denial,negation**。但日本辞书《新漢語林》认为"肯定/否定"是汉语词,其音コウテイ/ヒテイ出自汉语,也没有标"国","肯定"释为"そうであると認める"(承认是那样),"否定"释为"そうでないときめる。非とする"(决定不那样;非)。它们既由汉语成分构成,其理据自然在汉语中,不能视为外来词。

13【契机】《汉语外来词词典》说,"契机"源于日语用它来意译德语词 Moment,意思是"事物转化的关键"。《现代汉语词典》对"契机"的释义是:"指事物转化(多指向积极的方向)的关键。"两本词典的解释恐怕都不大妥当。日本辞书《新漢語林》的"契機"却有两个义项:①事物的动因、开端、原因。②决定事物发展变化的本质要素。义项①为汉语辞书所无,却是如今相当常用的一个义项;义项②与汉语辞书的释义大致对应。但"机"可以是"关键",恐怕不能是"要素"。

汉语典籍中有"契机":

(1)刘勰《文心雕龙·丽辞》:"至魏晋群才,析句弥密,联字合趣,剖毫析厘。然契机者入巧,浮假者无功。"

(2)明·瞿汝稷集《指月录》:"八万四千法门,百千三昧,无量妙义,契理契机,与天地万物一体,谓之法身。"

此外,《新唐书·李勣传》还有个"契事机":"其用兵多筹算,料敌应变,皆契事机。"(契事机:契合行事的时机)

"契"字本义是"用刀刻",引申为"符契/券契",再引申为"符合/契合"。《说文》:"机,主发谓之机。"本指发动弩箭的机关,比喻事物发生发展的机制或规律。这机关或机制一发动就意味着射出弩箭或其他事物的发生发展，当然要有适当的时间（事有其时），故引申为"时机/机会"。从"契理契机"看，"契机"原来是"契合事物发展的机制"之意。在后世的运用中，它当然也可以重新分析为"合适的时机"。

"契机"的"动因/开端"义中，其"契"字当是券契之契的引申。《易·讼》"君子以作事谋始"王弼注："无讼在于谋始，谋始在于作制。契之不明，讼之所以生也。物有其分，职不相滥，争何由兴？讼之所以起，契之过也。故有德司契而不责于人。"《老子》第79章："是以圣人执左契，而不责于人。有德司契，无德司彻。"在王弼看来，"司契"就是"谋始"，"谋始"就得"司契"。故"契"字引申有"开始/开端"之义。这是道器的逆向之引申（"始"是道，是抽象物；"契"是"器"，是具体物）。所以"契机"可指"（使）事件或变化开始发生的时机或条件"。这个义项不见于汉语辞书，只说明汉语辞书在概括词义时有缺点，不能说它源于日语。

把"契机"译成英语/德语是 chance/Chance（机会）。"契机"的英译还有两个：一个是 juncture（关键时刻，接合点），另一个是 turning point（转折点，关键时刻）。《现代汉语词典》对"契机"的解释，似乎与英语的 turning point 最接近。但人们的用法却不大支持这种解释（因为汉语另外有个"转机"）。例如：

（1）全球性金融危机，则是使哲学科学化与经济学科学化统一起来的契机，是为对称哲学与对称经济学的必然产生开辟道路。（时机；始机［起始的时机或条件］；动因）

（2）任何一门成熟形态的学科，它登上科学殿堂的契机和奠定学科地位的依据，社会需要当然是第一位的。（始机；动因）

（3）厂家利用刚上市汽车产能未达产（标？）的契机，采取限量销售，以扩大"热销"的影响。（时机）

（4）战争就是让人性恶的一面完全爆发出来的一个契机。（时机；机会）

（5）他能坐地反攻，以保健品的失败作为契机，继续攻占保健品，这无疑需要诸多的勇气和胆识。（时机；转机；机会）

这样看来，把"契机"看做意译词或侨归词就没有多大道理了，因为汉语中的"契机"主要指"事件或变化开始发生的时机或条件"。今天的"契机"，完全是古代的"契机"在汉语世界的发展，与外语没什么关系。"决定事物发展变化的本质要素"这个含义，很可能只是日语用"契機"意译西语 moment 时获得的，汉语字串"契机"并没有收纳这个含义。

14【社会】《现代汉语词典》的"社会"有两个义项：①指一定的经济基础和上层建筑构成的整体。②泛指由于共同物质条件而互相联系起来的人群。

汉文典籍有字串"社会"。典籍中的"社会"有时指迎赛社神的集会，如唐代柳棠《答杨尚书》诗云："未向燕台逢厚礼，幸因社会接馀欢。"有时指社学的宴会，如宋代孟元老《东京梦华录》有："八月秋社，各以社糕、社酒相赍送……市学先生预敛诸生钱作社会。"

《说文》："社，地主也。"指土地神之神主。引申指祭祀社神或祭祀社神的地方，最后引申为古代基层行政单位或特指"社"办的学校：二十五家为社。以上为上古义。中古以后则引申指某种由人群组成的团体，如蹴鞠的、演剧的组成的"绯绿社""齐云社"。"会"本义是"盖子"，盖子总是盖在器物口上的，所以"会合"义是最近的引申义。后来引申指各种不同目的的聚会（如清明会、宴会）或由多人组成的群体（如哥老会）。经过重新分析，"社会"可以是同义互足的一个字串，指某种"人群"。所以严复《天演论》曾经把 sociology（社会学）意译为"群学"。

日语借去"社会"意译英语 society。这个英语词另有团体、群居诸义。所以，汉语中，今语"社会"表示的是引申义，要是说其理据，"社"仍是社团之社，"会"仍是都会之会，二字义近，都有人群之意。

《现汉》的义项②是基本义，而义项①是政治经济学的含义，是从基本义经术语性引申而得到的。

15【索引】"索引"的原义是用绳子牵引，其中"索"为绳索义，"引"为牵引义。绳索是"索"字本义，牵引是"引"字本义"开弓"的泛指义。绳索是古人引人进城或引船前进等的工具，所以"索引"能成为一个字串：

（1）二十九年，陕郡太守李济物，凿三门山以通运，辟三门巅，逾岩险之地，俾负索引舰，升于安流，自齐物始也。（《旧唐书》卷二十九）

（2）夜以索引官军数百人上城，焚敌棚。（南宋李攸《宋朝事实》卷十六）

（3）孟喆弟仲喆求三人井中，以索引嫂妹出，而婢则死矣。（《明史·列女传一》）

（4）五月五日，吴越有斗龙舟之戏：刳木为龙，绘鳞甲，饰以金碧；上为雕甍朱槛，帆旌皆以锦绣。舟末为龙尾高丈余，以布索引木板下垂。有童坐板上，颠倒滚跌，作诸巧剧。（蒲松龄《聊斋志异·晚霞》）

日文借用"索引"来意译英语的 index（音义兼译为"引得"），其含义是：把书刊中的内容分条目摘录下来，每条下标记出处页码，按一定次序排列的资料，供人检索之用。这个"索引"是"检索的引导"之意。其"索"字指检索，即寻找，"引"字指引导。检索义是"索"字绳索义的物用之引申。原来古人常用系着绳索的箭（缴）射鸟，或用绳索做套子捕捉野兽，中箭入套的鸟兽受伤时会逃窜，而逃窜时常常带着绳索，猎人沿着绳索便可以找到猎物。可见"索"字的绳索义与寻找义之间有引申关系。

"引导"义是"开弓"义的比喻性引申：开弓即拉弓，拉弓与当向导的像似点在：拉弓的着力点和领路的向导都起着引领作用：引为了一发中的,导为了将从随者带到目的地。"求索的引导"就是"索引"的理据,人们按"索引"查找某个项目,就像跟着向导走向某个目的地。

其实,英语的 index 也有"食指"义,引申为指标、指数等,汉语中则有"指引",即指点引导,与索引也颇相近。可见今语"索引"与古语"索引"是同一个字串:绳索与搜索属于"一义",牵引与导引也属于"一义"。

16【谈判】典籍中有字串"谈判"。[南宋]胡仔《苕溪渔隐丛话》:"李长吉、玉川子诗皆出于《离骚》,未可以立谈判也。"又《朱子语录》卷九十七:"天地阴阳变化之机,日月星辰运行之度,各有成说,而未可以立谈判也。""立谈判"的意思,就是"通过简短的对话判定是非"。这两个"谈判"读起来中间有停顿(非隔离性的),因为"谈"字另外有修饰语"立","谈"先与"立"结合,然后"立谈"再与"判"结合。不过,即使如此,能否定这个"谈判"是字串吗?能说今语"谈判"与典籍中的"谈判"是两回事,彼此没有关系吗?愚以为不能。现代汉语中有少量複合词,来源于典籍中的"跨界组合",有名的"动辄""然则"就是如此。《后汉书·南匈奴传》:"臣等生长汉地,开口仰食,岁时赏赐,动辄亿万。"韩愈《进学解》:"跋前疐后,动辄得咎。"辄,即也,就也。它是先与后边的字或字串结合后,再与前边的"动"字结合的。"然则"之间原来是有较大停顿的,在意义上,"然"属前,"则"属后,所以辞书的解释是:犹言"如此,那么"。

"谈判"的"判"字,原来是分辨是非之义,引申为"判定/断定"。"谈判"即通过会谈得出判断并作出决定。今天的"谈判"虽然也有"辨明是非"的内容,但更为重要的是通过商谈解决问题,其中包括彼此让步之类(这当然需要作出判断、下定决心)。而 negotiation 也有"解决问题""越过障碍而通行"之义。因而日语从汉语借去"谈判"这个字串,用来意译英语词 negotiation,是相当不错的选择。

17【条件】"条件"是中国古已有之的,是逐条逐件的意思。《北史·郎基传》:"州郡因循,失于请谳,致密纲久施,得罪者众。遂条件申台省,仍以情量事科处,自非极刑,一皆决放。"《旧唐书·代宗纪》:"其京兆府长安、万年宜各减丞一员,尉两员,馀县各减丞、尉一员。馀委吏部条件处分。"宋代苏辙《论差役五事状》:"臣前所谓疏略差误,其事有五,谨具条件如左。"

日文把"条件"借去,意译英语 condition,指影响事物发生、存在或发展的因素。这不难理解:影响事物发生发展的因素多样,数起来是一条条一件件的。这是从数量到事物的引申。事物总是有数量特征的,这是物之性。这类引申属于物性之引申。

诚然,在现代汉语中,"条件"的古义已经不用,用到的只是其侨归的义项。但汉语是一个整体,汉文有三千四百年以上的历史,汉语文献是不能不读的。"条件"只要回归了汉语,它的今义就与古义共存于一个词形之中。"现代汉语"不过一百来年,汉语研究者不能只管这一百来年,而把三千多年的汉语历史弃置不顾。不管汉语的历史如何分期,不要把这个整体分裂了总是一个基本原则。所以,汉语的"条件"这个字串有两个义项,一个是"逐条逐件",它是本义;还有一个指"影响事物发展的因素",它是引申义,是个侨归义项,也是今天的常用义。

18【无机】《现代汉语词典》对"无机"的解释是:"原来指跟非生物体有关的或从非生物体来的(物质),现在指除碳酸盐和碳的氧化物等简单的含碳化合物之外,不含碳原子的(物质):无机盐/无机肥料/无机化学。""原来指"说的是原义,在原义中,"机"对应"生物体",应是"生机"之略。而这个"生机",指的是生命力,活力(vitality)。"无机物"就是"无生机之物类"(见下),即没有生命力的东西。

汉语典籍中有字串"无机",但其中的"机"不是"生机"之义,如:《唐文拾遗·卷七十二·沙门胜道历山水莹元珠碑(并序)》:"千般锦花,无机常织,百种灵物,谁人陶冶。"这个"机"指"织布机"。唐代诗人许浑《王居士》诗有句云:"有药身长健,无机性自闲。"同是唐代的李范《江寺闲书》云:"钓叟无机沙鸟睡,禅师入定白牛闲。"这两个"机"都指"心机","无机"就是"无心机"。《宋史·苏洵传》:"无腹心之臣,无机也,有机而泄也。夫无机与有机而泄者,譬如虎豹食人而不知设陷阱,设陷阱而不知以物覆其上者也。"这"有机""无机"的"机"指"机密"。不过,所有的"无机",不管其中的"机"指机会、心机,还是指机密,它们当是同一个字串。"机"原指弩机,是发射弩箭的机关。引申泛指一切发动装置,或有发动装置的器械。《说文》:"主发谓之机。"段注:"机之用主于发,故凡主发者皆谓之机。""发动""机关"是"机"字的两个要点。发动是事,机关是物。作为"事"的机,可以构成契机、事机、禅机、心机、生机、动机。事有其时,故引申为机会、时机;事有其状,故引申为机微、机动、机密;事有其效,故引申为机制、机能。作为"物"的机,可以构成机器、机械、机关、枢机。物有其性,故引申为机巧、机灵、机智、机要。"生机"之机,原来也指"生命活动的机关"。马君武《赫克尔之〈一元哲学〉》中就有"人体机关""排尿机关""生殖机关""感觉机关"等概念。

汉语典籍还有"生机"这个字串。它可能指"生育机制",如明代刘若愚《酌中志·内臣职掌纪略》:"祖宗为圣子神孙,长育深宫,阿保为侣,或不知生育继嗣为重……是以养猫养鸽,复以螽斯、千婴、百子名其门者,无非藉此感触生机,广胤绪耳。"也可能指"生存机会",如《醒世恒言·薛录事鱼服证仙》:"但是请他的,难得就来。若是肯来,这病人便有些生机。"指"生命力、活力"的"生机"也出现于明代。如陆树声《消暑笔谈》:"凡草木之生,皆于平旦昧爽之际,其在人者,夜气清明,正生机所发,惟物感之。"又如宋应星《天工开物·乃粒》:"草皮木叶,以佐生机,普天之所同也。"生机是比喻义,本义是发弩之机。

明末还有字串"无生机":董其昌(1555—1636)《画禅室随笔》

卷二："至如刻画细谨，为造物役者，乃能损寿，盖无生机也。"而且这里的"生机"不是指"生存的机会"之类，而是指是生命力或活力。把"生机"略为"机"，就同今天《现代汉语词典》的"无机"一样了。这个过程是汉语自己完成的？还是日语把有关汉字借去完成的？刘正埮等《汉语外来词词典》未收"无机"，大概认为是汉语自己完成的。可是意大利学者马西尼在《现代汉语词汇的形成》中说"无机"是来自日语的原语借词，梁启超是最早用到"无机"的。这大概因为作者不是很了解汉语。以"无机"代替"无生机"，是因为后边还有别的字。例如"无生机之物类"太长，说"无机物"就好多了。马君武1902年既说"有机物"，也说"生机物"，还说"有生机之物类皆由无生机之物类徐徐变来"，见《马君武文选·新派生物学家小史》。"无机物"的"物"字也可能代以别的表示名物的字或字串，如"无机化学／无机肥料／无机盐"之类。熟悉汉语的人对于这种繁简的变化是了然于心的。

既然"无机"的"机"指心机、机会、机关等是同一个字串，当它指"生机"（生命力）时也属于这个字串。今天常用的"无机"（也就是《现代汉语词典》所解释的"无机"）不过是汉语字串"无机"的一个义项而已。就算这个义项是侨归的，它仍是汉语词。

三　第二代侨归词的理据

什么是"第二代侨归词"呢？第二代侨归词就是日文中第二代汉源借形词中回归汉语的部分。原来，日语借去汉文字词后，有时又把它们降格为构词成分，或者把作为汉语书语的字词直接当作构词成分借去，然后将两三个汉字连缀起来，构成新的複合词。这就是日语中的汉源借形词的第二代。第二代与第一代的区别在于，第一代是把借去的汉文字词直接用于造句；第二代则需要先把借去的汉文字词进行组合，然后才用组合起来的字串造句。在日语中，这第二代汉源借形词被称为"和制漢語"（日造汉语词）。这种词多数用来意译西语，有的用以表达日本的事物，也有的用来改善日语书面语的表意功能，克服和语的音节简单、同音词太多的弊病（要是从古代汉语的角度说，日文借去的汉字，一般是 word，把几个汉字连缀起来，那就是 phrase 了）。

"和制漢語"是有一定程度"和化"的汉语词。首先是其读音相当杂乱：有采用汉语古音的（汉语古音又有吴音、汉音和唐音之别），叫做音读；有采用和语同义词之音的，称为训读；有采用混读的，即一个字串中有的字用音读，有的字用训读；还有采用西语词的译音的（如"金剛石"，日语既可读コンゴウセキ，也可读ダイヤモンド。前者是音读，后者是英语词 diamond 的译音）。

不管其读音怎么样，"和制漢語"的字形都是汉字，而且一般形中有义，它们是形义结合的汉语书语词。不过汉字只提供其理据，其字串的整体意义往往源于西语或日语。例如"美术（術）"，从字面求之，"美术"当是"求美之术""赞美之术"或"美的技术"之类，这与"和制漢語"的"美术"大相径庭。实际上它从"艺术"而来，指具有色彩美、视觉美的艺术，或专指绘画，"美"和"术"的范围是小而又小了。"美术"的"术"是"艺术"之略，代表的是"艺术"，其义源是英语的 fine art。

汉语"艺术"的本义指六艺和医卜等方术。《后汉书·伏湛列传》："永和元年，诏无忌与议郎黄景校定中书五经、诸子百家、蓺术。"李贤注："蓺谓书、数、射、御，术谓医、方、卜、筮。""艺（藝蓺）"本义是种植，是黎民百姓的基本事业和本领，"六艺"则是读书人的基本事业和本领。"术（術）"本义是道路，可以经由道术引申为"技术"。日语借去"艺术"（日文作"芸術"，汉文芸藝本为二字，古义相通；但日文之"芸"念ゲイ，来源于汉文藝字），用于意译英语的 art，指称具有形象之美的意识形态，包括绘画、音乐、建筑等内容。日文中的"芸術"是第一代汉源借形词，与汉文"艺术"的本义指"六艺数术"相距挺远的（但肯定有联系，例如都属于"文化/意识形态"，故汉语中的古之"艺术"与侨归词"艺术"仍然属于同一个字串）。

所以"艺术"是并列式，"美术"却是偏正式。

"美术"这类词也有一部分回归了汉语，并完全恢复了其中所有汉字的今音，成了汉语中的第二代侨归词。第二代侨归词虽然诞生于日语之中（其义源多在西语），外域风味相当明显，但它们的血缘在汉语，祖籍在汉语。因为，一个复合词属何语种，主要决定于其构词成分属何语种[3]，第二代侨归词的构词成分都源于汉语，其理据都在汉语中。

1【抽象】"抽""象"二字本是汉语书语词，但"抽象"却不是汉文旧有的字串。它的含义是：从具体事物中，舍弃个别的、非本质的属性，抽出共同的、本质的属性。《汉语外来词词典》说汉语中的"抽象"和"具体"都源于日语，是英语词 abstraction/concrete 的意译。这种意见是片面的。

在英语中，"抽象"的形容词作 abstract。abs- 是前缀，意思是"脱离"，tract 则指"广袤的一片（土地、海水、沙漠、森林等）"，其"广袤"的形象十分突出。英语单词 abstract 和 abstraction 的理据义大致是"脱离具体形象"。日语在意译这个英语词时，使用了借于汉语书语的"抽"和"象"来意译其构词成分（仿译词），其读音（チュウショウ）也源于汉语。"抽象"就是"抽于象"之意，"抽"是抽出，"象"是"形象"，就是天象、星象、万象更新之"象"，是有形可见的。"抽"字的客体对象是什么？字义没有直接提示。结合字串的整体意义，其理据义就是"抽出（共同属性）于形象（之物中）"，即从散在的具体形象之物中抽出其共同属性。

汉语旧有"抽匣"一语，是抽剑出匣之意。"剑"也没有得到字义的直接提示，是从"抽匣"的整体意义获得的。唐权德舆《奉和张仆射朝天行》："见公抽匣百炼光，试欲磨铅谅无助。"唐李绅《忆过润州》诗："弓犯控弦招武旅，剑当抽匣问狂夫。""抽象"的结构与"抽匣"

完全相同。"抽象"的理据完全在汉语中，可见它是个汉语词，在和语中是找不到它的理据的。"抽"与"脱离"不完全吻合，但"抽"的结果之一是"脱离"，所以"脱离"可视为"抽"的引申义。

今汉语"抽象"与"具体"相对。这种对立关系也源于日译英语词 abstraction/concrete 的对立。但"具体"却不是日构的，日语中的"具体"源于汉语"具体而微"。《孟子·公孙丑上》："子夏、子游、子张皆有圣人之一体；冉牛、闵子、颜渊则具体而微。"朱熹注："谓有其全体，但未广大耳。""具体"原指"具备圣人之整体风采"（不是某个方面），引申指"具有完整形体的"，如严复《天演论》译本："一本之植也，析其体则为分官，合其官则为具体"。"具体"又作"具象"，"具象"也是汉语本有的字串。朱熹《周易本义·困卦》："占具象中，又利用祭祀，久当获福。"又震卦："此爻占具象中，但九陵、七日之象，则未详耳。""占具象中"意思是"卦爻的占验结果就具备于卦象当中"。字串"具象"一旦脱离了上述语境，"象"字不再指"卦象"，而是泛化了，其含义就能理解为"具备形象的"，不是抽象的，就与"抽象"构成了反义关系。

2【番号】现代汉语的"番号"只用于军队，是"按照兵种、任务和编制序列授予部队的名号"。日文的"番号"念ぼんこう，是号码，号数之义。两字之音都源于汉语古音。番字符袁切，日音用ぼん。号字胡到切，匣母字，日语原来没有喉音（ハ行是双唇音），只好用カ行或ガ行音来对译晓母字和匣母字。

汉语典籍中没有字串"番号"，是日语把"番"和"号"连缀起来构成字串的。但"番""号"是汉语书语词。"号"字容易理解，难的是"番"字。唐代有"上番"一语，《汉书·魏相丙吉传》"河南卒戍中都官者二三千人"颜师古注："来京师诸官府为戍卒，若今卫士上番分守诸司。"王梵志诗《鸿鹄昼游扬》以为"散官"不值得羡慕："年年愁上番，猕猴带斧凿"。《太平广记》卷二四八有云："白在散官，隶属杨素，爱其能剧谈。每上番日，即令谈戏弄。"汇而释之，"上番"有如"上班值勤"。也有说"番上""番下"的。"番上"或"上番"是唐代府兵制（一种兵农结合的制度）的一种轮番值勤的制度，"番上"指轮到值勤了，就或戍守京师诸司，或在本州轮值；"番下"指值勤时间已满，可以回家种地了。此外，工匠、文武散官等均需定期到有关部门"番上"。番者班次也，犹如今之航班、班车之班。宋代既有"轮番"，也有"轮班"。南宋高僧晓莹《罗湖野录》卷二："庵有伽蓝土偶甚夥，遂揭偈于祠晓之曰：'小庵小舍小丛林，土地何须八九人；若解轮番來打供，免教碎作一堆尘。'"《宋史·职官志一》："至道元年，诏宰相与参政轮班知印，同升政事堂。"番班二字上古音相同，上古轻唇念重唇，至今仍有方言如此。

在日语中，"番"有三个义项：①轮班；班；②看守；③次序。虽然可以说"番号"就是"号码"或"号数"，但要把"番"字的意思说进去，就得说"号次"或"序号"，即按一定次序编排的名号（如航班号就是一种番号）。这就是日语中"番号"的理据，这理据自然也是源于汉语的。

"番号"回归汉语后长期只用于军队，有保密性，这也许同唐代的"番上""上番"多用于府兵制有关系；但近年来"番号"也用于视频作品。

3【干部】《汉语外来词词典》说："干部：①担任一定领导工作的人员。②担任公职的人员。源：日。幹部 kanbu（按假名作カンブ）［意译法语 cadre］"。日本辞书《新漢語林》说，"干部：①団体の中心となる人。首脳部。②枝葉に対する幹みきの部分。中心部分。"（干部：①成为团体中心的人员；首脑部。②对枝叶而言的树干部分；中心部分）在《新漢語林》中，"漢語"即"汉语词"。日文中的"漢語"当然是借词，不过把"幹"和"部"连起来成为"幹部"的，是日语。在日文中，这种词叫"和制漢語"，我们叫"日构汉语词"。因为这类词的构词成分借于汉语（"幹"和"部"的形音义都源于汉语），构词方式基本源于汉语。日语的贡献在把它们组合起来。对汉语而言，这只是部分的创造，不是全新的创造。因此日语语言学也承认它们是汉语词。"幹"，异体字作榦，其形中之义是树干。"部"就是部位、部分之义。合起来，"幹部"即树干部分或树干部位。这是它的本义，其理据是透明的。《新漢語林》的两个义项，实际是两个义项组，②的头一个含义，才是本义。其第二个含义是比喻义；①的头一个含义是另一个比喻义，其第二个含义则又引申了。"幹部"回归汉语后，《汉语外来词词典》的义项①与《新漢語林》①的头一个含义相当，其义项②为日文"幹部"所无，是"幹部"这个词在汉语中的引申。另外，"幹部"刚刚回归时，也有"总部"或"首脑部"的用法，见《汉语大词典》。

4【公园】马西尼说"公园"是"来自日语的原语汉字借词"，不妥。日文的"公園"念こうえん，两字之音义明显借于汉语。"公园"始见于《北史》："[任城王澄]又明黜陟赏罚之法，表减公园之地以给无业贫人，布绢不任衣者禁不听造，百姓欣赖焉。"（《北史·卷十八·拓跋澄传》）但典籍用例很少。

不过，汉语早有"园/花园"，也早有"公/公共"。"园"可以组成"菜园""桃园""花园""园圃""园陵"等字串，"公"可以组成"公共""公寝""公卿""公道"等字串。而"花园"可以同"公"字一起构成"公花园"，或与"公共"一起构成"公共花园"。由于"花园"可以简称"园"，"公共"可以简称"公"，"公花园"或"公共花园"自然可以简称"公园"。这在汉语是常识，普通老百姓都会的。汉语固有的"公山/公物/公务"，可以理解为"公共山林/公共物件/公共事务"的简称。

"花园"的用例，见于温大雅《大唐创业起居注》："帝曰：'诛纣之旗，牧野临时所仗，永人西郊，无容预执，宜兼以绛，杂半续之。'诸军櫜幡皆仿此。营壁城垒，幡旗四合，赤白相映若花园。"也见于《太平广记》卷第九十三：“今五台山中台之东南三十里，见有大孚灵鹫寺，两堂隔涧犹存。南有花园，可二顷许，四时发彩，色类不同，四周树围。人移花伏别处种植，皆悉不生。唯在园内，方得久荣。”

唐代杜佑《通典》有"公共"："上怒，［张］释之曰：'法者，所与天下公共也。且以其时而立诛之则已，今既下廷尉，廷尉，天下之平也。今一倾，而天下用法皆为之轻重，民安所措其手足乎？'"《旧五代史·选举志》也有："况有格条，各依资考，兼又明行敕命，务绝阿私，宜新公共之规，俾慎官常之要。"

唐代有所谓"探花宴"，由新科进士推选出其中两名英俊者充当"探花使"，游遍长安名园，采来名花，供大家欣赏。唐代诗人张籍《喜王起侍郎放牒》诗云："东风节气近清明，车马争来满紫城。二十八人初上牒，百千万里尽传名。谁家不借花园看，在处多将酒器行。共贺春司能鉴识，今年定合有公卿。"

"花园"开始是官府才有，后来，官员或非官员的私人住宅，甚至连佛寺也都有了。唐代雍陶《过南邻花园》诗云："莫怪频过有酒家，多情长是惜年华。春风堪赏还堪恨，才见开花又落花。"宋代话本《京本通俗小说·碾玉观音》有云："当时吓杀夫人，在屏风背后道：'郡王，这里是帝辇之下，不比边庭上面。若有罪过，只消解去临安府施行，如何胡乱凯得人？'郡王听说，道：'叵耐这两个畜生逃走！今日捉将来，我恼了，如何不凯？既然夫人来劝，且捉秀秀入府后花园去，把崔宁解去临安府断治。'"在元代《西厢记杂剧》中，崔莺莺扶柩滞留的普救寺也有"花园"："（旦笑云）红娘，休对夫人说。天色晚也，安排香案，咱花园内烧香去来。"甚至元明之际朝鲜人的汉语教材《朴通事》都有"花园"："人生一世，草生一秋，咱们几个好弟兄，去那有名的花园里，做一个赏花筵席，咱们消愁解闷如何？"这说明"花园"那时已经很平常，是个常用的字串。

马君武《论公德》（1903）云："不观于欧美诸国乎，虽幼稚之童子,下等之愚夫,未有在道旁便溺者也,未有毁伤公园之花草者也,未有污秽公共建筑者也。夫岂必时时有警察以守护乎?……夫公花园者,人民同乐必要之建筑也……若建一大公花园于中国,而无警察以保护之,则不旬日而花草已折毁无余,便溺充满之,而臭秽不可近矣。言念及此,痛心曷极。"这儿有"公园",也有"公花园",即使它是 public park 的意译,也是个地道的汉语字串(只是义源在英文),怎么会是日语的"原语借词"呢?其实,汉语"花园"的准确英译应该是 flower garden。而 park 通常指"场地"如停车场,不过可以特指作为公共游憩之所的"公园"而已。garden 有"土地肥沃之地"之义,用于"花园/植物园"就特别合适。只是在中国古代,"花园"一般是官家或富人的,官府的花园也不是寻常人可进,不像今天的"公园"具有公众性。

5【企业】日语辞书《新漢語林》对"企業"的解释是:计划以营利为目的的事业,也指这种事业。可见在日语中,"企業"也有动名两个含义,与汉语的"存款"相同,不过只有其名物义回归了汉语。由此推知"企"是动词,《新漢語林》的释文中的"计划"与之对应。《现代汉语词典》对"企业"的解释是:"从事生产、运输、贸易、服务等经济活动,在经济上独立核算的组织,如工厂、矿山、铁路等","企"字之义没有落实。汉语中的"企业"是一个第二代侨归词,是日语先借去汉语的"企""业(業)"二字,然后把它们连缀起来意译英语的 enterprise,念きぎょう。enterprise 是指艰巨、複杂或有冒险性的事业或计划,也指企业单位或事业单位。王力《汉语史稿》第 533 页说:"'企业'是一种双关语,因为 enterprise 同时有企图或计划的意思。"其实"企业"的理据在汉语中:"企图"与"计划"是相通的:"企图"即"图谋,打算",而"打算"就是"计划"。《说文》"企,举踵也。"由"踮起脚"引申为盼望、希图、计划并实施诸义。"企"不止是谋划或计划义,还有实施计划之义,《汉语大词典》"企"字的最后一个义项是"企及,赶上",用例引晋代郭璞《江赋》:"飞廉无以睎其踪,渠黄不能企其景。"而对"企及"的解释是:"踮起脚来才够着,谓勉力做到或勉力从事"。从计划到实施计划,这是行事有心的逆向之引申。"营"字不也有"营谋""营建"两义吗?"业"(分别字作𣍺)本是古代乐器架之横杆(叫栒或簨,竖杆叫虡,商代曾作双手托举重物的人形)上的大板,引申指书册的夹板或筑墙板,再引申为学业、职业、产业之"业",最后泛指一切谋生之事(如无业)。这就难怪日文要组合字串"企业"来意译 enterprise 了。企者谋划并实施,业者谋生之事也。这就是"企业"的理据。由于今天的"企"字不大单用,而"企图"又多含贬义,使得人们对"企业"的企字不大理解了。

第二代侨归词另有"企划",《汉语大词典》释为"犹计划",《现代汉语词典》释为"谋划;策划"。它与"计划"似乎不完全是一回事,不过企划与计划肯定是近义词。计,会也,算也。"企"的引申义与"图"通,说文"图,画计难也",故企计二字义通。

6【前提】"前提"是英语 premise 的意译,意思是"先决条件",在逻辑学中指一个判断所由推出的另一个判断。不过,把"前""提"二字连缀起来意译英语词的是日语。在日语中,"前提"念ぜんてい,源于汉语古音。王力《汉语史稿》533 页说:"'前提'是个摹借词(来自拉丁语 pre,'前',missus,'派遣')"。可是,彭泰尧《拉汉词典》(贵州人民出版社)在 missus 下有一条拉丁俗语:heac missa facio 意思是"我不再提起这类事情",英语动词 Premise 也有预述或引导论述之义。"前提"之"提",当是"提醒/提及"之"提"。《说文》:"提,挈也。"段注"挈者悬持也"。本是手的具体动作,但既可以引申指一般行为如"提升战力",也可引申指包括言语方面的综合行为如"提亲",还可以引申专指言语"提起这件事"。"提醒"在宋代《朱子语类》中早已出现。这是言行之引申。王力的"摹借词"即"仿译词",就是按其结构成分意译的词。如 blackboard 译为"黑板",因为其中的 black 的意思汉语说"黑",board 的意思汉语说"板"。有人认为这种词应属外来词,因为它内部的结构成分虽然是意译（意译词是本族词），但保留了外语词内部结构的方式。问题是，一种语言特有的结构方式是非常有限的，词内结构尤其如此。汉语既有"白菜"式，又有"眼白"式，能把"黑板"的内部结构的方式仅仅归之于英语吗？特别在讨论"理据"问题的时候，我们认为只宜考虑语义。"前提"的理据义就是"在前边说的"，从这个理据到其词义，距离并不远。而"前"和"提"都是汉语成分。一个词属于何种语言，主要决定于其构词成分属于何种语言。因此，不宜把"前提""黑板"等"仿译词"视为外来词，它们主要是汉语本族词，与普通意译词相比，它们所受外语的影响略多一点而已。

7【取缔】【取消】以"取"字开头的第二代侨归词，常用的有"取消""取缔"。它们都是动词，在日语书语中有"送假名"，前者音とりけす，写作"取り消す"，后者音とりしまり，写作"取（り）缔（ま）り"（括号内的送假名可写可不写）。这是两个训读的"和制漢語"（日文的漢語即汉语词）。从读音说是和语词，从字形说是汉语词，而其音中之义和形中之义相同或基本相同。回归的则是其汉字之形和形中之义，而抛弃了其和语读音，完全照汉字今音来读，即恢复其汉字读音。日语借去汉字"取""消""缔"，把它们连缀成"取消"和"取缔"，不是为了增加和语的词汇量，而是为了使とりけす和とりしまり表意明确。前者的意思是"取消，作废，收回"，后者的意思是"管束，拘管，取缔"。回归汉语后，"取消"指使原有的规章等失效，"取缔"指明令取消或禁止。

"取"字的含义是常用义"采取（某种措施）"，"取消"就是"采取消除措施"，使之消亡、消灭。"缔"者结不解也（死结），"取缔"就是"采取束缚（结发）、关闭（结口）、了结（这不结了）等措施"，使之受到拘管、被禁止（使之了结）。

可见汉语中的"取消""取缔"并非借于和语的外来词，而是汉语词，其形义固然源于汉语，其音也不是和语的音而是汉语的音。不过作为字串,它们诞生于日语,是第二代侨归词。

8【手续】"手续"指办事的程序。这是个"日制漢語",是日语把"手""续"二字组合起来的训读汉源借词(既是和语词也是汉语词)。日文写作"手続き",音てつづき。其音义是和语的(手字汉音シュウ,吴音シュ;续[続]字汉音ショク,吴音ゾク),其形义则是汉语的("続"字的字形是汉语"续"字的变异。续的右边中国汉字繁体作"賣",賣字单用或作部件,日文都作"売","读"字日文作"読")。在汉语典籍中,手和续两字连着用,仅见于白居易《琵琶行》"低眉信手续续弹",不能认为今语"手续"源于《琵琶行》。但日语"手続[续]"的"手"是"着手"之手,"做"的意思。"続[续]"是连续的续。"手续"的理据就是"办事的连续过程(程序)",它们完全在汉语中。所以"日制漢語"的形义是外来语中的汉语词。因为"手续"的两个字都是古汉语的书语词,字形中是有意义的。语音方面,今汉语中的"手续"已经照汉字今音来念,放弃了和语读音。回到汉语中的只是形和义。这样,日构的训读汉源借形词"手续"就完全回了老家,成为第二代侨归词了。

9【消极】【积极】《现代汉语词典》对"消极"的解释是:①否定的;反面的;阻碍发展的(跟"积极"相对,多用于抽象事物);②不求进取的;消沉(按此处疑夺"的"字)(跟"积极"相对)。对"积极"的解释则是①肯定的;正面的;有利于发展的(跟"消极"相对,多用于抽象事物)。②进取的;热心的(跟"消极"相对)。《汉语外来词词典》说它们源于日语,是英语 negative 和 positive 的意译。

汉文典籍没有"消极",但有"积极"。《全梁文·卷七十二·弘明集后序》:"若疑经说迂诞、大而无征者,盖以积劫不极,世界无边也。今世咸知百年之外,必至万岁,而不信积万之变至于旷劫,是限心以量造化也。咸知赤县之表,必有四极,而不信积极之远复有世界,是执见以判太虚也。昔汤问革曰：'上下八方有极乎？'革曰：'无极之外，复无无极；无尽之中，复无无尽。朕是以知其无极无尽也。'"这儿说的是时间与空间无限，没有尽头，没有边际。"积极之远"与"积万之变"的两个"积"字含义相同。"积万"是累积若干个万年，"积极"即是累积若干个极（尽头）。可见"积"的意思是累积，"极"的意思是尽头。

今语"积极"已经重新分析为"积之极"，其"极"字由"头/端"之义引申泛指"方面"，"积"字本义虽然是积聚的意思，而且累积的东西不一定都好（如积怨/积弊），但这儿的"积"字含义已经引申。由于人们愿意或需要积聚的东西是好的，正面的，如"积谷、积善、积德、积福"之类，因此"积"字引申指"正面的/肯定的"之义，并且里边还包含着人们的价值判断。这可理解为事理之引申与人文之引申的叠合。这样，"积极"的理据就是"好的方面/肯定方面"了。而"进取的/热心的"之义又是进一步引申的结果。"消极"则是仿照"积极"所造、并与"积极"构成反义关系的新的字串，它的两个义项都与"积极"相对，是可以从"积极"仿造的。为什么选择了"消"字？因为"消"有时与"积"有反义关系，如"积食"与"消食"。可见不涉及外语，就在汉语的范围内，照样能说清楚"消极"的理据，这就证明"消极"完全是个汉语词，因为其构词成分是汉语成分。即使它是为意译 negative 创造的，即使它是日本人在借用"消"和"极"的基础上把它们连缀起来的，"消极"仍然是个汉语本族词。不过，为了不忘日语在"消极"产生过程中的功绩，也为了尊重历史，我们把它叫做侨归词（属于第二代）。

值得注意的是，含"积/消"的汉语字串，有反义关系的除"积极/消极"外，只有"积聚"与"消散"，"积累"和"消费"。而第二字相同的，只有"积食"与"消食"这么一对。所以，单说的"积""消"二字的对立关系，远不如"正/反""对/错""轻/重""大/小""高/低"等等那么典型。典型的反义字是可以连用成为字串的，汉语却没有"积消"或"消积"这样的字串。汉英双语《现代汉语词典》对"消极"的两个义项用了 negative 和 passive 两个不同的词来翻译，对"积极"的两个义项则分别用 positive 和 active 来翻译。可见汉语的"积极/消极"与英语的 negative 和 positive 并不是严格对应的。

10【通货膨胀】"通货"在汉语典籍中出现很早。《史记·管仲列传》："管仲既任政相齐，以区区之齐在海滨，通货积财，富国强兵，与俗同好恶。"《管子·轻重乙》："黄金刀布者，民之通货也。"《史记》的"通货"与"积财""富国""强兵"并列，它们是同一结构，意思是"使财货流通"。《管子》的"通货"已经指流通的钱币。其引申过程在汉代就已经完成。日文借去意译英语 currency 或 current money(current 可指电流，水流，流通)。其结构与意义和《管子》的"通货"同。"货"原是金玉布帛的总名，其中自然包括钱币，在"通货"中专指钱币，当然是一种引申，而"通"字之义未变。两个"通货"的含义不同，却是同一个字串。它是个普通的汉语本族词，不是侨归词。

"膨胀"见于晋张华《博物志》卷二："涂毒药于镝锋，中人即死，不时敛藏，即膨胀沸烂，须臾燋煎都尽，唯骨耳。"明罗贯中《隋唐野史》也有："山甫辞归，果然次日希烈言腹中膨胀，疼痛不止，遣人召山甫用药。"可见"膨胀"也是一个汉语词。"通货膨胀"的"膨胀"是数量增多义，从"体积增大"到"数量增多"，当然有意义的延伸。

英语的 inflation 本义是充气、膨胀，可以专化指通货膨胀或物价飞涨。明明是日语借用汉语的"通货"和"膨胀"，把它们连起来意译英语 inflation 的专化义，怎么《汉语外来词词典》就说它们源于日语呢？日语哪有这么神奇的本事！况且日语"通货膨胀"虽然读インフレ（这大致是英语 inflation 读音的转写），但"通货"读つうか，"膨胀"读ぼうちょう，则源于汉语古音。应该说日语的"通货膨胀インフレ"，其音义源于英语，其形义源于汉语；而汉语的"通货膨胀"则是一个意译字串，其语源是汉语，其义源是英语；把英语 inflation 意译为汉语字串"通货膨胀"的，是日语——日语先是借用了汉语的"通货"和"膨胀"，然后再把它们连起来。

附录：几个特殊字

1【泵】"泵"的含义是：增加对液体的压力以使之流动（主要是向高处）的机械，有水泵、油泵，还有气泵。音 bèng。据《中华大字典》，泵，[清]钮琇《觚賸》（1700年完成下卷）音聘，敬韵。"粤人称水之矶激为泵"。此音之"泵"字《正字通》以为当为从石冰声。该字典砯字下括注云："《字汇》云，披经切，聘平声（按聘字旧读 píng）。水激山崖也。郭景纯《江赋》'砯崖鼓作'，李白诗'砯冲万壑会'。《正字通》云，郭李诗赋本作砯，与砅音例别。是也。今从之。"由此可见，钮琇的"泵"当是"砯"字异写，其中又有错误。砅字（履石渡水也）力智切，音 lì，与披经切音 pīng 的"砯"为二字。钮琇以砅为砯，又把砯的左右两个部件改写为上下位置了。看来钮琇的"泵"字不足为据。吴任臣（1689年卒）补梅膺祚《字汇》说，"泵"字音流 liú，"义阙"。其音源于《五音篇海》（此书乃金人韩道昭撰，又名《四声篇海》或《篇海》，全称《改并五音类聚四声篇海》）。北京大学 ccl 语料库和教育部语料库在线网站均无古代用例。这就无怪乎以《正字通》和《字汇》为基础编撰的《康熙字典》要把它收入"备考"卷了（此卷专收"无可考据、有音无义或音义全无"的字）。汉语中泵字的今音今义显然与英语 pump 有关。日文中泵字音ポンプ，完全是 pump 读音的转写。不知今汉语泵字的音义是否直接从英语获得。不过，今汉语"泵"字之"形"是汉语的，音义则来源于英语词 pump，即使其音义经过日语而获得，本质还是英语词的音义。一个汉语书语词（字），其形是汉语的，其音义却源于英语，这种例字在日常词语中极为罕见，比较多见的是在化学或医学术语中。

2【腺】"腺"指生物体内能够分泌某些汁液的组织，由腺细胞组成。这个字是日文为意译英语词 gland 而创造出来的。日语辞书称为"国字"。这个字也流入了汉语,并组成"腺体/腺癌/泪腺/乳腺/唾液腺/扁桃腺"等字串。那么,"腺"是汉语中的"日源借形词"吗?确实,如果有"日源借形词"的话,这个"腺"恐怕是最够格者之一了。

让我们仔细分析一下这个字。日本辞书《新漢語林》称它为"国字"。凡字,都有形音义三个方面。从形看,把"月(肉)"和"泉"组成"腺"的,确实是日语。但这个组成的前提是:得有部件"月(肉)"和"泉",也有形声造字法。可这两个方面都是汉语的,日语的贡献就在于把两个汉语部件按照汉语的造字法"组合"起来。从音看,其音为せん(sen),这个音一则源于声符"泉"("泉"也是声中有义,《新漢語林》虽然说"腺"的造字法是"形声",从"月(肉)"加"泉",但又说是"肉の中で水分がたまる部分の意[肉中积存水分的部分]",这就是会意了),二则参照了汉字"線(线)"。日文也搬去了汉文的線字,其音读就是セン(sen)。線字《广韵》私箭切,心纽线韵三等字,拟音 sǐɛn。日文中"腺"的读音与日文中的"線"相同,与汉语"線"字的《广韵》拟音的区别甚微(拟音只多一个三等韵的韵头),可见日文"腺"字的读音源于汉文"線"字的唐宋音[4]。从义看,其义则源于英语词 gland。把这些内容综合起来,就是"腺"这个日本"国字"形音义的真相,其中完全属于日语原创的部分实在很有限。

因此,所谓"国字"与"和制漢語"在性质上十分相似。既然"和制漢語"是有某种程度和化的汉语词,那么,日本"国字"也就可以看做"和制漢字",其本质是汉字。中国的汉字系统虽然原来没有这些字,但现在的汉字系统如果收纳了它们,它们就成了汉字系统的特殊成员。这些汉字的特殊之点是:把汉字部件(独体字或其省形)组合起来构成合体字的是日语,其形义有着异域风味。

"和制漢字"流入中国,成为中国汉字系统成员的,另外还有几个。如辻畑畠等,一般只用于日本人名。表示重量单位的"噸(吨)"字,来源却不大清楚,《汉语外来词词典》说它源于日语音译英语的 ton,但

《新漢語林》没有把"噸"标记为"国字"。据《汉语大词典》,清代梁廷楠(1796-1861)《夷氛闻记》用"趸"字,说"每千六百八(按即1608)斤为一趸"(马西尼以为可能指短吨)。在字书中,噸字首见于《中华大字典》(1915)。ccl 语料库的最早用例在吴趼人 1906 年以后撰写的《二十年目睹之怪现状》,语料库在线网站的用例则在民国时期的《清史稿》。"噸"字是否为"和制汉字",只好存疑。今汉文日文都已经简化作"吨",此字却是汉语固有的,但其古义与重量单位义无关。"吨"字古义已亡,是个死字,但音与"噸"相近,简化"噸"字时便启用了这个僵尸字的字形。

3【癌】"癌"是嵒(岩字的异体字)的孳乳字,不见于《中华大字典》(1915)以前的字书,它是不是"和制漢字"有争论。王立达 1958 年在《现代汉语中从日语借来的词汇》一文中认为它是日语所造,此说在中国语言学界影响较大。到上世纪末,黄金贵等才查明,"癌"字最早出现于《四库全书》辑佚的宋代医书《卫济宝书》(1170),指的是一类痈疽,"癌疾初发者,却无头绪,只是肉热痛,过一七或二七,忽然紫赤微肿,渐不疼痛,迤逦软熟紫赤色,只是不破。"至南宋末年,杨士瀛《仁斋直指方》(1264)也有"癌"字,其含义则与今之"癌"字接近:"癌者上高下深,岩穴之状,颗颗累垂,裂如鼓眼……"

在中医学上,"癌"的概念还曾用岩、嵓、巖诸字表达,它们是异体字,方音为 ŋai(阳平)。用它们指肿块,就是指今天的"癌"。因为"癌"字普通话音 yán,为避免与"炎"同音而取资方音,这才改念 ái。《汉语大字典》嵓字下云:"③用同'癌'。肿瘤。《本草纲目·百病主治药·痈疽》:'穿山甲:乳痈乳嵓,炮研酒服。'"明代李时珍(1518—1593)的用字为"嵓"(辽海出版社的《本草纲目校注》改作"岩"),所指即"癌"。同是明代的武之望(1552—1629)的妇科专著《济阴纲目·乳岩》(来自网络)云:"此谓之岩者,以其如穴之嵌岈空洞而外无所见,故名曰岩。"用字为"岩",所指是"癌"。清代吴谦撰《医宗金鉴》（1742）有"乳巖"，说它"高突如畾顶，烂深如畾壑，翻花突如泛莲。"（《中华大字典》引）用字是"巖"，指的也是"癌"。

问题似乎已经解决："癌"字是中国汉字系统固有的，不是从日本传入的。而且，中国不但早有"癌"字，中医也早有关于"癌"的概念。可是，本世纪还有人说，"具有现代意义的'癌'字从日本传入中国，估计是在19（？）世纪初。"[5]又把问题弄複杂了。

请问汉语到底有几个"癌"字？有"现代意义"的癌字，当然就有"古代意义"的癌字。在古代，有《卫济宝书》的癌字，也有《任斋直指方》的癌字。还有没有别的癌字？我们说，有医学术语的"癌"概念，也有文字学的"癌"字。医学概念的"癌"在变化发展，字形也多样，文字学的"癌"字却只有一个。何谓"一个"？汉字是形音义的统一体，一个字，只有一形一音一义。随时可以替换的另外的形音，即所谓异体字和多读音，是语言的赘馀，应该予以规范。而所谓"一义"，指的是义项系统，即互有联系的多个义项。按照这个原则，可以说"扎针"的扎和"扎啤"的扎，是两个不同的"扎"，因为后者源于英语draft，其意义与前者毫无关联。"癌"字却不是这种情况。

科学术语的含义是一种用语词表达的概念，它是语义的重要组成部分。"癌"这个字（或叫词），既是普通语词，也是科学概念的表达者。语词的意义不等于概念，但把概念包括在自身之内。因此，不能用科学概念来代替语义，更不能用它来代替整个字（语词）。从语言学的角度看来，汉语的"癌"字是中国人自己创造的，不是从日本传入的；"癌"字只有一个，不管是《卫济宝书》指称一种痈疽的"癌"，还是《任斋直指方》指称一种"岩穴之状"的疾病的"癌"，还是用来意译西语cancer的"癌"，都是同一个字，同一个语词。为什么？因为它们的字义固然有所不同，毕竟都是有联系的，属于同一个义项系统（今天还有文章说："人体的肿瘤是由于瘀，形成像体表所见的痈和疽，而内攻的疽就是癌。"见《医疗保健器具》2008［3］）。

词义或字义是随着时代的进步、科学的发展而变化的,"癌"的今义是古义的发展,它所表达的医学概念是它的词义的一部分,当然也随着医学的进步而变化。如果说"现代意义的'癌'字估计是19世纪初从日本传入的",那么具有现代意义的电字(电压的电)、水字(H_2O)、盐字(NaCl)……又是什么时候从哪里传入中国的?很显然,这是用别的学科概念来代替语义,并进而代替字词了。这是完全不合适的,因为它混淆了别的学科的研究和语言文字学的研究。在医学史的研究中,可以问"中国现代意义的癌概念是什么时候建立的?"这个问题与语言文字学的"癌字探源"虽然有关,但却是两个性质完全不同的问题。而汉语语言学却只能问:"癌"字什么时候在汉语文献中出现?它的义项到底分几个比较合适?它是如何从古代含义引申指恶性肿瘤的?我们的回答是:"癌"字首见于宋代医书,它有三个义项:①一种痈疽;②肿块,也叫瘤或瘿;③本指源于上皮细胞的恶性肿瘤,泛指一般恶性肿瘤或某种别的恶性病变(如白血病也叫血癌)。由义项②引申出义项③的契机,是用"癌"字意译英文词 cancer(此词源于拉丁语,其词源义是蟹。见庄和诚《英语词源趣谈》)。

2019年3月初稿

注释

[1] 朱彦,复合词语义的曲折性及其与短语的划分,世界汉语教学2005年第1期。

[2] 杨莉,文庙神圣性研究初探,世界宗教文化2014年第6期。

[3] 黎良军,论日语中的汉源借形词及其回归,汉字文化2018年第5期。

[4] 郭锡良,《汉字古音手册》,北京大学出版社,1986。

[5] 黄河清,"癌"字探源,科学术语研究2002年第1期。

参考文献

1. 罗竹风主编《汉语大词典》("国学大师"网站的电子本)。

2. 徐中舒主编《汉语大字典》（"国学大师"网站的电子本）。
3. 北京大学中国语言学研究中心，ccl 语料库网站。
4. 教育部语言文字应用研究所计算语言研究室，语料库在线网站。
5. 中国社会科学院语言研究所词典编辑室编《现代汉语词典》第 6 版，商务印书馆，2012.
6. 汉英双语《现代汉语词典》（2002 增补本），外语教学与研究出版社，2002.
7. ［日］鎌田正、米山寅太郎著《新漢語林》，［日］大修館書店，2004.
8. 《新英汉词典》（增补本），上海译文出版社，1985.
9. 梁实秋主编《远东英汉大辞典》，远东图书公司，1977.
10. 刘正埮等编《汉语外来词词典》，上海辞书出版社，1984.
11. 彭泰尧主编《拉汉词典》，贵州人民出版社，1986.
12. 陈达夫、凌星光编《袖珍日汉词典》，商务印书馆，1973.
13. 曾德珪选编《马君武文选》，广西师范大学出版社，2000.
14. 严复译《天演论》（赫胥黎著）（电子版）。
15. ［意］马西尼《现代汉语词汇的形成》（黄河清译），汉语大词典出版社，1997.

5 邵阳方言词语趣谈 *

伟大诗人歌德曾经说过："每一处地方都爱它的方言，因为它是灵魂所借以呼吸的工具。"作为一个邵阳人，我自然热爱自己的家乡话。这不但因为邵阳是湘语南片（即老派湘语，或老湘语）的主要地域，而且因为湘语南片是湘方言的真正代表[1]。湘方言确实是一个巨大的宝库，其中的词语库尤其光彩夺目。在这里，"雅"与"俗"融为一体，"古"与"今"凝为一瞬，土语不土，死词未死；许多看起来截然相反的东西，

---

* 本文发表于邵阳师专学报（社会科学版）1987年第4期。原文用汉语拼音方案记音，收入本书时改用国际音标，用右上标的数字标调。邵阳城区话和南路话的声调，除城区话有入声外，其余的调类和调值都相同：1 调阴平 55，2 调阳平 22，3 调阴上 31，5 调阴去 35，6 调阳去 215；城区话 7 调阴入 33。轻读音节标"0"或不标。又，《清光绪邵阳县志（校注本）》引彭洋中说，邵阳市中心邵水上的青龙桥，"郡人亦谓东郭桥"，用的是"郭"字。虽然"割"字城区话读同"郭"[ko33]，而南路音[kua55]，但"东郭"生僻，"东割"不成词，"郡人"多是文盲，生活中只有"冬瓜""西瓜"。而"东关""西关"却是城区人非说不可的，这本县志中就有好几个"东关""西关"。我在邵阳市念书时也常听城区人说，"邵阳师范在西关外（头）"。不过"西关"也说成"西瓜"。所以邵阳人口中的"冬瓜桥"应该来源于"东关桥"，而不是来源于"东郭桥"。

都奇妙地结合在一起。下面拈出几个例词，稍加说明。

自来方言与土语并称，方言词语给人的第一印象就是"土"。"土"是"雅"的对立面，人们一般都愿意少点儿"土"，多点儿"雅"，这当然完全应该。不过，这还只是问题的一面。若是深入观察，您就会发现：原来"土"与"雅"并不是完全对立的，它们还互相渗透，"土"中有"雅"，许多"土里土气"的方言词语，查起源头来，却"雅"得很呢！

就从哈雷彗星说起吧——前年的彗星热，至今似乎余温尚存呢。人们都知道，彗星，又叫扫把星。彗星是书面语，是"雅"号，普通老百姓只叫扫把星。两个名称，一"雅"一"土"。尽管如此，"彗"和"扫把"却并不只是雅俗对立，各不相干。说到底，原来"彗"和"扫把"是一回事。

我们邵阳的扫把，至少有三种：高粱梢编的叫"高粱扫把"，棕片扎的叫"棕扫把"，竹枝捆的叫"查阳去扫把"。这第三种扫把的第一音节无同音字，勉强用"查"字来记音，但"查"字是低平调，属阳平；而它却是低升调，属阳去。也就是说，这个音节的声调与"查"字有别，不过二者的声韵母倒是相同的，所以可写作"查阳去"。它到底应该写哪个字？很少人去追究。由于这个音节土得连任何字都写不出，因此，土产店的价目表只好放弃这个字，专求达意，写作"竹扫把"了。"竹"字邵阳市城区音［tsu^{33}］（邵阳无翘舌音），邵阳南乡文读音［tsu^{55}］，白读音［tiəu^{55}］。"查阳去"（［dza^{215}］）的本字决不是"竹"。［dza^{215}］有没有本字呢？有的。说起来叫人奇怪，它的本字就是"彗"。"查阳去扫把"本应写作"彗扫把"的。这中间的原委，恐怕得多说几句。

《说文·又部》："彗，扫竹也。从又持甡。"这是个会意字，上边一半（《说文》所谓"甡"）是竹枝的象形（虽然只画了两支，代表的是一捆），下边是一只右手，拿着这一捆竹枝。作为名词，可以指这种扫地的工具，作为动词，可以指用这种工具去扫地。从构字本义上说，也许首先是动词，不过这种用法在古书上没见到，我们邵阳老百姓却经常这样用："快拿彗扫把来把禾场彗干净，就要晒谷子了！"它的名词用法则较为常见。《史记·孟子荀卿列传》说："昭王拥彗前驱"，意思就是"昭王抱着彗扫把跑在前头"。

"彗"字普通话读 huì，怎么会念成 [dza^{215}] 呢？原来《广韵》上的彗字有两个音，一个叫"于岁切"，祭韵云纽，云纽上古归匣纽，本是舌根浊擦音，后来清化为今天的 h[x] 声母。这就是今天"彗"字读 h[x] 声母的来源。第二个音是"祥岁切"，祭韵邪纽。邪纽本是齿头浊擦音，即 [s] 的浊音 [z]，但演变的结果，邵阳读成浊塞擦音，即 [dz] 或 [dʑ]。具体说是拼今开口、合口韵字时读 [dz]（"查"字的今声母也是这个音，不过它不是从古邪纽来的），拼今齐齿、撮口韵字时读 [dʑ]。前者如颂旬词次等字，后者如徐序斜邪祥等字。在上古，祭韵字归月部，主要元音是 ɑ$^{[2]}$，演变为中古的祭韵，入声韵尾就丢掉了，成为一个去声韵。另外，邵阳话中，去声分阴阳，到道，冻动，照赵各组字都不同调。古声母为浊塞音、浊塞擦音、浊擦音的去声字，今天仍为浊声母的，邵阳都读阳去。这样，"彗"的"祥岁切"这个音，在邵阳就读成"查$_{阳去}$[dza^{215}]"了。可见，"彗"字的邵阳音与普通话音的巨大差别，是由两个原因造成的：一是两音属于两个不同的音系，二是两音有不同的来历。

附带说一下，"彗扫把"这个词，正是"彗星"命名的由来。"彗星"的命名，正如"蘑菇云""鸭舌帽""鸡冠花""脚板薯"一样，用的是比喻的方法。只见过高粱扫把、棕扫把的人，难以体味"彗星"这个名称的形象性，而熟悉"彗扫把"的人，却能深知这个名字确实取得贴切之至，形象之至。

再说邵阳人唤狗，有两种唤法，两样意思：一个是 [liɛ^{22}——liɛ^{22}]（阳平）或 [diɛ^{22}——diɛ^{22}]，是叫狗到自己身边来；二是唤 [so^{31}] 或 [ɕio^{31}]，是叫狗去执行某项任务。[liɛ^{22}] 或 [diɛ^{22}] 是"来"字的音

变，[so³¹]或[ɕio³¹]是"嗾"字的音变。"嗾"字普通话读sǒu，邵阳读音与它比起来，只是丢了韵尾-u。《现代汉语词典》嗾字的第二义项是"发出声音来指使狗"，但却用"〈书〉"这个术语标明这个义项是书面语。在我们邵阳，"嗾狗""嗾起狗咬人"之类说法却经常不绝于耳。这类说法的"嗾"字，不正是"发出声音来指使狗"吗？在这里，口语与书面语的界限消失了。"嗾狗"的"嗾"，在邵阳人的语感中，也似乎土得很。但是一查《说文》，不见得。《说文·口部》说："嗾，使犬声。"原来邵阳的土用法竟与分析古汉字的经典著作《说文》完全一致。知道了"嗾"是唤狗去执行某项任务，就可以理解"嗾使"的意义为什么是"挑动指使别人做坏事"——原来这是把被嗾使者当狗看待了。狗被人"嗾"，没有什么，因为它终究只是狗；人被人"嗾使"，被嗾使者既不光彩，嗾使者也不道德，那当然不是什么好事了。

邵阳话中还有几个含"狗"字的词语。"哈巴狗"常含有"傻子"的意思，因为邵阳话念傻如哈；"做狗"是小孩患病时，忌讳说"生病"而用的委婉语；"四眼狗"是句骂人话，被骂的人戴眼镜。此外，还有一个挺令人注目的"黄眼狗"。

"黄眼狗"是句特别厉害的骂人话。儿子不孝敬父母，徒弟不孝敬师傅，情节严重者，舆论就愤慨而鄙夷地斥之为"黄眼狗"。这个话在湖北也流行。说法另有"黄眼畜生"，与"黄眼狗"意义相等。这个词语不但挺土气，而且似乎也不好理解：狗或者别的牲畜的眼睛究竟有没有红黄蓝白黑之别？要是有，眼睛呈黄色的是否就特别不讲情义，不讲恩怨？难说。著名作家周立波对此也颇怀疑，他在《山乡巨变》中用到这个词语时，宁愿写做"横眼畜生"。实际呢，"黄眼狗"不过是"忘恩狗"的音变，与人们追求词语理据的心理也有一些瓜葛，其中详情，是可以说清楚的。

"黄忘"二字在邵阳话中同音，都读[waŋ²²]。今天普通话忘字读去声，与邵阳有别。但《广韵》中的忘字本来有巫放切和武方切两个音，普通话读音来源于巫放切，邵阳话读音来源于武方切。黄字《广韵》中是胡光切，本来有个舌根浊擦音声母，但在邵阳话中，这个声母同合口呼韵母（u 除外）相拼时都丢失了，变成了零声母，这是规律性现象，混馄晃凰皇等字同样如此。忘字的武方切这个音，本来也有个唇齿鼻音声母的，但无论在邵阳话还是在普通话中，这个声母都丢失了，也成了零声母。二字韵母与声调相同，不必多说了。这样，"黄忘"二字自然容易相混。至于"恩"变成"眼"，则是词语内部音义的矛盾运动造成的。原来，在词语演变过程中，随着语音的变化，某些词语内部的语素模糊了，似乎失去了理据，不好理解了。而人们对于词语，又总希望它们是有理据的，好懂的。这样，就可能出现两种情况：或者根据变化后的语音，用新语素代替旧语素，使词语获得某种新的理据；或者使语音继续变化，直到找到使它获得新理据的新语素为止。这种语义与语音的矛盾运动，推动着词语的历史演变。我们举两个例子来说明这个问题。

猫头鹰，邵阳南乡叫"哭鸟 [$k'u^{55}tiau^{31}$]"或"猫妞鸟 [$mau^{55}\underline{n}iəu^0 tiau^{31}$]"，说是猫头鹰夜间鸣叫是在哭泣，它一哭，往往预兆着要死人，所以是一种不祥之鸟。于是"哭鸟"成为一句骂人话：一个孩子好哭，别的孩子就送他一个贬称"哭鸟"，或者称他的哭泣行为是"滴猫妞鸟尿"。快说时说成"滴猫妞尿"，"鸟"字被吞掉了。"妞"字有音变（顺同化），城区话说本音"倪 [$\underline{n}i^0$]"，本字是"儿"，一个日纽字。细想起来，"哭鸟"中的"哭"是语音演变后找到的新语素，它原来应该是"跍"。《集韵·模部》："跍，空胡切，蹲也。""跍鸟"本来很有理据：猫头鹰白天很少活动，老蹲在树枝上。但是，在邵阳南乡，蹲义的"跍"，念的是"姑"字阳平（[gu^{22}]），声母是舌根浊塞音，不送气，属于古群纽字。由于老湘语极为古老，估计这个读音比"空胡切"的音更古（这个词上古写作"居"）。但在"跍鸟"这词中，不知道是什么具体原因，"跍"字的音却演变为"空胡切"了，读成了 [$k'u^{55}$]。邵阳南乡话音 [$k'u^{55}$] 的字有哭酷枯三字（哭酷本是入声字，在南乡读入阴平）。干枯，与这鸟很难挂起钩来，残酷一词为口语所无，人们便用"哭"来记录这个音节，用"哭"这个新语素来代替"跕"了，并且还派生出上边说到的那种带有迷信色彩的风俗。

邵阳市区中心，邵水上边，有一座大桥，原来叫做"东关桥"，因为旧城在邵水西边，沿邵水筑有城墙，建桥之处是旧城之东关。但是，随着时代的前进，城市扩大了，"东关"变成了市中心，是全市最繁华的地方，这词的理据就难以为人们所理解了。因"关""瓜"音近，人们便讹为"冬瓜桥"了。这是人们寻找理据促使语音变化的例子！！从"关"到"瓜"，不过丢掉鼻音韵尾而已，这样的变化是极易产生的。

回头说"黄眼狗"。由于"忘恩狗"第二音节念轻声，近乎中降调，与上声一致，而"恩"音的上声只有"摁"这么一个常用字，而"忘摁狗""黄摁狗""王摁狗"都没有理据，这个词就不好理解了。在"忘"的诸多同音字中，由于"狗"这一语素的选择性，人们容易舍弃"王忘皇凰"等而选上"黄"，因为"黄狗""黑狗""麻狗"天天活在群众的口头，甚至是好些孩子的乳名。"黄"和"狗"两个语素一确定，在此基础上来定第二语素，人们自然从"摁"出发，把它的元音的开口度加大些，就得到"眼"字了（[ŋən^{31}]→[ŋan^{31}]）。这样，"黄眼狗"这个词语就演变成功了：它先是因为第二音节读如上声而失去理据，后来又把这个音节的元音稍加变化而获得新的理据。虽然"黄眼"同"忘恩"已经相去甚远，但比起"忘摁"或"黄摁"来，总算得到了若干理据，人们也只好满足于这点理据了。

顺便说说，陈刚先生的《北京方言词典》里有个词"白眼儿狼"，意思是"比喻不知感恩的人"。这个词的结构与意义，与湘方言的"黄眼狗"都是平行的，真是无独有偶。我不了解北京方言，本不应妄说。不过，比照湘方言，我真疑心"白眼儿狼"是由"背恩郎"演变而来。是否如此，请博学之士明断。

我国历史悠久，有着浩如烟海的古籍。古籍中的好些词语，人们认为已经死了。可是，到湘方言的词语库中一查，它们却活生生的呢！这里也举两个例子。

先说一个"襄"字。《说文·衣部》说："襄，汉令解衣耕谓之襄，从衣，嚢（鸿爪按：此字从支咒土会意，见《雅林探赜》"寻"字条）声。"这是东汉许慎的解释。大学问家段玉裁说：许慎这是在解释襄字从衣的本义，这个本义只在"汉令"上见得到。依他的鉴定，"襄"字"解衣耕"之义汉代以后就消失了，这个词死了，进了博物馆成为老古董了。

可事实并非如此。邵阳话叫耕田为"[ȵiaŋ³¹]田"，种麦子为"[ȵiaŋ³¹]麦子"。这个音[ȵiaŋ³¹]而表示耕种义的词，一般人都不知道如何写，有人写作"养"，音义都不合适。我研究了一番，断定这个字就是"襄"。为什么？"襄"有"耕"义，《说文》说得清清楚楚。至于读音，虽有些啰嗦，还是可以说清楚的。襄字从嚢得声，嚢字段注引《唐韵》注为"女庚切"（《广韵》乃庚切，泥纽），正是娘纽字。从"襄"得声的"壤嚷攘穰讓（让）瓤禳瀼"等字，都是日纽字。依据上古"娘日二纽归泥"这一条规律，它们在上古都是读[n]声母的。邵阳白读音中，中古日纽的"惹肉入"等字，今天仍读[ȵ]声母。因此我们可以推论，"襄"本来也是日纽字，上古是读[n]声母的，今天的邵阳读音，正是这个字上古音的遗迹。从"襄"得声之字，声调有平上去之异，"襄"字的原调，很可能是上声，这是因为，"壤"可以认为是"襄"的同源字。《说文·土部》云："壤，柔土也。"段注引《周礼注》说："壤亦土也。以万物自生言，则言土，土犹吐也。以人所耕而树艺言，则言壤。壤，和缓之貌。"原来"襄"是耕，"壤"是耕的结果：荒地变成了熟土（即柔土）。

这样说来，段玉裁断言"唯见于汉令"的这个作"解衣耕"讲的"襄"，在书本上似乎死了两千年了，而在邵阳群众的口里，却至今还没有死，农民们天天在讲着它。

最后说一下"[ŋa⁵⁵sai⁵⁵]"这个词。邵阳乡下的人，当孩子哭得他心烦心燥的时候，往往骂道："你哭哭哭，哭什么？[pai³⁵xɑu³⁵]啊？[ŋa⁵⁵sai⁵⁵]呀？"[pai³⁵xɑu³⁵]，即拜孝；[ŋa⁵⁵sai⁵⁵]者，"㿿衰"也。[ŋa⁵⁵sai⁵⁵]的说法，江西也有，熊正辉先生说是"鱼嘴一张一合的动作，引申指孩子低声哭"，这是把[sai⁵⁵]理解成鱼鳃的鳃了。[3]这恐怕不是事实。从用法上看，它与"拜孝"并列，义应相近，依理应是"㿿衰"，就是"哭丧"之意。

《说文·心部》说："㿿，痛声也。从心，依声。孝经曰：哭不㿿。"段注㿿字云，"此许所学孔氏古文也，作㿿者俗字。"又引《閒传》云："斩衰之哭，若往而不返；齐衰之哭，若往而返；大功之哭，三曲而㿿。"斩衰、齐衰和大功，都是丧服的名称，服丧的人与死者的关系有亲有疏，穿的衣服各有不同的规定，哭的声音也互有区别。可见"㿿衰"就是"哭丧"。㿿，《广韵》于岂切，尾韵影纽上声，与[ŋa⁵⁵]相去较远，看来是受㿿字声符哀字的影响之故，哀字邵阳音[ŋai⁵⁵]，丢失韵尾就变成了[ŋa⁵⁵]。衰字《广韵》所追切，邵阳读[sai⁵⁵]，演变之迹挺清楚。不过，字书上说，"斩衰"之衰，应该读仓回切，通縗，普通话音 cuī。这只是后起的区别音与区别字，是读书人的事，老百姓并没有理睬它，仍旧读所追切的[sai⁵⁵]。

"㿿衰"一词，其语素虽然见诸文献，却是作为两个词存在的，合起来组成一个词，在古籍上未曾发现，也许书面根本没有记录这个用法，所以今人考究起来，竟然联想到鱼的口部动作，未免令人失笑。但这个词却一直活在村姑村妇的口头。

方言词语源远流长，不独湘方言为然。著名方言学家李荣先生说过："有些书上的字，不知道口语里用不用，不知道是死的还是活的。有些嘴里的字，不知道它的本字丫丫研究方言，可以帮助我们确定语言和文字的联系。"[4]真是千真万确。

1987，10，21 定稿

注释：

［1］见周振鹤、游汝杰《方言与中国文化》及《湖南方言区划及其历史背景》。

［2］见王力《同源字典》。

［3］见熊正辉《南昌方言里的难字》。

［4］见李荣《语文论衡》。

6 螳螂（daekmax）异名的理据*
——汉壮语词比较研究一例

一 猴子，还是猱子？

螳螂是一种久负盛名的昆虫；"螳螂捕蝉，黄雀在后"、"螳臂挡车"两个成语，已经流传两千多年了，"螳臂"、"螳斧"、"螳拒"还凝固成了双音词。螳螂的异名也非常多。据查，汉语典籍中有二十来个，不

---

* 本文发表于《广西民族研究》1999年第4期，副题改为"湘语中的壮语底层研究系列论文之一"。本文是我寄出的原稿，其最后一节与发表稿不同。又，本文存疑之马敫、蚚娘的理据，探讨如下。马敫，敫音jiào（《广韵》古吊切）。各种蚂蚱，有时也包括螳螂，邵阳总称"叫马子 [tɕiɑu³⁵ma³¹tsɿ]"，叫，本字是"敫"。蚂蚱个儿小，反应敏捷，跳动速度快，距离远，你想抓它，一扑去，它就跳走了，有如天马行空，只见流光闪烁，难以看清它们在空中运动的轨迹，当它们落地后才看清：原来跳到那儿了。因此叫做"敫马子"。《说文》云："敫，光景流也。""马敫"与"敫马子"不过语序颠倒、多了一个"子"字而已。"蚂蚱""蚱蜢"的语源当都在此：蚂蚱者，马敫也；蚱蜢者，敫马（子）也。"马敫"在这儿特指螳螂就是了。蚚娘之"蚚"可能是"锯（锯）"的音转（韵尾的有无之别）。文中说到，龁疙又叫食疙，食龁之别肯定是音转（入声韵尾不同）。昆虫之名在方言之间发生音转是常态。

6 螳螂（daekmax）异名的理据

知道还有多少方言叫法没写到书面上去；壮语中，螳螂叫 daekmax[1]，它的异名在《壮汉词汇》中就有十一个。俗语说"好汉有三个绰号"，螳螂也许是昆虫世界中一条好汉了。

笔者是湖南邵阳人，这儿的螳螂有一个特别的异名，说起来与孙大圣们的名字"猴子"完全同音。这不免使人纳罕：螳螂是一种低级的昆虫，死到临头都没一点儿预感，还要去搞什么"螳拒"；而猴子属高等哺乳动物灵长目，著名语言学家俞敏先生风趣地称之为人类老祖宗的堂兄弟。二者在品位上相距遥远，形态和习性上很难找到多少共同点，而且又都是挺常见的，人们在称呼它们时语音上为什么不加区别呢？

但是，通语中另有一个与"猴子"同音的名词，这就是"瘊子"。螳螂的邵阳异名，莫不竟是"瘊子"？可这一下子也说不清。因为，"瘊子"是俗称，雅名叫"赘疣"，医学上叫"扁平疣"，是人手背或面部的皮肤上边一种豆粒大小的丘疹，算一种病态。它们与螳螂的形态特征，似乎也难以联系起来。这样，螳螂的这个异名，要写到书面上就叫人犯了难：不管是写做"猴子"还是"瘊子"，都名不副实，让人产生误会；写别的 [ɣəu²²] 音字，就更加没有道理了。

难处还不止这一点。就算只在口头说，也会影响理解。对邵阳人来说，听到人说"瘦得像 [ɣəu²²] 子"时，头脑里会出现猴子和螳螂两个形象，究竟何者为是呢？很难说。因为形容人瘦，既可以拿猴子做比，也可以拿螳螂做比。用猴子做比的很常见。清代有一本《笑笑录》说："王琪、张元同在南京晏元献公幕下，张肥大，王以太牢目之；王瘦小，张以猕猴目之。"甚至"猴瘦"还成了双音词。用螳螂做比的例子，如艾青《怜悯的歌》："他的头发卷曲，皮肤黧黑，身体瘦削得像一只螳螂。"柳州市管螳螂叫"马郎扛"（不知道该怎么写，只好用汉字记其音），"瘦得像只马郎扛"这类说法，也经常可以听到。因此，邵阳人要追究"瘦得像 [ɣəu²²] 子"的真正含义，还得费一番口舌。

这仅仅是邵阳人自找麻烦吗？不是的。至少在部分壮族同胞中，也存在同样的麻烦。说详下文。

二 螳螂异名之理据

为了说明壮语 daekmax 及其异名的理据,我们先说说汉语螳螂的异名,以便比较。汉语螳螂的异名虽多,但多数是能说明其理据的,不难理解。下边先引几条古代的说法。

《尔雅·释虫》两次说到螳螂:"莫貈 hé,蟷蜋,蛑 máo。"又:"不过,蟷蠰 dāngnáng。"

《方言》卷十一:"螳螂谓之髦,或谓之虰,或谓之蟷蟷 mǐ。"

《说文·虫部》:"堂蜋,一名蚚 qí父。"黎按:段玉裁注本改蚚为斫。

《吕氏春秋·仲夏记》高诱注:"螳蜋一曰天马,一曰龁 hé疣,兖豫谓之拒斧。"黎按:高注《淮南子·时则训》同,唯龁字作齕,拒字作巨。

《艺文类聚》引郑志答王瓒问:"今沛鲁以南谓之蟷蠰,三河之域谓之螳蜋,燕赵之际谓之食疣,齐济以东谓之马敫。"

《广韵·虞韵》:"蚷蚥 jūfū,螳螂别名。"

《集韵·昔韵》:"蚚 shí,虫名,螳蜋也,一名蚚蜋。"

《正字通》:"俗呼螳蜋为刀蜋,蚚蜋乃刀蜋之讹。"又:"螳螂翼下红翅如裙裳,俗呼为织绢娘。"

此外,清代厉荃《事物异名录》所记还有勇虫、斧虫、杀虫、马穀;今方言中还有砍刀(开封)、禾老虫(湖南洞口)、马郎扛(柳州)、三角马楼(博白客家话)等。

对螳螂的各种异名,前人已作了不少研究,多数已涉及其理据。主要有:

李时珍在《本草纲目·虫一》解释螳螂的理据时说:"两臂如斧,当辙不避,故得'当郎'之名。"这是读当为挡,以为螳螂的名义,是

"挡车郎"或"挡车将军"。

郝懿行在《尔雅义疏》中指出髦、蛱音同,莫貈之合声亦为髦,而蛱又与髦音相转。他只是尚未点破:这些说法是把螳螂与猫相比,螳螂捕食时勇猛迅捷,类乎猫之捕鼠,因此得到与"猫"类似的名称;而螳螂之叫蛱蛱(棉婢切,读若米),正如猫之可叫咪咪。

《尔雅翼》分析"天马"一名的理据说:"盖骧首奋臂,颈长而身轻,其行如飞,有马之象。"

禾老虫这个名字很有意思。"老虫"即《水浒》之"大虫",也就是"老虎"。螳螂得此威名,大约也源于它捕食的勇猛迅捷。它既然可以比于猫,自然也就可以比于虎。在民间故事中,虎不是猫的徒弟吗?前边加个禾字,是为了同真正的"老虫"这百兽之王相区别,在南方,螳螂是经常生活在稻田禾苗之中的。不过还有另外一种解释:把螳螂与老虎相比拟,来源于方言中的斧虎二字同音,螳螂既叫"巨斧",就被误解为老虎了。语言中这类误解并不罕见,下文就有例子。

织绢娘一名若没有搞错,可以与纺织娘之名相比。这是由于它们腹部膨大,才以女人为喻。这与"挡车郎"因其剽悍而以男人为喻,其理相同。"三角马楼"的马楼,借自壮语的 maxlaeuz,义为猴子,"三角"则提示螳螂之头的生理特征,以与真正的"马楼"相区别。

刀螂、巨斧、斧虫、砍刀等名的理据,显然在螳螂那一对如螯之足的生理特征,理据透明,不必说解。锯蚁则源于锯斧,不过把字的形旁改了,以免误会。"虹"的说法是《方言》作者把《尔雅》读错了,见郭璞注。马毂之毂,当为敩字之讹。马敩、蚚蜋的理据不明,暂时存疑。"龁疣"的理据,见下节。

三 龁疣

螳螂一名龁疣,是东汉高诱注《吕氏春秋》时说的,他在注《淮南子》时又作"齿疣"。据后人研究,齿乃龁字之讹。这个异名虽是高诱一人的记录,未见其它用例,却是大有来头,里边蕴涵着我们的先人的精细观察,对于今天解释汉语和壮语的螳螂异名,有着关键的作用。

"龁疣"是什么意思?至今诸辞书只以"螳螂"或"螳螂异名"作释,至于螳螂何以叫"龁疣"这个理据问题,辞书均不载。为了弄清这个问题,需要从一个个字考虑。前文已经说明,"疣"本是一种疾病名称,病象是皮肤上长丘疹,俗称"瘊子"。"瘊子"与螳螂之间难以直接联系,这个把二者联系起来的任务,看来只能由"龁"字来完成。龁,本义是啃咬。这个意思可以同昆虫相联系:凡昆虫,多有啃咬的能力。但昆虫多着呢,啃咬并非螳螂区别于其他昆虫的特征。况且"啃咬"也无法与"瘊子"关联起来。看来它只能是个记音字(假借字),本义不起作用。"疣"实际像一般肿块,硬要把它与螳螂联系起来,也许只有螳螂那两只巨斧多少能沾点儿边。螳斧,邵阳人叫"锯齿",意思是"锯齿状的东西",用的是它的比喻义。那么,"龁"与"锯"两个字能联系起来吗?这倒有可能。"锯"字邵阳话念[kɛ³⁵],据张光宇研究,这是吴语鱼韵字(举平以赅上去)的一种古读,它扩散到湘语中来了,属于一种规律性现象[2]。而龁字上古属物部匣纽,读成类似 *[kɛt]这样的音,不是没有可能——就是声母的发音变了一点儿,由舌根擦音变为舌根塞音,况且乞声本就是舌根塞音。要是 *[kɛt]失去了韵尾,龁字的读音就同锯字相同了。看来龁字可能是锯字的记音字。如果这个推断成立,"龁疣"实际就是"锯疣",即"锯齿状的瘊子"。这个含义同螳斧的生理特征倒能挂上钩,只是把螳斧看做一种生理变态,对螳螂略显不恭就是了。说起来这也怪不得,螳螂的这两把"巨斧"也过分巨大,过分特别了。这样一来,"龁疣"一名的理据,同其他异名如刀螂、斧虫、蜛蚁的理据,就大体上是一回事了。在把"疣"叫做"瘊子"的地区,"龁疣"就成了"锯瘊子",邵阳人则不知为什么又把"锯"字略去,单说成"瘊子"了。

最后还得说明一点，"瘊子"同"猴子"也不是没有关系。"疣"之所以叫"瘊子"，那理据正在"猴子"，在猴子臀部那块"红色臀疣"。邵阳人说，同猴子打交道，千万别拿"猴子疤屁股"这话开猴子的玩笑，要不然它就会向你张牙舞爪，没把你抓伤也会吓你一身冷汗。这是一种民俗观念，实际情况怕未必如此。但这种民俗观念，恰好反映了这样一种认识：红色臀疣在猴子身上有着极其突出的地位。而正是这种认识让人们用"猴子"指称猴子的突出特征——疣；在写到书面时，为了以形别义，另造个分别字，写作"瘊子"。这个意思，用语言学的行话来说，就是"瘊子〈猴子"（"〈"读作"来源于"）。

四 daekmax 异名的理据

壮语中螳螂叫 daekmax，它另外还有十个异名。现在我们来看看它们的理据。

（1）daekmax daek 是蚱蜢，max 来源于汉语的音译，就是"马"。这是一个壮汉合璧词（语言学行话叫"混合词"［hybrid］），daek 是壮语词素，max 是汉语词素。螳螂之义怎么会用词素"马"来提示呢？只要想想汉语中螳螂又叫"天马"，就可以悟到其中的奥秘。daekmax 的理据义（或称内部形式）是：如马的蚱蜢。这立即会使我们想起汉语的"蚂蚱"来，甚至把 max 直接理解为蚂蚱的略称。看来汉语中的"蚂"并非没有意义，它来源于"马"。

（2）daekanmax anmax 就是马鞍。它也是来自汉语的语素，不过顺序倒过来了。daekanmax 的理据是：披上马鞍的蚱蜢。它的理据同 daekmax 的理据非常接近，仍是拿马来比拟。这也是个壮汉合璧词，同上条一样，下边还有。壮汉合璧词在壮语中挺多，在汉语中也不少。两个语素含义相同而一壮一汉的例子最有特色。壮语词 raemxdang（汤水）是壮语 raemx（水）和汉语汤（dang）的合璧。

（3）daekyangj yangj 的含义是"长腰刀"。yangj 作为 daekyangj 的一个词素，显然在提示那两把"螳斧"，通过提示螳斧来给螳螂命名。其理据同汉语的斧虫、刀螂有异曲同工之妙。

（4）duzmehgangfouj duz 表示的是动物的类名，多是昆虫；meh 是雌性义；fouj 是斧头。gang 则是 gawqngangx（锯刀或刀形锯）之合声。整个词要意译的话，可译作"锯斧娘"。它把汉语的织绢娘和蜛蚁两个词的理据都综合在一个词中了。

（5）duznganxcaengh nganx 是"眼"的意思，caengh 的意思是"瞪"。这个词的理据是：鼓眼虫。螳螂的一对複眼突出得特别厉害，超过任何蚱蜢。壮人就根据这个特点给它命名。这是汉语中所未见到的，反映了壮族先民对螳螂生理特征观察得细致入微。

（6）duzyaeklwz yaek 是钓，lwz 是弓。弓指的是钓竿。这个异名的理据，仍在那一对螳臂。螳臂如锯如斧如刀，这不难想到。duzyaeklwz 的创造者却换了一副渔翁的眼光来观察它，命名为"垂钓虫"，同样惟妙惟肖，确实独出心裁。这也是汉语中所未见的。命名者比类取象的多样性，反映了他们生活体验的丰富性和联想思维的灵活性。

（7）gangmax gang 的意思是"群"，在这儿也是作为表动物的类名。这个 max 恐怕不能理解为"马"了。max 还有"砝码""号码"之义，在这儿用不上。看来，这个 max 应是"蚂蚱"的略称，正如 dingmax（蚂蟥钉）中的 max 是"蚂蟥"的略称一样。另一词形作 gangzmax，声调略异，两词理据相同。这是大名冠小名的壮汉合璧词，直译可作蚂蚱虫。

（8）gyanghmax gyangh 的意思是"掷（镖）"。这是从螳螂捕食动作的勇猛迅捷来给它起名的，与汉语的"髦""禾老虫"的理据近似。max 仍是蚂蚱之略称。直译可作"飙蚂"。

（9）maxmiq miq 本来是好几个同音词的共同形式，它们的意义分别是：拔（羽毛）、指责、淡黄色。但这些意义作为词素义来提示螳螂，或者不够贴切，或者根本不通。不过从 miq 这个音，倒使我们想起了猫咪之咪。这样，它的理据可能是"猫一样的蚂蚱"，直译可作"猫蚂"，与 gyanghmax 和汉语蚱蜢的理据相通。

（10）maxlangzgangz 这个词的理据比较复杂，下文详述。

五　maxlangzgangz（马郎扛）

柳州人把螳螂叫"马郎扛"，其理据何在？从汉语的角度观察，根据第二三两音节的读音，似乎可以写作"躴躿"。《玉篇·身部》："躴躿，身长貌。"螳螂的身子确实有"长"这么个特点。但是，这个分析还没解释"马"，"躴躿"一词典籍也无用例。即使把"马"理解为"天马"之略，"马躴躿"作为螳螂之名的理据，虽然得到了一些解释，总觉得有点儿"雾里看花"的味道，不甚明晰，因而有可能并未搔着痒处。但要是局限于汉语，恐怕也就只能到此为止了。

本文联系壮语，把前两个音节看作一个词素，来作一番探讨。先看几个别的词：

（1）maxlaeuz　　猴子。（汉语典籍作马楼，是译音）

（2）maxlaeuzgam　　疳积病的一种（俗称猴子疳）。

（3）maxlaeuxsouj　　水车的摇柄。黎按：龙骨水车的摇柄，邵阳叫"[ɣəu²²]子手"，壮汉两词同源。

（4）gofwngzmaxlaux　　骨碎补。黎按：中药名，似蕨。

让我们研究一下这四个词的理据。（1）中的 max 来源于 mak（果），laeuz 是馋的意思，内部形式是"馋果（者）"。maxlaeux 作为 lingz 的异名，肯定是猴子。用"果"与"馋"来提示猴子的词义，生动而准确。（2）是一种疾病"猴子疳"。这个词里边的 maxlaeuz 却不是猴子，而是螳螂。为什么？疳积病多见于小孩，患者的病容有两个特点：一是面黄肌瘦，二是腹部膨大。说这种病容像猴子，有点儿勉强，因为只抓住了一点：瘦。而说这种病容像螳螂就贴切了，螳螂既瘦削，腹部又膨大（参看第二节织绢娘的理据）。（3）是龙骨水车一个零件的命名，其中的 maxlaeux，邵阳也说成［ɣəu²²］子。但是，邵阳话的"［ɣəu²²］子"既可以指螳螂，也可以指猴子。那么，这个壮语词中的 maxlaeux 指的是猴子还是螳螂呢？看来指的也应该是螳螂。因为，龙骨水车的摇柄，见过的人大约都会想到它与螳臂神似，而与猴子手有距离。（4）中的 go 是植物类名；fwngz 是手，指的不是前臂，而是手指手掌部分；maxlaux 则是猴子。这个名称直译可作"猴手蕨"，因为属蕨类，所以在后边加个类名。其所以命名为猴手，是因为蕨类植物新叶末端卷曲，汉语中的蕨手、蕨拳两词可做壮语命名理据的旁证。

十分令人注目的是：maxlaeuz 这个词和邵阳话中的"［ɣəu²²］子"同样地奇怪：有时指猴子，有时却指螳螂。这一点非常值得重视。因为它反映出汉语的邵阳话和壮语有着极为深刻的历史联系，而且与近两千年前的高诱的注文有关。

壮语的 maxlangzgangz 和汉语柳州话的"马郎扛"音义均同，到底谁借谁贷呢？我们认为，判断谁借谁贷的条件虽然多，最根本的是看它们在哪个语言中理据更充分。例如，钦州白话、贺县平话的"猴子"也念"马楼"，与壮语 maxlaeuz 音义均同，怎么不说壮语的 maxlaeuz 是汉语借词呢？因为只有在壮语中，maxlaeuz 的理据才能得到准确、恰切的说明（馋果者）。

maxlangzgangz 的前两个音节应是 maxlaeuz 之变，这可从音义两方面予以证明。从意义来说，maxlaeuz 有猴子和螳螂二义，而 maxlangzgangz 就是螳螂，语义密合无间；从语音来说，maxlangzgangz 的第二音节由 laeuz 变来，完全符合"逆同化"的音变规律，正像汉语中"糊里八涂"往往念成"糊拉八涂"一样。

maxlangzgangz 中的 gangz 是什么意思？据查，gangz 是两个同音词的共同形式，一个是呻吟义，一个是量词"行"。两个意义很难同猴子和螳螂发生什么联系，不可能是 maxlangzgangz 的构词成分。经反复寻绎，我们认为，gangz 应是 gawqngangx（锯刀）的拼合，前一音节取声，后一音节取韵和调。这里只是调不完全密合，但一为中降调，一为低降调，相差甚微。这种合音词口语中习见，是由语速快了造成音素脱落所致。

这样，maxlangzgangz 由 maxlaeuz 和 gangz 两个词素构成是没有疑问了。问题在于当我们分析 maxlangzgangz 的理据时，gangz 取锯刀义，maxlangz 取哪个意义呢？在 maxlangzgangz 中，gangz 既不是螳螂义，maxlangz 也就不能取螳螂义，因为整个词是螳螂义。在複合词中，词素义一般是不等于词义的，特殊的情况只有一种：当两个词素义相同时，有时词素义和词义相等，如"道路"。而 maxlangzgangz 不属于这种情况。那么，maxlangz 就只能取猴子义了？但这样也有不妥。如果说 maxlangzgangz 的词素结构是"猴子＋锯刀"，如何理解两词素义之间的关系？如何理解词素义和词义之间的关系？诚然，"猴子＋锯刀"可以理解为"持着锯刀的猴子"，但是，"持着锯刀的猴子"仍然是猴子，怎么会是螳螂呢？把"猴子"理解为比喻义似乎也难以使人想到螳螂。这就是说，这么理解并没有令人信服地解释词素义和词义之间的提示性关系，没能揭示 maxlangzgangz 的确切的理据。上文中我们探讨了大量螳螂异名的理据，"猴子"从未在螳螂的理据义中出现过。虽然我们多次谈到过猴子，那是作为"瘊子"的同音词谈及的，瘊子在"齔疣"中确是螳螂的理据义。如果我们设想，maxlangz 也可因其汉义的谐音而理解为"瘊子"，那么，"瘊子＋锯刀"这种词素结构，同汉语的"锯＋疣"（即齔疣）就变成了一码事，只是顺序相反而已。这种理解要成立，需要把 maxlangz 汉译为"猴子"，并通过谐音理解为"瘊子（疣）"。也许，这是对 maxlangzgangz 的理据所能作的唯一比较合理的解释。

语言事实也许正是这样：先是在汉语中出现"锯疣"，在某个汉语方言中以"瘊子"代"疣"成为"锯瘊子"；后来，在只说猴子而不说瘊子的方言区，"锯瘊子"被人们理解为"锯猴子"；接着，这种方言区的人们的理解被意译为壮语 maxlaeuzgangz，由于发生语流音变而念成 maxlangzgangz；最后，柳州话又把这个壮语词借了进来，念马郎扛。这里的关键是瘊子被误会成猴子。因为有汉语邵阳话的 [ɣəu^{22}] 子和壮语 maxlaeux 兼具螳螂和猴子二义，又有东汉高诱的螳螂"一曰齕疣"的说法把二义联系起来，铁证如山，上述分析的正确性便不容置疑。螳螂的异名齕疣、[ɣəu^{22}] 子、maxlangzgangz 在汉语和壮语之间输出输入的错综关系，是汉壮两族人民数千年来极其密切的联系的一面小而又小的镜子。

1998/11/11. 凌晨 3 时于桂林

注释：

［1］本文所引壮文材料，均摘自广西壮族自治区少数民族语言文字工作委员会研究室编《壮汉词汇》，广西民族出版社，1984。

［2］张光宇《吴语在历史上的扩散运动》，《中国语文》1994 年第 6 期。

7 邵阳（南路）话中的"那"文化成分 *
——湘语中的壮语底层现象研究系列论文之二

邵阳南路话（以下称宝南话）属于湘语娄邵片，是老派湘语的一个土语。讲宝南话的地区是旧邵阳（南宋理宗宝庆元年［1225］-1928叫宝庆）南路，包括今邵阳县五峰铺、下花桥两镇和九公桥镇的黄荆、东田、黎氏一带，人口约20多万。宝南话语音的特点是：声母方面，保存一套完整的全浊塞音、塞擦音和擦音，洪音前边鼻不分，基本上没有翘舌音，晓母逢合口呼读为非母，舌根鼻音可作声母，也可以自成音节；韵母方面，有单韵母［ɛ］，鼻韵母像是鼻化韵，－iəŋ 和 －əŋ 并入 －nəŋ 和 －ən，－uan 并入 －uɑŋ（万晚等几个字除外）；声调方面，平、去分阴阳，浊上归阳去，入声消失，古入声字多读入阴平或阳去。总的音韵格局与西南官话比较接近，而一整套全浊声母的存在又接近吴语。

从族谱看，讲宝南话的大多数人口是宋元以后从江西迁入的，本地土著很少。反映在方言词汇方面，宝南话保存着大量古汉语词，其基底有着浓厚的中原风格（或北方风格）。例如：

1. 禾［ɣo²²］　水稻。上古的禾原是粟，后来泛指粮食作物。《说

---

* 本文发表于《广西民族研究》2000 年第 1 期。

文·禾部》:"禾,嘉谷也。"段玉裁注:"嘉谷之连稿者曰禾,实曰粟,粟之人曰米,米曰粱,今俗云小米是也。"今宝南话用"禾"指"稻",说"禾"不说"稻"。"打禾""栽禾"(插田)"割禾""禾绢 [ɕien³⁵]"[1]"糯禾"禾场(晒谷坪)等说法中的"禾",都不能换作"稻";"稻谷"则叫"谷子"。

2. 襄 [ȵiɑŋ³¹](1)耕作。~土(旱地)比~田还要辛苦。(2)种植。~荞麦。《说文·衣部》:"襄,汉令:解衣耕谓之襄。"段注:"此襄字所以从衣之本义,惟见于汉令也。引申之为除去。"

3. 打秋 [ta³¹lia⁵⁵] 插秧术语。若一丘田面积大,第一个插秧的先在田的正中间插一路(约五六行),把田一分为二,叫做"打秋"。一般是插秧老手才敢。《说文·秋部》:"秋,稀疏适也。"又:"适,之也……宋鲁语。"段注:"禾之稀疏有章也。"由(1)可推知这也是古旱作农业词。插秧老手打的"秋",笔直而均匀,稀疏之度,可作为后插者的榜样,后插者依样插下去就是了。

4. 籽田(间)畛 [tsʅ³¹ diɛn²² (kan³⁵) tɕiən³⁵] 为了防止田漏水,春天把田犁过、耖好后,在田里边捧起的一道宽约七八寸的、附在田间畛(田埂)上的泥巴叫"籽田(间)畛"。《诗·小雅·甫田》:"今适南亩,或耘或耔。"毛传:"耔,雝本也。"《玉篇·耒部》:"籽,壅苗本也。"可见"籽"原是给旱地作物培土,宝南话则移过来指培水田田埂。这个动词虽已变成一个含义不甚明晰的词素,但其古中原风味还是可以感觉到的。(鸿爪按:"籽田间畛"或可作"子田间径",从有"老田(间)径"一语看来,这个写法更有道理。这样,其中就"径"字中存在着与"阡陌"的联系了)

以上几个典型的古中原风格的词语,都是把北方旱作的语词移来用于水田稻作,其他内容的北方风格的词语更多,有些语词竟同北京一模一样:见于徐世荣《北京土语词典》的宝南土语词就有一大批,如扁毛畜生、做狗、不通经、常行、果不其然、蛤蟆骨(朵)、号丧、话靶、伙着、裂［lia³¹］、卖了（器物打碎了）、苗（儿童哭闹不止）、骑马布、软刀子锯、四称、血乎淋拉、悠（宝南话念阳平）着、油皮、有了（怀孕了）、濯（淋）、闹丧、四眼人（孕妇）、萎（阴平，没生气，不旺盛），等等。

因此我们说，宝南话的基底是中原风格或北方风格的。

二

但是，宝南话毕竟是湘语的一个土语，是一种典型的南方方言。汉语南方方言诸特点中最突出的一点，恐怕要算这样一个事实：它们与古越语和今南方少数民族语言的接触关系年深月久，不可避免地受到古越语及其后裔的影响，这种影响遍及语音、词汇和语法各个方面，而以词汇方面所受的影响最大。

据《邵阳县志》，整个今邵阳县只有几个回族村庄，此外是清一色的汉族。少数民族人口只占全县总人口的0.34%，其中绝大多数（0.32%）是回族。占全县人口总数0.02%的其他少数民族，人数为169，而又分属15个不同的民族。这就是说，在宝庆南路地区，只有一种话，即宝南话。但是，宝南话词汇系统中，却广泛地存在着民族语言的词汇成分。壮族"那"文化成分，就是其中之一。

"那"在壮语中为"水田"。在华南及东南亚地区，广泛而大量地分布着冠以"那"的地名，如那坡、那龙、那沙、那雷、那蚌、那丽等等，一些学者把这种奇特的文化现象称之为"那"文化。"那"文化即是稻作文化，它是稻作文明起源的鲜明印迹。这种"那"文化与我国南方其他地区的稻作文化有着密切的联系，但又有很大的区别。春秋战国以来，我国北方与南方的交流渐多；秦汉以后，中原汉族南迁的事屡见于史籍。就经济生活而言，南迁汉人一方面带来其固有的发展水平较高的北方旱作农业文化，另一方面又不得不"入乡随俗"，全面地接受南方稻作农业文化，把前者融合于后者之中，而以后者为主。但就语言而言，南迁汉人却由于其在文化上的整体优势，自然是以其固有的汉语作为文化载体，适当吸收南方民族语言的各种成分。这样，宝南话语词中的"那"文化成分，当然也就只能是一种次要成分。虽然如此，对宝南话来说，"那"文化语词成分，却决不是一种无足轻重、可有可无的成分；它在宝南话形成的过程中就融入进来了，早已成为宝南话的筋骨血肉。如果没有它，宝南话就不成其为宝南话了。作为例证，下面介绍一下宝南话词汇中的壮族"那"文化词汇成分；至于全面地挖掘、整理宝南话中的民族语言成分，有待来日。

邵阳属于丘陵地区，满眼是起伏的山峦。山峦顶部多是柴山，腰部以下则是梯田。梯田底部，有着或窄或宽的带形平坦水田，叫做"泷里"。泷里往往有或大或小的溪流，叫做"泷江"。泷，音[loŋ^{22}]，指的是介于两山之间的水田，大约与山崀之"崀"同源。据研究，此语源于壮语[2]。今壮语岭脚、山麓叫 lok，两山之间开垦的田，叫 nazlueg，汉译为"雒田"。岭南以骆、洛、雒、芦、罗、乐、龙、隆、陆、禄等字作地名的到处都有，湖南也不少[3]，其含义都与 nazlueg 有关。Lueg 或作 lueng（汉译为计量两山之间的农田的单位词"槽"，本字当为"㴜"，邵阳话音[dzau^{215}]），它们与宝南话泷里的"泷"，本来是一回事。这就是说，"泷"是个"那"文化词语。

如果许多条泷江汇聚到一块，也可能形成一片上百亩或数百亩的平坦的农田，宝南话叫"田[laŋ^{31}]"，本字为"田荡"。荡字《广韵·荡韵》徒朗切（浊上字）。《诗·齐风·南山》："鲁道有荡，齐子由归。"毛传："荡，平易也。"《左传·襄公29年》："为之歌豳，曰'美哉，荡乎？'"孔颖达疏："荡荡，宽大之意。"唐宋以后，荡字又有"积水长草的洼地"义，如王安石《东陂》诗："荷叶初开笋渐抽，东陂南荡正堪游。"但定母读为来母，应与今壮语中定来二母常常交替有关。（鸿爪按：见本书《邵阳（南路）话的壮汉合璧词》一文）

泷江两边的梯田，宝南话叫"[baŋ²²]田"；不管是否开垦为田，这类地方都可以笼统地叫"[baŋ²²]上"。[baŋ²²]这个字也与壮语有关。壮语 banz 有两个意思：（1）陡（坡度较小）；（2）旁边，边沿，附近。壮语 nazbanzseuj，就是梯田。此语似可因其位于"泷江"的两旁而解释为旁边之"旁"的专化，但多少有点勉强；它指的是高地，地名"茶山[baŋ²²]"，不是说它位于茶山的旁边，而是"地势较高的茶山"之意。它很可能也是个壮语成分（茶字读阳去，不知何故）。

丘陵，在邵阳人看来就是"山"，它和"岭"是同义词。壮语管山叫 bya，"岭"和 bya 还可同时出现在宝南话的一个熟语[la²²lila²²pia]（轻声不标调）中。例如：

肚子痛得在床上～。

这儿只有[li]是汉语"岭"的音变，"爬"义的[la²²]和"山"义的[pia]都源于壮语。这个熟语应写作"爬岭爬岜"。爬岭爬岜是很辛苦的，因而可以用来形容痛得辛苦、难受。人们对这个熟语中的多数词素义是不清楚的，就知道[la²²]是"爬（攀援）"。

水田的田埂上，得有进出水口，以便灌溉。这进出水口，宝南话叫"田[pa³⁵]口"。中间那个词素不可能是"坝"，坝是拦住流水的大型水利设施；而田埂上的进出水口，是可以根据需要随时挖开、堵上或随时调整其高低的。我们以为它是壮语的 bak（口，嘴）。这东西壮语叫 bakdangx，其中也有个 bak。宝南话的[pa³⁵]，就是壮语的 bak。可是，所处地势较高、专门蓄水灌溉的山塘，只需要出水口，它叫"塘[sʅ³⁵]口"。[sʅ³⁵]也是个壮语成分：壮语的"嘴唇"叫 siqbak。这真有意思：口可以吞云吐雾，"唇"确实只能节制吐出，对吸纳则无能为力。用"唇"来比喻山塘的出水口，颇为贴切。可以断言，宝南话的[sʅ³⁵]就是壮语的 siq（唇）。"[sʅ³⁵]口"和 siqbak 的两个词素一一对应，词素的排列顺序也一致，而且是壮语的语序。

如果缺乏水源，山岭的下半部就垦作旱土，宝南话叫"土畬"。在土畬和柴山的结合部，往往栽上一些果树，如梨、桃、枣、柿子、李子、板栗之类（水田间畛上偶尔也有）。柴山里也会有一些可食的野果，如杨梅、金樱子果、阳粒饭、毛栗子、羊打卦等等。所有的山果，宝南话总称"桃马[ma^{31}]李果"。宝南话可以说："白毛女躲在山里，靠桃马李果过日子。"这个"马"又是壮语词素，就是桂林马蹄的"马"。壮文作mak，义为果子。

池塘和稻田里有家养的鲢鱼、草鱼或鳙鱼，也有野生的鲤鱼、鲫鱼或鲇鱼。

任何鱼都可以叫"鱼[pa^{35}]"。不过一般是对孩子这么说。这个[pa^{35}]仍是个壮语词素，壮语的bya是山，也是鱼，它是这两个同音词的共同形式。田里有田螺，山里有山田螺。山田螺，壮语叫saebujlo。Sae，大概是螺蛳的"蛳"；bujlo，宝南话音[po^{55}lo^{55}]，指的是球状、纺锤状的东西。在邵阳，金樱子果叫"糖~"，花蕾，叫"花~"，没开伞的菌子（蘑菇），叫"~菌子"，光头叫"光~"。这个词很可能是个古越语词，不过汉语中早有记录：蓓蕾、部嵝、培塿都是记的这个词。

稻作农业的农具很多，最重要的有犁耙水车、箩筐王桶、扁担粪箕、风车晒簟、磨子砺[luəi^{35}]子（砻）、碓礘筛子，这些一般都是汉语词。因为它们大多是旱作农业和稻作农业可以共用的农具，而北方的旱作农业的发展水平原先要高于南方的稻作农业。宝南比较特别的似乎有"[fa^{55}]耙"。这是一种专用于水稻田的木制耙，比铁制的耖耙（宝南就叫铁耙）宽得多，耙齿较密，呈倒圭形。春天来了，先用犁翻泥，接着用铁耙把泥耖碎，最后用[fa^{55}]耙把泥耙平，把田里的杂草聚拢清除。这样，水田就整好了，只等插秧了。这[fa^{55}]耙壮语叫fagbangx，义为沙耙或耕锄。壮语中，fag是表工具义的词头，如fagbauh（刨子）、fagbuen（锛子）、fagca（叉子）、fagcanj（锅铲）、fagdauz（锉刀）等等。很显然，宝南话"[fa^{55}]耙"的[fa^{55}]，来源于壮语的fag。汉语还没来得及为它造字。

收割回来的稻谷要挑到禾场上用晒簟晒干，禾场上少不了扫帚。邵阳的扫帚大体上是两种：为主的是高粱穗子做的，叫"掃［kuaŋ³⁵］"，比较短，扫地时要弯腰；另一种是竹枝做的，叫"［dza²¹⁵］扫［kuaŋ⁰］"。研究表明，［dza²¹⁵］是"彗"的古音之遗；而［kuaŋ⁰］则来自壮语的 satgvat，义为"竹扫帚"。其中与［kuaŋ］对应的 guvat 是篦子或篦的意思。用竹扫帚扫地，俨然像用篦梳给大地梳头一样。可惜邵阳人不懂壮语，不知道"掃［kuaŋ³⁵］"的理据之妙。

稻子收割完了，稻草也晒干了，得把稻草挑回家去，作为耕牛过冬的草料。要挑稻草，得先把它们捆起来。捆柴草的东西可以是荆条、绳子什么的，可一旦它们被用来捆柴草，就另外获得一个专门名称：［xo³⁵pu³⁵］。其用法如：

柴倒不难砍，就是～～难寻；捆草倒易得，就拿草做～～。

这是个名词，没法分析它的词素。到壮语里边去找，却可以找到。① hot 打（结子）、结（绳子）；② bouh 捆柴草用的草绳（用稻草、茅草临时打成）；② hotbongq 打活结。不难判断，宝南话的［xo³⁵pu³⁵］就是壮语的 hotbongq。再者，捆草、挑草，身上可能粘上细碎的草屑；打禾的时候，也会把许多草屑同稻谷一起打进王桶里去。这些草屑，宝南话叫"草［xa］"。如：

把王桶里咯草［xa］捞出来／身上到处是草［xa］，痒死人。

这个［xa］，也是来自壮语的词素，壮文作 haz，是"茅草"的意思。

北方的主要作物是小麦，主要食品是各种面食；南方的主要作物是稻子，主要食品是米饭。稻子的品种很多，大别之可分粳稻、糯稻两类。《说文·禾部》："稻，稌也。"朱骏声《说文通训定声》："今苏俗，凡黏者不黏者统谓之稻。古者以黏者为稻，不黏者为秔（即粳）。"也许在某个时候或某个地区，人们种的稻子都是黏性很强的品种，这才出现"以黏者为稻"的认识。笔者听说，湘黔桂交界的某些地方的少数民族，就曾有过这种情况。如此，则黏就成了稻米的一个重要特征。宝南话中，黏又叫做［pa⁵⁵］。这个词用处大得很，动词用法有两个义项，还有名词用法和形容词用法：

（1）黏　　　　　　　　　绊到地上~起灰／绊进油桶里不~油。
（2）沾染　　　　　　　　~起娘咯痨病。
（3）黏性食物（可叠用）　荞麦~／米~~（字作"粑"）
（4）很（细）　　　　　　你磨咯麦子粉细~哩。

"粑"是个历史不长的新字。《康熙字典》《中华大字典》都没有，《汉语大字典》也没说它的来历。可以这么说，"粑"的来历不明。笔者查到的较早的材料是：《汉语词典》（1937初版，1957重印第一版）第一次收作字头，但不作解释，只说"见糌粑条"。这会造成误会：仿佛"粑"字的来历同藏语或藏族有关。《新词典》（四时出版社1953）第一次作了解释："像饼的食物，［糖粑］。"《现代汉语词典》沿用而稍加改动："〈方〉饼类食物：玉米~~。"其实，这样的解释并不全面，"饼类"也不好懂。就我所知，论材料，大米、麦子、玉米、高粱、荞麦，甚至大豆、甘薯、青稞，都能做成粑粑；论形状，粑粑有圆形的、腰子形的、枕头形的，还有不定形的糊糊，也可以叫粑粑（宝南或叫搅粑）。它们的共同特点是：①得有黏性（大豆没有黏性，我见过的豆子粑是油炸的，用藕粉作黏合剂）；②一般要把材料磨成粉，然后蒸煮。虽然"粑"字历史不长，但［pa⁵⁵］这个词的历史却非常之久了。

据查，"黏"义的［pa⁵⁵］，很可能同粮食（南方主要是稻米）有关。这个词在汉文典籍中，没有专字，都用借字：汉代以前作拍、搏，南北朝作薄，元明以后作巴。刘熙《释名·释床帐》："搏壁，以席搏着壁也。"毕沅注："《楚辞》：薛荔拍兮蕙绸王逸注：拍，搏壁也。"《楚辞》记录了一些古百越语词，几乎已成共识；刘熙史书无传，但《三国志·吴书》程秉传、薛综传都说程、薛在交州与他交往。交州即今两广和越南北部。因此，这儿的搏、拍等所记录的义为"附着"的词，估计就是壮文的 ba［黏］。

壮语"稻"这个词作 haeux（北部方言）、khau（南部方言），它也可作"米"或"饭"解。有意思的是，它还可作别的粮食作物名称的词头。haeuxbuengz 是高粱，haeuxdaeq/haeuzyangz 是玉米，haeuzfiengj 是粟即小米，haeuzmienh 是小麦，haeuzvaeng 是鸭脚粟（谷物类，颗粒小，红色）。这使我们想起了邢公畹先生和《山海经》。邢先生说："壮人、泰人称谷物为 khau，高粱的高并不是和低相对的高，当与侗台语有关。《山海经·海内经》：'西南黑水之间有都广之野，后稷葬焉，其城方三百里……爰有膏菽、膏稻、膏黍、膏稷。'"壮语的 haeuz/khau 和这儿的"膏"恰好对应，高粱的"高"亦应作如是观。另外，锅巴壮语叫 haeuzmaex，宝南话叫［lau^{55}pa］，［pa］无疑就是上文说的"黏"义的［pa^{55}］，［lau^{55}］则与 haeuz 同源对应。理由是：宝南话的［lau^{55}］，还指腥膻的气味，如"羊肉冒吃到，［pa^{55}］起一身［lau^{55}］。"壮语 haeuz 同样有臭味义，haeubox 是腥膻味。这是深层的语义对应，证明着它们同源[4]。

例子还可以举出不少。但是，仅仅根据上边这些材料，我们以为已经能够说明："那"文化词汇成分确实是宝南话词汇的有机组成部分，是它的肌肉、筋骨和血液。这个事实证明，宝南话的形成，不单是汉语本身分化的结果，同时也是汉语和古越语及其后继者互相融合的结果。

三

我们说"那"文化就是壮族稻作文化，说的是它的本质特征，它的民族属性。这样说并不意味着它具有绝对的独立自足性或绝对的古百越性，是一种纯而又纯的壮族文化。相反，壮族"那"文化虽源于古百越稻作文化，但在与中原汉族旱作文化近 3000 年的交往中，也吸收了不少中原旱作文化的成分。语言作为文化的特殊载体，也如实而生动地反映出这种情况。

前文说到，耕作水田，先是犁，后是耙。耙田，先要用铁耙把泥块耖碎，而后用［fa⁵⁵］耙把泥耙平。根据田里泥巴的情况和人力、牛力的可能，犁田、耖田都可以不止一次，多的有"三犁三耙"。壮文中有个词 dau，《壮汉词汇》的解释是"犁（田）［已犁过一次，再去犁］"。宝南话也有这么个词：［tau³⁵］。它不能用于犁田，只能用于挖土。旱土的一茬庄稼收割后，先用三齿耙头翻土，再用锄头［tau³⁵］土。这以后才能种第二茬。三齿耙头翻的土，表土和底土掉了个个儿，土块大，搬动的距离也比较大，因而可能把地弄得不平整。［tau³⁵］土的任务，一是把大土块打碎，二是把地整平。大土块，宝南叫［do²²do²²ku］（团团骨，骨是骨朵之省）。所以［tau³⁵］土，也叫"［tau³⁵］团团骨"，或"打团团骨"，把大土块弄碎是这道工序的主要任务。汉语的［tau³⁵］和壮语的 dau，显然是同一个词。而且，不管它的语源是古汉语还是古百越语，它都是今天的壮族"那"文化在语词上的一个表现。下边我们来探寻一下它的语源。

汉语有好几个词是"第二次耕锄"的意思：（1）［耒艮］，再耕。（2）耖，土壤耕翻后再进行的浅耕松土作业。（3）欘，同㭯。古农具，形如榔头，用来击碎土块、平整土地。《淮南子·氾论》："后世为之耒耜欘锄。"高诱注："欘，椓块椎也。"《汉书·吾丘寿王传》："民以欘耜箠梃相挞击。"颜师古注："欘，摩田之器也。"分析上述材料的形义，汉语的［tau³⁵］和壮语的 dau，当以"椓"为本字。椓，今音 zhuó，《广韵·觉韵》竹角切，知母字。宝南音［tau³⁵］，完全符合音变规律。例如，觉韵的觉（睏觉）敲暴（塡起）等字宝南读入 au 韵，知母的竹筑株宝南读为［t］［th］声母。《说文·木部》："椓，击也。"本来就是动词。农作之椓，其工具有古今方国之别：古用欘，以椎（槌击）碎土块，大概是旱作农业的一道工序，是古北方旱作农业讲究精耕细作的文化传统的一个证明。今宝南话承用这个词，意思没变，只是农具已改为锄；壮乡则改用犁，用于水田。看来，壮语的 dau 所含的"那"文化内容固然不容否定，但其源头在古汉语，怕也是不争的事实。"那"文化里边，确实有着古代汉语的成分。

再举一个例子。壮语 laez 是烂泥、淤泥，laezvij 是"（道路）泥泞"。"那"文化，至少在现在，还离不开"泥泞"二字。那么，它是壮语固有的吗？在我看来，不是的。泥泞，宝南话说"泥巴 [lai^{55}lai^{55}/lɛ^{55}lɛ^{55}]"。这 [lai^{55}/lɛ^{55}] 就是"泞"字。泞字从宁（寧）声。"宁宁"是宋词中的一个词，多位词人用过。拙著《汉语词汇语义学》所收《"宁宁"的源流》一文证明：它就是宝南话"心 lɛ^{55}lɛ^{55}/肉 lɛ^{55}lɛ^{55}"的 [lɛ^{55}]。它的一个意思是"（肉）肥软"。烂泥的性状与"肥软"相通，"泞"应是"宁宁"的宁的分别字。壮语的 laez 在音义两方面与"泞"都对应。何以证明是壮语借汉语而不是汉语借壮语呢？因为汉语的"宁宁"，《诗经》作"离离"，汉代刘向作"蠢蠢"，宋代作"宁宁"，《金瓶梅》作"奶奶"，宝南话作 [lai^{55}lai^{55}/lɛ^{55}lɛ^{55}]，源流清清楚楚[5]。

由于"那"文化语词中原来就有来自古汉语的成分，我们在确定宝南话中的"那"文化成分时就不能不特别小心，否则就有可能颠倒借贷关系。在我们的材料中，多数是壮语单音词充当宝南话的词素。我们认为这种材料比较可靠。从性质上说，宝南话语词中的"那"文化成分，应该是存在于一种汉语方言中的壮语底层。它以自己特有的方式证明：邵阳南路曾经是壮汉两族人民共同生活的地方。至于这是什么时代的事情，当时的具体情况如何，就有待于历史学家、民族史家来进一步探究了。

注释

［1］禾绢，稻穗。宋代刘克庄《湖南江西道中》诗："岁暮家家禾绢熟，萍乡风物似豳诗。"绢通罥，挂也。捐，宝南话音 [pyEn^{35}]。

［2］本文用"壮语"指今壮语及其前身，用"今壮语"指现代壮语。本文所引壮语材料，均摘自广西壮族自治区少数民族语言文字工作委员会研究室编《壮汉词汇》。

［3］随便举个例子。九公桥镇有胡家泷，邵东有简家泷。泷，多写作垅。
［4］见邢公畹《汉台语舌根音声母字深层对应例证》，《民族语文》1995年第1期。
［5］见黎良军《汉语词汇语义学论稿》，广西师范大学出版社，1995。

8 邵阳（南路）话的汉壮合璧词*
——湘语中的壮语底层现象研究系列论文之三

邵阳市位于湖南省中南部，除城区外还包括邵阳、邵东、新邵、武冈等九县（市）。本文的邵阳指旧邵阳县（南宋理宗元年 1225-1928 叫宝庆），此地位于资水上游，汉平帝元始五年（公元 5 年），封昭阳侯于邵阳东路，东汉初于昭阳侯地置昭阳县，三国初属蜀，后入吴。晋太康元年（280）避司马昭讳，昭阳县改名为邵阳县。邵阳之名始于此。从东汉封昭阳侯于此地起，至今已近 2000 年。昭阳侯国初属零陵郡，时代越古，邵阳同零陵乃至古苍梧的联系就越密切。旧邵阳南路所辖地区基本上相当于今邵阳县的九公桥镇、下花桥镇和五峰铺镇，人口约 20 多万，没有别的汉语方言和少数民族语言。

邵阳（南路）话的声韵调：

声母：双唇音　p　pʻ　b　m

　　　唇齿音　f　　　v

　　　舌尖前　ts　tsʻ　dz　s　z

---

* 本文发表于《广西民族研究》2000 年第 3 期

舌尖中 t tʻ d l（拼洪音时边鼻不分，拼细音时与 nʑ 对立）

舌面前 tɕ tɕʻ dʑ ɕ z nʑ

舌面后 k kʻ g x ɣ ŋ

韵母：单韵母 a o ɛ i u y ʅ

複韵母 ai əi au əu ia iɛ io uai uəi ua uɛ uai uəi ya yɛ

鼻韵母 an ən aŋ oŋ iɛn（ĩɛ̃） iən iaŋ ioŋ uan uən uaŋ yen yən

声调：1 调阴平 55 2 调阳平 22 3 调阴上 31 5 调阴去 35 6 调阳去 215

邵阳（南路）话（简称宝南话）是汉语湘方言的一个土语，其中存在不少壮语成分。本文汇集笔者口头的宝南话中的部分混合词（hybrid）——汉壮合璧词；不收壮语词，是为了避免谁借谁贷的纠葛。这些混合词中的壮语词素，具有充分的底层现象的性质，可以说明邵阳南路原来是汉壮两族先民共同生活的地方。宝南话这种汉语方言的形成，是这里的民族融合和汉语最终取代壮语的结果。至于这是什么时代的事情，尚须进一步研究。

文中宝南话中的汉语词素用汉字记录，壮语词素用音标记音（轻读标 0 调或不标调）。行文中重复出现时用浪线 ~ 代替。某个壮语词素在宝南话中还有其他用法时，酌予说明，置于符号〇之后。某一条目如有其他解释性内容，则另写按语。用来对比的壮文材料均摘自广西壮族自治区少数民族语言工作委员会研究室编的《壮汉词汇》（广西民族出版社 1984），其音节末尾的 h j q x z 等字母是表示声调的。

1. 宝南话：[bai²¹⁵ 泥田] 泥脚很深的田。用例：那是丘~泥田，牛陷进去就出不来，要用人工挖。〇[bai²¹⁵] 可单用为动词，陷入（泥淖）的意思：那丘田泥脚太深哩，牛若是~嘎进去，那就不得了！

   壮文：baij（猪或牛）在烂泥中打滚

   boengz 烂泥，淤泥

gumzboenz 泥潭

按：汉字作"涍"。《现代汉语词典》："涍，〈方〉烂泥。"《广韵·鑑韵》蒲鑑切："埿，深泥也。涍，上同。"《集韵·衔韵》皮衔切："涍，行淖中也。"宋沈括《梦溪笔谈》说《唐六典》有"涍河"，很不容易懂。这是个中古汉字。

2. 宝：[baŋ²² 蟹] 螃蟹，蟹音[xa]。○[baŋ²²]单用有向内弯曲之义。用例：那人行路脚有滴~（o形脚）。

[baŋ²² 夹子] 蟹螯

壮：baeu 螃蟹

buengz/hak 爬行动物和节肢动物身上的硬壳

按：《广韵》："螃，螃蟹。本只名蟹，俗加螃字。"螃字另音比朗切，上声，见于《玉篇》《集韵》，是一种像蛤蟆的动物的名字，非此义。"螃蟹"的用例《南唐书·严续传》有"或作《螃蟹赋》以讥切之"，要算早的。而南唐辖域是今赣、苏、淮南、闽北之地，古属百越。壮语的 baeu 与螃字对应。它与汉语之蟹同义。如此，则螃字并非无义。螃蟹两字似乎都是"壳"义，这是它的理据义。螃蟹之"螃"，当源于古百越语，今壮语的 baeu 和 buengz 乃古越语之遗。

3. 宝：[dɑu²¹⁵ 锉] 锉子。用例：用~锉来~（不说"用~锉来锉"，因为锉凿同音）○[dɑu⁶]的单用义：来回拉锯/绳子/刀，进行切割。用例：扯锯~锯/绳锯木断，意思就是索子~得断木头/刀子太肉哩，切红薯藤~也~不断。

壮：dauz/doz（1）锉子。（2）锉（动词）

4. 宝：[dɑu²¹⁵ 气] 淘气，指使人生气或与人吵架（非调皮义，明代小说习用）。用例：他们两个~哩十年气。/莫为伢伢和别个~气。

壮：dauzheiq 心烦；忧心

按：宝南话还有"锉（音［dzʻo²¹⁵］）气"一词，也是生气、忧心之义。由此推断，"淘"当为壮语 dauz。

5. 宝：［dən²²痛］（心里）极痛苦。用例：一想起那走嘎（夭折）咯小崽，我心里就～痛得不得了起。

壮：ndaemq 刺痛，剧痛

鸿爪按：［dən²²痛］就是"沉痛"。沉是汉语词，《广韵》直深切，澄母，古为定母。

6. 宝：［脚 dia²² 手 pai⁵⁵］形容走路或干活累极的样子。用例：抗旱个把月，累得 人脚～手［pai⁵⁵］○［dia²²］单用可作"柔"（疲劳）的程度补语：柔～嘎哩（疲劳极了）。

壮：nyaz（1）稀烂，溶烂。（2）（道路）泥泞

按：宝南话阳平齐齿的［d］，来源于［l］（［n］［l］属同一个音位）。所以［dia²²］与 nyaz 对应。宝南话来源于来母的声母［l］，逢阳平齐齿字都念成［d］，粮梁量良连联零铃灵龄梨犁黎撩聊燎辽林临淋邻鳞麟，概莫能外。这就造成连田同音，聊条同音，林停同音。壮语也有类似现象，如：

diuh 留下，遗留

doj 哄（小孩）；用甜言蜜语诱骗人。或作 lox

loih 类推，或作 doi

lot 褪（色），或作 doiq

鸿爪按：参见本书《邵阳（南路）话中的苗瑶语底层疏证》［脚提手跶］条。

7. 宝：［蛋 fa］母鸡、鲫鱼等腹中的卵胚，数目大。用例：蛋～莫把伢伢吃，吃哩不识数。

壮：fat（鱼）产卵

按：例句反映的是宝南的一种民俗，其合理内核是：对小孩来说，蛋～不好消化。不过，民间采取了"神道设教"的

8 邵阳（南路）话的汉壮合璧词

方式。

8. 宝：[fa⁵⁵ 耙] 一种农具，木制，比铁耙宽得多，耙齿倒圭形，不锋利。水田耕作，先是犁，而后用铁耙把泥巴耖碎，最后用一次~耙，把泥耙平，随即插秧。用例：栽田以前还要用~耙耙下，硬是借不到~耙就算哩。

  壮：fagbangx 沙耙；耕锄

  按：壮语中，fag 是表工具义的词头，如 fagbuh（刨子）/fagbuen（锛子）

  Fagca（叉子）/fagcanj（锅铲）/fagdauz（锉刀）等等。

9. 宝：[ia³¹ 眼] 一种眼病，眼圈红，眼屎多。用例：你~眼是 [pa⁵⁵]（被传染）起哪个咯？

  壮：dayag 烂眼边。学名叫睑弦赤烂。

  按：da 是眼，yag 与 [ia³¹] 对应。

10. 宝：[冰 kəu³⁵ 子] 冰。用例：水缸里结起冰~子（也可以说"冰~"或"~子"）。〇~单用是凝固的意思：猪油~起嘎哩/何嘎还不出牌，~起哩呀？

  壮：gu/goej/gongj/guengj/goenj 凝结

  按：此语《醒世恒言·钱秀才错占凤凰俦》作"胶"：一个道："风太急了，住了风，只怕湖胶。"又一个道："这太湖不愁它胶断，还怕的是风雪。"

11. 宝：[虾 koŋ⁵⁵] 虾子（因虾瞎同音，宝南话一般不说虾子，而说虾~）谜语有：么咯只有公子（公的）？么咯只有婆子（母的）？——虾公，虱婆。

  壮：gungq 大虾

12. 宝：[ku³¹ 怪] 奇怪，蹊跷，用例：那人蛮~怪/我肩膀有滴作~怪（不说"作怪"），清醒白醒（没来由地）痛得厉害。

  壮：guhgvaiq 作怪

133

按：汉文写作"古怪"，已经见怪不怪。过细一想，"古"字含义不明。壮语 guhgvaiq 并非"古怪"的译音，其中的"guh"是"作"的意思。有大批壮语词用它做第一词素。如 guhyoux（恋爱［理据义是做朋友］）/guhyiengh（做榜样）/guhsang（治丧）/guhsing（做声）/guhmoiz（做媒）。这个词在汉壮之间借出借入的过程是：作怪（汉）〉guhgvaiq（壮，作字意译）〉古怪（汉，古字音译）〉gujgvaiq（壮，怪癖，古怪）。guh/guj 的区别在声调。

宝：［彗掃 kuaŋ］竹枝做的扫把。

壮：satgvat 竹扫帚

按：壮语 gvat（在宝南话中变成［kuaŋ］）是动词"篦"或名词"篦梳"。宝南话彗字音［dza²¹⁵］。

14. 宝：［la²² 岭 la²²pia⁰］形容疼痛难忍的样子。用例：痛得我～岭～～，好辛苦。○［la²²］是爬，［pia］是山，都是壮语词素，前者经常单用，后者永不单用。"岭"轻读，实际音［li］，是从与第四音节的比较中确定其为"岭"字音变的。

壮：laz 蔓延，攀援，伸（指藤类）

laeh（许多虫）爬

bya 岜（山）

15. 宝：［活 liən⁵⁵ 哩］活生生的样子。用例：咯条鱼从菜场买回来，放到水里还活～哩。○［liən⁵⁵］可单用作动词，指鱼、蛇、老鼠等的游动和爬行，只用于有尾的小动物的快速动作，这动作中似乎还有"有尾"的语象。

壮：lingj/riengj 敏捷，迅速

rieng 尾巴

16. 宝：［liən⁵⁵ 尖］很尖。用例：扦担两头是～尖咯/年轻人眼珠～

尖 / 他 70 岁哩耳朵还~尖。

[liən⁵⁵ 光]（1）很光滑；（2）精光（空无所有）

壮：liem/lem 尖

luemj 平滑，光滑

17. 宝：[loŋ⁵⁵ 眼] 水田、池塘漏水的窟窿。用例：不寻到~眼堵起，放起水也是空咯，一日一夜就漏得滴水全无。

壮：roengj 无底洞

18. 宝：[饱 lu⁵⁵ 哩] 很饱的样子（肚子圆滚滚地）。用例：他看牛总要牛吃得饱~哩才回去 / 我吃得肚子饱~哩，再也吃不下哩。

壮：luz 旋儿；年轮；圆形的指纹

bizlulu〈方〉肥得滚瓜溜圆

19. 宝：[桃 ma³¹ 李果] 山果的总称。用例：白毛女躲在山里，靠吃桃~李果过日子。

壮：mak 果子。makdauz 桃子。

20. 宝：[man³⁵kan³⁵ 屎] 人皮肤上随汗而出的排泄物，多了可以搓成细条。用例：个吧星期冒洗澡，身上尽~~屎。（柳州话叫"腻甲"，开封叫"泥"或"灰"）

壮：manqgoeq 鸡皮疙瘩（goeq 就是鸡）

按：宝南话另外有个[油 man³⁵]，是油污的意思。如：脑壳洗得少，枕巾好大一股油~气 / 常日不围围裙做家务，面衣襟上尽油~。○傣语、泰语的"油"作 nam²man²，见罗美珍《傣泰词汇比较》（《民族语文》1988，2）

21. 宝：[轻（轻）mɑu⁵⁵mɑu⁵⁵] 极轻地。用例：老人睡觉惊醒，你们讲话要轻（轻）~~哩讲，莫吵醒他咯眼闭（睡觉，宝南叫睏眼闭）。

壮：meuq 轻浮

meuj（1）（灯光）暗淡；（2）声音低沉听不清；（3）（火力）微弱

22 宝：[moŋ³⁵koŋ⁵⁵ 菩萨] 形容人一动不动的痴呆样子。用例：退嘎休也要寻滴事情做，一天坐着，～～菩萨样，对身体冒好 / 那只伢子冒得眼观四向，咯滴人咯嘎忙，他坐在那里～～菩萨样，不晓得来帮下忙。

    壮：moegyou（1）木偶；（2）傀儡；（3）木雕的菩萨

    按：[moŋ³⁵koŋ⁵⁵] 是壮语 moegyou 的音译，只是发生了一点音变。首先，第二音节的声母 gy 是腭化的舌根音，它使第一音节产生了舌根鼻音韵尾，这是逆同化；接着，已经发生了音变的第一音节，又使第二音节的韵尾从 −u 变成舌根鼻音，这是顺同化。注意：壮语 moegyou 原是汉语通语"木偶"的音译。偶字宝南话音 [ŋou³¹]。

23. 宝：[ȵiɑu²² 味] 通味，自觉，意识到，识相。用例：人家几次看手表，意思是要我们离开；你还坐着不动，全不～味。

    壮：nyawx 意思，意义

24. 宝：[ŋa⁵⁵ 杈] 开叉的树或树枝。用例：坐在树～杈高头。[ŋa⁵⁵ŋa⁵⁵ 杈杈] 枝枝节节，纠缠不清；不顺遂，挫折多。杈字声母的送气成分因轻读而消失。用例：梦见鸭子不好，～～杈杈，做事不顺利。/ 天都要黑哩，十个（实在）要回去，就莫～～杈杈哩。○单用时是"塞进（缝隙）"的意思；叠用的 [ŋa⁵⁵ŋa⁵⁵] 是"缝隙"。[ŋa³⁵] 是"挤进缝隙"。

    壮：nga 支；枝；岔路

         ngah 裂缝

         ngad（1）（两物）相擦；（2）轧（棉花）

         ngazyaq 木杈子，桠杈

按：汉字"丫""桠"记的就是此词。桠字见于《玉篇》，丫字见于《广韵》。《汉语大词典》《汉语大字典》的书证最早的是唐朝刘禹锡、段成式、皮日休等的。《集韵·麻韵》："桠，《方言》江东谓树岐为桠杈。"说明它有地方性，汉代就有记载了。叉字见于《说文》，《后汉书》马援传、杨政传都有用例。杈字见于《说文》，《周礼》郑玄注有用例。江东，古百越之地，"丫""桠"应是个古越语词。

25. 宝：[老 ŋɛ³⁵]（1）老而硬（第二音节重读）。用例：芹菜老~哩，嚼起尽渣渣。（2）老练，老到（第二音节轻读）。用例：他做事情老~[ŋɛ⁰]。

    壮：geq 老

    鸿爪按：或以为[ŋɛ³⁵]是汉语词，是"艾"字的音。

26. 宝：[謇 pa 佬]口吃者。用例：他屋姐姐是只謇~佬。

    壮：mbaj 口吃

    按：謇，口吃，宝南话念[tɕyẽ³¹]。

27. 宝：[田 pa³⁵ 口]田塍上开的进出水口，用例：把田~口挖矮滴，放嘎滴水出去。

    壮：bak 嘴，口

    bakdangx 田埂口

28. 宝：[鱼 pa³⁵]鱼（童语）。用例：吃鱼~/捉鱼~。

    壮：bya 鱼

29. 宝：[躲 paŋ³⁵]藏猫猫。用例：那滴伢伢在躲~，窜来窜去吵死哩。○[paŋ³⁵]单用的意思是"把东西藏起来"：一人~物，十人难寻。（人自藏叫躲，藏物叫~）

    壮：baeng 埋藏

    bamq 埋伏；趴，伏

    鸿爪按：藏字从艸，臧声。臧字本从臣从戈会意，后才加爿声

（杨树达说）。卭片本为一字，双唇塞音。西藏古名吐蕃，其蕃字亦双唇塞音。壮语的 baeng 或 bamq 源自古汉语的藏字之音译。

30. 宝：[焦 pʻa³¹pʻa³¹ 湿] 极湿。用例：柴焦~~湿，何嘎烧得燃？

    [焦 pʻa³¹pʻa³¹ 干] 极干

    壮：mbaeqmbatmbat 湿漉漉

    按：mbaeq 的意思就是"湿"。宝南话说"焦干"，也说"焦湿"，"焦"用来形容"湿"的程度高，似乎颇有点儿"自相矛盾"，却又的确是语言的类推机制引起的结果。这两条是词素的搭配，[pʻa³¹pʻa³¹] 源于壮语的 mbatmbat，只能用在"焦"字后边。

31. 宝：[pʻɑu²¹⁵ 死] 田里氮肥太多，禾苗因叶子疯长而倒伏，籽粒多空壳，不饱满。

    用例：莫肥得太雅（厉害）哩，免得~死禾。

    壮：fagmbaw/foenghmbaw 施氮肥过多，作物只长叶子（mbaw 即叶子），不结籽粒。

    按：此语的义变很值得玩味。"叶子"变成一个动词，含义是"致（禾苗于死地）"。"禾"本义是"粟"，意义泛化后指庄稼，宝南话用来指稻子。这儿说"禾"不说"稻"，栽禾、割禾、打禾、禾绢等的"禾"，都不能替换为"稻"。

32. 宝：[ta³⁵ 耳朵] 下垂的耳朵。用例：你和别个不同，你是~耳朵。（暗寓猪意）○这个词素可用来形容眼皮下垂。瞌睡来了，眼睛半睁着，眼皮下垂，宝南话说"眼珠皮子荧~荧~叽"。（荧字读如洋）

    壮：dabuep/dalup 眼皮往下垂（da 是"眼睛"，buep 是"下垂"，lub 是"[五谷] 瘪"）

    按：汉字作耷、耷拉（搭拉）。耷字见于《玉篇》："耷，大耳也。"耳下垂的本字是耴,《说文》:"耴,耳垂也。"明代的《正字通》才说:"耷,《总要》:'耴,俗作耷'。"耷拉一词,近百年才见用。此词的义变也很大。

33. 宝:[ta³¹ 糖]饧(音[dziən²²])糖经拉扯后变硬、变白,有了一定的脆性,可以一块一块地敲下来出售的,叫~糖,写作"打糖"。继续拉扯成拇指粗细的管状,脆性增加,颜色更白,叫"排糖"。用例:你要吃打糖?还是吃排糖?(此语可以是字面义。但在戏谑中,"打糖"指讨打,"排糖"指耳光)

  壮:diengzdaz/dangzbeng 拉糖(diengz 是"糖",beng 是"拉,扯")

  按:[ta³¹]源于壮语 daz,与 beng(宝南话音[pən³⁵])一样,本来是"拖"或"拉"的意思。恰好卖这种糖时需要敲打成块,便理解成"打"字的汉义,似乎在汉语中找到了它的理据。这中间的义变如不是客观的事实,确实难以想象。《汉语大字典》所引文献说,没和馓的叫饴,和了馓的叫饧。但宝南话饧糖即今浓稠的麦芽糖,半流体,棕色。这本来是北方的叫法。清光绪修《畿辅通志·方言》引韩保昇《蜀本草》说:"饴即软糖也,北人谓之饧。"宝南还有一种"麻糖",则是用饧糖作黏合剂并切成片状的米花糖,即文献说的"饧"。

34. 宝:[toŋ⁵⁵ 泥田]秋收后把水田犁好,灌上水过冬的田。这种田泥巴细软肥沃。用例:你都是~泥田,当然多打得滴谷!○可单用为动词,"使田成为~泥田"的意思:那丘田在院子(自然村)边,裏(音[ȵiaŋ³¹],耕种)小春(小阳春)逗鸡,不如~着,明年多打滴谷子(稻谷)。

  壮:ndong〈方〉沤

ndongbwnh 沤肥

按：宝南话此语与"冬"同音，加上～泥田要～着过冬，一般人就写作"冬"字。另外，宝南有地名"东田冲"，却写作"东"。

35. 宝：[tɕiɑu³¹ 子]（打）手心，掌。用例：在私塾，先生哪天不打～子？\冒得钱担（拿也）么咯买？打～子吗？〇单用可作量词。如：我默写错嘎一个字，有15笔，我就挨打哩15～。

壮：gyangfwngz 手心（gyang 是掌，源于汉语。fwngz 是手）

按：宝南话的[tɕ]一般来源于见母精母，如刚音[tɕiaŋ⁵⁵]，精音[tɕiən⁵⁵]，脚城区话有[tɕio³³][tso³³]二音。而"手"为书母，"掌"为章母。壮语 gyang（掌）虽然源于汉语，念的却是见母，知道宝南话的[tɕiɑu³]源于壮语的"掌"，就可以解释了。

36. 宝：[tsan⁵⁵ 米]与糯米相对，指粳稻的米，不黏。粳稻的子实叫[tsan⁵⁵ 谷]。桂林的市面上有一种"油～米"，属于～米，但比较黏。

壮：haeuxciemx 籼稻，籼米

hauxciemyouz 油籼米

按：壮语的 ciem 与宝南话、桂林话的[tsan⁵⁵]对应。霸占的占，壮文作 ciemq。李时珍《本草纲目·谷一·籼》："籼亦粳属之先熟而鲜明之者，故谓之籼。种自占城国故谓之占。俗作黏者非矣……"[tsan⁵⁵]、籼、籼、和 ciem 本为一语。李氏按声训以"先"释籼、籼，反而把问题弄複杂了。

37. 宝：[乱 u³¹ 乱带]指带小孩随便，不讲究。用例：带个伢伢哪里有那嘎费劲，我带大三四个，乱～乱带就带大嘎哩。

壮：uj 搞（骂人语）。doeng～sae～ 东搞西搞。

按：益阳话说"舞饭"，作饭的意思。见周立波《山乡巨变》。

38. 宝：[草 xa] 细碎的稻草或茅草。用例：把王桶（收获稻子的方形巨桶）里咯草~捞出来。\ 搞起一身咯草~，痒死人。

   壮：haz 茅草

   beizhat 用草织的扇子（beiz 即扇子）

39. 宝：[嫩 ɤo²² 哩] 极嫩。用例：嫩~哩咯芹菜，快来买呀！

   壮：heuoiq 嫩绿（heu 是青，oiq 是浅、年轻、幼小）

40. 宝：[y³¹ 面] 因害羞而怯场。用例：我咯晚女~面得很，当人暴众咯事，莫下蛮（勉强）要她做。

   壮：ywngj（小孩）怕生人。

9 邵阳（南路）话中的苗瑶语底层疏证＊
——兼论湘语邵阳话的形成

今天的湘中地区，包括邵阳（南路）在内，唐宋时代是梅山峒蛮生活的地区。邵阳人去到北方，还有人说自己是"邵阳蛮子，来自南蛮之地"。这里已经没有任何说民语的少数民族村寨，但这里的汉语方言中，却存在大量的民语底层。1999-2000 年，笔者曾经发表过三篇文章，介绍邵阳（南路）话（以下简称邵阳话）中的壮语底层现象[1]，此外还有一些苗瑶语底层成分尚未介绍。邵阳话中的少数民族语言成分多数不是借词，而是词素，它们和相关的汉语词素一起，构成混合词（hybrid，本文叫汉蛮合璧词，"蛮"指蛮越语，是本文对南方各少数民族祖语的统称）。这种现象难以用汉语邵阳话和民语之间的词汇借用来解释，它的出现应该更为古老，可以追溯到邵阳话的形成阶段。本文将汇集邵阳话中一些最重要的苗瑶语底层，并在此基础上对邵阳话的形成发表浅见。

＊本文发表于《广西师范大学学报》（哲社版）2008 年第 6 期。又，中央民族学院苗瑶语研究室编的《苗瑶语方言词汇集》，是参考文献中很重要的一种。该书由中央民族学院出版社 1987 年出版。本文刊出时，其参考文献漏收。

一 湘语邵阳话中的苗瑶语底层成分汇集

本文只收入含有苗瑶语成分的常用词38条，主要是汉蛮合璧词。词目先出邵阳话读音（对方言词说来读音是第一位的），接着出汉字；汉字尽量用本字，记音字下加横线。对词目的解释一般分释义、用例和疏证三项，用例用"例"字领起，疏证用"疏"字领起。"疏证"是关于该字音义的解说，以及该词与苗瑶语中的对应词的联系。由于数字式声调符号不能表示调值，这里先加说明。邵阳南路话五个声调是：1调阴平55，2调阳平22，3调阴上31，5调阴去35，6调阳去215。城区话与之相同，但多一个7调阴入33。

【mən²²san⁵⁵lau³¹ji 门山老爷】传说中猎人的祖师爷。例：我恁那里放（[pʻaŋ⁵⁵]）山咯（猎人）总讲自家咯祖师是门山老爷。疏："门山"即"梅山"，因为人们忌讳"霉"，所以连梅字也要改读。一个旁证是：煤炭，邵阳话也说"门炭"。"老爷"是"神""菩萨"的意思，敬神、敬菩萨，也叫"敬老爷"。"梅山蛮"是宋代对梅山（今湖南资江流域和雪峰山地区）少数民族的称呼，是今天某些壮族、苗族和瑶族等少数民族先人的统称。邵阳处在这一地区的中心位置。梅山蛮所信仰的头一位神，是"门山老爷"，据说他生前叫张五郎。梅山蛮的信仰成为今天邵阳汉族猎人的信仰说明，这里的汉族同梅山蛮有着源远流长的关系。

【ɣo²¹⁵ mən²²san⁵⁵ 和门山】一种祭祀梅山老爷的迷信活动。其中有牵着鸡鸭在院子里盘桓转圈（即搅和）的情节。例：[开玩笑] 你那鸭子飞打飞杀，不如拈索子把鼻子穿起，牵去和门山算哩。

【ta³¹ mən²²san⁵⁵ko 打门山咯】詈语。骂的是鸡鸭。例：箇（这）隻打门山咯鸡，跳到床上去哩。疏："打门山"的意思，就是"梅山神用铳打"。加一"咯"字，指被打者。所以"打门山咯"义同"梅山打的"，即"挨枪子儿的"，语序有点特别，是因为汉语和蛮越语的修饰语加中心语的语序不同，这种现象又扩散到其他结构。

【ka³¹ka 尕尕】肉（童语）。例：餐餐吃尕尕。\吃得好，长起一身咯尕尕。疏：此语也流行于桂林、柳州一带，是一个蛮越语成分。肉，川黔滇苗语为 Nqa²，滇东北苗语为 qai²，布鲁瑶语为 ŋka²。

【ɣa²²li⁵⁵li⁵⁵ 哈哩哩】胳肢。也说哈哩轱（li⁵⁵ku）。疏：《吴下方言考》引《玉篇》"欨欭"（音虾痴），释为"以手痒人颈而使笑"。欨 xū，呼温气也。与今语邵阳话的"哈"相应。"痴"字之音，愚以为记的是"赤"字，义为"精光"。胳肢，黔东苗语为 khə³li³，标敏瑶语为 kli⁵。"哈哩哩"的"哈"，是个汉语成分，"哩"则来源于苗瑶语。

【lia³¹ 咧】（1）口张开。例：口咧起"二"字样。（2）（舌头）伸，舔。例：太热哩，狗把舌子咧出来好长。\讲嘎咯话何咖悔得转来，哪个吐嘎咯口水又咧起？\灶高头咯楼枕上放草何咖要？火咧嘎上去何咖了？疏：邓晓华《南方汉语中的古南岛语成分》认为这是个古壮侗语词，在今壮侗语中既有舌头义，又有舔义。苗语和瑶语中也有这个词。伸（舌头），黔东苗语为 lhei³，湘西苗语为 lha³·⁷（[1]均清化），布鲁瑶语为 ɬe³，勉瑶语为 ɬɛ⁵，标敏瑶语为 ɬia⁵。此语源于蛮越语确然无疑。

【tɕia⁵⁵ 甲】青柿子、没成熟的梨子等的生涩味。例：今年收哩四担甲柿花（柿子）。\梨子冒熟，清甲。疏：老品种的柿子即使已经成熟，都有甲味，所以叫甲柿花。要去掉这苦涩的甲味，一是用石灰水浸泡；二是去皮后在露天风晒 20 天左右。此语邵阳南路话为阴平，城区话则为入声。据《汉瑶词典》，果子的生涩味勉瑶语叫 tɕe¹。可能与邵阳话这个"甲"同源。邵阳话中"甲"与"涩 [sɛ³³]"含义不同。前者指舌头所尝的味道，它会使人觉得自己的舌头变大、嘴唇变厚了；后者专指舌头接触食物所得到的粗而散的感觉（如吃穄子）。

【ȵia³⁵xa³¹ɕiən³¹ 入蟹惺】傻瓜，笨蛋。例：箇只入蟹惺，别个使（唆使）起其（他，音 [tɕi³¹]）骂自家咯娘其也骂！疏："蟹惺"是汉语词，可以单用，意思也是"傻瓜"。入字一般理解为汉语"入 [zɿ²¹⁵] 娘搞屄"的入（白读音）。实际上它却来源于苗语的"傻笨"义一词。笨人，黔东苗语为 nɛ²niɑ⁵（nɛ² 是"人"，niɑ⁵ 是"笨"）。这是个汉苗合璧词。又，质量极差的物品，叫入蟹货 [ȵia³⁵xa³¹xo³⁵]。

【po⁵⁵sɿ⁵⁵maŋ 波丝网】蜘蛛网。例：波丝网可以治刀伤。疏：这是个汉蛮合璧词。蜘蛛，湘西苗语为 pɤ⁶ku¹。向日征《汉苗词典》的苗文作 baot goub gieat。今汉语方言中，波丝之名见于文献的，江西宜春叫 pa⁵⁵sa⁵⁵，湖北武汉、湖南洞口叫 po⁵⁵sɿ⁵⁵。其音转关系很清楚，都来源于蛮越语。

【to³⁵ 剁】砍。例：如今剁树要办审批手续。\我去剁柴去。\莫剁哩手呀。疏：本字可能是斫。斫字《广韵》之若切，上古音在章母铎部，拟音 *ȶiɑk，邓晓华《南方汉语中的古南岛语成分》认为这是个古壮侗语词。证据是：厦门 tok⁷，梅县 tɔk⁶，邵武 to⁵；而傣 tak⁷，侗 tak⁷，水 tak⁷，毛南 tjak⁷，仫佬 tɛ⁵。按，苗瑶语亦同，黔东苗语 to³，湘西苗语 dɔ³⁷，滇东北苗语 nto³，布鲁瑶语 nto³，勉瑶语 tɔ⁶，标敏瑶语 tɔ⁵。

【ko⁵⁵ 角】因磨砺、摩擦、用久而消减。这个字常用在单音节动词后构成动补式。例：鞋底磨角嘎哩。\口舌皮讲角嘎哩。\刀用角嘎哩。\煤炭烧角嘎哩，快加煤炭，不然火就救不着哩。疏：笔者考此语本字，曾作刓、刮诸字。《说文》："刓，剸也。"《汉语大字典》释为"圆钝无棱角貌"。古语有"磨刓"。清代曹寅《五月十一日夜集西堂限韵》有"磨刓肘后章，莫易杯中酒"之句，义为磨损。值得注意的是，此语城区读入声，因而"刓"不是本字。或可作"刮"。刮，《集韵》古刹切。《说文》"掊把也。一曰磨也。"《广雅》："刮，减也。"王念孙疏证："刮者，摩之减也。"但没有典籍用例，也许原来就是用汉字记录民族语言。今知此语来源于蛮越语。磨损、消减之义的字，滇东北苗语为 hi⁵qo²ku⁴，湘西苗语为 ku⁶，川黔滇苗语为 qhuo⁵，布鲁瑶语为 het²，勉瑶语为 kye¹/kjwe⁵，标敏瑶语为 kua¹。

【tɕio⁵⁵dia²²səu³¹pai⁵⁵ 脚提手𤷪】极其疲劳因而走路都歪斜难支的样子。例：行哩两天路，就行得脚提手𤷪哩。疏："提"是个蛮越语成分，与汉语"跇"同义。跛，黔东苗语为 lia²。此音正同邵阳话的［dia²²］对应。邵阳话中，齐齿呼中的阳平字，原为［l］声母的，一律改念［d］，如离黎厘僚獠连联廉梁良凉留刘等。

【be²¹⁵san³¹ 白散】形容面色苍白、没有血色（即不红润）。例：那只伢叽脸白散哩，冒得一点血色，我疑起（以为）其身体冒见得好。疏：血，黔东苗语为 ɕhaŋ³，标敏瑶语为 san³。"白散"是一个汉蛮合璧词。

【tɕi³¹pa³⁵ku³¹ 㿠㿥骨】短而壮实的样子。例：㿠㿥骨猪腰身短。／那人是隻㿠㿥骨，点点高叽。疏：扬雄《方言》卷十："㿠，短也。凡物生而不长大谓之㿠。"㿥，短。骨，骨朵之略。有人认为"㿠"是巴濮语（今苗瑶语支的祖语），"㿥"是古百越语（今壮侗语祖语，见《百越民族史论丛·濮越异同论》）。㿠字《广韵》将此、徂礼二切。

【y²²pa³⁵ 鱼坝】鱼（童语）。疏：鱼，滇东北苗语为 mpə⁴，勉瑶语为 bau⁴ 或 biau⁴，标敏瑶语为 bla⁴，壮文为 bya（壮文第一调不标调）。因此"鱼坝"是个汉蛮合璧词。

【dai²² 抬】死。例：你要死哩，要抬哩呀，清里八早就来捡别个咯便宜！疏：此语一般理解为"抬柩"之抬，把它当个汉语字来看。实际上它源于蛮越语。死，黔东苗语为 tɑ⁶，湘西苗语为 tɑ⁶，滇东北苗语为 ntɑ⁶，布鲁瑶语为 to⁶，勉瑶语为 tai⁶，标敏瑶语为 tai⁴。

【tai³¹ 给】（大口地）吃；（用口）咬。例：那狗一口给着只老鼠子。／筒一放（阵）给起，起码吃嘎五六斤西瓜。疏：这是个蛮越语词。咬（如猫咬老鼠），黔东苗语为 tɔ⁸，湘西苗语为 tɔ⁴·⁸，川黔滇苗语为 to⁸，布鲁瑶语为 to⁸，勉瑶语为 tap⁸。给，《广韵》徒亥切（上声）。《说文》："丝劳即给。"这个音节的常用字就一个"歹"，义荷很重，用来记音容易引起误会，只好找个罕用字。

【xai⁵⁵ 咍】玩；耍。例：讲好咍咯／讲笑咍个（开玩笑的）／咍泥巴／咍谈经（海弹琴，乱弹琴）\进城咍去！咍，《广韵》呼来切。《楚辞·九章·惜诵》："行不群以巅越兮，又众兆之所咍。"王逸注："咍，笑也。楚人谓相啁笑曰哈。"邵阳话的哈字意义泛化了,不单是嘲笑,也不单是口上的玩笑,连行为上的玩笑也都可以叫哈。此语可能是个蛮越语成分。玩耍,黔东苗语为 $ɛ^5 loŋ^6$,滇东北苗语为 $a^5 fu^5\backslash ha^2 dzau^6$。"哈"同第一音节对应。

【$k'uai^{31}duaŋ^{215}$ 鞼断】折断。也说崴[wai^{31}]断。例:把甘蔗鞼做两截。疏:鞼,《广韵》求位切,邵阳话读上声,声母送气。《淮南子·原道训》:"疏达而不悖,坚强而不鞼。"高诱注:"鞼,折。"又《本经训》:"柔而不脆,刚而不鞼。"高诱注:"鞼,折。"鞼字可能是个蛮越语成分。一是在汉语中用例极为罕见,"《淮南》多楚语"是学界公认的;二是勉瑶语中折断之义的一个词为 $gwai^3$,正同邵阳话的鞼字音义对应。

【mei^{55} 縻】那。例:縻只鸡/縻只当(地方)/縻里(那里)/縻何嘎要(那怎么行,"要"是"要得"之省)。疏:这个字只出现在娘家为塘渡口镇诸乡的女人口中,那里旧属武冈,与邵阳南路比邻。此语来源于蛮越语。他们,黔东苗语为 $mə^4$,湘西苗语为 $tɕi^{3·7}mi^2$,布鲁瑶语为 mu^2。又,蒙斯牧《汉语和壮侗语的密切关系及历史文化背景》说,壮侗语里固有的第三人称代词是 $mən^{22}$。[4]从蛮越语中借来的这个字,本是第三人称代词而用做远指指示代词,这同汉语其字的历史颇有相同之处。

【$luei^{22}koŋ$ 雷公】陀螺。例:伢伢在打雷公耍。/来,毛伢子,我把你削起只雷公,看你晓得打冒咗。疏:陀螺为什么叫雷公?原来,陀螺勉瑶语为 $tə^2 lwei^5$,其中的螺字(第二音节)与邵阳话的雷($luei^{22}$)字同音。"旋转",勉瑶语为 $kjwin^2$,变成邵阳话"公"字的音也完全可能。如此,邵阳话的"雷公"便是勉瑶语的"螺旋",而勉瑶语的"螺旋"又来源于古汉语。螺,《广韵》落戈切,上古音属来母歌部,拟音 luai。旋,《广韵》似宣切,上古音属邪母元部,拟音 ziwan。这样看来,"雷公"原来是汉语的"螺旋"到瑶语里边去打了一个转,后来又回了老家来变成的,是个"侨归字",即螺旋 luaiʑiwan(古汉语)→ lwei⁵kjwin²(瑶语)→ luei²²koŋ(雷公,邵阳话)。为什么邵阳话的雷公不是直接从古汉语来的?因为如不到勉瑶语中打一转,邪母的旋字不可能念[k]声母。邵阳话中,古邪母字的声母大多是[dz\dʑ],另有个别是[z\ɕ],没有一个念[k]的。

【tɑu⁵⁵pa³⁵dəu²¹⁵ 刀把豆】刀豆。例:童语:刀把豆,两头流。流到哥哥枕脑头。哥哥起来看水牛,妹妹起来看黄牛。疏:段成式《酉阳杂俎》说乐浪叫挟剑豆。由于该豆荚之形有如刀剑,因而得名。邵阳的说法比通语多一"把"字。刀把(刀柄)和刀,含义大不一样。这是为什么?原来刀豆勉瑶语为 top⁸phai³,其中的 top⁸ 是豆,phai³ 是刀鞘。意译应为"刀鞘豆"。邵阳话的"刀把豆",本是"top⁸phai³ 豆","刀把"是 top⁸phai³ 的音译。可见"刀把豆"是个汉瑶合璧词。

【dɑu²¹⁵ 导】用锉子锉;反复拉绳子来磨损另一物件。例:钉子脚出嘎点点头叽,要覆脚又覆不起——太短哩,不管其又鑱手,只好用导锉把其导嘎去。/绳锯木断,就是绳子导得断木头。疏:(用锉子)锉,黔东苗语为 to²,布鲁瑶语为 to²,勉瑶语为 tu²,壮文为 dauz\doz。

【lɑu⁵⁵pa 膆巴】锅巴。例:我饭冒煮好,烧膆巴准我咯,我来吃。/箇膆巴黄饧哩,又香又脆。疏:锅巴,黔东苗语为 khi¹nhiɑŋ¹(n 清化),布鲁瑶语为 ɲhvŋ¹,勉瑶语为 naːŋ⁵·²laːu⁴(n 清化,a: 是长音),标敏瑶语为 la⁴la⁴。由此看来,"膆"是个蛮越语底层。它的本义是煳,即焦糊味。煳,川黔滇苗语为 ploŋ²,勉瑶语为 laːu⁴,标敏瑶语为 la⁴。柳州话借入为"弄(loŋ¹)"。"巴"是个汉语成分,意思是黏附,其音即"附"字古音之遗。

鸿爪按:邵阳话说"羊肉冒吃着,巴起一身膆"。这"膆"字邵阳音[lɑu⁵⁵]。锅巴之膆,与羊肉之膆,应是同一个字。

【tɕiɑu³⁵ma³¹tsɿ 叫蚂子】蚂蚱,蚱蜢。例:一边看鸭子,一边捉叫蚂子,拈回来喂鸭崽崽。此语第二、三音节当从蚂蚱来,第一音节可能来源于蛮越语：蚱蜢，勉瑶语叫做 tɕiop⁷。若如此，"叫蚂子"也是一个汉蛮合璧的名称。

鸿爪按：此词第一音节更可能是古语"敖"。见《螳螂异名的理据》题注。

【dzəu²²to³⁵ 稠刴】非常稠。例：你煮咯猪溮稠刴哩哦，难怪猪长得快！疏：这是个汉苗合璧字。稠，湘西苗语为 tɑ³，川黔滇苗语为 ɲʈo⁵。"稠刴"的两个成分一汉一苗，二者本来同义，是联合结构。后来重新分析为补充结构，与"好极"结构相同。参看后边的"嫩猫"条。

【təu³¹ɕiaŋ⁵⁵ 斗箱】一种圆形篾制家具，平底无洞眼，周围只有寸多高的沿子。这类家具按大小分别叫斗箱、簸箕、抟箱。例：院子里只有两三家有斗箱，要借来不容易。疏：初疑此语可写做"斗筲"。《论语·子路》："噫，斗筲之人，何足算也？""斗筲之人"指的是才识浅、气量小的人。斗筲本是两种小容器。可是，与同类的簸箕、抟箱比，斗箱却是最大的。这样，把邵阳话的 [təu³¹ɕiaŋ⁵⁵] 写做"斗筲"，就不能无疑。《汉瑶词典》有 tom²sjaŋ¹ 一语，释义为"大簸箕"[2]，正是邵阳话的"斗箱"。其中的 sjaŋ¹ 义为簸箕，音译为"箱"；tom² 是"大"的意思，音义兼译为"斗"。

【kəu³⁵ 胶】凝结，结（冰）。例：冰胶子（冰）/难怪昨夜简咖冷，你看，水缸咯水唞胶起哩。/那碗猪油你先莫动，等胶起哩再拈放橱柜里。疏：此语作"胶"的写法来自《醒世恒言·钱秀才错占凤凰俦》："一个道：'风太急了，住了风，只怕湖胶。'又一个道：'这太湖不怕它胶断，还怕的是风雪。'"此语源于蛮越语。凝结，黔东苗语为 ki⁵，川黔滇苗语为 ŋgoŋ⁶，滇东北苗语为 khu⁵，布鲁瑶语为 kaŋ³，勉瑶语为 kit⁷，标敏瑶语为 kau⁵。

【liəu³⁵suei³¹ku³¹ 六水牯】有六个手指的人。通语叫"六指儿"。例：新娘子怕是只六水牯咗，何咖手也怕伸出来唞？疏：黔东苗语，"六指儿"为 ki¹li¹pi⁴，而"水牛角"为 ki¹nin⁵。ki¹li¹pi⁴ 中的 pi⁴ 提示的是 ta³pi⁴

149

（手指）。可见"六水牯"是对黔东苗语 ki¹li¹pi⁴ 的仿造，而且显得生硬。详 ki¹li¹pi⁴ 之义，当是"有如水牛角的指头（指第六指）"。在"六水牯"中，"六"是个汉语成分，"水牯（公水牛）"虽是汉语成分，却来源于对苗语 ki¹li¹（ki¹nin⁵）的蹩脚的意译。"水牯"作为此语的一个成分，其对"六指儿"的提示作用在汉语中是无法得到解释的。因此，它在骨子里仍然是汉蛮合璧的。从读音推断，"水牯"当是"水牛角"的讹变（"角"邵阳话念 [ko⁵⁵]）。

【xan⁵⁵ 憨】（1）用微火慢慢地煮；烘烤。例：蒸红薯不要放多哩水，水开以后就用文火慢慢哩憨，憨熟咯红薯黄饧 [dziən²²] 哩，才好吃；要是憨出糖来就好吃得莫讲哩。（2）慢吞吞地。例：你屋娘做路憨得很，一身衣衫洗得一上间（上午）。（3）某种天气不变地保持着。例：麻粉细雨落哩三四天哩，看来箇只阴雨天憨起嘎哩，一下叽不得晴。疏：勉瑶语也有个 han¹，与邵阳话"憨"字第一二两个义项音义均同。这个 han¹ 与邵阳话的"憨"是一对关系字（关系字可能是同源字，也可能其中一方是借字。见毛宗武《汉瑶词典》"炆"和"磨蹭"两条）。这种字谁借谁贷很难定夺。本文的一般原则是从理据切入。汉语的"憨"找不到理据，便认为其源头在蛮越语。

【liẽ³⁵tsɑu³¹ 炼澡】水牛在泥里翻滚的一种生活习性。这样既可以除痒，也可以防止蚊虫叮咬（因为全身沾上了泥巴）。例：水牛才炼澡，黄牛不得炼澡。疏：炼字没有理据，当是个蛮越语成分。泥鳅，标敏瑶语为 lien4 ɖau¹，当是"炼澡"的源头。用两个汉字来记瑶语这个字的音，第二字还居然能按汉义来理解，真有意思。不过要较起真来，"澡"字还是不能按汉语来理解的：洗澡哪有越洗越脏的？

【pən³⁵ 攀】（用力）拉扯，拖。例：攀紧滴！/莫把索子攀断哩。\把牛攀回去。疏：《国语·晋语八》："攀辇即力而舍，候遮扞卫而行。"韦昭注："攀，引也。"《水浒全传》第一一七回："花荣满满地攀着弓，觑得亲切，照面门上飕的一箭。"钱钟书《围城》九作"拼"："她仿佛跟鸿渐抢了一条绳子，尽力各拉一头，绳子迸直欲断的时候，她就凑上几步，这绳子又松软下来。"周立波《山乡巨变·下篇》作"绷"："（牛）伸下脑壳，用嘴巴连连地夺几口（好草），亭面糊把牛藤（按：应作牛绚，即牛鼻绳）绷了一下，骂道：'死家伙，还不快走？'"另外，拉扯，布鲁瑶语为 $piŋ^1$，勉瑶语为 $pεŋ^1$，标敏瑶语为 $phlε^4$。这是个汉瑶关系字。从汉语有众多写法看来，它们的根在蛮越语的可能性大。

【$lən^{35}mau^{55}$ 嫩㜷】很嫩。也说嫩㜷㜷。例：咯滴菜薹蛮嫩㜷。/今天买咯荬笋嫩㜷㜷哩。疏：㜷：纤美，美好。扬雄《方言》第一："秦晋之间，凡好而轻者，谓之娥；自关而东，河济之间，谓之㜷。"嫩，川黔滇苗语为 mao^4，滇东北苗语为 tao^1ma^7。"嫩㜷"盖汉苗合璧字，同"稠㓦"一样，也由联合结构重新分析为补充结构。

【$kən^{31}$ 艮】整，完整。与零散相对。例：一百块艮钱。/把一张艮票子换散。\收 320 块艮咯，零头抹嘎。/一栋艮屋。/艮艮哩读嘎十六年书。疏：文献或作"准"字。《金瓶梅词话》第 57 回："取出一封银子，准准三十两足色松纹。"《醒世恒言·卖油郎独占花魁》："秦重定睛观之，此女容颜娇丽，体态轻盈，目所未睹，准准地呆了半晌，身子都酥麻了。"准，邵阳话念 [$tɕyən^{31}$]，其音与"滚 [$kuən^{31}$]""艮 [$kən^{31}$]"相通：准字撮口呼，滚字合口呼，艮字开口呼。声母之别是由于介音不同造成的。它们的意义也相通。准、艮之义为完整，"滚"有"圆"义，而"圆"也可引申为完整之义。《金瓶梅词话》第五十九回"圆圆的一年零两个月"，就是整整的一年零两个月。因此，"准艮滚"三字在表示完整之义时当同源。不过，"滚"字本义是"大水奔流的样子"，后形容水的翻腾。车轮滚滚，是中古以后的用法。圆，川黔滇苗语为 $khun^2$，勉瑶语为 kun^2（或 $tɕyən^2$），标敏瑶语为 $klin^2$。因此，"圆"义的滚准艮当来自蛮越语。"滚圆"是个汉蛮合璧词。

【$d'aŋ^{215}$ 彖】（兽）生育。也念 [$d'uaŋ^{215}$]。例：牛彖崽崽哩。/我嫂嫂只猪婆一菢彖哩十五只崽崽。疏：彖，《广韵》通贯切，折合邵阳话音

[dʻuaŋ²¹⁵]。《说文》:"彖,豕走也。"又,"豢,以谷圈养豕也。"从字义说,此字当作"豢"。豢由喂养引申指生育,正同"养"字一样。但豢字《广韵》胡惯切,匣纽,折合邵阳话当音[waŋ²¹⁵],怎么会读到透纽去呢?兽生子,湘西苗语为dha³,黔东苗语为tha³。邵阳此语盖是苗语dha³同汉语"豢[waŋ²¹⁵]"的拼盘儿。这样的混血儿也许还有,但绝不会多。如今发现的,仅此一个。但有此一个混血儿,也足以证明汉苗关系之密切了。

【tiaŋ³¹toŋ³¹bo²² 鼎懂婆】糊涂、懵懂的女人。也说"咚咚哐"。例:那是只鼎懂婆,你莫和其当真。/那是只咚咚哐,你和其讲有屁用。疏:《现代汉语难词词典》作"颠懂":"才二两呀!你怕也醉颠懂了?"邵阳话的[tiaŋ]音节是白读音节,上声只有鼎字,而且是一种不多见的又读。鼎懂来源于苗语。糊涂,黔东苗语为ti¹toŋ¹。

【dʑiaŋ²¹⁵sʅ³¹xo³¹ 像死火】极其相像。例:你箇隻崽像舅舅,特别是那嘴巴子,硬是像死火哩。疏:像,黔东苗语为ho⁸。"像死火"的结构原来是"像似(汉)+ ho⁸(苗)",是个汉苗合璧字。后经重新分析,其结构变成"像(动)+死火(补)"。"死火"也可以单用,还是"很像,分毫不差"的意思。如:箇只鸡公画得死嘎火哩,曲[tɕʻiəu⁵⁵]像我屋娘那只鸡公。

鸿爪按:"像似"的似字《广韵》详里切,本为上声,在浊上归去的历史音变潮流中改读去声了;但在"像似火/似火"中仍读上声,其音与死字相同。这说明,"像似火/似火"中的似字声母清化的时间在浊上归去的潮流到来之前,那么,这两个词的形成自然也在这个潮流到来之前。

【toŋ³⁵laŋ²² 冻缎】冻疮。例:我就是耳朵易得生冻缎,手脚倒不得。疏:"缎"是个蛮越语成分。冻疮,勉瑶语叫lɛːŋ²toŋ⁵,仅语序与冻缎相反。缎字邵阳话本音[duaŋ²¹⁵],其所以选上它,是因为《急就篇》缎字颜师古注云:"缎,履跟之帖也。"而此物邵阳叫"溜缎[laŋ²²]",声母由塞音变为边音的字,邵阳话中还有好几个,例如道(一道去)、荡(田荡)、堵(堵漏洞)、担(担钱来,担者拿也)等。

鸿爪按:脚的后跟、鞋袜的后跟,邵阳都说"缎跟"。缎字音同郎[laŋ²²],如果它是"鬬"字(音[luaŋ²²])丢了介音,此条就有疑问了。

二 关于湘语邵阳话的形成

邵阳话中的壮语和苗瑶语底层存在于许多通用词汇中,又大量表现为汉蛮合璧词,说明它们主要不是不同语言间词汇的借用,而是邵阳话的有机组成部分,没有这个部分,邵阳话就不成其为邵阳话了。这里边有一个明显的问题是:邵阳南路除了清代从北京迁来的几个回族村庄(都说邵阳话)外,没有壮族、苗族或瑶族村寨,这里的汉语方言中,怎么会有壮语底层或苗瑶语底层呢?事实使我们不得不考虑,邵阳话可能是一种古代汉语方言同某种蛮越语融合的结果;这些底层现象,则是历史上那种蛮越语在邵阳话中遗存的化石。而语言融合是民族融合最重要的表现之一,看来这里汉族居民的祖先,至少有一部分是蛮越人。根据这一线索,可以探讨邵阳话形成的时间问题。

唐末五代以前,今天南方的许多少数民族的族称尚未形成或流行未广,湖南的居民除南下的汉人外(今天邵阳的汉族人多数是元明间从江西迁入的),一般被称为"三苗""莫徭""僚(獠)""蛮""溪蛮"或"峒蛮",唐宋时叫"蛮"的特别多,史料中出现的称呼有长沙蛮、五溪蛮、梅山蛮(或梅山峒蛮)、邵州蛮、武冈蛮、武陵蛮、零陵蛮、叙州蛮、飞山蛮、辰州蛮等,不一而足。据谭其骧《近代湖南人中之蛮族血统》的论证,他们就是今天湖南境内苗、瑶、侗、壮、土家等少数民族的先人,也是今天不少湖南汉族人实际上的先人。在历史上,蛮越有时是"化外之民",有时则受到"羁縻",他们与王朝郡县的关系是若即若离的。王朝和蛮越之间，有时甚至发生战争，如"武陵蛮犯临沅"、"长沙蛮犯益阳"、"零陵蛮犯长沙"之类，最后当然都被王朝镇压下去。

今天的邵阳在古代是梅山峒蛮活动的主要地域。梅山峒蛮在五代时常脱离郡县，还曾两次攻下邵州。北宋建立后，情况没有根本改变，以致北宋初年曾经对梅山峒蛮采取封锁政策，"禁不得与汉民交通，其地不得耕牧"。虽然邵阳早已建县、郡或州[2]，但州县真正控制的地方只是今邵阳市城区（含近郊）这么一个孤岛。这种情况在语言上的反映是：（1）今城区话有入声，尽管与阳平调值接近，但是作为一个调类是确实存在的。而包围城区话的各路方言，则一律没有入声。（2）今城区话的 [aŋ\iaŋ\uaŋ] 合并于 [an\ian\uan]，而周围各路方言没有这种现象。从声调和韵母分合的特征看来，邵阳市城区话也是一个方言岛，其区别于四乡的特点当以长沙话为源头。因此，在梅山峒蛮"不与中国通"[6]的时代，汉蛮之间即使有所接触，语言中也曾互有借词（有些汉字实际上是为蛮越语借词造的），但离民族或语言的融合还远。

上述这种情况到 11 世纪后期有了改变。这是因为在北宋神宗熙宁五年（1072）发生了一件大事——章惇"开梅山"，从此湖南中部梅山地区进入了一个民族大融合的时期。

"梅山"指的是梅山峒蛮（其中一部分或称邵州蛮、武冈蛮）活动的广大地域，"其地东接潭，南接邵，其西则辰，其北则鼎、澧，而梅山居其中。"即包括资江流域和雪峰山区，因此梅山峒蛮的内部成员不会是单纯的苗族、瑶族或越族（侗壮），而是多民族的聚合。宋代朱辅《溪蛮丛笑》云："五溪蛮，皆盘瓠种也。聚落区分，名亦随异，源其故壤，环四封而居者，今有五：曰苗，曰瑶、曰僚、曰僮、曰仡佬。风俗气息，大底相似。"[3]梅山峒蛮当亦如之。章惇"开梅山"，标志着宋王朝对梅山峒蛮政策的重要改变：从封锁隔离变为开禁招抚[4]。此事酝酿于仁宗庆历、嘉祐年间，那时潭州、益阳官员经营梅山，曾有过开禁招抚的表现，如取消不准峒民耕种与益阳接界之地的禁令，说服瑶人成为

"省民"之类。神宗熙宁初年，湖南转运副使范子奇、蔡烨先后建言，要求对梅山峒蛮实行招抚政策，"臣属而郡县之"，可能因为政策的这种改变，不但不违背"新政"，甚至是"新政"的自然延伸，到了熙宁五年（1072），这个建议终于得到朝廷的认可。于是，宰相王安石以参与变法的重要朝臣章惇为湖南北察访使，传檄"开梅山"。宋神宗为此接见了湖南转运副使蔡烨，委以重任。判官乔执中（后任全州知州）、潭州知州潘夙、邵州防御判官郭祥正等都参与了这件事。经与梅山峒蛮首领磋商，终于取得了成功：在梅山地区籍民助耕，均定赋税，并新置新化县（隶属邵州）和安化县（隶属长沙郡），于是梅山峒蛮"争辟道路以待"，大部归附北宋王朝，成为"省民"。

清代同治年间修撰的《安化县志》卷三二载章惇《开梅山歌》云：

> 开梅山，开梅山，梅山万仞摩星缠。
> 扪萝鸟道十步九曲折，时有僵木横岩巅。
> 负岩直下视南岳，回首局曲犹平川。
> 人家迤逦列板屋，火耕硗确名畲田。
> 穿堂之鼓当壁悬，两头击鼓歌声传。
> 长藤吊酒跪而饮，何物爽口盐为先。
> 白布缠髻衣错结，野花山果青垂肩。
> 如今丁口渐繁息，世界虽异非桃源。
> 熙宁天子圣虑远，命将传檄令开边。
> 给牛贷种使开垦，植桑插稻输缗钱。
> 人人欢呼愿归顺，裹头汉语淳风旋。
> 不持寸刃得千里，王道荡荡尧为天。
> 汉王黩武竟何益？性命百万涂戈鋋。
> 李广自杀马援死，寂寞铜柱并燕然。
> 伊溪之源最沃壤，择地作邑民争先。

> 大开庠序明礼乐，抚柔新俗威无专。
> 小臣作诗谐乐府，梅山之崖诗可镌。
> 此诗可勒不可泯，颂声万古常溔溔。

据此，所谓"开梅山"的"开"，既是开禁，也是开发，就是废除约束梅山峒蛮和汉民进行往来的禁令，把民族镇压、民族隔离的政策改为民族和睦、民族交流的政策，发展生产，统一赋税，同时在生产和文化教育方面给予蛮越人若干扶助。从此以后，汉族人和蛮越人在梅山地区相处，其主流是和谐的，居于高山峻岭的少数峒蛮仍保持着自己的语言和生活方式，而多数或早或迟则同化于汉族了（自然也有外迁的）。《开梅山》中"裹头汉语淳风旋"直接说到了梅山蛮学说汉语的情景：民族的大融合也导致了语言的大融合。蛮越人主动地学习汉语，估计很快就产生了大量"蛮汉语"（蛮越人说的汉语）和少量"汉蛮语"（汉族人说的蛮越语）。在漫漫的历史长河中，在邵阳南路，"汉蛮语"湮没无闻，而"蛮汉语"和当地的汉语一起，形成了今天的汉语方言邵阳话。当年梅山峒蛮的语言应该是今天部分苗语、瑶语、侗语、壮语方言的祖语，其中一部分融入汉语邵阳话的底层，是完全合乎规律的。因此，11世纪末期和12世纪，当是邵阳话开始形成的时期，也是梅山地区大多数汉语方言开始形成的时期（它们的发展还受到后来来自江西等地的汉族移民潮的影响，值得进一步研究）。

附注

[1] 三文均载于《广西民族研究》，分别是：1999年第4期《螳螂异名的理据》，2000年第1期《邵阳（南路）话中的那文化成分》，2000年第3期《邵阳（南路）话中的汉壮合璧词》。中国人民大学报刊复印资料《语言文字学》收入了其中的《螳螂异名的理据》与《邵阳（南路）话中的汉壮合璧词》。

[2] 隋文帝开皇十年（590）并夫夷、武冈、都梁于邵阳一县，属长沙郡，辖今邵

阳市城区和邵阳、邵东、新邵、武冈、洞口、隆回、新宁、城步、新化等县地。唐太宗贞观十年（635）改名邵州，北宋因之。

［3］转引自卢美松、陈春惠《福建"蛮僚"源流初探——试论陈元光开漳前后的闽南土著民族》，见《山客之家》网站。

［4］章惇"开梅山"在"开五溪"后。《宋史·范雍传》："（雍孙子奇）建言：'梅山蛮恃险为边患，宜拓取之。'后章惇开五溪，议由此起。"章惇"开五溪"主要是用兵；而"开梅山"主要是协商，实际工作大概主要是蔡烨主持的。详见《宋史》卷四七一《章惇传》。

参考文献

1. 邓晓华，南方汉语中的古南岛语成分［j］，民族语文，1994（3）.
2. 毛宗武，汉瑶词典［m］，成都，四川人民出版社，1992.
3. 向日征，汉苗词典［m］，成都，四川人民出版社，1992.
4. 蒙斯牧，汉语和壮侗语的密切关系及历史文化背景［j］，民族语文，1998（4）.
5. 谭其骧，长水粹编［m］，石家庄，河北教育出版社，2003.
6. （元）脱脱等，宋史［m］，北京，中华书局，1983.
7. 赵敏兰，试论中泰两国瑶语在语法上的差异［j］，广西师范大学学报：哲学社会科学版，2006（1）.

10 谈《/A 里 AB/ 新论》的写作*

（一）题目从哪儿来？

《/A 里 AB/ 新论》1994 年春天写成，发表于《广西师范大学学报》（哲社版）1994 年第 4 期。搜集材料和确定题目的工作开始于 1993 年秋天。

1.1993-08-21，我的"业务日记"上写了一个题目：关于词缀问题的思考。这题目很大。根据一般观点，词缀有前缀"第-，老-，阿-"等，后缀"-子，-儿，-头"等，另外还有少量的中缀，如"-里-"。实际上我考虑较多的是所谓"中缀"，除了"里"，还有"乱七八糟"的"七八"。这时考虑过的问题有：

---

* 本文是一个谈话提纲，谈话是奉命进行的，对象是广西师范大学中文系基地班首届学生，时间大约是 1999 年夏学生毕业前夕。本文追溯到 /A 里 AB/ 和 /AB 八 B/ 都源于 /A 七八 B/，但显性的 /A 七八 B/ 式成员就三四个，多数成员的"七八"被写成别的字了，成了"无理词"，所以后来又有《假无理词例说——/A 里 AB/ 新论续补》一文，在《辞书研究》1999 年第 4 期发表。

（1）"妖气"与"妖里妖气"形成对立，但不是基本意义的差别。"里"是什么意思又说不清，所以"里"近似"中缀"，或叫"附词素"。但要重复"妖"字，为什么？

（2）"乱七八糟"的"七八"不是中缀，即不是"附词素"。因为它的含义比较清楚。"七八"，邵阳话说"七七八八"，指多种多样并不珍贵的东西，含有贬斥的感情色彩。"乱七八糟"指东西多而次序乱，"七八"含有基本词义成分，它的意思就在词义中。

（3）但"乱七八糟"的结构挺怪的。"乱糟"说的少，说得多的是"乱糟糟"，"七八"好像是插进一个词中去的。同样的例子如"零七八碎"，是"零碎"里边嵌入了"七八"。

2. 在"业务日记"中已经搜集了如下例词：墨七[tɕy⁰]八黑，调七八[fa⁰]皮，古七[tɕi⁰]八怪，死乞白赖，阴死八活，急赤白脸，正儿八（巴）经，正经八百（摆），啰里八嗦，零打[tɑu⁰]八碎，清里八早，墨黑八黑，清苦八苦，清早八早，清浑八浑，清甜八甜，冰瀌八瀌。

3. 这样，我就拟了两个题目。一个是"论插入结构"，一个是"乱七八糟及其他"。前者范围大，理论性强，我似乎只有"插入结构具有同时性"这么一个观点，难以成文。所以后来成文的是后边这个题目，把论述一种格式的一个具体成员及其理据作为目标，这样似乎好把握一些。所谓"插入结构具有同时性"，意思是，语句中语词的先后是现实中事物的时间先后的模拟，不符合这个原则的属于"倒装"；在 /AXYB/ 中，两个结构成分 AB 和 XY 却是同时的，至少在构造这种结构的人的头脑中是同时的。但"语流"是一维的，即线性的，不可能把 AB 和 XY 同时说出，这才有了"插入式结构"。

（二）理据和音变研究

1. 我1988年发表《也谈"扒灰"的语源》后一直关注词语的理据问

题，这时的"业务日记"上也有一些昙花一现的想法，如：

胡说白道，"胡"是"五"？"白"是"八"？像"五花八门"？

七老八十，"老"与"里"有关？

/A 七八 B/:/A 里八 B/，七八＝里八＝挺（AB？）

2. 为了写"乱七八糟及其他"一文，复查了《现代汉语难词词典》，在"业务日记"中，记下了以下材料：

丑陋疤怪，粉得绿儿，嘎七马八，干掰截脆，干达马什，合儿巴总，

猴精百怪，猴头巴脑，胡扯八溜，胡儿八杈，糊里八涂，急扯白脸，

急里巴磋，邋里邋遢，溜脚巴滚，清晨白早，清醒白醒，傻儿吧唧，

土拉吧唧，乌里八涂，燥儿八火，花里胡哨

以上是 1993-08-30 以前的事。

4.1994-01-16 修改《乱七八糟及其他》，在修改过程中已经十分认真地考虑这类词中的音变问题，如 1994-01-12 的业务日记中已有以下的内容：

"花里胡哨"四个音节，共有八种写法，是因为第二、三、四音节都有轻读带来的音变现象，只有第一音节作"花"是稳定的。第二音节有里丽黎藜狸五种写法，第三音节有胡虎狐三种写法，第四音节有哨稍绍三种写法。研究表明，第三音节应是"花"的音变，由于汉字的特点，书面字形不能随方言音变据音写字，应该仍写作"花"。为什么？因为"花哨"是一个词，"花哨"对应"花里花哨"，正如"傻气"对应"傻里傻气"，"啰嗦"对应"啰里啰嗦"一样。

至于普通语言学著作谈音的同化、异化、增音、减音等音变现象，当然也是一有问题就考虑。

5.1994-01-17 的"业务日记"又写道：

邵阳话"假里假充",又说"假里胡充",这个"胡"不好理解,"胡"绝不可能是"假"的音变。难道"里胡"二字是从"糊里糊涂"中截取的?是"里胡"的词汇化扩散?若多几例就好了。对 /A 里 AB/ 第三音节来说,"花里胡哨"的"胡"也是孤例。词汇化扩散而只有两例,太少。能找到别的解释吗?

这样,就把对 /A 里 AB/ 的研究提上了议事日程,其发展则导致以《/A 里 AB/ 新论》代替《乱七八糟及其他》,使文章成为对四字格的一个格式的研究。

(三) 突破关键

1.1994-02,月初的头一篇"业务日记"的题目是:/A 里 AB/ 中"里"的语源。共有两个内容:一是前人和时贤的研究,二是上述研究中的问题。在第一部分,概括了张寿康《构词法和构形法》、任学良《汉语造词法》、刘叔新《汉语描写词汇学》三部书对 /A 里 AB/ 的分析。在第二部分,提出了四个问题。(1)三位都认为"里"是构形的,表示的是语法意义,但说不清其语法意义是什么。(2)割断了"里"和"里八 / 儿八"的联系,单独处理"里"。(3)"里八"作为"词嵌"合理吗?它到底是什么性质的语言成分?(4)张说"里"有"厌恶色彩",它似乎是"里"固有的,刘却认为"厌恶色彩"来源于 AB,"里"有使其增强的作用。这"厌恶色彩"到底从哪儿来?

2.一边研究,一边继续查找文献。虽然不是每一篇文献都有用,但自己觉得有关的文献要尽量找来一读。只有在既有的所有研究的基础上才能继续前进,千万不要重复别人已经做过的研究工作。所读文献主要的是:

(1)王建庵《来纽源于重言说——兼论带 l 的复声母问题》(安徽大学学报 1979,3)

（2）刘庆隆《词典里关于语汇重叠形式的处理》（语文研究 1985，3）

（3）靳雨《忻城方言四字组俗语的构成方式和修辞特色》（语文研究 1986，1）

（4）陈刚《北京话里轻声音节的音变》（语文研究 1986，4）

（5）黄佩文《ABC 式形容词的重叠式及其语法意义》（语文研究 1988，1）

（6）郑光仪《谈谈数词镶嵌结构》（见安徽教育出版社出的论文集《语言学和语言教学》）

（7）刘月华《现代汉语语法》的相关内容

3. 灵感的触发

触发灵感的主要是邢公畹《现代汉语的构词法和构形法》一文（南开学报 1956，2）。此文并非十分独特，它之所以能触发我的灵感，是它的一个有点儿像似"疏漏"的内容：该文在讲构形法时举了"糊啦巴涂"，拿来与"糊里糊涂"并列，说两个都是"重叠的憎恶态"。我立刻意识到："糊啦巴涂"里边并没有重叠。但这是一个词的两个语词变体（allolog），任何时候都可以互相替换。因此，它们的"憎厌"的感情色彩，应该具有共同的来源，并且不可能源于"重叠"。因为"糊啦巴涂"（可以推及所有 A 啦巴 B）并没有重叠，却同样有憎厌的感情色彩。

为什么说这是一个突破？因为现代汉语课程中，语法是第一重点。语法分句法与词法。词法的主要内容是词类，不同类别的词表达的概念类型不同，充当句子成分的能力不同，其词法特征也不同。在不同词类的词法特征中，重叠的形式是一个很重要的项目。现在有理由把"重叠"问题排除，就能一心一意地、安安心心地研究 /A 里 AB/ 或 /A 啦巴 B/ 这个格式中的语言成分的来源了，而这正是《/A 里 AB/ 新论》的核心内容。如果能够弄清这一格式中的"里""啦巴"的来历，第三音节为什么要重複第一音节等问题也可能获得合理的解释。这样，对于这个格式的研究也就完成了。

（四）扩大战果，完成论文的写作。

1. /A 里 AB/ 和 /A 啦巴 B/ 的原式是什么？

既然"糊里糊涂"和"糊啦巴涂"是同一个词的两种不同的形式，它们就一定有一个共同的原式。它们的原式弄清楚了，它们如何变成 /A 里 AB/ 或 /A 啦巴 B/ 的过程也清楚了，问题就大体解决了。这里需要充分的材料，更需要分析语言现象的哲学修养和语言学修养。这当然要依赖几十年培养起来的能力，无法一蹴而就。

依靠音变理论和充分的材料，我最后说明了：

（1）第二、第三音节的原式是"七八"；

（2）/AXYB/ 这一格式在音节层面分裂了 /AB/，在韵律层面又分裂了 /XY/（X 属前即属 A，Y 属后即属 B），使表意受到严重影响。第三音节重复第一音节，或者第二音节重复第四音节，是为了使格式语义的主要负荷者 /AB/ 在 /AXYB/ 这一格式中重新相连，这才出现 /A 里 AB/ 和 /AB 八 B/。这是语义和语形的矛盾运动的表现。

（3）在 /A 里 AB/ 和 /AB 八 B/ 中，"里""八"都是"七八"的残余形式。

在我 1994-02-08"业务日记"中有以下记录："完成《/A 里 AB/ 新论》二稿，共 300×34 字，目录如下……此文比《乱七八糟及其他》写得更集中，更有针对性。前一篇是按客体的逻辑（历史）顺序，本篇则是按研究的思维过程。"　　（4）当然，在正式动笔前，还得阅读有关 /A 里 AB/ 的所有重要论述，特别是名家的论述，如吕叔湘、赵元任、王力、陆志韦、朱德熙等等的论述，就是在正式动笔前看的。

总结一下，我的主要体会是：

——题目就是问题，问题存在于工作、学习、思考、研究、讨论的过程中。

——论文在"业务日记"中，学习、思考要随时动笔，充分用好"文字"这个给人类带来文明的工具。

——要掌握前人和时贤的研究成果，并有所超越。

11 关于文献研究和文字研究的界限 *

"文献"的古义指典籍和贤才（中国古人获取知识既要查阅典籍，又要访问贤才。因为那时许多知识尚未著之竹帛，只在口耳相传的贤才的头脑里）。后来一般指典籍，即具有历史价值的图书资料，这是今天对"文献"的狭义理解。中华人民共和国国家标准局1985-1-31公布的GB4894-85《情报与文献工作词汇——基本术语》对"文献"下了明确的定义："文献是记录有知识的一切载体。"这是含义挺宽的标准定义，可以包括图书馆、档案馆、博物馆、声像馆、情报中心以及家庭、私人所藏的一切用文字、图形、符号、音频、视频等技术手段记录的人类知识的载体。这是今天对"文献"的广义理解。

每一个学科都有自己的文献。汉字学的主要文献如《甲骨文合集》《尔雅》《说文解字》《扬雄方言》《广雅疏证》以及其他古今学人已经发表的研究汉字的有价值的著作和论文。

我是一个汉语研究者，汉语普通话和各种方言口语只是我的研究

---

* 本文摘自作者致韩国《东亚文献研究》杂志编者的一封信（2008）

材料，各种有关汉语语音、词汇、语法的著作和论文就是我要查阅的文献。

　　文字研究的对象是文字，研究文字的文章一般不属于文献研究。如《'逹'字'针'义的文字学解释》（语言研究2008-4）就只属于文字研究，不属于文献研究。只有少量研究文字学文献的文章才属于文献研究。如研究《说文解字》的文章，研究《龙龛手鉴》的文章。它们既属于文字研究，也属于文献研究。

　　《说文挟字段注补说》是研究著名文字学文献《说文解字》的，既属于"文字研究"，也属于"文献研究"，因此符合贵刊的稿件范围。至于在质量上是否达到发表的水平，那就是另一回事了。而《邵阳话中几个上古汉语字》只是记录了一个语言事实：在今天的邵阳方言中，一般认为早已消失的几个上古字还活着。这并不是对汉语语言学的什么文献的研究（当然，如果它发表了，也就成了一篇汉语语言学文献）。

　　以上是我的浅见，仅供参考。又，写这段文字时参考了张家璠、黄宝权《中国历史文献学》（广西师范大学出版社1989）。

12《雅林小憩：汉语字词论集》书后

本书是我的论文集，由北京线装书局 2009 年 11 月出版，中国版本图书馆 CIP 数据核字（2009）第 210995 号，论文的写作时间是 1982—2008 年，共收论文 35 篇，有 13 篇未曾在报刊上发表过（其中 7 篇是学术年会的论文）。

已经在期刊上发表而未曾收入本书的文章只有《邵阳方言趣谈》《邵阳（南路）话中的壮汉合璧词》《邵阳（南路）话中的那文化成分》和半篇《邵阳（南路）话中的苗瑶语底层疏证》。因为这些文章的内容都是关于邵阳话词汇的，其材料均可在拙著《湘语邵阳话音义疏证》（黄山书社 2009）中查到，收进来增加了篇幅，对于买书的人不利。

《〈新编汉语多功能词典〉构词标注献疑》和《加强理据研究，探讨词内世界——〈汉语理据词典〉指瑕》两篇，属于辞书评论。前者发表后没有什么反响，后者却引出了两篇驳议。一篇是任继昉《罗锅理据考》，已经作为附录收入本书；另一篇是《汉语理据词典》作者的反批评文章《理据三问——与黎良军先生商榷》，照理更应该收入本书作为附录——而事实上却没有。原因很简单：《理据三问》说的是关于理据的某些理论问题，虽然与词语的"理据"相关，但完全超出了辞书评论的范围。对于《加强理据研究，探讨词内世界——〈汉语理据词典〉指瑕》这篇辞书评论的实际内容，甚至对于《汉语理据词典》这部辞书的实际内容，《理据三问》都未曾涉及。它名义上像反批评文章，实际上却不是；如果作为反批评文章收为附录，则会让人觉得该文在借题发挥，"顾左右而言他"，反而有违"附录批评文章以广见闻"的初衷。

该书没有跋文，出版后觉得上述几句话该向读者交代一下，因此写了这篇小文。

2010 年 7 月

13 湖南一名两地现象的初步观察

一名两地现象，指的是两地同名，也可以叫做重名现象。国务院1986年1月23日颁布的《地名管理条例》对此有具体的规定："全国范围内的县、市以上名称，一个县、市内的乡、镇名称，一个城镇内的街道名称，一个乡内的村庄名称，不应重名，并避免同音。"可是要做到这一点并不容易。例如，湖南就有两个邵阳，两个洪江，两个水宽。

一名两地现象无疑会给人们造成诸多不便。

有一次笔者从芷江乘车去水宽乡柘连村，车到水宽时遇到岔路，向导说："右边通柘连，左边通水宽。"笔者大惑不解：车子已经到水宽了，怎么左边还通水宽呢？拿《芷江侗族自治县旅游交通图》一查，地图上还真有两个水宽，不过眼前这个水宽，地图上标作"水宽（阳田坳）"。水宽一名，所指却有水宽坪和阳田坳两个地方。互联网上有文章，标题是"解释一下湖南西部怀化地区两个'洪江'的问题"。现在的"洪江"也是或指沅江和潕水交汇处的今洪江市（县级，治所黔城），或指沅江和巫水交汇之处的历史上曾有"小南京"之誉的洪江。有人要去广西河池，司机让他在河池下了车，他却怎么也找不到接他的朋友——因为他的朋友在金城江接他。"河池"这个地名，可以指河池市的治所金城江，也可以指金城江区的河池镇（金城江区原叫河池县，县治原在河池镇，后迁金城江）。

当然，以上说的地名，指的是政区名称的专名部分。政区名称一般由专名加通名构成，如果加上通名部分，上述地名就是邵阳市、邵阳县、洪江市、洪江区、水宽乡、水宽村等，也就大致区别开来了。这也正是此类重名得以存在的原因。要是怎么也区别不了，它们是难以存在的。但是，在日常语言中，人们往往只说专名，通名部分一般是省去不说的。例如，湖南省邵阳县，只说成湖南邵阳；芷江侗族自治县水宽乡，只说成芷江水宽。一些地图（如北京星球地图出版社出版的《中国地图册》）的地名标注也是如此——由于受到地图尺寸的限制，需要尽量减少字数。因此，对于《地名管理条例》的上述规定，可以有宽严两种理解：指包括专名加通名的全称时是较宽泛的理解，只指专名部分时是较严格的理解。我们认为，应取较严格的理解，这样更符合条例的原意，也有利于排除重名现象。

从语言学观点看来，"一名两地"包含着两种语言现象：同音同形词和一词多义。地名的所指是一定的地理实体、地理区域或某种地标，如果一个地名指称两个以上的地理实体、行政区域或某种地标，而这些所指对象又彼此无关，那么，就是几个没有关联的地理实体或区域同名，它们属于同音同形词。例如，三个"永定"是同音同形词，一个指北京门头沟区的永定镇，一个指福建龙岩市的永定县，一个指湖南张家界市的永定区（曾叫大庸）。此类现象不属于《地名管理条例》的重名范围。

一词多义则与此不同，由于它们一般是地名词义的变化所造成，它们的所指对象是彼此相关的，而且往往相距不远。例如，两个邵阳，一个指邵阳市治所邵阳城，一个指邵阳县治所塘渡口，两者都在旧邵阳县的辖域之内；两个洪江，一个指洪江市治所黔城，一个指洪江管理区，两者曾都属洪江市；两个水宽，一个指水宽乡的今治所阳田垇，一个指水宽乡的前治所水宽坪。还有，市县乡三级的政区名称一般有两个常用的义项：一是指称辖域，二是指称行政中心即治所。这样，单说"我去邵阳"，就可有如下诸义：①去邵阳市辖域内某个地方；②去邵阳市城区；③去塘渡口；④去邵阳县辖域内的某个地方。①可以包含②③④，但它们显然并不同义，例如①可以指去武冈市（县级），②③④则无此可能。

关于政区名称的词义变化，要区分两种性质完全不同但又互相关联的现象：词义逻辑延伸造成的特指化用法和词义的历史演变造成的一名两地，只有后者才属于《地名管理条例》的重名范围。

（1）词义逻辑延伸造成的特指化用法

与居民聚居地名称指称一定的居民点不同，市县乡各级政区名称的基本所指，原来是一定的地理辖域。例如，塘渡口作为居民聚居地的名称，指的是一个由一些街道组成的居民聚居点。中华人民共和国成立时，塘渡口还是长乐乡的一个自然村，只有紧靠着夫夷水的短短的半边街道，现在，街道扩大了，分为11个居委会。但它作为一级政区，全称塘渡口镇，除街道外还包括附近的农村，现在辖有35个行政村，最远的白羊铺村离原来夫夷水边的街道约有10公里。

但是，市县乡政区名称除了指称一定的地理辖域之外，还可以指称其行政中心即治所。例如，长沙市作为一级政区，下辖5区3县1县级市，但长沙一名，除了指称其辖域外，还可以指称其治所长沙城。隆回县作为一级政区，下辖14镇12乡，但隆回一名，除了指称其辖域外，还可以指称其治所桃花坪。政区名称由指称辖域到指称其治所，这是政区名称词义的逻辑延伸。因为政区不能光有其辖域，还得有行政机关，在各种社会活动中，某个政区的行政机关，就是该政区的代表。另一方面，政区名称在使用中可以指称其辖域内的任何一个地点。一句"我回隆回"，在不同的说话人口中出现，所指地点各不相同，或是司门前，或是滩头，或是六都寨，总之是隆回辖域内某个地方就是了。在一个政区辖域内诸多地点中，政区治所无疑有着最高的出现率。因此，政区名称从指称辖域转而指称其治所，是合符逻辑的，是使用政区名称的题中应有之义。

从语言学的观点看，这是词义的引申，属于词义的特指化。所有市县乡的政区名称，都有这种特指化用法，几乎没有例外。一个政区的辖域和治所固然不能等同，但这种区别一般不会影响交际，人们会从上下文等等语境中确定其具体所指。

（2）词义历史演变造成的一名两地

由于政区名称存在着特指化用法，当政区辖域或/和治所变更时，该政区名称就可能指称新旧两个治所，出现一名两地的现象。这是不难理解的。

两个邵阳的出现，是在1950年代。旧邵阳县很大，治邵阳城。1950年代一分为四：县城和近郊为邵阳市（县级），南路和西路为邵阳县（治塘渡口），东路为邵东县（治两市塘），北路为新邵县（治酿溪）。于是邵阳之名既可以指邵阳市，又可以指邵阳县；既可以指邵阳城，又可以指塘渡口。光说邵阳，就有歧义了。

芷江县的水宽乡，1950年代建乡时，水宽坪当是全乡最发达的地方，乡政府也设在这里。否则就不会叫水宽乡了。后来，也许由于水宽坪地理位置过分偏南，作为乡治不大方便，乡政府便迁到阳田坳。治所已迁而乡名照旧，水宽之名除了指称原来的水宽坪之外，又可以指称阳田坳。

两个洪江是1997以后才出现的。沅江和巫水汇合处的老洪江1920年代开始建市，1990年代还是一个县级市。1997年撤销这个市，把它与黔阳县合并，成立新的洪江市，治黔城（原黔阳县城）。1999年，老洪江又从新洪江市独立出来，成为怀化市的洪江管理区，新的洪江市只是原黔阳县辖域。但洪江的所指则从此增加了两个：一是原黔阳县辖域，二是黔城。如今单说洪江，也就不知道所指何地了。

从政区名称的命名法看来，政区名称的专名部分，大致有两个来源。一是在政区治所地名的基础上加一个通名，如河池市、中方县、九公桥镇、水宽乡。二是另外起名、借用自然地理实体名（有时略加变化）或启用古名，这时，政区的专名不同于辖域内任何居民点的地名，如张家界市、新邵县、黄荆乡（来源于山脉名黄瓜岭）、永州市。前一种命名法简便易行，容易为当地群众接受。但是，这一方法有两个缺陷：一是造成上下两级政区同名，如中方县有中方镇；二是如果日后治所变更，就可能造成一名两地。芷江县的两个水宽，广西的两个河池，就是这么形成的。后一种命名法所用的名称，开始时群众需要一个接受过程，后来却不会因为治所的变更造成一名两地。虽然如此，政区的治所却会获得一个新名，造成一地两名。例如，新邵县的治所在酿溪，新邵的一个义项就指称酿溪，因此，酿溪又获得新邵一名。在地图上标注地名时，县名非标不可，只好标其治所，而治所另有专名，也不能不标，于是便有"新邵（酿溪）"之类标注，多少显得累赘。

看起来前一种方法似乎较好，弊病是在历史的演进中可能造成重名现象。一旦造成了一名两地，它的好处就丧失了，反而不如后一种。因为重名现象会给人带来很大的麻烦，是地名的大忌。何况其中一地也会获得新名，一地两名在地图标注中的累赘也不能完全避免：芷江地图中的两个水宽，其中一个就得标为"水宽（阳田坳）"。一地两名的累赘主要出现在地图标注中，对日常生活似乎很少负面影响，而《地名管理条例》所指的重名现象则必须避免。要避免一名两地亦即两地重名的现象，除非在治所变更时同时改变政区名称，例如，河池县（市）治所迁往金城江时便不再叫河池县（市）；旧邵阳县在一分为四时，县城既然析为邵阳市，治所在塘渡口的政区就不再叫邵阳县。

湖南地名中最不合理的是有两个洪江，并且都是县级政区，直接违背了《地名管理条例》的要求。这种情况必须改变。由于老洪江市面积小，人口少，在历史上几次划归黔阳县，因此1997年才会又一次将老洪江市和黔阳县合并建立新的洪江市，治黔城。但是，由于两地经济条件悬殊，老洪江的人不乐意，1999年又再次分开了，老洪江独立出来成为怀化市的洪江管理区。黔阳和洪江的分合情况複杂，本文不谈。单从政区命名的角度说，目前两个洪江的问题亟待解决。首先，当1999年老洪江从新的洪江市分离出来时，新的洪江市的辖域只是原黔阳县，已经不包括洪江，它仍叫洪江市就完全失去了命名理据，名不副实了。其次，如果将来黔城在经济上发展了，甚至超过了老洪江，到那时，老洪江也许仍要回到新的洪江市来。即便如此，洪江一名两地的冲突也没有解决。难道那时又来把老洪江改名？其实，当1997年合并时，新的洪江市的命名就是不合理的，因为新的洪江市的治所不在洪江，而在黔城，按照政区名称含义的逻辑延伸，黔城作为洪江市的治所，必然将获得洪江之名，这就造成了一名两地（互联网上的"洪江古城"，有时指黔城，有时指洪江）。以前洪江几次划归黔阳县或会同县，就都没有出现过一名两地问题。因此，不管政区将来如何变更，目前的洪江市必须依法改名。好在这个政区名历史不长，黔阳人大概不会留恋只有十来年历史的洪江之名，而且黔阳历史悠久，恢复旧名不但有助于历史文化的继承，将来把洪江合并进来时也不会造成一名两地，是一举两得的好事。

2010年冬

14 短文四篇

（1）"王子"的困惑

英国的威廉王子结婚了，英伦三岛乃至全世界都喜庆了一把。可是，英国现在的王位继承人有三个，依照顺序，依次是：查尔斯王子，威廉王子和哈里王子。如果仅仅知道哈里王子是威廉王子的弟弟，中国人会毫不犹豫地推断查尔斯王子是威廉王子的哥哥。按照一般中国人的理解，三位王子如果同处于一个时代，并且同属一个家庭，他们就应该是兄弟，否则不合辈分。像现在英国这样，"某某王子"这个称呼中的"王"，只能指目前在位的英国女王伊丽莎白二世，她的儿子查尔斯当然应该叫"查尔斯王子"，而威廉和哈里却是查尔斯的儿子，是当今王上的孙子，就只能叫"威廉王孙、哈里王孙"了。称呼他们为"王子"，应该在查尔斯继承了王位以后。

这个问题的产生，源于对 prince 的翻译。在英文中，上面三个人都可以叫 prince。即：Prince harry，Prince William，Prince Charles。但 prince 并非只有"王子"一义，恐怕不能统一译作"王子"。上海译文出版社《新英汉词典》的 prince 有 6 个义项，第一义项排列 3 个译文：王子,王孙,亲王。考虑到三人辈分有别,应该分别译为"王子、王孙",如果要坚持一个统一的译法,就得置辈分于不顾,放弃含有辈分义素的"子、孙"之类译法,那只好译为"亲王"了。

英国人也许不那么重视辈分,但"王子"一词是含有辈分义素的,忽略了这一点,有时就可能出问题。

2011年4月

(2)烤字并非齐白石所创

央视 2013-08-31 的"中国汉字听写大会"上,有人说烤字由齐白石所创。这个说法应属讹传。此说的源头在白石老人给北京"烤肉宛"题匾的夹注中。注云:"诸书无烤字应人所请自我作古"。这个匾额后经《燕山夜话·烤字考》广为传播。

说"诸书无烤字"不合历史事实。据《汉语大词典》,《红楼梦》有烤字。《红楼梦》第四二回:"(粗磁碟子)不拿薑汁子和酱预先抹在底子上烤过,一经了火,是要炸的。"在北京大学中国语言学研究中心ccl语料库还可以查到更早的用例。

(1)元代《老乞大新释》:"烧饼。一半冷的。一半热的。热的留下我吃。这冷的你拿去。火盆上烤热了来。咱们饭也吃了。给他饭钱罢。店家。来会钱。共该多少。"(共2例)

(2)明代《醒世姻缘传(下)》:"家人媳妇不由他说,替他拢了拢头,勒上首帕,穿了膝裤,掏了把火烤了烤棉袄与他换上,穿上裙,簇拥着往外上轿。"(共7例)

在《简化字总表》中,烤字不是熇字或爌字的简化字,以上两书中的烤字当是原文。

白石老人夹注中的"诸书"应理解为"诸字书",指字典。"自我作古"的意思，确可理解为"由我所创"。但是，白石老人不可能没见过别人写的"烤"字，他的意思大概也是"字书所无，从俗造字"而已。另一方面，《燕山夜话·烤字考》说："最初显然没有烤字，而只有燺字，这是可以肯定的。那末，后来为什么变成烤字呢？看来这大概因为燺字是'苦浩切，音考'，日久天长，人们为了便于记忆，索性把它改为从火从考。从火则表示以火烘热；从考表示它的读音……对于这么一个早已被公认了的俗字，齐白石采用它的时候，却要郑重注明是'自我作古'，这是多么认真的态度！"文章说得明白：齐白石只是"采用"，也不认为烤字是白石老人所创。

下边转录《烤字考》全文，以为参考。

"烤"字考

生活在北京的人，都知道北京西城宣武门内大街有一家著名的"烤肉宛"。但是，很少有人去注意这家的招牌有什么值得研究的问题。其实，这个招牌的头一个字，"烤"字就很值得研究。

前几天，一位朋友给我写来一封信，他说："烤肉宛有齐白石所写的一个招牌，写在一张宣纸上，嵌在镜框子里。文曰：'清真烤肉宛。'在正文与题名之间，夹注了一行小字（看那地位，当是写完后加进去的），曰：'诸书无烤字，应人所请，自我作古。'（原无标点）看了，叫人觉得：这老人实在很有意思！因在写信时问了朱德熙，诸书是否真无烤字；并说，此事若告马南邨，可供写一则燕山夜话。前已得德熙回信，云：'烤字说文所无。广韵、集韵并有燺字，苦浩切，音考，注云：火干。集韵或省作熇，当即烤字。燺又见龙龛手鉴，苦老反，火干也。'烤字连康熙字典也没有，确如白石所说，诸书所无。"

我很感谢这位朋友，他引起了我的兴趣，也引起了报社记者同志的兴趣，他们还把烤肉宛的匾额等拍了照片。原来这个匾额的款字写着：八十六岁白石。计算齐白石写这个匾额的时候，是1946年，还在解放以前。据说，当时白石老人常到宛家吃烤肉，多次写字画画送给店主人。

比如有一次，白石老人画了几枝梅花，题两句诗："岁寒松柏同精健，知是无生热血多。"这似乎是在国民党反动统治期间表示一种不甘屈服的意思。他用这幅画送给烤肉宛，当然也包含有对店主人的勉励之意。过了两年，白石老人88岁的时候，又画了一幅寿桃送给店主人，题曰：仁者多寿。不难了解，这不但是老人自寿，而且也为店主人祝寿。齐白石和店主人之间这样亲密的关系，实际上不过是烤肉宛和各阶层市民群众的亲密关系的一个反映而已。

因为烤肉宛服务的对象，主要的是城市的劳动人民，所以这一家的招牌也是按照人民群众的口头语来命名的。你看这个招牌多么通俗，多么容易上口啊！为了适合于劳动人民的口语，用字是否要考证出处，当然就不算什么重要的问题了。

特别是在解放以后，按照群众的习惯和需要而产生的许多简体字，逐渐被社会所公认，成为正式通行的文字，因此，像烤肉宛这样的招牌，就更加使人一见如故，不以为奇了。

应该提到，梅兰芳同志生前，曾于1960年10月为烤肉宛题了一首诗。他写道：

"宛家烤肉早声名，
跃进重教技术精。
劳动人民欣果腹，
难忘领导党英明。"

的确，烤肉宛三字，对于北京的劳动人民实在是太熟悉了。拆开来，光说一个烤字，人们也会马上联系到烤肉或烤肉宛。这个"烤"字虽然是"诸书所无"，但是并非完全不可稽考的毫无根据的杜撰文字。前面摘引的信上已经查考了《广韵》、《集韵》都有"燺"字，《集韵》又省作"熇"字，就是"烤"的本字。不但这样，《说文》中也有"熇"

字,段玉裁注云:"火热也。《大雅·板》传曰:熇熇然炽盛也。易:家人嗃嗃,郑云:苦热之意,是嗃即熇字也。释文曰:刘作熇熇。"由此可见,"熇"字的出处应该追溯到《诗经·大雅·板》八章中。原文是:"天之方虐,无然谑谑。老夫灌灌,小子蹻蹻。匪我言耄,尔用忧谑。多将熇熇,不可救药。"最初显然没有烤字,而只有熇字,这是可以肯定的。那末,后来为什么变成烤字呢?看来这大概因为熇字是"苦浩切,音考",日久天长,人们为了便于记忆,索性把它改为从火从考。从火则表示以火烘热;从考表示它的读音。这是很合理的一个改变,它符合于我国文字推演和发展的一般规律。

近几年来,大家在推行简体字的过程中,都比较熟悉"约定俗成"的道理。"烤"字的长期演变过程,恰恰就是约定俗成的一个典型。然而,对于这么一个早已被公认的俗字,齐白石采用它的时候,却要郑重注明是"自我作古",这是多么认真的态度!比起白石老人来,我们现在对于简化字体的工作,有时态度就未免轻率了一些。以"烤"字为例,我们似乎可以试将新的简体字,一个一个地进行查考,看看它们是否都是有来历的和合理的。

(作者:邓拓,载《燕山夜话》,中国社会科学出版社 1997,387-389 页)

2013 年 9 月

(3)"作"字应该增加 zāo 音

湘语邵阳话中,老辈人说年长者身体好叫"[tsɑu^{55}dʑiɛ̃^{215}]糟健",本字是"作健",原来不光用于年长者。《乐府诗集·横吹曲辞五·企喻歌辞一》:"男儿欲作健,结伴不须多。"南朝·宋·刘义庆《世说新语·轻诋》:"殷顗、庾恒并是谢镇西(谢尚)外孙,殷少而率悟,庾每不推。尝俱诣谢公,谢公熟视殷曰:'阿巢(殷顗小字)故似镇西。'于是庾下声语曰:'定何似?'谢公续復云:'巢頬似镇西。'庾復云:'頬似,足作健不?'"清·吴伟业《哭志衍》诗:"男儿须作健,清谈兼马矟。"辞书如果给"作"字增加 zāo 音,邵阳话这个词就可以顺顺当当写下来了。

文献资料证明,"作"字确实有这个音。"作"字《广韵》有去入两读,入声音则落切,宕摄铎韵一等字,含义是"为也,起也,行也,役也,始也,生也"。落字口语音常念 ao 韵母,则落切的凿字口语也读 ao 韵母。铎韵字口语念 ao 韵母的还有薄烙酪络郝诸字。不过声调在"入派三声"过程中的去向,在各方言中有所不同,而派入阴平是最多的。

从文献用字看,"作"字有 zāo 音尤其证据确凿。

现代作家有"糟践"一词。老舍《骆驼祥子》十七:"他决定放弃了买卖,还去拉车,不能把那点钱全白白的糟践了。"周立波《暴风骤雨》第二部九:"他心眼像个马蜂窝,转个磨磨,就想糟践人。"这儿的糟践,原来就是"作践"。"作践"词典注音 zuó jiàn,那是因为把它看做书面词;其实,口语中照样用,读音是 zāojiàn。因为"作"字没有 zāo 音,现代作家为了记录口语,就不能写做"作践",而写做"糟践"了。这并不是臆测,事实上"糟践"与"作践"本是一词,"作"字之音有文白异读而已。《汉语大词典》的"糟践"有两个义项:(1)作践,浪费。(2)蹂躏,侮辱。《现代汉语词典》的"作践"也是两个义项:(1)糟蹋,如"作践五谷";(2)作弄;侮辱:如别作践人。两词的含义完全一致,说明他们本是同一个词。

"作践"这种写法古今都有。李商隐《杂纂》:"物料不作践。"苏轼《申三省起请开湖六条状》:"及土役既毕,则房廊邸店,作践狼藉。"《红楼梦》第一〇九回:"又是姑爷作践姑娘不成么?"赵树理《小二黑结婚》十二:"有个被他两人作践垮了的年轻人说:'我从前没有忍过?越忍越不得安然!'"

"糟蹋"的含义与作践相同，本应作"作蹋（踏）"。如《儒林外史》第五十二回："小弟生性喜欢养几匹马，他就嫌好道恶，说作蹋了他的院子。""作蹋"就是踩躏。邵阳话单说"作"，音[tso⁵⁵]，就是"作坊"之"作"的音。意思是用脚反复践踏踩踩，使泥巴柔糯黏韧，主要用在"作瓦泥"中。这是用踩躏的本义。[1] 如：《汉书·王商传》："建始三年秋，京师民无故相惊，言大水至，百姓奔走相踩躏，老弱号呼。长安中大乱。"今天，这种情况一般说"踩踏"，因为踩躏多用于比喻义。

现代小说中有"糟害"一词，意思是"糟蹋使受损害"，如说"庄稼常受野猪的糟害"。柳青《铜墙铁壁》第九章："他又指责在坏种糟害了米面以后，关到茅房里去是意气用事的轻率举动。"杨朔《北线》："〔老百姓〕哭着诉说敌人怎样抢东西抓人，糟害人民。"此语本作"作害"。《魏书·匈奴刘聪等传论》："夷狄不恭，作害中国，帝王之世，未曾无也。"

由于北方话念 zāo 音的常用字只有糟遭二字，它们的意思与"作"差得远，人们又不愿意或不知道该写做"作"，便只好从 zhāo 音字中来选字，往往选上"着"。对于没有平舌翘舌之分的南方话来说，糟遭招昭着钊本就同音，他们就更容易接受以"着"代"作"了。

"着火"本作"作火"，意思是"燃火，起火"。《左传·昭公六年》："士文伯曰：'火见，郑其火乎。火未出而作火以铸刑器，藏争辟焉。火如象之，不火何为？'"孔颖达疏："今郑火未出，而用火以铸鼎，及火星出，则相感以致灾。"

"着花"本作"作花"。今天常说开花，湘语邵阳话说打花。唐诗等文献中有"着花"。王维《杂诗》之二："君自故乡来，应知故乡事，来日绮窗前，寒梅著花未？"《老残游记》第二回："现在正是著花的时候，一片白花映着带水气的斜阳……实在奇绝。"鲁迅《华盖集续编·无花的蔷薇》："不知孤山的古梅，著花也未，可也在那里反对中国人'打倒帝国主义'？"此词本作"作花"，鲍照《梅花落》诗："中庭杂树多，偏为梅咨嗟。问君何独然，念其霜中能作花。"王士禛《池北偶谈·松顶生兰》："有兰寄生，长松杈桠间，可径丈，葳蕤四垂，时正作花，香闻远近。"魏源《武林纪游》诗之九："涧旁古梅树，作花已再期。"

"着急"一词今天用得挺多，原来是作"作急"的，今仍有入声的邵阳城区话还叫[tso^{33}tɕi^{33}]，正是"作急"二字。它有两个含义，一是"从速，尽快"，这个意思其实是"着急"的役使用法，只是普通话少用了，仅见于方言。元·无名氏《昊天塔》第一折："哥哥可怜见，作急选将提兵，搭救我父子的尸首去也。"《初刻拍案惊奇》卷三四："事不宜迟，作急就去。"《天雨花》第一回："都劝夫人止一子，极该作急对婚姻。"二是"急躁不安"，今天的"着急"大都是这意思。如：

（1）脱衣裳往下一捺，天霸趁空儿站起，两膀攒劲，把他后腰抱住。凶僧作急，恐为所擒，忙把胳膊上绑的攥子往后一敠。（施公案（一））

（2）钦差说："太府不必作急，略等一等皇上旨意，再作商议。"（施公案（二））

（3）如半天里打下一个霹雳一般，本来要痛哭一场，怎奈惊恐太甚，过于作急，不但哭不出，连话也说不出口。（施公案（三））

（4）后来他把我的衣裳全诓了跑了，我一作急，我就疯了，因此我也不思回来。（济公全传（三））

（5）疑他有心袒护，不禁作急起来，说道："父台乃民之父母，居官食禄，理合为民伸冤。"（狄公案）

（6）可恨我心里又似明白，又似糊涂，只是心里暗暗作急，丝毫也动弹不得！（续济公传（上））

"着慌"是"着急，慌张"的意思，如"他是个遇事不着慌的人"。这个词从明清到现在也都常用。《初刻拍案惊奇》卷二一："兴儿道：

'老兄不必着慌！银子是小弟拾得在此，自当奉璧。'"《儒林外史》第九回："知县听了娄府这番话，心下着慌。"老舍《骆驼祥子》二："每逢战争一来，最着慌的是阔人们。"

但此语原本是作"作慌"的：

（1）你来我往，才战有七八个回合，郝其鸾渐渐抵敌不住，他心中作慌，便架住大力铁棍说道："咱马上战不过你。尔敢与咱步战吗？"（施公案（二））

（2）韩毓英、哈云飞听了这语，格外作慌，还算哈云飞见眼生情，便大喊道："这又何难！我等准备不要马……"（续济公传（下））

（3）偷儿正探头从窦中出，索通一把拿住。偷儿作慌，忙将橐中财物献上。索通一时触动心事，扭至僻静处，抵死不放。（元代野史）

（4）【缕缕金】你平白地将咱赶出门，杀人来唤我去埋形。你今打些不干净，须要对证。（生、旦作慌介。小生）唬得他夫妇战兢兢，一个个胆丧心惊。（元曲《杀狗记》）

作慌/作急，还有作忙，其中的作字，就是"日出而作，日入而息"的作，与"作火"之作一样，意思是"起，兴起，生起"，同样用法还有"作病"，就是"致病"之意。《晋书·顾荣传》："（顾荣）恒纵酒酣畅，谓友人张翰曰：'惟酒可以忘忧，但无如作病何耳。'"

辞书给"作"字增加一个zāo音，"糟蹋"就可以写作"作蹋"了，"作践"就可以念作"糟践"了。至于着急/着慌/着忙/着火等，不管写作"着"还是"作"，其理据在"作"，也就容易明白了。

2014年4月

注释

[1] 黎良军《湘语邵阳话音义疏证》第81页［作］。

（三）试说"矮老子"的理据

湘语邵阳话中有"矮老子"一词，它可以与"鬼"互相替换。例如：

（1）今天怕撞哩矮老子咗，连连做错事。明明在碗沿上敲鸡蛋，那蛋清就是不打放碗里，反而打放脚边的垃圾桶里！

（2）你怕撞哩矮老子哦，清早起来就骂人！

以上说法中，"撞哩矮老子"，完全可以换成"撞哩鬼"，意思一点不差。可见"矮老子"的意思，也就是"鬼魅"或"妖孽"。但是，"矮"字没有这个意思，它只是个同音字。此字音[ŋai^{31}]，本字是哪一个？

拙著《湘语邵阳话音义疏证》收了这个词条，写作"矮老子"，举例后说："此语理据不明，矮字很可能是另一个字的俚俗化。"现在我们就来考求一下这"另一个字"。

邵阳话的[ŋ]声母有两个来源，一是古疑母一二等字，如：俄鹅我饿讹卧牙芽伢獃呆碍艾捱熬咬傲偶藕巚岸眼雁昂鄂硬额；二是古影母一二等字，如：桠哑哀埃爱蔼矮隘袄奥欧呕沤庵暗鸭安按轧晏恩。它们都念[ŋ]声母。值得注意的是，个别影母三等字也可念[ŋ]声母，如"隐"字，在"隐瞒/隐蔽/隐约"中念[iən^{31}]，但在"隐生骨"中就却念[ŋən^{31}]。"隐生骨"的字面是隐生的骨朵，指的却是生长在皮下深层的硬硬的疖子。此字曾有用例，只是一般辞书均未收。明代李实《蜀语》："有所碍曰隐。隐，恩上声。〈中朝故事〉：'异人王雪赠宣州推事官一小囊，中如弹丸，令长结身边。昼寝，为弹子所隐，起，就外视之，屋梁落，碎榻矣。'"在邵阳话中，"恩上声"，正是[ŋən^{31}]。又《清平山堂话本·阴骘积善》："且说林善甫脱了衣裳也去睡，但觉物隐其背，不能睡着。"此字后来作"摁"，通语去声，邵阳话上声（摁字是个现代字，辞书均无切语）。

在疑母、影母字中找，得到一个影母字"魇"，很可能是"矮老子"之矮的本字。魇，《广韵》于琰切，开口三等字，音yǎn。此字声母如果依隐字之例，邵阳话当读［ŋan³¹］，与疑母的"眼"字同音。由于"眼"是常用字，口语的避同音机制会让魇字变音。变音的方向，就是把韵尾 –n 换成 –i。例如，为了区别岩石和岩洞，邵阳话把"岩鹰/岩石"的岩读作"［ŋai²²］"（此字繁体作巖，五衔切，谈部，本收 –m，后收 –n，音yán。折合邵阳话应念［ŋan²²］。今岩洞之岩正是此音。"岩"字也有［ian²²］音，仅见于"岩老鼠"之岩，当地人理解为"盐"，说岩老鼠是普通老鼠偷吃了盐变成的。估计"岩老鼠"之名源于外方言）。又如，由于忌讳"瘫"而把"瘫tān手"变读为"胎［tʻai⁵⁵］手"。相反的例子是，邵阳话把"邪派"读作"邪盼"，韵尾 –i 换成了 –n。这样，本应读"［ŋan³¹］"的魇字，由于受到"眼"字的排斥，就改读成了"矮［ŋai³¹］"。这种现象，王力的上古音系统叫歌元阴阳对转。

在语义方面，魇字《说文新附》释为"梦惊"，《汉语大字典》魇字有"妖邪"义（如魇魔），书证是《水浒全传》第四十七回："这厮也好大胆，独自一个来做细作，打扮做个解魇法师，闪入村里来。"为什么要"解魇"？老派的迷信说法是：正常人要是被魇魔"附体"，就会变成"魇子"，乱讲乱话。解魇就是把附体的妖魔赶走。《汉语大词典》有"魇子"，引《何典》第七回："那魇子便来扯她裤子，臭花娘那时少个地孔钻钻，叫爷娘弗应的，只得杀猪一般喊起救命来。"释文解释这"魇子"指迷乱无理智的人。从魇字的"被妖术迷惑"义可知，魇子之所以"迷乱无理智"，是由于中了邪，魇魔附体了。邵阳话的"撞哩矮老子"，正是被妖孽或邪魔缠身了之意，所以脑子糊涂，做事古怪。

依上文所说，邵阳话的"矮老子"，原来就是使人变成"魇子"的妖孽，是"魇"的"老子"。这样，"矮老子"的理据就找着了，"矮"的本字原来是"魇"！

现在想来，"老子"的本义是"父亲"，"魇老子"的含义就是"魇的老子",所指称的应当是,使正常人变成魇子的背后动因。由于文化知识上的原因,旧时老百姓便大致上把"魇老子"解释成某种妖孽或邪魔,"魇老子"便变成了一个由词组构成的专有名词。实际上,这个称呼恐怕带有"黑色幽默"的性质:"你怕撞哩魇老子哦!"不过是拐着弯儿说"你这个糊涂迷乱的魇子!"而"我怕撞哩魇老子咗!"则不过是说"我怎么这么糊涂,做事像个魇子!"因为老百姓并不认为"魇老子"与别的鬼魅一样需要敬畏,也从不追究魇老子的任何情况,如魇老子是什么东西在什么情况下变来的,魇老子的活动有什么特点,常人在什么情况下会撞着它,等。不过,邵阳话并没有"魇子"这个说法,"矮子"则指个头矮的人,其比喻义指路碑(旧时为命里带了"将军箭"的孩子而修的路碑。碑立在岔路口,碑上除了有"弓开弦断,箭来碑挡"八字之外,还要说左通某处,右通某处)。

2016 年春初稿

15 搐抽二字音义辨正*

搐字最常见的用法是构成複合词"抽搐",此外它还能单用或叠用,能构成"搐风│搐筋│搐动│搐缩│搐搦"等複合词。不过,由于搐字意义单纯,使用频率远不如抽字[1],加之元代以后搐字口语音与抽字相同,"搐"也往往被误作"抽"。长期习非成是的结果,单用或叠用的"搐"和複合词"搐×",都不同程度地被"抽"和"抽×"所代替,使得现代汉语书面语中搐字日渐萎缩,抽字用得过滥。但由于有抽搐、搐动二词,搐字是永远不会被抽字吃掉的[2]。既然如此,就应该充分尊重搐字的音义,发挥其辨词功能,不要让抽字强占了本该属于搐字的地盘;而《普通话异读词审音表》规定搐字统读为 chù,废除了它的 chōu 音,对于充分发挥搐字的功能和准确地使用搐字,却颇为不利。

一 搐字的音义和用例

搐字《集韵》敕六切,元代以后,其读书音为 chù,口语音与抽

---

* 本文发表于《汉字文化》2012 第 5 期

字同，为 chōu。对普通话词典的编撰有筚路蓝缕之功的《国语辞典》（中国大辞典编纂处，商务印书馆 1937–1943，删节本为《汉语词典》1962）的搐字就只有 chōu 音，原文是：

【搐】彳ㄡ，同"抽"。（黎按：释义可商。抽字的含义比搐字複杂得多）

【搐风】彳ㄡㄈㄥ，同"抽疯"，如"看着是搐风的来头"，见红楼梦。

搐字本为肌肉痉挛义，后扩大为收缩牵动义。前者有［—自主］义素（例 1~7），后者则把这一义素磨灭了，既可以是［—自主］的，也可以是［＋自主］的（例 8~9）。

（1）《汉书·贾谊传》："天下之势方病大瘇。一胫之大几如要，一指之大几如股，平居不可屈信，一二指搐，身虑无聊。"颜师古注："搐谓动而痛也。聊，赖也。搐音丑六反。"（这个"搐"字《汉语大词典》释为"肌肉或筋抽缩牵动"。）

（2）如意儿实承望孩子搐过一阵好了，谁想只顾常连，一阵不了一阵搐起来。（《金瓶梅》第五十九回）

（3）月娘众人见孩子只顾搐起来，一面熬姜汤灌他，一面使来安儿快叫刘婆去。（《金瓶梅》第五十九回）

（4）连月娘慌的两步做一步，径扑到房中。见孩子搐的两只眼直往上吊，通不见黑眼睛珠儿，口中白沫流出，咿咿犹如小鸡叫，手足皆动。（《金瓶梅》第五十九回）

（5）罗田令治朱女，未周岁，病惊风。方用泻青丸，服之而搐转甚。盖喉间有痰，药末颇粗，为顽痰裹住，粘滞不行之故。（历代古方验案按）

（6）口渴，加麦门冬、瓜蒌、天花粉；身痛发搐，加羌活；烦渴、多惊，加犀角、羚羊角；汗多，去麻黄。（历代古方验案按）

（7）善治咳嗽上气，喘急不定，嗽声不转，翻眼手搐，昏沉不醒等

症。一服即全，固九制胆星、全真牛黄莫能及此。（历代古方验案按）

（8）有牧童见而笑曰："牛斗力在角，尾当搐入两股间，今掉尾而斗，谬矣。"（清代王士禛《分甘余话》。"搐"指牛尾收缩）

（9）端五以赤白丝造如囊，以彩线贯之，搐使如花形，或带或钉门上，以禳赤口白舌。（南宋陈示靓《岁时广记》引《岁时杂记》。"搐"指收缩彩线）

二 单用、叠用的"搐"

（一）单用的"搐"偶尔被写作"抽"

《现代汉语词典》（第5版）把"抽"字处理为两个同音词。原文是：

【抽¹】①把夹在中间的东西取出：从信封里抽出信纸◇抽不出身来。②从中取出一部分：抽查|我们单位抽了五名同志支援边疆建设。③（某些植物体）长出：抽芽|谷子抽穗。④吸：抽烟|池塘里的水已经抽干了。

【抽²】①收缩：这件衣服刚洗一水就抽了不少。②打（多指用条状物）：抽陀螺|鞭子一抽，马就跑了起来。③用球拍猛力击打（球）：抽杀|把球抽过去。

笔者认为，【抽²】的义项②③本应归入【抽¹】。因为【抽¹】的基本意义是"拉"或"引"，"条状物"义是"拉"或"引"的结果，【抽¹】的义项①和③也都蕴含着"条状物"的意义，如"抽剑|抽筋|抽薹"；此义动用，就引申为"（用条状物）打"了，进一步引申就是抽球之抽。这样，【抽²】就只剩下"收缩"一个义项。而这个含义本当作"搐"，是痉挛义的引申：收缩的系事，从"肌肉或筋腱"扩展到"衣服

等有伸缩性的事物"。

《说文》:"抽,引也。"抽字的"收缩"之义于古无征,《古文辞类纂》《中华大字典》《辞海》(1936版)的抽字均无此义。《广雅·释诂三》有"抽,缩也。"王念孙疏证特别指出此缩字通搊,其义仍然是"引"。抽搊的抽字也是此义。至《现代汉语词典》《汉语大字典》等才为抽字立了个"收缩"的义项。《汉语大字典》还在这个义项中说:"又人体某些组织的痉挛现象。如:抽风;抽筋;抽搐。"说的是把抽字当搊字用,可见"收缩"义只是抽字的假借义。搊字含义单纯,使用率不高,抽字的这个假借义应尽量归还给它。如:

(1)不想到这样一个人竟自能屈能伸,有抽有长。(《儿女英雄传》第十五回)

(2)这件衣服刚洗一水就抽了不少。(《现代汉语词典》用例)

(3)他觉得浑身的筋往一处抽,喘了半天才哭了一声就又压住了气。(赵树理《登记》)

(二)叠用的"搊搊"北京话写作"抽抽"

1)北京话的"抽抽(儿)"

北京话的"抽抽"不仅见于老舍《沈二哥加了薪水》等作品,还收进了辞书。

(1)《现代汉语词典》:【抽抽儿】chōuchour ①收缩:这块布一洗就抽抽了。②干瘪;萎缩:枣儿一晒就抽抽了|这牛怎么越养越抽抽?

(2)陈刚《北京方言词典》:chōuchou 抽抽①收缩,缩短。|这布一洗就抽抽。|得了缩骨痨,越变越抽抽。②退步,能力减退。|我的记性可越来越抽抽。|这怎么学着学着倒抽抽了?[3]

(3)高艾军傅民《北京话词语》:【抽抽儿】chōuchour ①动物、植物体缩短,枯萎。|唉,那时候营养不良,越长越抽抽儿;都一岁半了,跟小蔫萝卜似的!|鼻子也抽抽着一块,好像钞票上的花纹。②引申指不平整,不舒展。|他们说,出门不换!我要是把袜子弄脏了,弄抽抽了,

也还有他们那么一说。③引申指人软弱、怯懦、委靡。|沈二哥没再言语，心中叫上了劲。快四十了，不能再抽抽。|冯二是越活越抽抽。

三本辞书中的"抽抽（儿）"一词，义项的多寡和释文的措辞虽然有所不同，其基本精神是一致的。此词的基本意义是"收缩"，涵括了缩短、萎缩、皱缩；而"能力减退"和"萎靡怯懦"是其引申义。《北京话词语》的"不平整，不舒展"义，其实就是"皱缩"。这个"抽抽"来源于"搐搐"，也宜于写作"搐搐"，看下文北方话各次方言中的"搐搐"自明。

2）冀鲁官话等方言中的"搐搐"

北京大学中国语言学研究中心的 CCL 语料库没有"搐搐"，但方言中有（见于互联网）。如：

（1）【搐搐】①皱折：看你这衣服浑身上下都是搐搐，也不熨熨。②收缩：那天夜里飘了几个雪花，风又大，李老栓蹲在一户人家的门楼底下，搐搐得像把茶壶。（诸城方言土语例释）

（2）这头猪……半个月掉了十斤肉，越养越搐搐（音 chūchū，缩小或缩短之意）。（济南时报）

（3）搐搐——衣物表面起皱折，也指皱纹。（青岛方言）

（4）打搐搐——指退缩不前。（济南方言）

（5）香包，庆阳群众俗称"耍活"，又叫"搐搐"，"搐儿"。（黎按：庆阳属甘肃省）

（6）荷包，俗称耍活子，又称秫绁或"搐搐"，《尔雅·释器》曰："妇人之纬，谓之'缡'、又称'香缨'"，这五彩制成的装饰物，集中代表民间艺术的风貌。（甘肃平凉市政府网站）

这些用例中的"搐搐"怎么念？只有例（2）音 chūchū。查许宝华、宫田一郎主编的《汉语方言大词典》，其音与例（2）略同：

（7）【搐搐】中原官话。山东梁山 [tʂʰu²¹³⁻³¹tʂʰu⁰] ①〈名〉衣服或布料上的皱纹：裤子上压得尽搐搐。②〈动〉缩；收缩：这块布一洗就搐

搐了，倒回两寸 | 冻得他搐着脖子。

（8）【搐搐着】〈动〉缩着。冀鲁官话。山东淄博、桓台 [tʃu³³tʃu⁰tʃə⁰]。

其实，"搐搐"的早期用例，可以追溯到清代蒲松龄：

（9）我有刀来你有枪，前前搐搐不成像。（《聊斋俚曲集》。"搐搐"引申为"退缩"）

不难看出，冀鲁官话等方言的"搐搐"，字音符合敕六切，也是"收缩/皱缩/退缩"之义，与北京话的"抽抽"，音义完全对应，是同一个词。写作"抽抽"，只适用于北京话，用的是记音字；写作"搐搐"，则既适用于冀鲁官话、中原官话和兰银官话，也适用于北京话，用的是本字。要是"搐"字音 chōu，《现代汉语词典》的"抽抽儿"是应该写作"搐搐儿"的。

三　複合词"搐×"

由于搐字有的方言读同抽字，有的方言读同畜（牲畜）字，复合词"搐×"就有可能被写作"抽×"，正像"搐搐"被写作"抽抽"一样。

1）搐风被写作抽风或抽疯

《红楼梦》中的"搐风"，徐世荣《普通话异读词审音表释例》说当念 chōufēng，说得对。"搐风"除见于《红楼梦》，还见于其它文献，都是肌肉痉挛义。

（1）当其搐时，置一竹簟铺之凉地，使小儿寝其上，待其搐风力行遍经络，茂极自止，不至伤人。（《古今图书集成医部全录》之儿科（八））

（2）治产后搐风一则：产后口歪并眼斜，生芪四两驱阴霾。芎川芎当归桃桃仁红红花皆重用，芥穗炒黑使能谐。此皆阴风入窍里，治血一旺乐无涯。（清代龙之章《蠢子医》）

（3）吐白沫、搐风者加紫石英。（马明磊《中药治疗癫痫性精神障碍57例》，载《陕西中医》1995年03期）

（4）这是一种遗传疾病，会在紧张时引起搐风，动作和声音会突然失控。（张笃群译《化雨春风》）

CCL语料库古代汉语支库的仅有2例"抽风"，含义与"搐风"相同（例5~6），应是"搐风"之误；而现代汉语支库50例"抽风"，有33例含义与"搐风"相同，本当作"搐风"（例7~8）；另17例为"吸出空气"义（例9），与"搐风"无涉。

（5）我黑下睡觉，别惊动我！我有一种病，一惊动我就要抽风，不拘你们店里有什么事，也得等天明早起再告诉我。（彭公案（四））

（6）没想到方杰六岁，父亲去世了，又出了天花，还抽风，这一来孩子可就够呛了！（雍正剑侠图（下））

（7）维吾尔族姑娘古丽患癫痫病近五年，由于频繁抽风，无法工作，生活也不能自理。（人民日报1994）

（8）他说，如果你不这么抽风我就会想一想手术的事，给我一点儿时间。（铁凝《大浴女》）

（9）德国在多特蒙德市的试验证明，在普通民房中安装抽风和送风设备，可以大大节省冬季取暖用能源。（人民日报1993）

值得注意的是，CCL语料库中的现代汉语支库有"抽疯"28例，采自杜鹏程等著名作家的作品。这似乎说明，有不少文化人觉得这个含义写作"抽风"不合适。可惜他们没想到前一音节该作"搐"，而只在后一音节想办法，便创造了"抽疯"。如：

（10）夜里睡半截觉，谁谁发烧了，谁谁肚子疼，抽疯了，叫起来一弄就几个钟头。（冯骥才《一百个人的十年》）

（11）因为裤筒里爬进了几条虫子，没个掩身之地可以脱下裤子抖抖，吓得抽疯昏厥了。（梁晓声《一个红卫兵的自白》）

（12）他撕开胸前的衣服，跺脚，像害了抽疯病一样。（杜鹏程《保

卫延安》）

（13）固然原来搞得那么潦倒是有点不合适，现在抽疯似地提了又提，左一个头衔右一个头衔，显然也太过分了。（王蒙《名医梁有志传奇》）

2）搐筋被写作抽筋

互联网上有大量含有"搐筋"的网页，都是"筋腱痉挛"义，网民的写法是有道理的。

（1）我的脚搐筋和什么有关？该怎样治疗？

（2）睡觉起来经常会搐筋。

（3）全身搐筋是怎么回事？要做哪些检查？

（4）腿脚无力，人慢慢消瘦，吃过中药，腿老是搐筋。

"抽筋"，CCL语料库古代汉语支库27例，无一例外都是"抽出筋或筋状物"之义（例5~7），是另外一个词，与"搐筋"同音而已。现代汉语支库有190例，其中164例为"抽出筋或筋状物"之义，26例为"筋腱痉挛"义（例8），占14%，是把"搐筋"写作"抽筋"了。

（5）这员外有件毛病，要去那虱子背上抽筋，鹭鸶腿上割股，古佛脸上剥金，黑豆皮上刮漆，痰唾留着点灯……（冯梦龙《喻世明言》）

（6）这太子三朝儿就下海净身闯祸，踏倒水晶宫，捉住蛟龙要抽筋为绦子。（《西游记》第八十三回）

（7）可知那州县老爷们比娼妓还要下贱！遇见驯良百姓，他治死了还要抽筋剥皮，锉骨扬灰。遇见有权势的人，他装王八给人家踹在脚底下……（刘鹗《老残游记续》）

（8）20:38，日本代表团进驻，群记者骚动，小徐觉得腿肚子开始抽筋。（新华社2004年新闻稿）

《现代汉语词典》（修订本）中的"抽筋"有两个义项：①抽掉筋：剥皮抽筋。②（~儿）筋肉痉挛：腿受了寒，直抽筋儿。按照该词典的体例，这是两个同形同音词，应分别出条，正如本词典有两条"抽风"那样。义项②本应作"搐筋",但需承认"搐"字的 chōu 音。第 5 版删去了义项①,把同音同形词问题回避了。

3) 大多数抽缩本当作搐缩

搐缩的个别用例是"抽搐"义(例 1~2),多数用例是"收缩"或"皱缩"义(例 3~4):

(1) 他眼看……对国家造成了好大的损失,他的心一搐缩,想道:"这都是我作的祸害。"(草明《乘风破浪》二一)

(2) 吐泻之后,四肢逆冷,面黑气喘,冷汗自出,外肾搐缩,不省人事者,元气不接,脱阳之症也。(清代汪宏《望诊遵经》)

(3) 师曰:世有闭目存想某神自某方来,有按摩搐缩运内气与外气合者。噫!皆妄矣。(元代道士赵宜真等《道法会元》)

(4) 记者走进其中几间病房,看到十余人整个面部和四肢已被烧成碳色,暴露在外的手部已呈搐缩状,药膏涂满全身。(《烧伤者好皮肤不能浪费一厘米 北京医生急赴宁夏》,载人民网)

"抽缩"也有和"搐缩"相同的两个义项(例 5~7 为抽搐义,8~9 为收缩义):

(5) 醒来的人盯住他肩章上少将官阶的金星,全身抽缩起来,吐着白沫,像自言自语地哆嗦着:"县参议员……"(罗广斌《红岩》)

(6) 他苍白的脸上,肌肉一阵抽缩,嘎声道:"他现在已变成什么模样?老四,你说给我听听好吗?"(古龙《小李飞刀》)

(7) 大地在战士们肚皮下,猛烈抽缩、抖动。(杜鹏程《保卫延安》)

(8) 阳光立刻射了进来,射到床上大青蛙的身上,这动物宽阔的嘴突然就抽缩了,变小了,红红的,四肢伸开,样子极可爱。(安徒生童话故事集)

(9) 从衣袋里摸出个沉甸甸的小布包,双手捧托着在李东山眼前一晃,忙抽缩回去。(冯志《敌后武工队》)

如果搊字音 chōu，只有例（9）宜作"抽缩"（抽字是拉引之义），其余均当作"搊缩"。

4）搊动被写作抽动

搊动在用例中都是"（肌肉或筋腱）收缩牵动"义，见于冯德英、巴金、欧阳山、姚雪垠、王统照、王朔、刘心武等著名作家的作品。

（1）他绝望地躺在血泊里，搊动着重伤的衰老身体。（冯德英《苦菜花》）

（2）只见他的喉骨上下搊动着……（《刘心武选集》）

（3）然而在这时，他竟然控制不住，不住地鼻翅搊动，几次用抽头揩泪。（姚雪垠《李自成》）

（4）他用手按着伤口，尖锐地叫了一声，便倒在地上，身子搊动了一下，就死了，地上剩了一滩血。（巴金《家》）

抽动，CCL 语料库古代汉语支库有 6 例，其中 2 例指"（肌肉或筋腱）收缩牵动"；现代汉语支库有 303 例，其中 252 例是"不由自主地牵动、拉动"之义（例 5~7），其余另有含义，是自主动词（例 8~9）。

（5）百晓生的双眼怒凸，瞪着李寻欢，脸上的肌肉一根根抽动，充满了惊惧、怀疑和不信……（古龙《小李飞刀》）

（6）我看见塔拉巴特尔脸上的疤痕抽动了，蓦地便皱起了眉头。（冯苓植《雪驹》）

（7）驼背老头很惊慌，只见髯子和嘴唇连连抽动，吞吞吐吐，却说不出一句话来。（姚雪垠《李自成》）

（8）棺材也由一人一个变成全村一个，底是活的，可以抽动，到火葬场时把尸体漏出，下次再用。（李芳苓《喜丧》）

（9）只有抽动了它的导火线，它才会天崩地坍地爆炸。（冯德英《苦菜花》）

抽动的义项多，所以出现频率高。而"肌肉或筋腱收缩牵动"之义，或作抽动，或作搊动，其音当念 chōudòng。这个含义本该写作"搊动",而且这也是当今许多作家和一般网民的用字倾向。《现代汉语词典》有【搐动】,其搐字音 chù,恐怕不符普通话的实际。

5）搐搦误作抽搦

搐搦和抽搦都是"肌肉痉挛"义：

（1）闻浮光有朱元经尤异,公卿尊师之者甚众,然卒亦病,死时中风搐搦。但实能黄白,有余药、金皆入官。（苏轼《东坡志林》）

（2）殷师曾云："风引",意即中风抽掣牵引之谓,后世亦称"搐搦"、"痉挛",多由肝阳暴亢化风所致。（《历代古方验案按》）

（3）心热则惊悸,肝热则抽搦（《历代古方验案按》）

抽搦与搐搦完全同义,社会用字倾向于搐搦。不计出自辞书的用例,CCL 语料库古代汉语支库有搐搦 2 例,没有抽搦；现代汉语支库有搐搦 9 例,抽搦仅 2 例。因此,抽搦的抽字可以看做一个同音的别字。

四 小结

综上所述,"肌肉或筋腱等收缩牵动"义的搐字以及"搐搐｜搐风｜搐筋｜搐动｜搐搦"等词中的搐字,普通话都应该念 chōu。遗憾的是,1985 年公布的《普通话异读词审音表》规定了搐字统读为 chù,废除了搐字的 chōu 音。这就使得"搐搐｜搐风｜搐筋｜搐动｜搐搦"的处境非常尴尬：把它们念作"chù×"吧,与北京语音的实际不符；念作"chōu×"吧,又违反审音规范。要摆脱这种尴尬,除了把其中的搐字改作抽字似乎没有更好的办法。

徐世荣《普通话异读词审音表释例》"【搐】chù（统读）"条说：

《初稿》审"抽搐"一词,定"搐"音 chù。《订本》仍之,"统读"。因《集韵》此字反切为"敕六切",因而有 chù 和 chōu 两音。旧字典有只注 chōu 音的,如 50 年代《国语词典》："搐,

chōu，同'抽'。"并附词条"搐风，同'抽疯'"。此解依据《红楼梦》。《红楼梦》八十四回："（巧姐儿生病）王夫人道：'看着是搐风的来头，只是还没搐出来呢。'"这一"搐"字在口语中单用，当然不能念 chù，而以 chōu 音符合口头说法。但又有"抽搐"一词，岂能念为 chōu chōu？"搐"当是书面语用字，应遵审定的 chù 音。统读涵括，因尚有"搐动、搐缩"等词。(《红楼梦》"搐风"一词，是作者用字问题，那时，口头也当说 chōufēng，而不会是 chùfēng。)

徐先生撰写《释例》，意在说明《审音表》的合理性，但本条似乎达不到这一目的。《初稿》只审"抽搐"一词，定搐读 chù，犹可说也。《订本》把搐字的 chù 音定为"统读"，废除了搐字的 chōu 音，就大有问题了。

徐先生说"搐"字"当是书面语用字"是不符合实际的，读前文自明。至于说"'抽搐'一词，岂能念为 chōuchōu？"就更是说得太绝对。与 chōuchōu 距离最近的例子就有"仇雠"念 chóuchóu。商务印书馆 1989 年版《现代汉语词典·补编》有："【仇雠】chóuchóu〈书〉仇敌：勿为亲厚所痛，仇雠所快。"《广韵》"仇"字巨鸠切，"雠"字市流切。仇雠二字也是由不同音变成同音的。既然仇雠可以念 chóuchóu，抽搐怎么就不能念 chōuchōu 呢？抽字丑鸠切，自然音 chōu；搐字《广韵·屋》敕六切，念 chōu 同样合理。当然，笔者并不是说"抽搐"非念 chōuchōu 不可，比较起来，可能还是以念 chōuchù 为妥，因为另外还有个"搐搐（抽抽）"这么念。即使"搐搐"源于"抽搐"[4]，它们的关系也像"名堂"和"文章"那样，本来是同一个词，由于分别在口语和书面语两个不同的语域中长期使用，其音义已经分化，各自独立成词了[5]。

徐先生还说："《红楼梦》'搐风'一词，是作者用字问题，那时，

口头也当说 chōufēng，而不会是 chùfēng。"这后一句话说得好。只是《红楼梦》的用字不是有问题，而是用得好，应该予以肯定，并且作为规范。"搐"字之音，除在"抽搐"中念 chù 外，其余都应念 chōu；"搐风|搐筋|搐动|搐缩"等词与"抽风|抽筋|抽动|抽缩"等词虽然读音分别相同，却是两个意义有别的词汇系列；与"搐×"意义相同的"抽×"，都应从规范词典中删除。这样，既充分尊重了"搐"字的音义，发挥了它的记词功能，也更加符合文献用字的历史实际和群众用字的正确倾向。

注释

［1］北京大学中国语言学研究中心 CCL 语料库的"搐"字，古代汉语支库 64 例，现代汉语支库 774 例；"抽"字，古代汉语支库 5436 例，现代汉语支库有 27115 例。

［2］CCL 语料库的"搐"字用例中，古代汉语支库含"抽搐"6 例，占 10%；而现代汉语支库中含"抽搐"707 例，占 91%。

［3］该词典 chōuchou 一音列两个词条，另一条是"chōuchou 抽皱"，对应的汉字也可作"縬皱"。这也许表明，作者对"抽抽"这个写法多少心存疑惑。

［4］个别的"抽抽"源于"抽搐"是可能的。口头的"抽搐"如果念 chōuchōu，就可能写作"抽抽"。这里有一个例子："殷十三：她临死前，一边抽抽，嘴里还一直喊着，老爷，老爷……还有双下巴那个……"（电视剧《武林外传》第 56 集）

［5］参见黎良军《雅林小憩：汉语字词论集》之《"名堂"义项系统考绎》，北京线装书局，2009。

16 藜藿轩寄语*

    汉语研究值得我们投入毕生的心血，这是因为，汉语是中华大地五千年文明的主要载体，有着人类历史上唯一绵延不绝的口语资料和书面语典籍。与汉语历史上相关的语种很多。因此，汉语也有许多历史和现实问题需要解决。汉语研究是语言工作者施展才华的广阔天地。研究汉语要材料与观点并重，要汇通古、今、中、西，兼顾汉、民、普、方，沉思于音义之间的互动，把体系研究和原子研究结合起来，从文字学、音韵学和训诂学各方面继承和发展传统研究的优秀成果，全面探讨汉语的语形、语音、语法、语义和语用，以创开当代汉语研究的新局面，建立无愧于时代的汉语语言学及其分支学科。

                黎良军二〇一六年仲秋于桂林，时年七十又七

* 这是为文学院语言学爱好者社团"管锥学社"写的《藜藿轩寄语》，来联系的人是研究生王国荣（现在贵州读博，方向是汉语音韵），但学社的成员主要是本科生。

16 藜藿轩寄语

摄于 2019-01-11 a

17 说斤尺及其他 *

"斤"是我国最重要的重量单位。但究其本源,"斤"本指"斧斤",历来是我们生活中最重要的工具之一。古人生活中的能源是"柴",要砍"柴"得先有"斤"。《说文》:"斤,斫木斧也。"段玉裁注:"凡用斫物者皆曰斧,斫木之斧则谓之斤。"重量单位还有"钧"和"担",钧即陶钧,原来是制作陶器的工具;担即担子,原来是肩挑重物的工具。重量单位的斤、钧、担都源于常用工具。这不奇怪,因为长度单位的寸、尺、寻源于人手,而工具不过是人手的延长而已。《考工记·车人》说到几种特定的角:"半矩谓之宣(45°),一宣有半谓之欘(67.5° 即67° 30′),一欘有半谓之柯(101.25° 即101° 15′),一柯有半谓之磬折(151.875° 即151° 52′ 30″)。"矩是木工用的曲尺,其俩直尺的交角是90°;欘(也叫斤柄)是锄,锄头和锄柄之间有个锐角;柯即斧柄,斧头和斧柄之间呈钝角;磬折即磬的顶角,是个更

---

* 此文发表于《河池学院学报》2017年第6期。责编把全文分为"释'斤'"和"释'尺'"两部分,除了两条注外,还列出了22种参考文献,又在首尾各加了几句话,使文章有起有收。

大的钝角，磬是一种乐器（奏乐的工具）。除"宣"待考外，其余都是工具。[1] 人类最熟悉的东西，除了自己的身体，当然莫过于这些工具了。

《现代汉语词典》和《现代汉语规范字典》把斤字处理为两个同音同形字，一个是斤两的斤，一个是斧斤的斤，认为这两个斤字在意义上没有联系。这种看法太肤浅了，不足为训。其实，对斤字来说，斤两之义原是斧斤之义的引申。试想，作为最重要的工具，斧斤有什么特性呢？一是它很锋利，常常被磨得油光瓦亮；二是它要有一定的重量，不能太重，也不能太轻，这样用它砍柴才顺手。由于人们对斧斤的重量很熟悉，在说到别的物品的重量时，就容易拿它来同斧斤的重量相比较。久而久之，从第一个性质引申出"明察"之义。《诗·周颂·执竞》："自彼成康，奄有四方，斤斤其明。"毛传："斤斤，明察也。"从第二个性质引申出重量单位之义，《墨子·号令》："诸吏卒民有谋杀伤其将长者，与谋反同罪，有能捕告，赐黄金二十斤，谨罪。"它们都属于物－性之引申。陶钧和担子引申为重量单位，也是这个道理。《现代汉语词典》的钧字和担字，都不曾处理为同音同形字，一个字头之下，既有陶钧或担子义项，也有重量单位义项，这两种义项之间，显然存在引申关系（物－性之引申与术语性引申的叠合），所以它们是多义字。这种处理是正确的。回头来看斤字，它的斧斤义和重量单位义之间，其引申关系也是明摆着的，应该属于多义字的不同义项；把它们处理为两个意义上没有关系的同音同形字，是完全没有道理的。文言的"一斤"可以有两种理解：一是"一把斧头"，二是十六两之重（理据义是一把斧头的重量）；正像"一钱"有两种理解一样：一是一个文钱（开元通宝），二是一两的十分之一（理据义是一个开元通宝的重量即二铢四絫）。[2]

一斤到底是多重？在历史上，在现代科学诞生之前，人们虽然也希望度量衡单位的赋值能够保持稳定，但由于历史认识的局限，这个目标一直难以达到，所以度量衡单位的赋值往往是变化的。据互联网"百度文库"的有关资料，在我国的历史上，战国时秦国孝公时代的"商鞅方升"是个有名的青铜量器。器壁三面及底部均刻有铭文,左壁刻"十八年,齐率卿大夫众来聘,冬十二月乙酉,大良造鞅,爰积十六尊(寸)五分尊(寸)壹为升"。据《史记·秦本纪》,"[孝公]十年,卫鞅为大良造"。铭文中的十八年,即秦孝公十八年(公元前344年)。经测定,此方升的容积是202.15立方厘米。而据器上铭文"爰积十六尊(寸)五分尊(寸)壹为升",即16又1/5立方寸为一升。202.15除以16又1/5,得数是12.4784。这就是说,1立方寸等于12.4784立方厘米。12.4784立方厘米开立方,得2.3194568684984厘米。也就是说,在公元前四世纪的秦国,1寸大约等于2.319厘米。从商鞅方升还不能直接推知一斤到底是多重。

据《中国大百科全书》文物·博物馆卷载,如今所见秦权有三、四十件,以铜质权占绝大多数,重量基本统一,每斤重约250克。汉权,以西汉官权为代表,权上多标明自身重量,西汉权,每斤重约250克。新莽铜权均为环形,出土铜权多刻有"始建国元年(公元9年)正月癸酉朔日制",有的还刻自身重量,折合每斤在240-250克之间。《汉书·食货志》云:"黄金方寸,而重一斤。"据此,若取1寸=2.319cm,$1 寸^3 = 12.4687 cm^3$。黄金比重为$19.3 克/cm^3$,则1斤=240.65克。《汉书·礼仪志》:"水一升,冬重十三两。"由此推得东汉一斤重为246.5克。东汉的"光和大司农铜权"制作精良,权身有铭文:"大司农以戊寅诏书,秋分之日,同度量,均衡石,桷斗桶,正权概,特更为诸州作铜称,依黄钟律历、九章算术,以均长短、轻重、大小,用齐七政,令海内都同。光和二年闰月廿三日,大司农曹棱,丞淳于宫,右库曹椽朱音,史韩鸿造,青州乐安郡寿光金曹椽胡吉作。"光和二年即公元179年,此权是当时的中央政府为再度整顿统一全国衡器而颁布的标准铜权,权重3996克,当为十六斤权。据此折算每斤为249.7克。

考虑到历史上的各种复杂因素对衡器或量器的影响,似乎可以认为,截至秦汉为止,那时中国的一斤大约是今天的250克,即半市斤。同理可以推知，那时的一钧是如今的十五市斤，一担是如今的五十市斤。

"尺"是我国最重要的长度单位。关于尺字的理据，《大戴礼记·王言》有记载："布指知寸，布手知尺，舒肘知寻。"即寸为一指宽，尺为一拃长，寻是两手侧平举之长。它们都源于人体某个部分的长度。但寸尺寻之间的换算关系，开始时人们尚未虑及。《说文》："尺，十寸也。人手却十分动脉为寸口。十寸为尺。尺，所以指尺规榘事也。从尸，从乙。乙，所识也。周制寸、尺、咫、寻、常、仞诸度量，皆以人之体为法。"又："咫，中妇人手长八寸谓之咫。周尺也。"《说文》说尺字"从尸从乙"，误。尺字完全是象形，象人以右手手指如移动的尺蠖（这种昆虫湘语邵阳话叫量布尺）般丈量物长之形，拇指与食指叉开、另三指拳曲：第一、二笔为掌和拳曲之指（三个拳曲之指并而不分，似乎是一个；此点大概是使得人们没能准确把握"尺"字完全是象形的主要原因），第三笔为大拇指（连大鱼际一起），第四笔为食指。用此法量物长时，先拳曲中指、无名指和小指，将大拇指尖置于欲量之物的起始处，接着叉开食指，并以食指尖按住所量之物（此时两指尖之间的距离就是古代的一尺，如今叫一拃）；然后将大拇指尖抬起来，移动到食指尖所按之处（两指尖紧挨着）。这时就量过一尺了。再量第二尺，大拇指尖按住不动，食指抬起叉开往前……如此循环往复，一直量（拃）到所量之物的终点，就知道该物到底是多少尺了。

人类生活中为什么会产生尺寸？《汉书·律历志上》云："度者，分、寸、尺、丈、引也，所以度长短也……分者，自三微而成著，可分别也。寸者，忖也。尺者，蒦也。丈者，张也。引者，信也。夫度者，别于分，忖于寸，蒦于尺，张于丈，信于引。引者，信天下也。职在内官，廷尉掌之。"《汉语大词典》蒦字音 wò，释为"规度，谋划"。"尺者蒦也"是声训，尺蒦二字都是铎部字，但声训之被训字与训释字常须音义近同，因此二字往往同源。尺字象人以右手叉开拇指与食指、另外三指拳曲之形，蒦 huò 字从又持萑（huán，一种猫头鹰），持萑一般是抓住腿或翅膀，其指必拳曲。尺和蒦都是手的动作。蒦或作蒦，寻和蒦都有"量度"之义，只是尺与寻是量度物长的（本义），很具体，蒦则从量度物长引申指一般衡量，抽象多了。蒦字又音 wò，源于《集韵》屋虢切，《集韵》："蒦，草名。说文：规蒦，商也，一曰度也。"蒦字的 wò 音至今还保留在今湘语邵阳话中，音 wa^{22}（与华划同音）。例如：箇只事有危险，你蒦得着（tau）就做，蒦不着就算哩。"蒦得着"，就是能够正确地衡量得失，有把握做好。蒦字上古音属铎部。铎部的主要元音是低元音，要是某个方言的入声字失落了塞音韵尾，而个别字又保留着上古音，其蒦字读成 wa 是完全可能的。

今规划之划，本字应该是蒦。《汉语大词典》【规蒦】商度；谋划。《说文·萑部》："规蒦，商也。"段玉裁注："规、蒦二字盖古语。释之曰商也。盖手持萑则恐其夺（黎按，夺者失也，逸也）去，图所以处之，是曰规蒦。"章炳麟《訄 qiú 书·官统下》："以是六术，规蒦其建置。若夫增损财益之凡目，则以时定也。"看来段玉裁、章炳麟都认为规划之划的本字是蒦，章氏爱用本字，这儿就直接写作规蒦了。划，《广韵》户花切，有划船、小船、合算、划拳［豁拳］四义。后两义本字当是蒦，有谋画、规度之义。前两义与其字的形中义难以关联，大概是借义（划字从刀，本有镰、割二义，但音古卧切 guò 或古火切 guǒ）。

我们做以上分析还有一个重要原因是，湘语邵阳话中念阳平 wa^{22} 的这个词，还有一个意思是睁大眼睛盯着（含贬义）：你眼珠蒦起做么咯？我哪里得罪过你还是何的？这个蒦字有时加目字旁，但一般就作蒦，所以《说文》又说："蒦，一曰视遽貌。"《汉语大字典》把"视遽"理解为"惊视"，也就是瞪大了眼睛。蒦字从又持萑，萑是一种猫头鹰，其字本来从卝（卄字下加一竖，音拐）从隹，卝是羊角之意，用羊角来象猫头鹰的毛角。猫头鹰那瞪着的眼睛给人的印象是很深的。所以这个意思也包含在"从又持萑"的字形之中。

至于周制以八寸为尺，专名叫咫，此说段玉裁就不相信。他在注《说文》时曾举典籍用例证明周制并非以八寸为尺。今天，我们从尺的理据义是拃，寸的理据义是一指的宽度，而一拃与八指宽略等，知道所谓八寸为一尺，实在是尺寸的理据义之间的关系（今用右手指打"八"字，正是"尺"字之形。可见此手势由来甚古）。由于不同长度单位之间的换算，以十进位最方便，而寸尺丈又是最常用的长度单位，因此人们早就在术语化的过程中规定十寸为一尺、十尺为一丈了。但"舒肘知寻"，一寻八尺（见于《说文》，而《广韵》说六尺曰寻，《史记·张仪列传》司马贞索隐说七尺曰寻），仞与寻相等，倍寻曰常之类，由于不常用，没有成为标准的长度单位术语，其理据义则没有被十进制换算所改造。

古人关于"仞"的说法很不一致，有八尺、七尺、五尺六寸、四尺等说。现今的字典一般多罗列古人的不同说法，而较少辨析。我已经在几篇文章中说过[3]，仞是个"近取诸身"的大概的长度单位，仞者人也，为山九仞，就是垒个九人高的山。然而，术语化的首要任务就是确定它在单位系统中的地位，即它与别的单位之间的换算关系。在长度单位中，尺是最基本的单位，仞要成为另一个长度单位，就需要确定它与尺的换算关系。上述四种说法，就是人们在确定这关系时的不同认识。清代胡承珙著《小尔雅义证》，力主"四尺曰仞"之说。他反对八尺为仞的主要理由是，八尺已经叫"寻"，怎么会又叫"仞"呢？"何缘一度立二名耶？"他没有认真想想：仞只用来量高，寻则用来量长或宽，它们在实际使用中是互补的，只有把二者加合起来时，其功能才与既能量高、又能量长或宽的别的单位相当。至于胡氏说郑玄以为七尺曰仞"并无依据"，也说错了；清代程瑶田则严格分别寻为八尺而仞为七尺，也没有充分理由。一部《淮南子》，就是主张人身长七尺的。此外，《荀子·劝学》云："小人之学也，入乎耳，出乎口；口耳之间，则四寸耳，曷足以美七尺之躯哉！"《战国策·赵策三》："然而不以环寸之蹯，害七尺之躯者，权也。今有国，非直七尺躯也。"《论衡·奇怪篇》："今燕之身不过五寸，薏苡之茎不过数尺，二女吞其卵实，安能成七尺之形乎？"又《感虚篇》："以算击鼓，不能鸣者，所用撞击之者，小也。今人之形不过七尺，以七尺形中精神，欲有所为，虽积锐意，犹箸撞钟、算击鼓也，安能动天？"如果承认仞的理据义在人身高，以七尺为仞当是主流。当然，有的人身长八尺，甚至有比八尺还高的，如：《论衡·齐世篇》："王莽之时，长人生（身）长一丈，名曰霸出。建武年中，颖川张仲师长一丈二寸，张汤八尺有余，其父不满五尺，俱在今世，或长或短。"《考工记·总叙》："车有六等之数：车轸四尺（按轸高出地面四尺），谓之一等。戈柲六尺有六寸，既建而迤（按斜插在车上），崇于轸四尺，谓之二等。人长八尺，崇于戈四尺，谓之三等。殳长寻有四尺，崇于人四尺，谓之四等。车戟常，崇于殳四尺，谓之五等。酋矛常有四尺，崇于戟四尺，谓之六等。"又："人长八尺，登下以为节。"不过，八尺高的人一般就是帅气、威武的了。《战国策》说齐国有美男子邹忌："邹忌修八尺有余。"《前汉纪·孝宣皇帝纪》："［陈］遂孙遵，字孟公，以好宾客著名，身长八尺余，容貌甚伟，贵戚豪杰咸敬重之。"《前汉纪·孝成皇帝纪》："丞相王商坐未央廷。商为人有威重，长八尺余，身体盛大，容貌绝人。单于见商谒拜。商起，离坐与言。单于仰视商容貌，迁延却退，甚畏敬之。"《论衡·祀义篇》："中人之体七八尺，身大四五围，食斗食，饮斗羹，乃能饱足，多者三四斗。"所以说八尺曰仞，也像说七尺曰仞一样有理据，不过仞与寻应该保持数值一致就是了：乡下老百姓都知道，一个人两手侧平举的长度，是与他的身高大致相等的。至于五尺六寸之说，则是把"七尺曰仞"、"周制八寸为尺"二者都推广到把仞换算为尺的结果。若一尺是 23.19 厘米，那么，八尺就是 1.855 米，七尺就是 1.623 米。这样的身高都是可能的，今天南方的男性还是如此：一米七左右是大多数，超过一米八就显得很高大、很威武了。

2016 年 09 月

注释

[1] 见闻人军译注《考工记》第128-129页之《车人》。"宣"疑借为楔（元月对转），今物理学术语叫劈，本是加固榫头的木工构件，有两个面的夹角是锐角。

[2] 见黎良军《雅林探赜：汉语字义引申例论》第99页之［钱］。

[3] 见黎良军《雅林小憩：汉语字词论集》第276~278页之《〈淮南〉语词杂记》；又黎良军《雅林赏翠：湘语邵阳话音义疏证》第138页之［尺寸］。

18 "桃山古色"辨正

日本茶托有许多种。购够网上有一种搥制的铜器茶托，上边有文字七个，都是凹陷的阴文。一是篆书三字"英纯堂"，二是行书四字"桃山占色"。但是，桃山占色的"占"字，在互联网上一律作"古"字了，甚至紫砂网所载图片中，卖家也释作"桃山古色"（见图一）。卖家可能是误释此字的始作俑者。"古""占"之别，值得一辨。

"占色"不好懂，而"古色"好懂（常见于古色古香一语），恐怕是人们把"占色"误释为"古色"的原因：以为"占色"不通，"古色"才对。但是，从下面几个方面看来，原件的字不误，应该是"桃山占色"。

一、从原件上的字迹看。仔细察看茶托照片上的字，本作"桃山占色"四字，是"占"而不是"古"。这"占"字是不是从"古"字磨损变来的呢？不是。首先，此器未曾使用过，不会有磨损，而且阴文的笔画是不会被磨去的，除非那铜器整个儿磨去了阴文字迹的深度；其次，此字字迹清楚，并无漫漶，一看就知道不是古字变成的"占"字。看图三，它的第一笔"竖"和第二笔"横"似乎并不相接，中间好像有点儿距离。就是说，这第二笔"横"的起点，不是在"竖"的左侧，而在"竖"的右侧，明明是一个"占"字。请看原器照片（图二、图三）。

古器物上有什么文字，首先应该尊重原件，而尊重原件就应作"桃山占色"。这是最根本的理由。

图一

图二

图三

二、从卖家或网络编者有误字看。篆书"英纯堂"，"纯""堂"二字容易认识，没有认错的。"英"字篆书就不容易认了，便有人误认作"美"字，见下边的照片（图四）。可见网络的释读可能有错。不能迷信网上的识读，这是第二个理由。

图四

三、从对"桃山占色"的意义的理解看。茶托上的字，"英纯堂"是制作主人的字号，"桃山占色"则应与日本茶道相关。这是毋庸置疑的。只看"桃山",似乎只是一个地名。叫桃山的地方多着呢,中国的桃山不知道有多少。最著名的,北京、黑龙江就都有桃山,但这与日本茶道毫无关系,不可能是茶托上"桃山"二字的所指。在日本历史上,有一个桃山时代(或叫安土桃山时代),日本人很以这个时代自豪。第二次统一日本的丰臣秀吉是这个时代(1585—1603)的代表,其所以叫桃山时代,就因为丰臣秀吉的住处伏见城曾一度被废弃而种满了桃树。另一方面,这个时代日本的茶道非常盛行,武将和富裕的町众(町内的有势力者)专注于茶道和花道。其时,今井宗久,津田宗及,千利休并称茶道三宗匠(宗匠指技艺高超的工匠,常比喻在政治上或学问上有重大成就、众所推崇之人。出自晋袁宏《三国名臣序赞》),千利休尤其集茶道之大成,他主张的"侘び茶"(静茶,指的是在僻静的小屋中举行茶会,可以"移山川景色于一室,感四季变化,听釜音松风,熔化世上念虑,注杓涧水除心中尘埃,主客相敬相和"),由于受到丰臣秀吉和诸大名(日本封建领主之称,略相当于中国古代的诸侯)的赏识而广为流传。丰臣秀吉对茶道甚为重视,他本人还有著名的、非常讲究的茶室"黄金茶室"。这个时期的文化被叫做"桃山文化",而茶道也就是茶文化。这样一来,"桃山"二字便与"茶室"或"茶道"发生了关系,可能出现在茶托上。

其次,日本知识界对中国古代典籍崇拜而又熟悉,前文提到的"大名""宗匠"就出自中国典籍,日本天皇的年号如昭和、平成则源于《尚书》,而"占色"一词正出自中国古代典籍。

据《汉语大词典》,"占色"之占念阴平,"占色"有两个义项:

①占卜时观察龟兆的兆气。《周礼·春官·占人》:"凡卜簭,君占体(按指兆象),大夫占色(按指兆气),史占墨(按指兆的粗纹),卜人占坼(按指兆的细纹)。"郑玄注:"色,兆气也……凡卜象吉,色善。"②察观人的面相、气色以推断吉凶。《新编分门古今类事·卜兆门·王蒙占色》引唐张楚金《翰苑名谈》:"一日,诣慈恩寺见僧占色。

蒙问早晚得官,僧曰:'观君之色未见喜兆。'"《太平广记》卷二二四引唐刘悚《传载》:"常衮之任福建也,有僧某者善占色,言事若神。"

　　茶道作为一种文化,是通过品茶活动来表现一定的礼节、人品、意境、美学观点和精神思想的一种饮茶艺术。它是茶艺与精神的结合,是通过茶艺表现精神寄托的。占色之"占",有推测、揣度、观察琢磨并主动感受之意,是动字,表示品茶活动中精神上的行为。占色之"色",既指茶色,主要指人的精气神(如"神色不变""声色俱厉"之"色")。"桃山占色"的意思,说得直白了,大致与"茶道养气"差不多。要是把"占"换作"古","桃山古色"就不知如何解释了。勉强的解释是:"古色"是"古雅之气",与"古色古香"意思近同,语法上相当于一个形容字,作谓语,说明"桃山"具有古色古香这个性质特点。这样,除非把"桃山"训释为"指茶托",不然就不通了。而要是把指代茶室或茶文化的"桃山"坐实为非常具体的"茶托",那茶道的深邃、幽远的意境,就荡然无存了;"桃山古色"仅仅指那茶托具有古雅之气,成为了卖茶托的商人的充满铜臭的广告语。这样一来,"桃山占色"顿时就变得索然寡味了。何况把"桃山"训释为"茶托"并无依据。因为,虽然重视茶道的丰臣秀吉旧居之地曾经种满桃树,"桃山"可以引申指"茶室"或"茶文化",却不能特指茶托。茶道之器有数十种(据说茶道之器有置茶器、理茶器、分茶器、品茗器和涤洁器五类共二十二种),主要代表应该是茶壶和茶杯,茶托只是品茗器中的一种次要器件,供托垫品茗杯(茶杯)之用,不足以作为茶道之器的代表。

　　最后要说明的是,"英纯堂"或"桃山""占色"这些字串,本来是汉语字串,但被日语借去了,就成了日语中的汉源借形词("英纯堂"在日语中是所谓"日制漢語",是第二代汉源借形词),它们虽然是照抄了汉文原词(词素),却不能把它们当作一般汉词来对待。例如,"桃山"引申指"茶室"或"茶文化",这是日语中一个汉源借形词的引申义,它并没有回归。即汉语中的"桃山"并无此义。"占色"指茶道活动中精神上的追求或寄托，也是日语中特有的引申用法。只有"茶道"一词，在日文中是个汉源借形词（第二代），回归汉语后成了汉语本族词中一个侨归词，它诞生在日本，祖籍在中国。

2018-02-12

19 书简二则*

（一）答蓝羽翎君

蓝羽翎君：

蒙问及"月亮"与"雪花"两个词的语义结构或语法结构，我的理解如下：

"月亮"可视为凝固式，原来"月"与"亮"单独成词，合在一起是主谓结构（语法）。月亮初见于唐代，据《唐代墓志汇编续集》，和州历阳县令孟（讳公行字遵道）君墓志铭云："惟君资孝友以立身，禀仁爱而为性，雍容文雅之囿，逍遥坟素之场。逸彩云浮，清风月亮，矜严易睹，喜愠难窥。"这儿"月亮"对"云浮"。又群业（字仲茂）墓志有"谷虚风急，山幽月亮"之句。这儿"月亮"与"山幽""谷虚""风急"都是同一结构。如果对这两个例子有怀疑，则王梵志诗句"日月亮其中，众生无得失"中的日、月、亮等均为单字成词，决无可疑。在其凝固为词之后，归入"物动式"，词内是没有语法结构的，此点请注意。

---

* 两则书简都是给广西师范大学文学院研究生王国荣君的，蓝羽翎是他的网名。

"雪花"也初见于唐,但是否本是词组容许有争论。我意它一开始就是词。大周故文林郎孟昭故妻尹夫人墓志铭(同上书)云:"实室之宝,惟邦之媛。雪花疑絮,初发咏于文章;桃李成蹊,遂作嫔于君子。"此词可比于"灯花","礼花","花"取比喻义,指"花状物"。它们是与"梨花""桃花"同类的:你看,它们中间都可以加一个"之"字:桃之花,李之花,雪之花,灯之花,都可以说。在语义上,它们都是不同类型的名物义之间的关系。"桃"是整体,"花"是部分。含义显然。"灯"与"雪",是否可以看做整体?似乎也可以,虽然略有差别。

　　我的《汉语词汇语义学论稿》是一个新系统,许多问题尚待研究。你对这个答复如不满意,可以进一步思考,提出不同意见来,我们共同探讨。

黎良军拜 2018/1/8

(二)对《"x花"复合词语义结构类型刍议》的意见 *

一

　　此文费了很大的功夫,也很有成绩,特别对一个并非词汇学的研究者来说是如此。本文对《现汉》"x花"复合词作了穷尽的语义结构类型分析,是人们讨论此问题的基础。能够提供一个讨论的基础,就很不容易。

二

　　可以讨论的问题很多,下面提出几个。

　　(一)《现代汉语词典》的"x花"都是"复合词"吗?如果有一些不是词,对它作"穷尽的分析"就没有什么价值。眼花,可有"眼不花/眼已花/眼都已经花了/眼没花",采花,可有"采过花/采了花/采着花/采了一个小时花"等等。它们的词的资格是很成问题的。汉语中单音节动词不少，口语中更多。把单音节动词加一个单音节宾语，都处理为複合词，恐怕与汉语的实际不符。

（二）"一般类型"和"特殊类型"的区别，可能主要是"花"在一般类型中是本义，指植物的繁殖器官；而在特殊类型中是比喻义，指花状的东西。如果确是如此，那么，与其分为"一般"和"特殊"，不如按"花"的义项来分。不过，在"一般类型"中，"花"除了植物的繁殖器官一义外，还有一个义项是"人工制作的假花"。文章主体就分这么三部分。（顺便说一下，酒花，啤酒花，是一种植物，酿啤酒要用它。又叫蛇麻花。啤酒的泡沫似乎也可叫啤酒花，但那是另一回事，而且用例极少）

（三）"花"为比喻义时，那二十来个词，似乎可有下级分类。比如，"'x花'是x"为真，似乎适用于"雪花"等，而不适用于"印花/豆花"。又如，"鱼花"的花，可能不是"花状物"之义。鱼花，《现汉》释为"鱼苗"，指很小的小鱼。植物的生长过程是种子－发芽－生长－成熟－开花－结子。但从开花，到长成，需要两个循环。拿它来比喻动物，从后往前推，长成的鱼本来是从孵化鱼子开始，鱼子孵化成鱼苗，就开始生长。现在说它还没成鱼苗呢，只是鱼卵（种子）。进一步说，它还没成鱼卵呢，正像植物那样，种子是开花后结的，现在还在开花，还没结子呢。这是极言鱼苗之小，是夸张的说法。总之，鱼花之花，恐怕不是"花状物"之义。"泪花"之花与"鱼花"之花可能是同一类，说它们是"花状物"似乎牵强，它们是鱼或泪的"胚胎"，还没有真正成为"鱼""泪"。是往前推了。花字"微细"之义当来源于此。仅就"植物的繁殖器官"而言，它们的特征似乎并无"微细"一项。

下引清代两段文章供参考（后者应是参考了前者的），其解释与我的解释不同，我的解释又见拙作《湘语邵阳话音义疏证》【花】字条，请参阅。

屈大均（1630—1696）《广东新语》："（鱼）子曰花者，以其在藻荇之间若花，又方言，凡物之微细者皆曰花也。亦曰鱼苗，以当春出于苗始生时，与苗俱生也。亦曰鱼秧，农人种禾兼种鱼，视鱼犹禾也。而多言鱼花者，又以其类不一，故曰花也。"

李调元（1734～1802）《南粤笔记》"鱼花产于西江。粤有三江，惟西江多有鱼花。南海有九江村，其人多以捞鱼花为业，曰鱼花户。取者上自封川水口，下至罗旁水口，凡八十里。其水微缓，为鱼花所聚。过此则鱼花希少矣。鱼花之步，凡数十。步皆有饷，鱼花户承之。岁纳于朝。当鱼"汕"种时，雄者擦雌者之腹，则卵出，卵出多在藻荇间，雄者出其腹中之只覆之，卵乃出子。然见电则子不出矣。土人谓鱼散卵曰"汕"。只者，鱼之精也。子曰花者，以其在藻荇之间若花，又，方言，凡物之微细者皆曰花也。亦曰鱼苗。"

（四）"x"的具体含义，有的可能讲得太死。说"礼花"中的礼字指礼炮，"灯花"中的灯字指灯芯，当属于此类。礼花是庆典中放的烟火（烟花），这"放"不一定要礼炮，没有礼炮，照样可以放烟花。结成灯花的自然是那部分燃烧完了的灯芯，但灯芯是属于灯的，那灯花也属于灯。

（五）"处所"的语义角色似乎需要仔细斟酌，要设法把它同别的语义角色区别开来。在"桃花"中，如果"桃"指处所，指"开在桃树上"，那么，兰花也是开在兰草上。或说兰草、桃树指植株，即指整体，"花"只是这整体的一个部分。似乎更有说服力。而"胸花"之"胸"，则"处所"义甚明。这是为什么？"处所"的语义角色的本质特征到底是什么？它同"整体"这个语义角色的区别究竟何在？"处所"是外在的吗？（整体与部分的联系是有机的，不是外在的）。

（六）文献问题。本文的立论根据或基本概念源于前人哪些著作？本文的创造性主要在什么地方？把这些问题交代了，人们才能理解本文的研究有什么意义。例如关于合成词语义结构的研究，本文决不是破天荒第一回，那么本文的研究是继承或发展了哪些著作？诸如此类。

2018 年春

20 文字领域的奇葩

近来得到一本书,是赵立伟编纂的《〈尚书〉古文字编》。该书把迄今为止《尚书》古文的所有字形编为一书,包括出土的,印刷的和手抄的,也包括文本的和字典的。为《尚书》古文的文字源流与《尚书》的今古文之争的研究提供了新的视角和资料。

《尚书》的今古文之争由来已久,窥其堂奥不易。《〈尚书〉古文字编》倒是给今天的人们一个明白的启示:汉字作为当今世界上历史最为悠久而仍然活力无限的文字真是当之无愧!中华民族真是太伟大了。只有数百年历史的人们,无法想象其有多么灿烂辉煌!

所谓《尚书》古文,应是战国文字的下位概念。我们今天见到的汉字,一是秦始皇统一文字之后的汉字(含篆隶楷行草,楷书又含简体和繁体),二是商周的甲金文,三是战国古文。甲金文还有许多难以识读的字,战国古文上承甲金文,特别能在文字领域表现出百花齐放的辉煌。在应用于交流时,文字而"百花齐放"似乎并不好,但要是研究中国古人在文字领域的创造性,那就是另一回事了。

书我还没读完。说些具体内容吧(字体原来有甲金篆隶行楷,现在只好一律用楷书)。

20 文字领域的奇葩

古文许多字形体非一，有简有繁。礼字十三个，两个作"禮"，十个作"礼"，还有一个右旁是"双耳朵（邑）"。豊／乙／邑都表声。審字五个，上部都是宝盖头，其下部四个是"米"，一个是"釆（音辨）"，前者是后者的简写，可认为是"苟简"。但在汉字系统中，宝盖头下的"米"和"釆"并不形成对立，"釆"省作"米"亦无不可。和字五个，一个作"禾"，两个作"咊"，两个作"龢"。头一个是借字，二三两个的形旁有口龠之别，仿佛是声乐器乐之别似的，实际上"龠"是今天的排箫，《说文》说它是"乐之竹管，三孔，以和众声也。从品侖。侖，理也。"所以"咊"的"口"就是"龢"的"龠"的简化，具体指"竹管"的吹气孔，并不是人的嘴巴。从书写的简便着眼，龢自然不如和。歸（归）字六个，只有两个部件，一个是"帚"，另一个则作"止"，作"山"，作"辵"。帚者妇（婦）字之略，止辵都是表示行走，会"女嫁"之意。"山"应是"止"字之讹。遷（迁）字三十二个，没有一个有走之旁的，其中七个作"扗"（其提手旁是变来的，与折的提手旁同），其馀大致作"䙴"，作"䙴"。看来古人对于"迁"的认知与后人有别：搬迁主要在搬，升迁主要在升，不必突出"辵"。作"扗"者，"西"古有"迁"音，今天还可从"茜"字看出；其"扌"如"折"字之左旁一样，为断草之形，盖指搬迁或升迁前后断然有别乎？道字二十三个，五个从"辵"，其馀十八个从"行"；"行"是十字街的大写意，正是最典型的"道"；中间的声符多数从"首"，但有七个从"刀"。"首"在幽部而"刀"在宵部，开口度略有不同而已。其（箕）字五十五个，有"其""亓""开"诸形（有的字形没有楷体），后二形或加"竹"头；今天的亓姓人知道这个姓氏原来是"其"字的简写吗？典字十六个，一个与今天的写法相同，另十五个却在今典字上加一"竹头"，可见"典册"的材料是竹子⋯⋯

有的字形中之义颇有意思。繁体进字，古今都有人说是从隹从辵会意，因为鸟只进不退。这是部分人的解释与观察，《说文》就说是形声字,"闌 lin 省声"。其实,人或别的有足动物的活动一般都是前进,所谓"前进",即行进的方向与视线(射线)的方向一致。但有时需要后退,也能后退。真正不能后退的是蛇、鱼之类无足的动物。甲金文有进字,《汉字源流字典》认为"进"是会意字,甲文从"隹"从"止",金文加了个"彳",与"止"合成"辵(辶)"。《尚书》古文进字五个,都是从两从辵会意。两,是车辆之辆的本字,指车。也许《尚书》的作者也认为"进"是会意字,但可能因为"鸟"能后退,对进字从"隹辵"会意不满意,才把"隹"改为"两"了。车辆移动时车轮滚滚,当然是前进。可是有时要"倒车"怎办?难道尚书时代(战国时代)车辆是不能倒车的?我不知道,也没有查到什么有用的资料。不过我骑过自行车,它可是确实只能进不能退的。如今的简化字干脆把会意改作形声,避免人们去"会意"时走上岔道。只是用"井"表声不很准确,估计是细音后没有后鼻音韵尾的南方人开始简化的,多少有点儿遗憾。农字七个,均从艸(草)从辰会意。辰乃贝壳,古代曾做农具;艸当指禾粟之类农作物。比農(农的繁体)从曲好理解多了(不是曲折字,而是另一形的讹变)。楷书睦字从目,坴声,初义"目顺",泛化为"和顺"。《尚书》古文睦字十二个,一律不从目,从囧者十个,从心者二个。从心的两个作坴声,其馀则为兂声(此字本从中,六声)。古文睦字并不从目,其形中之义就不能解释为"目顺"。囧象窗棂交疏之形,是明亮、开明的意思,说的是光线或阳光,与"春和景明""阳光和煦"意思相近。这要比"目顺"好懂多了,"和睦"也更有理据了。

有时古文与今文并非同字异体,而是假借关系。如暨字从旦,既声,而古文作臮,共三十二个,都是从众,自声(其中有形讹,如自讹作白,众讹作水)。两字构形完全不同,其形符之义一为"人多",一为"天刚亮",也没什么联系,只能从音读方面考虑假借。自字在脂部,既字在物部,两字元音相近,大致音通,为旁对转。暨字形中之义是日初出而未全出,臮字形中之义是"与也","相与""与国"之与,同

"众"字在意义上可以相连。"地东至海暨朝鲜",此暨字取"与"义,原来是"曌"的假借字。古文曌字早已消失,假借字暨完全代替了它,它们似乎是同字异体了,但事实上却不能认为它们是"同一个字"。

有的字只是表意,开始同语音似乎没关系。例如,"正"字八个,有四个与今形不同:其中两个是六笔,上边多一短横或点;另两个从上到下是"一口止"。"口止"不是"足"字吗?查国学大师网,"正"字还有作"疋"的(《说文》:"疋,足也。"而其"是"字从日正,那"疋"字第一笔无钩),"楚"字从林,疋声,也有作"楚"的。《说文》还说:"正,是也,从一,一目止……正,古文正从二,二,古文上字……古文正从一足,足亦止也。""一以止"说得玄,结合"古文正从一足","直,正见也",这"正"就是不偏不倚地站好,有如今语"立正"之"正",它是一种特殊的"止"。最高的"上",就是太阳,所以《说文》才说"正,是也"。这样,止、疋、足三字,上加一横都是"正",这三个字(连"正"一起是四个字)岂不是一回事?但它们的音却有 zhǐ/yǎ(pǐ)/zú 之别,上加一横后则音 zhèng。学界有人说,在古代止足一字,疋足一字,很有道理。取脚趾义则念 zhǐ,取手足义则念 zú,取雅正义则念 yǎ(疋正读音不同,本为一字,第一笔有钩无钩之别是后起的,最后两笔的竖横和撇捺之别也是后起的)。后世逐渐定音定形定义,"止"本为脚趾,音 zhǐ(诸市切),后另造"趾"字负担此义,"止"主要表示"停止";"疋"定为 shū 音(所菹切),是"疏"之本字,"楚"字从之得音;"足"定为手足义,音 zú(即玉切)……诸如此类。前文提到"道"字或从"刀",看来"首"字并非只有"书九切"一音,它也曾读如"刀",有如"头"字之音,"首"就是"头"。汉字是表意文字,只有当字符与语言相联系后才从语言获得音读。虽然汉字与汉语联系起来是上古造字时代的事情,但汉字的音读毕竟是外在的,同一个字,各方言的读音千差万别,所以日本人才能给汉字以训读音,读"山"字为やま,"水"字读为みず。

有的字形有助于认读别的字。例如"天"字五十三个，近似上"丌"下"几"相叠之形者约十个。只是"几"近乎"兀"，三笔写成；"丌"也多近乎"兀"，第三笔为竖弯而无钩。有一个则写成"一八一八"相叠之形（唐玄秘塔碑"殿"字左旁从"尸"下两"兀"相叠，而两"兀"相叠《玉篇》以为古文"天"字。见国学大师网）。此形之"天"字，可以解释殿字之左旁屍：从尸天，天亦声。前人解释"屍""殿""臀（臀）"三字的关系莫衷一是。《说文》以屍为臀字初文："屍，髀也。从尸下丌居几。"把至高无上的"天"，说成是"下丌居几"，真是天差地别，从此造成了两千年的误解。段玉裁注说："丌，下基也，屍者人之下基。居几者犹言坐于床。木部曰：'床，安身之几坐也。'尻（居）下曰：'从尸得几而止。'皆谓床也。"段氏是跟着《说文》犯错了。《说文》把从月（肉）隼、从骨殿声的两个字都看作屍字的异体，段氏则云："今《周易》《春秋》《考工记》皆作臀，从肉。军后曰殿，即臀之假借字也。"其实，"军后曰殿"的殿，不能认为是臀字的假借，他是一国之主，是国君"殿镇"全国之义的引申。先有"殿"后有"臀"，殿派生出臀，派生字只能把隐含在源字中的含义固定化，不能成为被借字，正确的说法应是"臀字声中有义，是形声兼会意"。《说文·殳部》："殿，击声也。从殳，屍声。"段注："此字本义未见，假借为宫殿字。"《〈尚书〉古文字编》的"天"字之形告诉我们：屍字当从尸天，天亦声。人君不是至高无上的"天"吗？它就是"击也"之殿的初文，后加"殳"指人君"执敲扑而鞭笞天下"的殿镇行为，引申为殿镇行为的发出地——宫殿（事所之引申）。《诗·小雅·采薇》的"殿天子之邦"的殿字，用的就是本义。把"殿后"理解为"后"，又把"后"理解为"臀"，是走上邪路了："探花"与"名落孙山"怎么是一回事呢？"殿军"当然走在后面，但这不是"落在后面"之义。《左传·襄公三十六年》说："子仪之乱，析公奔晋，晋人寘诸戎车之殿，以为谋主。"杜育注："殿，后军。"注文突出了"后"，冲淡了"主"。

析公为"殿",却是"谋主"啊。"殿"是"为谋主"的条件之一：只有"为殿",才能对全军的具体情况了然于心。牧羊人常走在羊群之后"为殿",能说他是羊群中的"落后分子"、是最不济的羊吗？他可是羊群的主人,是为了掌握羊群的整体情况而为"殿",他一挥动鞭子,整个羊群得听他的！把"落后"叫"殿军",应该是对"落后"的一种调侃或讽刺：殿镇全军是假,真意是"落在后面"。而今天,部队指挥所的位置已经与"队伍"的前后没有什么直接关系了,只有"前线指挥所"一般靠前,不过也不是当先锋就是了。《说文》"屍,髀也,从尸下丌居几"的解说是错了,正确的解说应该是：屍,主也。从尸天,天亦声。屍或作殿。

"几"从上古至今都不是拿来坐的,在古代或供人席地而坐时的凭靠,或像今天这样用以搁置食物等。段玉裁氏以床释几,仍是把"几"视为胡床、凳子一样的坐具,不妥。《说文·木部》"床,安身之几坐也。"又尸部"凥"下曰"从尸得几而止。"两处之"几"字,都不能以"坐具"作释,它大概仍是"玉几/雕几/几案"之几,只是床的样式与它相似而已。似可这样理解：古人并非坐于几上,但他们席地而坐或休息时需要"几"凭靠,或用几放置什物,有了"几",才坐得下来,坐得安心（参看《古籍整理研究学刊》1994［1］王作新《"隐几而卧"诂正》一文）。

向来未曾研读战国古文,现在读它也只是消磨时间。偶有所得,就敲敲键盘。若贻笑大方,也顾不得了。

2018-04-01 回邵阳前夕初稿

21 释脾气

《汉语大词典》的［脾气］有三个义项（用例只引一个）：

①脾脏之气。中医认为人体之有五脏，犹自然界之有五行。五脏之间运行失常，则生各种疾病。《素问·生气通天论》："是故味过于酸，肝气以津，脾气乃绝。"②人的习性。亦借指事物的特性。《红楼梦》第八四回："都像宝丫头那样心胸儿、脾气儿，真是百里挑一的。"③怒气；容易发怒的性情。曹禺《雷雨》第二幕："哦，太太怪可怜的，为什么老爷回来，头一次见太太就发这么大的脾气？"

一个词（字串）的几个义项，都是互有联系的，有一个是本义，其他则是本义的引申。不难判断，"脾气"的头一个义项"脾脏之气"就是本义，后两个义项"人的习性"和"怒气"是引申义。但是，本条涉及中医理论和现代解剖学知识，并不好懂：本义需要进一步的解释，引申义和本义的关系也有待进一步说明。

"脾脏之气"是什么？首先得承认，中医的"五脏六腑"都是有解剖学依据的，"五脏"指心肝脾肺肾。"脾气"之脾，当是脾脏。李时珍《本草纲目》："脾，俗名联贴。"清代李南晖《活兽慈舟》写成"臁贴"。湘语邵阳话叫"盐挑"，应是联贴的音讹。《难经·四十二难》云："脾重二斤三两，扁广三寸，长五寸，有散膏半斤，主裹血，温五脏，主藏意。"其次，"脾气"的"气"也是有所指的。《素问·调经论》说："人之所有者，血与气耳。"气与血的关系是：气是血之帅，血是气之母。"气能摄血"主要指"脾气"的统血功能。"脾气"充足，发挥统摄作用，能使血行脉中而不致逸出，保证血液的正常运行及其濡养功能。如若"脾气"虚弱，失去统摄，往往导致各种出血病变，临床上称为"气不摄血"或"脾不统血"。把"脾气"和"血"联系起来，倒与现代医学知识大体一致。由此可知，在字面上，"脾气"指的是"脾的功能"。

那么，"脾脏之气"就是"联贴之气"吗？恐怕不能这么说。

因为，中医脏象学又说脾主运化，即主管消化吸收，这就与作为淋巴器官的脾对不上号了（脾还有滤血和储血功能）。清代以来不少人从《难经》的"散膏"猜想此脾指的是胰。再者，胰腺藏于胃之左后方，与《素问·太阴阳明论》所说"脾与胃以膜相连"相符。《类经图翼》说脾"形如刀镰"，这个描绘与胰腺的形状也极为相近。更为重要的是，胰腺的分泌物——胰液，也是食物消化的主角：胰液内含碱性的碳酸氢盐、各种消化酶和胰岛素等，其主要功能是中和胃酸，消化糖、蛋白质和脂肪。因此，现在一般认为，要是把中医的"脾"与现代解剖学的器官对应起来，中医的"脾"应该包括脾脏与胰腺。《汉语大字典》解释"脾"字说："①脾脏。人或高等动物的内脏之一，椭圆形，赤褐色，质柔软，在胃的左下侧。有制造新血细胞，破坏老血细胞，调节脂肪、蛋白质、碳水化合物的新陈代谢的作用。"这最后一句中，"作用"的修饰语是三个，前两个属于脾，第三个"调节脂肪、蛋白质、碳水化合物的新陈代谢"，实际是胰腺的功能。因此，《汉语大字典》的"脾脏"，指的当是中医的"脾"，包括现代解剖学的脾和胰。可见把"脾气"仅仅理解为现代解剖学的"脾脏（联贴）之气"是片面的。

中医的框架西汉已经完善，但对胰腺的存在和作用，除了表现于对"脾"的论说之外，单独的研究似乎没有。"胰"字不见于《说文》，《本草纲目》有胰字，但不是指胰腺。猪羊等动物的胰腺，民间曾叫胰脂。它有两个作用，一是冬日以之涂抹手面，可免皲裂；二是用于洗涤，可以去油污（因而皂荚或肥皂曾被称为胰子）。远在中古的北宋，苏轼《格物粗谈·饮馔》有云："火腿用猪胰二个同煮，油尽去。"《儿女英雄传》第十四回："早有两个小小子端出一盆洗脸水，手巾，胰子，又是两碗嗽口水。"明宋应星《天工开物·乃服》："凡帛织就犹是生丝，煮练功熟。练用稻稿灰入水煮，以猪胰脂陈宿一晚，入汤浣之，宝色烨然。"这些胰字虽然指胰腺，但人体是否有胰腺，胰腺对人体有什么作用？那时人们还不甚了了。

由于古代解剖条件的限制，也由于中医学重在功能，按现代解剖学的意义来理解"脾气"就不可能切中肯綮。中医理论认为，脾的功能有三：主运化（水谷），主升清（水谷精华），主统血。前两点都与胃相关联。水谷需要"运（输消）化"，也要有个地方容纳，因而说"脾主运化，胃主容受"；水谷经消化后分成精华和糟粕两部分，因而又说"脾主升清，胃主降浊"。因此人们常常"脾""胃"连说，说"脾胃是后天之本"，单说"健脾"也是说的"健脾胃"。《红楼梦》第四一回说："他脾气不与黄酒相宜，且吃了许多油腻饮食发渴，多喝了几碗茶。"可见"脾气"的本义指的是"脾胃的功能特点"。由于有"胃"字在，这儿的"脾"主要是指胰腺。这样，与其说"脾气"的本义是"脾脏之气"，就不如说它是"脾胃之气"，以使"脾"包括"脾、胰"，因为汉语和中医都是在中国这块土地上发生发展的，汉语不能不受到中医理论的影响。或曰，要是古人不犯错，把"脾气"说成"胰气"就好了。这种遗憾实在没有必要。眼前的例子就有"心之官则思"的观念，今天人们说"心思""心想""心意"的多了去了。我们不必要把"心"换成"脑"，只要理解思维活动属于脑的功能就行。何况用"脾"译 spleen，用胰译 pancreas，是十九世纪以后的事，今人的"脾脏"概念与古人的并不完全一致，不能以今律古，贸然说古人"犯错"呢。

"脾胃的功能特点"怎么引申指"人的习性"呢？"习性"包括生活习惯和性情，"脾气"以指性情为多。"民以食为天"，"脾胃乃后天之本"，脾胃之气既然指的是消化吸收、新陈代谢方面的功能特点，当然首先会引申指饮食习惯（如上段引《红楼梦》第四一回），这是事理之引申。由饮食习惯引申指生活习惯，因为饮食是生活的主要部分之一，这是整零之引申。由生理层面引申到心理层面就表现为"性情（性格特点）"，包括秉性、气质、情绪、修养、个性等。这就是"脾气"一词从本义（脾胃的功能特点）引申为"人的习性"之义的道理之所在。最好的证明是，这时的"脾气"又可说成"脾胃"，如丁玲《一九三〇年春上海（之一）》二："他们觉得这文章正合他们的脾胃，说出了一些他们可以感到而不能体味的苦闷。"在这个意义上，"脾气"同"脾胃""口味""胃口"颇为相近。

关于性情，典籍中有所谓七情。《礼记·礼运》说："喜，怒，哀，惧，爱，恶，欲，七者弗学而能。"发脾气若指发怒，"脾气"就只是"怒气"，所指范围是大大缩小了，则属另一种引申，即特指化。这就是《汉语大词典》"脾气"的第三个义项。为什么"脾气"会这么引申？因为中医理论认为"脾气主升，胃气主降"，"怒气"正是上升的，不是说"怒气冲天"嘛，这就是"脾气"从"性情"义引申特指"怒气"的缘故。

经典的（未受到现代医学理论影响的）中医理论是中国古代医疗实践的理论概括，又受到中国古代阴阳五行学说、素朴辩证法等思想的深刻影响，其中的精华糟粕难以尽述，总之需要取其精华，去其糟粕，使之现代化。中医理论也反映在语言中，在"心思""脾气""胆量""阴阳怪气""方针""针砭""药石""虚火""肝火"等大批词语中都存在着中医的观念。对这批词语的本义及其引申脉络的揭示,既要站在今天的高度,也要切中传统的实际。

2018 年冬改定

22《雅林赏翠：湘语邵阳话音义疏证》正补

一　是正

是正是纠正原书的错误。一般地说，在内容方面，已出之书不必正讹。书已出版，其正误只能由读者判断，一切自有公论。已出之书需要纠正的，一般是误字。下边是《雅林赏翠·湘语邵阳话音义疏证》（黄山出版社2009）的勘误。一处错误出一条，分别指出其所在页码与行数，正确的文字应该是什么，误字、倒字、漏字或衍字是什么。至于造成错误的原因，无非是由于作者或编者的失误。

自序第2页第7行，章惇，惇误作"淳"。

凡例第8页第6行，避免，避误作"僻"。

第24页第10行，可清可浊，清误作"请"。

第36页第4行，要要得，误脱一"要"字。

第40页倒第13行，手指脑，脑误作"老"。

第41页倒第13行，是是担起，漏"是是"二字。

第45页倒第17行，义项①前边的词性标注是衍文。

第54页倒第6行，（去出）喏，喏误作"得"。

第 56 页第 2 行，口咧起，起字后衍"成"字。

第 60 页倒第 15 行，拗相公饮恨，恨误作"惧"。

第 59 页倒第 5 行，拇指尖与食指尖、中指尖，漏"食指尖、"

第 72 页第 4 行，g'a，g 误作 k。

第 74 页倒第 8 行，两祛高蹶，祛误作"袪"。

第 74 页倒第 5 行和倒第 3 行，第 75 页第 2 行和第 3 行，祛误作袪。

第 79 行第 15 行，来源于，衍"于"字。

第 84 页第 8 行，参见[着^1]，漏上标"1"。

第 87 页倒第 10 行，玩艺儿形如，漏"形"字。

第 89 页第 2 行，do，误作 to。

第 90 页倒第 14 行，本条的词性标注是衍文。

第 93 页倒第 8 行，长子顶着，子误作"人"。

第 95 页倒第 7 行，它也是，它字后衍"的"字。

第 95 页第 16 行，等字，等误作"二"。

第 136 页第 18 行，元音是由声势，元误作"无"。

第 138 页第 18 行，拇指尖与食指、中指，漏"食指、"

第 140 页第 13 行，一指红喜事，漏"红"字。

第 143 页第 7 行，请读读，漏"请"字。

第 148 页倒第 7 行，天黑就，天字后衍"即"字。

第 153 页倒第 16 行，'了$_1$'，右下标误作右上标。

第 153 页倒第 15 行，'了$_2$'，右下标误作右上标。

第 154 页第 6 行，制动方法，制动误作"动作"。

第 169 页倒第 1 行，仆扑覆，覆字误作铺。

第 188 页第 2 行，是开玩笑，是开二字误作"开的"。

第 188 页第 6 行，舂好的粑粑，两个粑字中间衍"糍"字。

第 198 页第 2 行，难以坐实，坐字误作"确"。

第 207 页第 1 行，作'大势'，三字误作"也未收"。

第 211 页第 8 行，行末漏"参见[宁宁]。"

第 219 页第 12 行，蹉 wō，漏调号。

第 237 页倒第 5-6 行，先向，误倒为"向先"。

第 280 页第 19 行，一百五十斤，漏"五"字。

第 199 页第 17 行，《国语辞典》，辞误作"词"。

第 320 页第 11 页，12 页，"旧读""白读"是注文，其字号应该比正文小。

第 323 页第 8 行，狗崽崽样[意思，"样["误倒。

第 323 页倒第 7 行，钉耙筑他，筑误作"筑"。

第 331 页第 11 行，最后用清水漂洗干净，误作"用清水洗"，漏五个字。

第 332 页第 1 行，常饰于车马，于字前衍"物"字。

第 358 页第 11 行，奶奶¹，上标 1 误作"2"。

第 358 页第 16 行，参[奶奶²]，"奶奶"前衍音标，后漏上标"2"。

第 370 页倒 12 行，索谗鼎，谗误作"馋"。

第 406 页倒第 18 行，水浒全传，传字误作"转"。

第 407 页倒第 10 行，而不（按，不字衍）可传于，漏括号及其中四字。

第 407 页倒第 12 行，非（按，此处夺"不"字）能，漏括号及其中六字。

第 441 页第 9 行，尹允永犹，漏尹永二字。

第 446 页第 17 行，参见[放³]，漏上标"3"。

第 470 页第 14 行，挺之音[tʰiaŋ˩]，[t]之后衍"ɕ"。

第 470 页倒第 16 行，抢哐倾强，漏倾字。

第 470 页倒第 5 行，戗要，戗误作檠。

第 478 页第 2 行，妄忘宦换，漏宦字。此行下两条颠倒了先后位置。

第 480 页倒第 14 行，创呛窜篡，漏窜字。

第 486 页倒第 10 行，参见［晃²］，漏上标"2"。

第 488 页第 8 行，冒得劃算，劃误作"划"。

第 490 页倒第 2 行，［捧¹］，漏上标"1"。

第 492 页第 6 行，整行当作：壮语 moegyou，而 moegyou 来源于汉语"木偶"。整行误作"'空心木头'之意"。

第 513 页倒第 10 行，章惇，惇误作"淳"。

第 529 页第 13 行，续补》，辞书研究，1999［4］。》号误置。

第 529 页第 16 行，中的"那"文化，漏"那"字及其引号。

第 554 页中栏第 22 行"宽肆 488"下，漏一行"宦荼 478"。

第 556 页右栏第 20 行，"拳¹"漏上标，其下漏一行"拳²74"

第 563 页右栏倒第 9 行，衍一行"潢荼 478"。

二　漫补

漫补是补苴罅漏。有些地方虽然难说完全错了，却有不完全、不妥帖之处。其中原委需要说明，却又不容易说清楚，只好啰嗦说去。另一种情况是发现有新材料需要补充。这样就成了诸条的"漫补"。

1. 第 19 页［挓］条补

"挓"是中古字，《集韵》首次收录。《龙龛手鉴》以为是"俗字"，典籍曾用"磔"。《晋书·桓温传》："温豪爽有风概，姿貌甚伟。刘惔尝称之曰：'温眼如紫石棱，鬓作猬毛磔，孙仲谋、晋宣王之流亚也。'""须作猬毛磔"，意思是髭须像刺猬毛那样张开着。磔字《广韵》陟格切，上古音在铎部，主要元音是低元音。磔字《广雅·释训》有"开"义，也有"张"义。

2. 第 26 页〔石荦确〕条之"黄牯岭"补

黄牯岭〔waŋ²²ku⁰liən³¹〕是一座山脉的名称，南北逶迤四十多里，是资江与其支流檀江的界山。但它也是地名，邵阳县在此地设乡，叫黄荆乡。岭脚离九公桥镇黎氏冲不过四五华里。《清光绪邵阳县志（校注本）》（2017）卷二（山水）云："〔旌旗〕岭东北绵亘为黄荆岭，一名黄瓜岭。初十五里曰上黄荆岭，高数百仞，山顶平衍，有小石岩甚异，负山居者百数十家，垦土为田，地确少水，稍旱即无收，多种豆麦为食；又十里曰中黄荆岭；又北二十里曰下黄荆岭。"

黄牯岭，黄荆岭，黄瓜岭三个名字，以哪一个为正？山名的第二音节轻读，声〔k〕而韵〔u〕。邵阳话轻读音节的声调有如上声的低降调者，轻读的〔ku〕不同于"姑故"，而与"古鼓牯"相同，加上"黄"字在语义上的选择作用，人们会毫不犹豫地写作"黄牯岭"，因为雄性的黄牛、水牛，此地老百姓就叫"黄牯""水牯"。但是，"黄牯"的理据却不如"黄荆""黄瓜"。为什么呢？因为这是一条山脉，前后绵亘数十里，一眼看不到头，其形象不大像一条牛。

邵阳县志作"黄荆岭"，可以理解。荆字《广韵》举卿切，是见纽字，原来读的是〔k〕声母。黄荆岭很贫瘠，多石少土，没有大片的乔木森林，山上的树木多是灌木。黄荆正是一种微贱的灌木，人们砍柴都不愿要（本地人烧的柴火一般是檵木树），山岭上到处都有。"黄荆岭"是从山岭贫瘠立说的，意犹"长满没用的黄荆树的山岭"。可从读音说，似乎有不合适之处。荆字是三等字，有介音 –i–，今天的邵阳话把"黄荆树"念作〔waŋ²²tɕi⁰zy²¹⁵〕。第二音节是另一种轻读，近乎低升调，又把韵尾丢了，只剩下原来的介音 –i– 充当韵母。其读音与"记"字相同。这音同〔ku〕有较大距离，不便说〔ku〕来源于"荆"字的音变。

邵阳县志说这座山"一名黄瓜岭"，这个写法就音义都合了。散文集《白水清溪》（黑龙江人民出版社 2001）的作者黄连德先生，老家就在这座山上，《白水清溪》中的《尖峰岭》一文写到这座山，正作"黄瓜岭",原文是:"它(尖峰岭)是宝庆南路黄瓜岭中段的主峰"。从读音来说,瓜,《广韵》古华切,合口二等字,有介音 -u-。轻读音节的"瓜"字因快读失掉元音 -a,就变成"古牯"了,经"黄"字在语义上一选择,"黄瓜"就变成了"黄牯"。从语义的理据来说,邵阳属于丘陵地带,这儿的丘陵大多少有石头,只是土山,那山岭一般是平滑的,这有邵阳各地的山岭为证。而这座山岭却与众不同,岭上多奇异山石,疙疙瘩瘩的,很不平滑,因而得名"黄瓜岭"。这是从地貌特点立说,说它犹如黄瓜那样,满身疙瘩。

3. 第26页［社公］条补

以树为社神由来甚古。《周礼》:"二十五家为社,各树其土所宜之木。"明代陈仁锡编《潜确居类书》卷六七引《邴原别传》(按邴原东汉末年人)也有"路树成社"之语:"(邴)原避地辽东,以虎为患。自原之落,独无虎患。尝行而得遗钱,拾以系树枝。此钱既不见取,系钱者逾多。原问其故,答者谓之神树。原恶其由己而成妄,祀而辩之。于是里中遂敛其钱以为社供。里老为之诵曰:'邴原行仁,居邑无虎;邴原行廉,路树成社。'"

4. 第27页［搭田径］条补

☞ 空手或用四齿耙在田里取泥附着在田径内侧,除了叫"搭田径",也叫"[vu²²]田径"。字当作"坿"。《说文》:"坿,益也。"段注:"《吕氏春秋·七月纪》'坿墙垣'高注:'坿读如符,坿犹培也。'《十月纪》'坿城郭'高注:'坿,益也,令高固也。'"

5. 第30页［打卦］条"杯珓"补

邵阳话的"打卦",文献叫"讨筶"或"掷珓","筶"者诏也,兆也,"珓"者教也。那"卦象"是神示,故曰"诏/兆"曰"教";其物多竹制,故作"筶"作"筊"。从玉作"珓"者,以其物有似玉者。珓字更有作教字加竹头的,如清翟灏《通俗编》所引南北朝宗懔《荆楚岁时记》,宋程大昌《演繁露·卜教》谓为"俗字"。至于"杯珓"之

"杯",程氏说,"杯者,言蛤壳中空可以受盛,其状如杯也。"其说还不完全。古杯椭圆形,似舟船,杯珓之杯,是指"船形"。《太平广记》卷第九十:"杯渡者,不知姓名,常乘木杯渡水,因而为号。初在冀州,不修细行,神力卓越,世莫测其由。尝于北方,寄宿一家,家有一金像,渡窃而将去。家主觉而追之,见渡徐行,走马逐之不及。至于孟津河,浮木杯于水,凭之渡河,不假风棹,轻疾如飞,俄而渡岸,达于京师。"此文之"木杯"即木船。杯珓的理据,就是船形物(指物象所体现的神)之教令。

从字形说,"杯"字从木,不声,而声中有义。"不"者花萼,有的花萼在花落之后仍不枯萎,而成为种子之托,如橡实(邵阳叫栗子)。这种"不"都是圆形的,邵阳旧时的农家孩子就称之为"杯杯"。人类生活中的杯子,比之"刳木为舟"的独木船,可能是后起的。

而程氏《演繁露》说杯珓的一段,标题作"卜教",似乎把"杯"当做"卜"的假借字。这个想法虽有吸引力,恐怕难以成立。掷筊为卜,最早见于南朝宗懔《荆楚岁时记》,这种风俗的出现,或说是古代吴楚之"枚卜"的演化(见庞朴《稂莠集·阴阳五行探源》),或说是龟卜、蓍筮等原始宗教逐步走向民间而简化手续的一个表现。此时的假借已经不大盛行。况且"杯"与"卜"韵部也距离较远,又没有材料加以佐证。

此外,邵阳的"卦",材质都是木头,"在剖面刻上几道",应是使其像竹,那"道道"象征竹内之节。至于"削为蚌形",为的是使它们落下后只能俯仰,"卦象"就只有阴卦(两俯)、阳卦(两仰)和圣卦(一俯一仰)三种。古人是否用蚌壳做"卦"虽难猜测,估计不会多,因为它的重量不够,轻飘飘的。邵阳有蚌壳,很容易得到,可谁也不用它做"卦"。"打卦"的执行人,照理应该是庙祝、和尚、道士之类人员,打卦之处则应该在菩萨之前。但邵阳的情况是没有什么限制,只要略懂手续并且愿意,谁都可以,菩萨随时都可请到跟前。而打卦最多的,除庙祝之类外，当是"走江湖"的抽牌看相者。

6. 第 31 页［打总成］条补

《汉语大词典》［总承］条说，"亦作总成"，释文为"作成，成全"。"成全"义的"作成"，近代汉语习见。如《初刻拍案惊奇》卷三十四："若是到底无人跟寻，小侄待乡试已毕，意欲与他完成这段姻缘，望姑娘作成则个。"《二刻拍案惊奇》卷十四："纪经道：'小人正待要博两文钱使使，官人作成则个。'"《金瓶梅》第六回："潘妈妈道：'干娘既是撮合山，全靠干娘作成则个！'"

"总承"源于"作成"。"作"字邵阳有［tso^{31}］音，"总"字邵阳念［tsoŋ^{31}］，"作"念成"总"，因受后边音节的逆同化而增加了舌根鼻音韵尾之故。声调方面，"作"本入声，邵阳话中的古入声字不少派入上声，"作"字也是如此，因此与"左"同音。参见本书第 83 页［作²］与第 259 页［着急］。"着急"的第一音节南路话虽然音［tsɑu^{31}］，城区话却音入声［tso^{33}］，分明是"作"字。

7. 第 35 页［大布］条补

"大布 / 小布"的大小，指的是织布所用麻缕、丝线或棉纱的粗细。《说文》："紬，大丝缯也。"段注："大丝较常丝为大也。《左传》：'卫文公大帛之冠。''大帛'谓大丝缯。《后汉书》'大练'亦谓大丝练也。"

8. 第 48 页第 11 行补

"伢叽"一词春秋战国时代已经出现。《管子》的海王、国蓄两篇作"吾子"，《墨子》公孟篇同（或脱"子"字）。刘熙《释名》释长幼篇，"吾"作"婥"。参见俞敏《中国语文学论文选》第 174 页。

9. 第 49 页第 9 行，"姑从"前边补一小句

而是牛轭之轭用为动字，

10. 第 50 页［野咋］前边补一条［野麦子］

［ia^{31}mɛ^{35}tsʅ 野麦子］名裸燕麦。☞ 裸粒型燕麦，原产我国。又叫莜

麦。邵阳叫野麦子，这野字是燕字的方言变化。"燕［iɛ̃³⁵］"变为"野［ia³¹］"的原因有二。一是语义方面，裸燕麦的自播繁衍能力强，这种自播繁衍的燕麦，人们自然看做野生的。二是语音方面，北京话的去声是全降调，邵阳话的六个声调中只有上声是降调（中降），声调相似；加上鼻化音和非鼻化音常因相似而混淆（在好些邵阳人口里，肩读同接，剪读同姐，见读同借，显读同写，诸如此类）。这一来，在邵阳人听起来，北京人说的"燕麦"就像邵阳话文读的"野麦"了。把"野"字的文读音转换为白读音，"燕麦"就变成了［ia³¹mɛ³⁵ 野麦］。

11. 第51页［夜间］条补

"下午"之义的"夜间"，其"夜"字完全是记音，于义不合，属于音讹。［ia］音节诸调齐全，丫牙雅迓夏押，分别为阴平、阳平、上声、阴去、阳去和城区话入声（押字南路话念阴平）。"夜"字文读为［iɛ］，白读为［ia］，都是阴去。"下"字文读为［ia］，白读为［ɣa］，都是阳去。人们在说"下间"时，想用文读音念"下"，却把阳去念成了阴去，"下"就变成"夜"了。这是音讹。文雅的"下间"是"下午"。既然说"下间［ɣa²¹⁵ka⁰］"，"间"字是白读音，何必要把"下"字改成文读音？当然，从另一方面说，汉字的文读音的扩散，是语音发展的大趋势，偶或造成音讹，恐怕是不可避免的。

12. 第63页［黏黏子］条前补一条［黏］

［n̠ia²² 黏］像浆糊那样使一物附着于另一物。○广告黏在电线杆上｜黏得铁紧，搣也搣不脱。｜吐脬口水黏起｜黏黏巴巴（附附）。

13. 第64页［吘］条后补一条［蒦］

［wa²² 蒦］瞪着眼睛的样子，含贬义。○你眼珠蒦起做么咯，我哪里得罪你哩？｜你看那只水牯眼珠盰起，怕莫想斗架。☞《说文》："蒦，一曰视遽貌。"《集韵》屋虢切，上古音在铎部。此字下部为右手，上部为萑。今萑字含古萑崔二形，蒦之上部本为萑。《说文》："萑，鸱属。从隹，从［卝］下［丨］（按音拐，本义为羊角）。有毛角。所鸣'其

民有祸'。读若和（按古方音和字读如桓）。""视遽貌"，《玉篇》释为"高视貌"，《汉语大字典》释为"惊视貌"。指的是崔那瞪得圆圆的眼神。邵阳读音丢了声母，又丢了韵尾，主要元音是上古铎部的元音。此字也可作"盱"。《说文》："盱，张目也。从目，于声。一曰朝鲜谓卢童子曰盱。"《广韵》况于切。上古音在鱼部。

14. 第 66 页［啄］条补

"啄"字为什么读［tsua³⁵］？"啄"字《广韵》竹角切，知母觉韵，与"椓"字同。"椓"今邵阳白读音［tɑu³⁵］，知母古读端母，它的声母保存了古读。"啄"字声母却变成了知母，邵阳念［ts］，与章庄母同。更重要的是，"啄"字要念合口呼（江摄知组字宋元后本读合口），有 －u－ 介音，在邵阳话音系中，这就没法以［ɑu］为韵了，只好把韵尾丢掉，读成了［tsua³⁵］。

15. 第 72 页［挜¹］条补

抓握义的挜，文献除作搹搙外，最古的是作溢。《仪礼·丧服》："歠粥，朝一溢米，夕一溢米。"郑玄注："二十四两曰溢，为米一升二十四分升之一。"《小尔雅·广量》："一手之盛谓之溢。"葛其仁疏证："考古量二斗七升，当今五升四合。溢为米一升二十四分升之一，不过当今二合稍嬴。一手所盛，理或然也。"量词"溢"就是量词"挜"。溢字上古音在锡部。锡部的画蟹轭壁劈歷滴嫡踢绩锡诸字，邵阳话白读音的韵母，前三字为［ua\a］，其余都是［ia］。溢字影母入声，邵阳话念［ia³¹］一点儿也不奇怪。溢的本字是益，作为重量单位或货币单位，又有分化字镒。在先秦，一镒就是一金（汉以后或以一斤为一金，元明以后则以黄金或白银一两为一金）。今天还尊称别人的女儿为"千金"，又说"千金难买老来瘦"。人是万物的尺度。斤钧担源于人的日常工具，寸尺寻源于人手。现在又增加一个古代的"溢"，即今邵阳话说的"挜"，也来源于人手。

16. 第 75 页第 4 行［蹶］条补

"蹶"亦可作距（岠）。曹植《斗鸡》："嘴落轻毛散，严距往往伤。"距字《广韵》其吕切。上古音在鱼部。读作 [dzʑya²¹⁵] 是完全可能的。

17. 第 88 页倒第 14 行，补"埵"字；第 89 页第 4 行下补一条 [埵]

[do 埵²²] 动下垂。○橘子结得太多哩，怕垂死树。☞ 埵音如砣，是中古音之遗。秤锤，邵阳叫秤砣。砣是记录锤字方音的中古字，首见于《集韵》（但铁锤之锤，邵阳音 [dzuəi²²]）。锤字《广韵》直垂切，澄纽，上古属定母。埵字《广韵》丁果切，端纽字，辞书音 duǒ，邵阳同，音 [to³¹]（房屋有埵子）。可见埵字念 [do²²] 是合乎规律的。

18. 第 96 页 [锅炱门] 条补

☞《说文》炱字段注云："《通俗文》曰，积烟曰炱煤。"《吕氏春秋·任数》："嚮者煤炱入甑中，弃食不祥。"高诱注："煤炱，烟尘也。"此为汉代以前的古语词，保存在今邵阳话中。《通俗文》是我国第一部俗语词汇辞典，东汉服虔撰。给《淮南子》《吕氏春秋》作注的高诱，也是东汉人。

19. 第 96 页第 3 行下补一条 [髻]：

[ko⁵⁵ 髻] 盘绕。只用于"髻牛绹"，指把牛绹盘在长角的牛头上。○你把牛绹髻起嘛，免得牛绹在地下拖起，牛不好吃草。☞ 髻，《说文》絜发也。《广韵》古活切。活字邵阳文读 [xo³⁵]，白读 [fɛ³⁵]。

20. 第 114 页 [策] 条补

原释文"拉扯/挟持"不好说错，但不大妥帖，改为"鼓动，怂恿"才准确。"怂恿/鼓动"是"策"字的引申义。"策"的本义是"马鞭"，物也；物有其用，故引申为"策马"之策，是"用策击马"之义；"策马"，事也；事有表里，以策击马是"表"，其里是"督促马快跑"；按比类移用之引申指类似策马的其他事情时，如果对那件事情不愿作积极的评价，这"督促"之义的"策"字，也就引申为"怂恿/鼓动"了。

21. 第 120 页［齘］条补

字又作"齴",《说文》:"齴,齿相切也。"《广韵》胡介切。匣纽读归群纽。

22. 第 125 页［挼］条补

本条用例引《金瓶梅》云:"贼囚,别要说嘴!你与他好生仔细挂那灯,没的例儿搽儿的,拿不牢吊将下来。"其中"没的",邵阳话说"莫嘚",意犹"别让"。例如,村落旁边的稻田,在稻谷即将成熟期间,往往要叫个孩子"喊鸡"(把来啄稻穗的鸡吓跑),为的是"莫嘚鸡把禾襄坏哩"。因为鸡矮,稻粒没完全成熟时又不容易掉落,鸡啄的虽只是一穗稻子上的一两颗稻谷,这一穗稻子也会整个儿被折叠下来,这样,一穗稻子也就完了。几只鸡,只要几个钟头,就会毁了一大片稻子。

23. 第 126 页［去］条补

《说文》玦字段注:"《九歌》注曰:'玦,玉佩也。先王所以命臣之瑞。故与环即还,与玦即去也。'《白虎通》曰:'君子能决断则佩玦。'韦昭曰'玦如环而缺。'"去属鱼部,揭玦决属月部,环还属元部。以玉佩命人,取其谐音。《九歌》注之'去'字当读为'揭',以与玦谐。

24. 第 130 页［越］条补

规整的圆形或弧形物变得不规整,例如一个碗不大圆,或者一个人哭泣时嘴唇歪斜了,邵阳话叫"［yɛ³⁵］月",其本字更可能是"朒"。《考工记·旅人》:"凡陶器之事,髻垦薜暴不入市。""髻垦薜暴"是陶器的四类瑕疵,其"髻"字郑玄读为"朒"(认为髻是朒的假借字),贾公彦疏:"朒谓器不正,欹邪者也。"孙诒让正义:"《广雅·释诂》云,'朒,危也。'朒刖音义同,谓器折足,则危而易覆也。"孙氏从刖刑引申,局限于字形,把"朒"理解成"危而易覆"了,言有未谛。朒字月声(《广韵》鱼厥切)而声中有义。月亮虽然有圆有缺,但人们常见的是"缺",即不规整的圆。不圆既然是月亮的常态,"月"自然就得到"不圆"之义,得到圆形物变得敧邪不正之义,从而成为圆形陶器最主要的瑕疵。于是,邵阳话 [yɛ³⁵] 的本字,又从"趴"追溯到"月"。月字此义虽是方言义,未见于典籍,却得到汉代郑玄的间接证明,并且有充分理据。普通话有个词叫"瘸子"。为什么把跛足者叫"瘸子"?瘸者缺也,就是"月有阴晴圆缺"的缺,他们与受了刖刑的人一样,腿脚缺了,走路敧邪不正了,所以叫瘸子。"敧邪不正"叫瘸(缺),或者叫月,是同一个道理。最后,"圆"的陶器"月(趴)"了,它就不合格了,不能上市了。这两个字的音 [yɛ̃²²] 与 [yɛ³⁵] 有关系吗? [yɛ̃²²] 变为 [yɛ³⁵],调是由平变入(去),韵则阳入对转。看来,"月(敧邪不正)"非常可能是"圆"派生出来的。不过这已涉及语源问题,扯得很远了。

25. 第134页 [迟禾] 条下补一条 [祠背地]

[dzɿ²²pəi³⁵ti⁰ 祠背地] 地名,黎氏冲一个自然村。☞ 其理据义是"祠堂背后"。"背后"而叫"背地",古今都有用例。见《汉语大词典》。本书在别处写作"祠背底"。"底"字本应作"地",作"底"是因为它轻读时为降调。但有一个谜语的谜面有一句"肚子长在背地"(腓肠肌邵阳叫"脚肚子"),"背地"的"地"字也轻读,却是升调,与阴去相近,声母当然也清化了。不过一般人都说"背后",不说"背地"。

26. 第144页 [一下] 条补

此语也可作"一合"。《荀子·强国》:"[秦国]威动海内,强殆中国。然而忧患不可胜校也,諰諰然常恐天下之一合而轧己也,此所谓广大乎舜禹也。"元代杨暹《刘行首》第四折:"小庵虽窄隐幽微,包含着一合天地。""合"从"聚合"引申为"整个/全部",从修饰名字进一步扩展到修饰动字。"合"虽缉部字,但合声字恰恰祫在邵阳话中主要元音都是 [a]。

27. 第150页第2行 [黎氏冲] 条补

《说文》:"犂,耕也。从牛黎声。"段注:"俗作犁。"犁又是犂之俗体。在许慎的时代,"犁"字本从"黎"得声。从古字形看,黎利之别只是从黍从禾之别,形中之义本无不同;但从字音和用例看,二者却早已分化,字各有义,连假借现象都难得一见。

28. 第153页第9行下补一条〔莅事〕

〔$li^{35}zl^{215}$ 莅事〕做主理事。〇晚伢子十七岁莅事,屋里咯事全不要耶娘操心。☞此语甚古。《抱朴子·省烦》:"不烦则莅事者无过矣。"更早的例子见于《齐国差𦉢》铭文,作"立事",指莅临政事。老百姓"莅事",当然指管理家事。

29. 第158页〔绪绪〕条补

本字也许是"繫繛"(繛字亦作糸旁庶),因《水浒全传》等有"绩绪"之用例,故作"绪绪"。但"〔$tci^{35}tci^{35}$〕"是谦语,未必是"绩绪"之后字相叠。《说文》:"繫,繫糸庶也。一曰恶絮。"古代的"絮"指敝绵,是熟丝,不是今天的棉絮。"绩绪"之后字,邵阳话音〔tci^{35}〕,本字也许当作"纪",《方言》卷十:"蹀、末、纪,绪也。南楚皆曰蹀。或曰端,或曰纪,或曰末,皆楚转语也。""绪"字邵阳文读音〔dzy^{215}〕,用在"情绪/绪论"中,未见白读音。从读音说,以作"绩纪"为是,可惜未见用例。见〔绩绪〕条。

30. 第166页〔屋场山〕条,在疏证第一句后补

它是笔者曾祖父肇志公的曾祖父承梅公,在康熙年间开辟的。原来像一个没有围墙的三合院。中间的禾场呈方形,大致坐北朝南。正屋一栋;东侧横屋两排,前排一栋半,后排两栋;西侧横屋一排两栋。禾场前边隔一丘田有大池塘,1949年前为屋场山各户所共有。抗旱时车水灌田,各户有定:插木水中,谁家一寸水,谁家一寸半水。各家在池塘养鱼,记号也有定:谁家背翅、谁家肚翅、谁家尾翅。这些原来是祖宗的规定,各家均无异议。至于何时何人所定,已经无考。

31. 第178页倒第14行"老祖宗是'居'"后补

《说文》："居，蹲也。"段注："《说文》有凥有居。凥，处也，从尸得几而止。凡今人居处字古只作凥处。居，蹲也。凡今人蹲踞字古只作居……若蹲则足底着地，而下其臀，耸其膝曰蹲。"

32. 第183页〔迃〕条补

本字或当为"纡"。《说文》："纡，诎也。"段注以为"诎"就是"曲"，古今用字有所不同而已。班固《答宾戏》："徒乐枕经籍书，纡体衡门，上无所蒂，下无所根。""纡体"就是"屈曲着身体"。

33. 第189页〔唰毛〕条补

唰字今只作拟声字，原来是刷的派生字。刷字《说文》作㕞，《说文·又部》："㕞，拭也。"段注改拭为"饰"，以与巾部"飾，㕞也"构成互训。刷㕞之别除字形外，刷字今音源于数刮切，是二等字音。㕞字《广韵》所劣切，合口三等字。两字音开口度不同。邵阳话的 [ɕy³⁵] 音读法，保存了较多的古读特征。

34. 第212页〔该歪〕条补

犯瘟病者没精神，蔫蔫的，所以"瘟"引申有"蔫"义。这是性－相之引申。参见〔偎〕。

35. 第217页〔矮老子〕条补

经研究，"矮"的本字当是"魔"，音与"眼"字同，为避同音而改念。同类变音如"瘫"读如"胎"，只是把韵尾变了。

36. 第223页〔韃断〕条补

还有一种可能是，汉代的"楚语"韃，源于跪字。跪字《广韵》去委切一音，是邵阳话此语音读的来源，声韵调都密合（零声母读法源于《集韵》虞为切。又，屈膝义的跪字邵阳话音 [guəi²¹⁵] 或 [kʰuəi³¹]，后者略侈即是折断义）。《汉语大字典》引康濯的用例有"跪指头"，邵阳话也说"跪手指脑"。"跪"的意思是使屈曲。"跪柴"就是使做柴火的灌木屈曲，一般会因屈曲而折断。

37. 第244页第2行（属前页〔骨头〕条）补

果中核叫骨头，与肉中骨叫核，是一个道理。《说文》："骨，肉之覈也。"段注："西部曰：'覈，实也。'肉中骨曰覈。蔡邕注《典引》曰：'肴覈，食也。肉曰肴，骨曰覈。'《周礼》：'丘陵，其植物宜覈物。'注云：'核物，梅李之属。'《小雅》：'殽核维旅。'笺云：'豆实，菹醢也。笾实，有桃梅之属。'按，覈核古今字。故《周礼》经文作覈，注文作核。古本皆如是。《诗》'殽核'，蔡邕所据鲁《诗》作'肴覈'。梅李谓之覈者，亦肉中有骨也。"

38. 第252页〔毛毛〕条补

文献此字或作髦。《韩诗外传》卷七："冠子不詈，髦子不答。"许维遹集释云："婴儿夹囟之角发下垂，故称婴儿为髦子。今鄂湘俗语犹然。"

39. 第297页倒第6行〔绞〕条补

☞《韩诗外传》卷九："堂衣若扣孔子之门曰：'丘在乎？丘在乎？'子贡应之曰：'君子尊贤而容众，喜善而矜不能，亲内及外，己所不欲，勿施于人。子何言吾师之名为？'堂衣若曰：'子何年少言之绞？'"此"绞"字为扭结之意，今通语谓之"绕"。

40. 第300页〔翘气〕条补

"辫子所指"后边，"可能是清代斩决犯人，事前把发辫刷翘起来"18字，是编者审稿时改的，原作"则未闻，也无从推测"8字。这是个现代词，能查到的最早用例都不到100年。"翘辫子"指人的死亡，有诙谐意味。反复探寻，那"辫子"与"尾巴"应是二而一的东西，因为清人的辫子一直被人们视为"尾巴"，开始叫"金钱鼠尾"，由头顶正中的一点头发编成，很小；后来所留头发越来越多，辫子也越来越大，像猪尾甚至牛尾了。牛马的尾巴平时下垂，奔跑时就几乎是向后平伸了，这就是"翘"。湘语邵阳话则如实地说"指"：那只牛指起尾巴走，是看见对头哩，要去斗架。所以"翘辫子"就是"翘尾巴"，即邵阳话"指起尾巴走"，是禽畜"奔跑"的一个显著特征，依整零之引申就引申为"跑";而"跑"在古代和今天某些方言中叫"走","走"同时又是"死亡"的委婉语。那诙谐意味,既来自把"辫子"看作"尾巴",也来自把"死亡"的委婉语"走"叫做"翘辫子"。用"翘辫子"诙谐地婉指"死亡",共拐了四个弯儿:翘辫子→翘尾巴→跑→走→死亡。至于语形就是"翘尾巴"的,则是另一个语词。某些禽畜的尾巴总是翘着的,不奔跑也如此,如公鸡,某些犬类和猴类动物。"翘尾巴"是"骄傲/趾高气扬"之意,与"夹着尾巴"相对。

41. 第311页[收旡]条补

旡字亦可作欮或瘚。旡字从反欠,欮字从屰欠。屰即逆,字理是一样的。而欮瘚字《广韵》居月切,于今音更切合,可省去繁琐的语音论证。《集韵》月韵:"瘚,《说文》'屰气也'。或省。"《汉语大字典》以瘚为"气逆病"。可惜均无用例。

42. 第321页末行([露马脚]条)补

还有,蛛丝马迹之马本指灶马,因此又作蛛丝虫迹。清人夏敬渠《野叟曝言》七十九回:"蛛丝虫迹,屋漏蝙涎,不即不离,有意无意,其妙如何?"

43. 第325页[猴奖]条补

又,"猴"字可能是"啼饥号寒"之"号",上文[猴]条之"猴"字亦然。变化方向相反的是"候脉"念作"号脉"。参见[候脉]。

44. 第337页第8行补

曲字此义的远源是《老子》"曲则全"的曲,原义指用对立面来成全自己。由于"曲"受到"全"的语义渗透,从而获得"全然\周遍"之义。

45. 第349页倒第1行[占米]条补

与"糯"相对的"[tsɛ^{55}]"(年轻人念[tsan^{55}]),更有可能是"稷"字。稷字的读音,从其借为昃字可知与昃字相同或相近。"昃"字从仄得声,邵阳正念仄[tsɛ^{55}]。《说文》昃字段注:"《易》曰:'日中则昃。'孟氏《易》作'稷',穀梁《春秋》经:'戊午日下稷。'古文假借字。"昃稷上古音都在职部,其声则有庄精之别,[tsɛ⁵⁵]音可视为稷字古音之遗而丢失塞音尾者。又《史记·田完世家》注云:"《齐地记》曰'齐城西门侧,系水左右有讲室,趾往往存焉'。盖因侧系水出,故曰稷门,古'侧''稷'音相近耳。"侧字古音也在职部,邵阳话白读也为[tsɛ⁵⁵],房子的侧旁叫"屋[tsɛ⁵⁵]边"。顺便说一下,邵阳话不说稻,称稻为"禾",禾实为"谷",谷仁为"米"。而"禾"字本义为"粟",就是稷。这是由于邵阳话的老底子是一种古北方话的缘故,邵阳人的老祖宗南迁后,把他们原来以粟为主的旱作农业的名词术语,搬来说水稻了。在植物分类学中,粟是狗尾草属的一个种,子实去壳后叫小黄米或小米;黍是黍属的一个种,子实去壳后叫大黄米或黄米。稻与粟黍的内部,都有糯与不糯之分。但五谷以不糯者(即[tsɛ⁵⁵]者)为大宗,在不与"糯"相对时,人们说的"米"或"小米",都是指"[tsɛ⁵⁵]的",是拿来做正餐的饭食的(糯的主要用来酿酒、做粑粑)。

46. 第357页[摊尸]条补

《论语·乡党》:"寝不尸,居不客。"说的是卧姿要自然,家居要放松,不必像充当神主或外出做客那么拘谨。寝,卧也,即坐着靠在几上瞌睡;尸,由死者臣下或晚辈充当神主代表死者受祭,神主总是要正襟危坐的。也许旧时蹩脚的塾师把"寝"理解为躺床上睡觉,把"尸"理解为尸体,这便成了"向摊尸"的源头。

47. 第361页[烂板凳]条补

原来小镇是个渡口,有株千年皂角树,其一段树根露在地面,人们可以在此坐着躲阴乘凉,也就说个没完地聊天。也叫"烂板凳场"。

48. 第362页第12行"胖?"后补

③比喻贫穷。〇屋里干湫哩,何嘎讨得婆娘着?

49. 第362页[干湫哩]条补

"湫"字作"醮",记音更准,于义也合(二字均有"尽"义)。明沈榜《宛署杂记》:"贫曰醮,富曰肥。"杨树达《增订积微居小学金石论丛》卷四:"今长沙谓人贫穷者曰醮,盖谓其财尽也。"

50. 第383页〔卷〕条补

"卷"字文献有作"检"的,当是方言记音字。清代涨潮《幽梦影》:"春雨宜读书,夏雨宜弈棋,秋雨宜检藏,冬雨宜饮酒。"《现代汉语词典》说,检旧同捡。捡者拾取,似可引申为卷藏。

51. 第384页〔垕屋〕条前补一条〔垕纸〕

〔tɕiɛ̃³⁵tsʅ³¹ 垕纸〕一种较粗而结实的纸,可作包裹用纸、手纸等。因产于湖北黄龙山垕楼嘴而得名。

52. 第392页〔胺柿花〕条补

《说文》无胺字,《说文新附》之胺字本义为"赤子阴",其"经济剥削"义是借为"膞"字而得。《说文》:"膞,切肉也。"给柿子削皮的"胺柿花",本当作"膞柿花"。闻人军《考工记译注》'器中膞'注云:'膞,制陶器时配合旋削的工具。'给柿子削皮正是'旋削'。该书膞字音zhuān,与专字同音,正是邵阳音之〔tɕyɛ̃⁵⁵〕。汉语通例,工具义的名字,与用此工具做工的动字,常常同为一字。锄头之锄,也是锄地之锄,犁箭之犁,也是犁田之犁。

53. 第396页〔本苶〕条后补一条〔本分〕

〔pən³¹vən²¹⁵ 本分〕形 ① 老实,安分守己,即安于本人的身份地位。○那只伢叽老实本分,不得乱来,箇只当你屋甜妹放得,我打你咯总成。② 懦弱无能。○你也太本分哩,莫怪别个只欺侮你。|老话讲,别个咯莫要,自家咯莫掉。明明是自家咯物件,别个看着你本分,就会强抢强要。☞ 穷人和富人的身份地位差别不大时,要求社会稳定,各人须守本分。在这个意义上,"本分"是个好词儿。但是,如果穷人的生活过分凄苦、处处受到欺压时,就不能守本分了,这时需要的是斗争。逆来顺受的"本分"就是懦弱,于是它成了个不好的词儿。

54. 第 413 页［裉裉］条补

一个旁证是，"门限"之"限"，《说文》限字段注说"其字俗作峎、作痕"。今作门槛，限槛均匣母字（《广韵》槛字胡黤切，限字胡简切），而槛之今音为 kǎn。

55. 第 414 页［行止］条补

行止者，敢于行止也。《说文》："忍，能也。"段注："凡敢于行曰能，今俗所谓能干也；敢于止亦曰能，今俗所谓能耐也。"

56. 第 434 页［蹭］条下补一条［浸］

［dzʻiən²¹⁵ 浸］渗；洇。○墨不浓，纸不好，写起字来就浸。

57. 第 451 页［戗风］条补

文献或作抢，音 qiāng，《广韵》七羊切。明代杨慎《俗言·掉抢》："吴楚谓帆上风曰抢，谓借左右使向前也……今舟人曰掉抢是也。"颇疑此字是古语"餐风宿水"之"餐"字的孳乳。在邵阳话中，"餐"本甘韵字，读入刚韵也许为的是与早餐字分音以别义，因为字义相去已远。

58. 第 470 页［强勉］条前补一条［倾边］

［tɕʻiaŋ³¹piẽ⁵⁵ 倾边］介入争斗而袒护一方。○你冒是来劝架，是来帮忙！劝架哪个倾边何咖？

59. 第 470 页［戗1］条补

本字可能是"景"。《儿女英雄传》第一回："至于那入金马、登玉堂，是少年朋友的事业，我过了景了。"景字与"颈"同音，"颈"邵阳读［tɕiaŋ³¹］，为避同音而改念阳去，声母也随之变浊，送气。"景"字本义为"日光"，引申为"时光/时机"。

60. 第 471 页［香料］条补

去声之"香"也可作"相"，去声之"相"是辅佐义，"相料"意犹"佐料"。

61. 第 480 页倒第 7 行末补

"混合/掺杂"义典籍作"窜"。清章学诚《校雠通义》:"郑樵讥汉志以《司马法》入礼经,以《太公兵法》入道家,疑谓非任宏、刘歆所收,班固妄窜入也。"又,此义很难说是"小春"义的引申,宜独立出条。

62. 第481页倒第6行上边补一条[端午]

[tuaŋ⁵⁵wu³¹ 端午]节日名。五月初五为小端午,五月十五为大端午。〇日子过得好快呀,就要过端午哩。☞端午节是我国的传统节日,老百姓都很重视。邵阳村民一般是过小端午。这一天,已经出嫁的女儿要给娘家送礼,叫做"送端午"。从这一天开始,进入热天了,家长才允许孩子们到池塘或水库游泳,打浮船,冲没子(潜泳)。中餐后,家长要在热水中放一些姜蒜什么的,给大家洗完脸,要把洗脸水洒向屋里各个角落,同时念白:端午节,端午节,蛇虫蚂蚁山里歇,你若要来屋里歇,一锤(拳也)打你做三截。

63. 第489页倒第2行末补

蹦的本字可能是"冯"。邵阳话读音源于《广韵》东韵房戎切。作为姓氏的冯,邵阳音[yoŋ²²],与缝(裁缝)红洪宏鸿等字同音,此语却与朋鹏硼等字同音,为[boŋ²²]。二者的韵母、声调都相同,只是声母不同。《说文》:"冯,马行疾也。"

64. 第491页第14行"《淮南子》作漠"前补

刘歆《说苑·建本》作"矇":"此言违于情而行矇于心也。"

2019-01-24

23 權字秤錘义的来源

一

"權"是"权"的繁体字,它有一个义项是"秤锤",本文研究它的这个义项的来源,不便用简体,请诸位原谅。

今天的"權"字,用得最多的是"權势"义,稍微读点书,还知道它可以是"秤锤"。至于它同"桔槔"的关系,恐怕很少人想过。本文的意思是,"權"字之音源于从艸雈声的"萑";"權"字的"秤锤"义是其"衡器"义的引申,不能认为它源于"拳"。文章主要讲后者,因此标题作"權字秤锤义的来源"。

權字《广韵》巨圆切,上古音在群母元部,从木,雚(萑)声。曾经通"樌",指丛生的"灌木",而"灌木"之"灌",曾经作"樌",却没有用开。又通"爟",《吕氏春秋》的"爟火",《史记》作"權火"。爟灌樌雚(鹳雀楼之鹳的本字)字《广韵》古玩切,上古音在见母元部。它们在语音上的不同有两点,一是见群二母虽然都是舌根塞音,但清浊有别;二是權字平声,爟灌樌雚都是去声(《集韵》仙韵逵圆切小韵有"爟"字,与"權"字同音;此音可能是依据汉代高诱说"爟读權衡之權"定下的），照王力，中古去声源于上古入声的长入。颇疑"權火"之"權"，就是与"灌/樌"相通之"權"，是灌木之灌的本字，本读见母。因为"權"字从木，烧火用草不如用木，木比草要经燃得多；而"灌"字从水，明显不是本字。由于"權（爟）火"之"權"孳乳出了"權衡"字及其引申，并且变音群母平声，又占据了"權"字，"權木"才用"灌"字，"權火"也才用"爟"字。因此，不能简单地认为"權火"的"權"是"爟"的借字，也许"爟"才是后出的区别字。从语词派生过程来说，就是：长入见母的"權（爟）"在先，从它派生出平声群母的"權（衡）"。正如俞敏先生在《论古韵合怙屑没曷五部之通转》一文中所说："欲求语族，仍须涵泳于经籍之中，求其一形兼该二语之字，说其异同，籀其律例，庶乎有得。非翻检字书所能奏功也。"可是，"權"这个字形被派生新词占据了，其原义只好另造"爟樌"或借用同音字"灌"。在"语料库在线"网站的古代汉语语料库检索中，共有"爟火"15例，"權火"5例。但在汉代以前，却有4例"權火"出现于《史记》《汉书》，只有3例"爟火"出现于《吕氏春秋》《淮南子》。

亦声字"爟"的声符"萑"，是混入萑中的"萑"。因为"萑"是一种水鸟，不能用来烧爟火。而"萑"则是水边丛生的一种草，近似芦苇，拿来烧爟火的应是它。要说明一下，今天的"萑"字包括两个古字：一个从艹隹声，又叫益母草，今音念"追"；一个从艹萑声，指萑苇，类似芦苇，《汉语大字典》说是"荻类植物"，今音念"桓"。"爟"字的声符"萑"指后者，本文也只说及这个从萑得声的"萑"。《广韵》"萑"与"爟"声韵相近，声调则有平去之别。古籍中的"萑"字不少本来是"萑"，《墨子》《汉书》《本草纲目》都有这种情况，以致《广韵》说，"萑，俗作萑"，《汉语大字典》也只好说有些萑"同萑"。这是因为萑的声符"萑"（一种猫头鹰）的毛角写下来与"萑"字中的"卝"占着同样的位置。陈奇猷《吕氏春秋校释》说爟火是"烧苇束置于桔槔之上"，就是把"爟火"的燃烧材料理解为"萑"，也就是把

"爟"字的声符理解为"萑"。这样,一个"爟"字,就包含着"烧萑"的语句信息。"權火"这个写法,似乎也意味着"爟火"所烧的是丛生的灌木。

以上简述了"權爟萑雚灌"的音形,算是对"權"字音义的远源的一个交代。下边就说"權"的秤锤义怎么源于桔槔。

二

"權"字曾用于"權火",而"權火"少不了桔槔。

《史记·封禅书》说祭天用"權火",南朝的裴骃集解引张晏说:"權火,烽火也,状若井挈皋矣。其法类称,故谓之權。欲令光明远照,通于祀所也。汉祠五畤于雍,五里一烽火。"这儿的"權",就是"爟","挈皋"就是桔槔。为了"远照",让祭祀之处能看到權火,用桔槔把火举得高高的。不过,张晏说"其法类秤"是不合适的,见后文。烧柴祭天用桔槔,还有李善注汉扬雄《甘泉赋》为证:"燎薰皇天,皋摇泰一。"李善注引三国魏如淳曰:"皋,挈皋也。积柴于挈皋头,置牲玉于其上,举而烧之,欲近天也。"李善认为祭天用桔槔是为了接近上天。"權火"也用来作边境报警的烽火。北周庾信《周上柱国齐王宪神道碑》:"匈奴突于武川,爟火通于灞上。"报警的"權火"是什么样儿的?《史记·魏公子列传》"北境传举烽"裴骃集解引文颖说:"作高木橹(按橹即瞭望楼),橹上作桔槔,桔槔头兜零(按兜零即笼子),以薪置其中,谓之烽。常低之,有寇,即火然举之以相告。"因此烽火台也叫"桔槔烽"。"權火"还用来迎接客人,说是为的祓除不祥;它源于祭天。《吕氏春秋》在《赞能》和《本味》中两次提到"爟火"。《赞能》篇说的是齐桓公迎接管仲,"桓公使人以朝车迎之,祓以爟火……"。《本味》篇是说商汤迎接伊尹:"汤得伊尹,祓之于庙,爝以爟火……"高诱注:"《周礼》:'司爟掌行火之政令。'火者所以祓除其不祥,置火于桔槔,烛以照之……爟读權衡之權。"陈奇猷按:"爟權一也。'爝之以爟火'者,谓以苇束烧火置于權上而祓之也。"

高注说"置火于桔槔",陈氏说"烧火置于權上",这"權"不就是桔槔吗?边境烽火台的烽火既叫"爟烽"(如《陈书·宣帝纪》说"爟烽未息"),又叫"桔槔烽"(如唐张仲素《塞下曲》有"阴碛茫茫塞草肥,桔槔烽上暮云飞")。而"權""爟"相同,可见"權"确实就是"桔槔"。用"權"指桔槔并不奇怪,因为"權火"总是烧在桔槔上的。"權"可以指桔槔,就因为"權火"包括桔槔。用桔槔把火举得高高的,是權火的区别性特征。如果火下没有桔槔,而是在平地把丛生的苇束或灌木烧起来,那火就不是"權火"了。当"權"指的是"權火"时(例如"司爟"中的"爟"),它包括火,也包括承载火的装置"桔槔"。因此"權"有两个含义,一是指称權火的整体,二是指權火的区别性特征桔槔。我们把这类引申叫做"整零之引申"。不过,以"權"字指称桔槔恐怕只能视为临时的引申义,因为用得少,也就没能稳定下来传扬开去。

桔槔是古代一种运用杠杆原理的简单器械。首见于《墨子·备城门》之"颉皋",但无具体描述。《庄子·天地》云:"子贡南游于楚,反于晋,过汉阴,见一丈人,方将为圃畦,凿隧而入井,抱瓮而出灌,搰搰然用力甚多而见功寡。子贡曰:'有械于此,一日浸百畦,用力甚寡而见功多,夫子不欲乎?'为圃者卬而视之曰:'奈何?'曰:'凿木为机,后重前轻,挈水若抽,数如泆汤,其名为槔。'为圃者忿然作色而笑曰:'……吾非不知,羞而不为也……'"汉代刘向《说苑·反质》云:"卫有五丈夫,俱负缶而入井,灌韭,终日一区。邓析过,下车,为(按为字衍)教之曰:'为机,重其后,轻其前,命曰桥。终日溉韭百区,不倦。'五丈夫曰:'……吾非不知也,不欲为也……'"《备城门》是墨家后学所作,当在战国时代,庄子也是战国时人,其时讲桔槔已不必解释,老百姓都懂。"桔槔"又作"挈皋",挈者提举,皋谐音高，挈皋或桔槔，意思是"提高／举高"，水井旁边的桔槔也需要把水从深井提高到地面来。"提高／举高"是桔槔命名的理据，写做桔槔，为了表示它是一种装置，是一种以"提高／举高"别物为目标的简单器械。它由木头制作的竖杆和横杠构成，横杠中部与竖杆顶端相连，横杠可以随意俯仰。但是"后重而前轻"，一般是在后端绑上重物（它的发展就是衡器的砝码或秤锤）。当然，要在桔槔头（即桔槔的横杠举火的那一端）烧柴草、放牲玉，还得有个笼子（兜零）；要把井水从深井里提上来，除了打水的人得拿来盛水的器具外，还得从桔槔头吊一根带钩的绳子下来。这笼子和绳子就是附带的零件了。複合的理据义"挈高"演变成单纯词的所指义"桔槔"，语义由複杂走向简单，这是中国人提高语词的语义容量的一种智慧。汉语走的可不是只有从简单到複杂一条单行道。

值得注意的是，"爟火"的桔槔，比井边汲水的桔槔更早，因为它更原始。杠杆原理是一个力学原理，"力"的成分在汲水的桔槔中明显加重了，这种桔槔就是为了省力。而爟火的桔槔只是为了"提高／举高"，并没有把"省力"作为自己的直接目标。"挈皋"的命名，从"槔／皋"谐音"高"看来，大概是在人们祭祀、报警或迎客而使用"爟火"的时代，不会迟在用桔槔汲水的时代。

"權"指称衡器（如天平）的含义怎么来的？就是从指称桔槔的含义引申出来的。因为衡器的结构和桔槔类似：天平也有竖杆，不过矮多了；天平也有支点，有横杠；天平的横杠也可以俯仰。说到底，它们的灵魂都是杠杆原理。就因为衡器类似桔槔，指称桔槔的"權"才可以引申指衡器，这是类似之引申。但也因为"權"指称桔槔这一含义没有稳定下来传扬开去，人们就难以认识到，"權"的衡器义是从桔槔义引申而来的。

"權"指称衡器时，也可能指整体或其中的某个部分。《论语·尧曰》有"谨权量"，这"權"就是衡器的整体。但《汉书·律历志》有五权："權者，铢两斤钧石也"，这"權"指衡器的计量单位，只是衡器的一个功能部分。汉代郑玄注《礼记·月令》说："称锤曰權。"这"權"也是衡器的一个部分。但是，当"權"开始从桔槔义引申出衡器义时，它是指称衡器整体的，因为只有整体的衡器才与桔槔类似，衡器的计量单位，秤锤，与桔槔都不类似。只有在"權"字获得了衡器义以后，并且衡器中出现了秤锤，才能依据整零之引申的规律，从衡器义引申出秤锤义。

"權"的衡器义继续引申指衡器的部分时，为什么会指天平的砝码或杆秤的秤锤，而不是指秤杆（包括天平的横杆）？因为受到"衡"字的制约。"衡"字早有"衡器"义，《尚书·舜典》有"同律度量衡"，这话《史记·五帝本纪》也有，不能因为《舜典》是伪书就完全否定。《韩非子·扬權》云："道不同于万物，德不同于阴阳，衡不同于轻重。"这"衡"也是指衡器。"權衡"合起来指衡器见于《管子·明法》："有權衡之称者，不可欺以轻重。"如果"衡器"义的"權""衡"都按整零之引申的规律，引申指衡器的一个部分，则"衡"自然要指秤杆，因为它源于"横"，秤杆也是"横"的，这样，"權"就自然只能向衡器的砝码或秤锤引申了。

"權"字获得秤锤义的过程是：權（爟）火→桔槔→衡器→秤锤。

上述引申过程包含的前提是：在人类历史上，權火的出现远早于衡器。我们之所以与张晏"其（按指權火）法类称（按指秤），故谓之權"的解释唱反调，原因就在这里。张晏这话的意思，就是先有秤，后来才有"權火"。当然，"權火"中既有祭天的仪式，也有应用杠杆原理的桔槔，二者结合在一起。但自发地运用杠杆原理的桔槔并不是天平，不能拿来衡量轻重。桔槔和天平谁先谁后？

祭祀盛行于人类历史的早期，据说中国在黄帝时代已经盛行。祭天用權火，天和火在初民社会都是非常神圣的（今天还有天老爷，火神，灶神之说，结婚仪式中还有新娘"跨火盆"），帝王则叫天子，只有帝王才有祭天的资格；典籍记载，夏兴，有火神祝融为助，夏亡，又有火灾之神回禄捣鬼。周代帝王就自称天子，每年冬至在圜丘祭天，祭天礼是五礼（吉礼、嘉礼、宾礼、军礼、凶礼）之首吉礼的头一项，是最大的国事。周代还有个管火的官职叫"司爟"，他不但管祭天的"爟火"，还"掌行火之政令，四时变国火，以救时疾"，可见这火是国家管理的大事。甚至或者把"爟"看做最先使用火的人，或者认为天下的火（各家各户的私火）都是爟火。所以"爟火"决不是小事，小风俗。烧"爟火"祭天仪式的远源，当属原始宗教活动之一，比之"衡器"无疑要早多了。

而衡器是什么时代出现的呢？衡器本身有一个发展过程：从原始的等臂天平，到不等臂天平，再到杆秤。对于衡器的出现时代，学术界有许多不同说法，把时代定为春秋，战国，秦，西汉，东汉，南北朝的，都有。最早的是春秋时代，即公元前五世纪。杜石然等《中国科学技术史稿》虽然说"杠杆的利用和衡器的使用，在春秋战国时期已是司空见惯的事"，但也没有把时代提得更早。张钦华、骆英《天平的发展演变》说是春秋晚期。至于《墨子》书中叙述过"衡木"的俯仰与重力有关，是杠杆原理的定性描述，《淮南子》"重均则衡不倾"的意思也是这样，都是战国以后的事了。而秦朝为了统一衡制而颁行天下的"秦权"，却只是秤锤状的、法定的、校准衡器的"标准器"或"标准砝码"，而不是某个具体衡器的组成部分。证据是，《晋书·石勒下》有云："建德校尉王和掘得员石（按《隋书·律历志上》谓其状如水碓），铭曰：'律权石，重四钧，同律度量衡，有辛氏造。'议者未详，或以为瑞。参军续咸曰：'王莽时物也。其时兵乱之后，典度堙灭，遂命下礼官为准程定式。'"铭文第一句中的"权"字是衡器义，它前边的"律"字是"依法校准"之意，说明它是个校准衡器"四钧"之重的标准器而不是"秤锤"，任何杆秤的"秤锤"也不可能有四钧那么重。[1]

所以我们认为，"爟火"的出现，应该远在衡器之前。既然如此，"权"字的衡器义就出现在其桔槔义之后，其秤锤义当然又在衡器义之后。

三

赵纪彬《释權》一文，探究的就是秤锤何以叫"權"，文中也提及"權火"。他说："'爟火'形作'↑'，'│'象衡的竖立，'▲'象拳在衡上，'權''衡'接成烽火，举而燃之以祀天，其法与'秤'的构成确很相似……总而言之，'權'是拳头的延长，'衡'是臂膊的延长，二者相结合构成为'秤'……"[2]由于"權""拳"同音，秤锤又与"拳"相似，所以"秤锤"义的"權"源于"拳"的说法，表面上似乎很有道理。实际上，这个说法是站不住脚的。

首先，權火或为祭祀，或为示警，或为迎客，都要高举，所以要利用桔槔。人高举着握拳的手臂，要干什么？古人并不游行高呼"打倒"，很难这么做。生活中人们握拳，就是为了击打，如给人"捶背"之类。"權（秤锤）"是击打的工具吗？不是的，它是秤的一部分，是拿来衡量轻重的。就算有人拿它做击打工具，"击打"也不是秤锤本有的性质。所以说"權"源于"拳"缺乏灵魂，形似而不神似。

从语言文字的角度说，《说文》"拳"字从手，卷声。"卷"是隶定以后的写法，此字本来是从廾，釆声。釆是兽类足印的象形，古文以为"辨"字。卷字《说文》解为"抟饭"，就是把饭抟成饭团儿，因而卷声字多为卵圆义。例如，卷，膝曲也。膝曲则髌骨现，北方叫脖拉盖儿，邵阳叫膝波罗；荷花的花苞，卵圆的，古代叫"卷荷"，邵阳把花骨朵叫花波罗，雅语叫蓓蕾；古语的"卷石"相当于今语的"卵石"，等等。卵圆物的面是曲面，卷声字因而多有弯曲义，"拳"字本来也是弯曲义。张之为掌，卷之为拳，卷就是弯曲。湘语邵阳话的"拳"字，白读音把韵尾丢了，音［dzua^{22}］或［dʑya^{22}］，有两个含义：一指手指拳曲不能伸直，如"手冻拳嘎哩""那人是个拳子"（拳子是一种残疾人，手指拳曲不能伸直）；二犹"抓痒\抠痒"之抓\抠，如"把奶奶拳痒""莫把伤疤拳脱哩"[3]。它们都是拳曲义，后者用为动词而已。"權（秤锤）"字却与弯曲义毫不相干。

邵阳话不说"拳头"，把"拳头"叫"锤子"（就是榔头），"学拳术"则叫"学打"，土匪叫"锤子兵"。所以邵阳话的"锤子"有两个义项，一是本义榔头，二是比喻义拳头。这是把手臂和拳头，比喻为锤柄和锤头。二者既形似也神似，榔头就是拿来敲打的。不过，如果只讲词语，这与"工具是人手的延长"恰好相反，似乎先有榔头（古代叫椎），后来才借来指拳头。这似乎也能证明，有时表示人手的某个词，反而以工具为源头——世界上的事情千千万，一概而论会有说不通的时候。至于把土匪叫"锤子兵"，这是拿土匪和官军相比，意思是土匪的武器差，靠的几乎是"赤手空拳"。

其次，"權"既可单指秤锤，又可指秤。说"權"起源于"拳"，这就意味着"權"指秤锤是先义，后来"權"才引申指整个秤。事实是这样吗？虽然"整零之引申"理论上是可逆的，但在具体的引申实例中，谁是先义则是确定的。如"梨"既可指梨树，也可指梨子。恐怕先义只能是梨树，指梨子只能是引申义。

在"權火"早于衡器的历史情况下，以下现象是可能的：当习惯于"權火"的人们初看到新生事物衡器时，不知道它叫什么名，只觉得它类似權火的桔槔式组件，便会惊讶地叫：这"權"还能量轻重？这个"權"本来指"權火"，实际指權火的桔槔，因为这种不知名的新事物类似權火的桔槔，便被临时借来指称这新事物衡器。这种情况出现得多了，指"權火"的"權"就以其桔槔的相似性为中介，获得了"衡器"的含义。要注意的是，所谓类似，是桔槔与衡器都是杠杆原理的具体运用，这时的"權"肯定只能是指整个的衡器。那时的衡器是早期的等臂天平，秤锤还没出现呢！这种情况是典籍能够证实的。《考工记·轮人》（战国初期齐国官书）："權之，以眡其轻重之侔也。"《周礼·地官司徒》说，"掌葛"征收的蕨葛等纺织材料"以權度受之"，"掌染草"征收的可供染色的草木材料"以權量受之"，"掌炭"征收的炭和灰"以權量受之"。《论语·尧曰》有"谨權量"，《孟子·梁惠王》："權然后知轻重，度然后知长短。"《汉书·律历志》说："權者，铢两斤钧石也，所以称物平施，知轻重也。"这些"權"字或指整体的衡器，或指用衡器来称量，或指衡制的单位。在先秦典籍中，公认是指秤锤的"權"字，至今未见[4]。

最先说"權"是秤锤而见诸文献的，大概是《礼记·月令》郑玄注。但这条郑注可商。《月令》原文是："日夜分，则同度量，钧衡石，角斗甬，正權概。"郑玄的注文是："因昼夜等而平当平也，同角正谓平之也。丈尺曰度，斗斛曰量，三十斤曰钧，称上曰衡，百二十斤曰石。甬，今斛也。称锤曰權。概，平斗斛者。"贾公彦在疏中揭举了"注"的实质是"度量钧衡石五者总蒙同"，意思是"同"字管着后边五个字（"钧"字前边的逗号应该去掉）。问题在于：第一，把"同度量钧衡石"合为一小句，同前后的三字句的小句格局不协调。其中的"钧"和"石"都是重量单位，中间怎么会插进一个秤杆义的"衡"字？第二，与郑玄同时而年岁略小的高诱注《吕氏春秋·仲春纪》里与《礼记·月令》同样内容的文字，却说："钧，铨。衡石，称也。"把"钧"看做与"同角正"一样的动词，到底谁对？第三，注文的矛盾也许是古人"注不破经、疏不破注"的局限性造成的。虽然先儒尊重经典、不改原著的谨慎态度值得赞赏，到最后还得承认那些确实存在的衍夺错讹的事实。以本句而言，钧衡二字疑倒。如果作"衡钧石"，"衡"字就与"同角正"一样是个动字，不指秤杆。这样，也就不好说"称锤曰權"了。

总之，"秤锤"这个词汉代人才开始用（郑玄是东汉初年人），在此之前，"權"字的"称量"义用得不少，也有表示称量的工具衡器或衡器的部件的。由于衡器有一个演进过程，什么时代开始出现秤锤还没有定论。虽然从用例看春秋时代以前典籍中的"權"不可能指"秤锤"，但恐怕只有考古发现才能最终解决这个问题了。不过，从引申过程来看，可以肯定，以"榷"指"衡器"在先，因为它来源于与榷火中的桔槔类似，指的是原始衡器天平。那时世上还没有秤锤呢！只要肯定"榷"的秤锤义是从衡器义引申出来的，它的语源就不是"拳"，两字同音只是偶然的巧合。[5]

最后，赵氏又由"榷"到"衡"，说"衡"是臂膊的延长。不知道这是否意味着赵氏把臂膊看做衡的语源，如果是这样，那就连偶然的同音都已放弃，完全是离开语言实际的十足的杜撰了。"衡"的语源是什么？语源包括音源和义源。《说文》云："衡，牛触，横大木其角。从角，从大，行声。"从衡横二字的音义，不难看出"衡"源于于"横"。查查《汉语大字典》，绑在牛角以防触人的横木，车辕上的横木，门窗或屋顶的横木，都叫"衡"，与"直"相对的"衡（命）"（逆命），与"合纵"相对的"连衡"（多作连横）等等，也能证明这一点。由此不难得到：因为秤杆"横"，"衡"才在杆秤出现后引申指秤杆。此前人们称轻重用天平，天平的关键组件也是"横"的，所以用"衡"指天平。怎么能脱离"衡"字的音义，把它与"臂膊"搅到一起去呢？"榷"和"衡"结合可以指"秤"，单独的"榷"或"衡"也可以指秤，这是语言学领域的问题，它同离开汉语实际的"握着拳的手臂"毫无关系。把它们同"工具是人手的延长"这个历史哲学的命题联系起来也没用，各民族的人都能举手握拳，各民族语言中表达举手握拳的字词却千差万别。请从汉语汉字的角度想一想："手"或"臂"字的音形怎么能是众多工具义字词的音形之源头呢？"碗筷／衣帽／犁耙／枪炮"等等，可以说都是工具，在历史哲学领域似乎也都可说它们是人手（劳动的人体或其器官）的延长，但在汉语汉字领域，能说它们都源于"手"或"臂"吗？研究汉语汉字得从汉语汉字系统的实际出发，不能把具体问题概念化，也不能把複杂问题简单化。（2019-02）

注释

[1] 把秦代朝廷为了统一衡制而颁行天下的标准器叫"秦權",又把这"權"理解为"秤锤"是错误的。"秦權"是政府规定的一种重量标准,是不变的,重四钧(120 斤)的"權",其重量就是四钧。而秤锤的重量一般是几两到斤把,它的重量是可变的,一般要与秤杆的重量相称。在校准衡器的时候,"秦權"是作为重物来称量的,不能把它当秤锤用。比如一个四钧的"秦權",用某一杆秤来称,如果也是四钧,就说明用这杆秤是符合标准的。

[2] 赵纪彬《释權》,李圃《古文字诂林》"權"字下引。

[3] 黎良军《湘语邵阳话音义疏证》第 74 页,黄山书社 2009

[4] 个别權字表示衡器的部件时,到底指杆秤的秤锤,还是指天平的砝码,依赖于对杆秤发明时代的确认。如《考工记·玉人》"驵琮(一种玉器)五寸,宗后以为權"的權字。郑玄注说:"郑司农云,以为称锤以起量。"但今人闻人军说:"此处指天平的砝码,后世演变为秤锤。"用一种不大的玉器作"權",肯定不是作整体的衡器。这个"權"是不是指秤锤,就看《考工记》时代有没有秤锤了。

[5]《汉语大词典》"權"字的第一义项是"秤……亦指秤锤",认为秤锤义是引申义,合乎历史事实。以展示词义引申过程为特点的《现代汉语规范字典》此字的第一义项却是"〈文〉秤锤",认为"衡量""权力"等义都是秤锤义的引申,而且根本没有提及秤,显然不符合字义发展的历史事实。

参考文献:

1. 俞敏《古汉语派生新词的模式》,见《俞敏语言学论文集》,商务印书馆 1999.

2. 徐中舒主编《汉语大字典》,国学大师 guoxuedashi.com.

3. 罗竹风主编《汉语大词典》,国学大师 guoxuedashi.com.

4. 余迺永《新校互注宋本广韵》,上海辞书出版社 2000.

5. 丁度《集韵》(附索引),上海古籍出版社 1985.

6. 阮元《十三经注疏》,世界书局版,中华书局影印.

7. 房玄龄等《晋书·载记第五石勒下》,中华书局 1974.

8. 段玉裁《说文解字注》,上海古籍出版社 1981.

9. 李圃《古文字诂林》,国学大师 guoxuedashi.com.

10. 陈奇猷《吕氏春秋校释》,学林出版社 1984.

11. 林尹《周礼今注今译》，书目文献出版社 1985.

12. 闻人军《考工记译注》，上海古籍出版社 2008.

13. 杜石然等《中国科学技术史稿》，科学出版社 1985.

14. 赵纪彬《释㩲》，载《中国哲学（第九辑）》，三联书店 1983.

15. 黎良军《雅林探賾：汉语字义引申例论》，广西师范大学出版社 2016.

16. 张钦华 骆英《天平的发展演变》，中国计量 2003，9.

17. 吴毓江撰《墨子校注》，西南师范大学出版社 1992.

18. 陈鼓应《庄子今注今译》，中华书局 1983.

24 摹拟仨吸气音的汉字
—— "斗啵"本字考的教训

一

　　大概 30 年以前，那时我已把邵阳话作为自己的研究方向，就考虑过"斗 [po³⁵]"的本字。邵阳把接吻叫"斗 [po³⁵]"，"斗"字很常用，如公牛喜欢"斗架"，对耳朵挺背的人说话要"斗着耳朵讲"，吸烟没火柴可以就着别人正吸着的烟卷儿"斗火"，几个朋友想吃一餐可以"斗钱打平伙"，木匠活要"斗卯榫"，等等。有的人用"打"替换"斗"，接吻叫"打 [po³⁵]"。但"[po³⁵]"的本字是哪一个？当时并不知道，就写个记音字"簸"（簸箕的簸）。

　　1991 年 3 月 9 日，在南京，与李荣先生谈及斗 [po³⁵] 时，他似乎很随便地说，这"[po³⁵]"字是拟声的。说话间还撮圆嘴唇，"啵啵"有声。李先生是当时我国方言界的头一位大师，我心里对他也极为尊敬，此前我们还无缘见面呢——这次去南京，主要为的看望他：因为已经决定不参加《现代汉语方言大词典》（地点方言分卷本）的编撰工作，本来是可以不去的。虽然我十分感谢先生的信任与提携，但对先生的这个说法，我却一直不以为然。那时我认为，语言理论中有摹声说，但要是多举几个例子，就常常是或然的，缺乏必然性的理论力量。接吻可以无声，有声的也是吸气音。生活中人发出的吸气音本来就少，成为摹拟对象的会更少。汉语中摹拟人的吸气音的拟声字，据我所知，就一个"啧"字。

没想到啊，不听先生之言，拒绝从拟声角度研究"[po³⁵]"字，几乎使我此生无法解决面前这个并不困难的问题！现在，他28年前说的话，我才真正懂了，服膺了。原来李荣先生看似随便说出的话，背后是有着深刻思考的。

[po³⁵]与"吻"字义同，音有关吗？《释名·释形体》说："吻，免也。入之则碎，出则免也。又取扠也，噍唾所出，恒加扠拭，因以为名也。或曰，口卷也，可以卷制食物使不落也。"毕沅注其中"卷"字云："卷，巨圆切，卷曲之义，与龹舒之龹异……郑注《周礼·考工记·梓人》云：吻，口腃也。"《集韵》在逵圆切小韵也说："腃，吻也。"

这个卷（腃）字白费了我太多的功夫，多少年翻来覆去考虑"啵"的本字，总离不开它，就因为它既不是摹声的，却又是一条声训。可"吻"字原来是明母字，声母是双唇鼻音[m]，而卷字的声符"龹"虽然从廾釆声，古文以釆为辨字，它本身却读归牙音的见母，是舌根塞音[k/g]。于是我猜想：莫非"卷"字原来并不是牙音？在这个过程中，我不但多次查了好些"龹"声字，"釆"声字，而且注意到日文中"接吻"念的也是双唇塞音，而后就认为："卷"字的古音本为双唇塞音声母，是[po³⁵]的本字。1998年开始用电脑，还打印过短文《釆声字小考》，极力论证邵阳话中表示卵圆物的[po⁵⁵lo]的本字是"卷"。该文说："卷字本义乃卵圆之物，古念[pol/phal]之类的音，则《释名》以'口卷'释'吻'，今'接吻'叫'斗啵'或'打啪'[1]也就不足怪了：接吻都要嘟噜着嘴，那样子，与瓴甋、部娄神似。至于[po⁵⁵lo]变成了[po³⁵]，丢了第二音节，则可用瓴甋或单作瓴，蓓蕾或单作蓓来比较。"

这里至少有两个问题没有说清：确定一个字的读音时，在什么范围内，或者说在怎样的程度上，可以利用声训训释字的读音，或该字声符（谐声字）的读音？有没有直接证据证明卷字上古音为［pol/phal］？所以文中虽如此说，自己总觉得并没有说清楚"卷"字的上古读音是唇音［p\ph］，关键问题还没有解决。因此也一直没有把这篇短文拿出去。接着，我的兴趣转到了邵阳话中的苗瑶壮语底层，就把这个问题放下了。这样一搁就是好几年，直到退休。

退休后开头几年，因为做着别的事，没有顾及邵阳话研究了。

2007年我已经68岁，准备写定有关邵阳话研究的稿子，争取出版。涉及"啵"字时，还是不能说明"卷"字的音读问题——声训的训释字，虽然有不少是被训字的同源字，但在理论上只要求与被训字音同或音近，并不要求同源。《释名》解释"吻"字的声训，就用了"免""抆""卷"三个字。因此，只根据声训材料，是无法解决"卷"字上古读音的问题的。

虽然如此，我在《湘语邵阳话音义疏证》的［斗簸］条却勉强地说："《释名》与《周礼》郑注以卷（膁）释'吻'，乃是一条声训……邵阳话的'啵'，本字正是'卷（膁）'，'卷'字的双唇声母，在刘熙口中还保存着。"把刘熙的声训作为语音论证的唯一根据。书是出版了，心里的问题却并没有解决："卷"字的上古音到底是不是唇音？今天的牙音读法是如何来的？刘熙口中的"膁"果真是双唇塞音吗？自己总觉得不踏实。也就是说，自己都没有完全认可"卷"就是［po^{35}］的本字。可也一直没有找到别的什么出路，日子却一天天、一月月，在不断流去。而且，书已出版，我对邵阳话的关注自然远不如前。其间，我研究过汉语字义的引申问题，日语中的汉源借形词及其回归问题，侨归词的理据问题，等。这样一直到前几天，才因看到《采声字小考》的打印稿，再来思考这个老冤家。不过这次除了认真思考李荣先生的说法，研究语词摹拟吸气音的问题，还搜集整理了汉语中表达卵圆义的许多词。

二

既然"斗[po³⁵]"就是"接吻"，还得从"接吻"开始。

刘正埮、高名凯等《汉语外来词词典》【接吻】条说，"接吻"源于日语 seppun。这就奇怪了，历来说中国"地大物博，人口众多"，有五千年文明史，难道连这种词都得进口？太不合常理。查鎌田正和米山寅太郎的辞书《新漢語林》，"接吻"的日语读音セップン是"唐音"，与 kiss 的意义相当。词典叫"新漢語林"，就是承认所收的词是日语中的"漢語"。日文的"漢語"即"汉语词"，指日文词汇中源于汉语的词语。《聊斋志异·娇娜》就有"接吻"，虽然皇甫娇娜是狐狸精，"接吻"也不是"爱"，而是娇娜让救了她一家的孔生起死回生的"法子"。但小说是从审美角度描写并无淫乱的"好色"："自乃撮其颐，以舌度红丸入，又接吻而呵之。红丸随气入喉，格格作响。移时，豁然而苏。"它与示爱的接吻并没有多大区别。此外，《聊斋志异·萧七》也有"近接其吻，亦不觉"和"吻已接矣，作态何为？"这两处说的就是人与狐精之间的性爱，虽然两字不相连。总之，"吻"字之音不可能源于日语，[po³⁵]的本字是不是"吻"也不能据此论定。

吻字《广韵》《集韵》都只有武粉切一音，微母字，源于明母合口三等，后来一般变成[v]或零声母，存古之音则念[m]，怎么才能与[po³⁵]联系起来？这里的问题是：（1）"接"字《广韵》即葉切，葉韵精纽，中古有双唇塞音 –p 尾。"接吻"的中古拟音[tsiɛp̚ ˬmiuən]，连起来念时，[m]会被同化成[p]吗？为此我重读了俞敏《古汉语里面的连音变读现象》等文献；（2）日语"接吻"的读音源于汉语古音，其"吻"字的双唇塞音声母是怎么来的？为此又重读史存直《日译汉音、吴音的还原问题》、王吉尧和石定果《汉语中古音系和日语汉音吴音音系对照》等文献。通过阅读思考，现在认识到：

关于第一个问题，在两个音节连读时，后一音节的首辅音影响前一音节尾音（逆同化）的例子不少，如"拿磨"念成"南无"之类；而前一音节尾音影响后一音节首辅音（顺同化）的例子少多了。入声字的塞音尾可能除阻，独立成音节（如眨巴），它在除阻后同化后字原有声母的例子，就一个"纳"字韵尾 –p 使后边的亨（享亶）变烹，烹字声母的送气成分，大概还是亨（享亶）字原声母 [x] 的遗迹。这就是说，在"接吻"中，"接"字的韵尾 –p，同化并取代"吻"字原声母的可能性比较小。况且邵阳话不说"接吻"，而说"斗簸/打簸"，前字就根本没有 –p 尾。关于第二个问题，这不是一个"吻"字的问题，所有微母字的声母，日译吴音都作 [m]，汉音都作 [b/p]。这主要是由于日语在翻译汉语时要设法区分汉语的音类，不代表汉语有对应的音值，也许只是译者在听感上觉得微母字的汉音有塞音成分。而邵阳话微母字声母的演变是邵阳话的事情，不能把日译微母字的共同声母，强加于邵阳话的某一个微母字，"吻"字也不例外。

这样看来，邵阳话的"啵"，确实不能以"吻"为本字了：声韵调都不同。其实，这个认识在 1998 年已经得到，《采声字小考》曾说："比较'接吻'的日音 seppun（セップン）同'打啵'，似乎'啵'的本字就是'吻'。但实际不是。在日文汉字的音读中，微母的吴音是双唇鼻音，汉音是双唇塞音[2]。pun 无疑是吻字的日译汉音。但在邵阳话中，中古微母字没有一个念双唇塞音的……从邵阳话声母的演变规律看来，'啵'的本字不可能是'吻'。"

其次，[po^{35}] 的本字可能是"卷"吗？既然没法说明"卷"字声母的演变，那么，因为发 [po^{35}] 音得撮圆嘴唇，卷字又有卵圆义，那就广泛地搜求一下卵圆义的字词，看看能不能发现些什么。汉语中卵圆义的字词不少。论声母，除了双唇音（帮系），舌根音（见系），还有舌头音（端系）。下面是搜集到的卵圆义字：

（1）见系牙音：

卷：《说文》"䣛曲也，从卩，釆声。"卷字有卵圆义，荷花花苞叫"卷荷"，大山陵叫"卷阿"，卵石叫"卷石"，起面饼叫"卷饼"，今天的卵圆状面食还有"花卷"。

拳：张之为掌，卷之为拳。拳也是卵圆的。

帣：囊也。

釆下"豆"：黄豆。

卵：卵字有见母读法，古作卝，關（关字繁体）是它的谐声字。北京话有"卧果儿"，这"果"就是鸡蛋，本字是"卵"。

鞠：蹴鞠之鞠，就是圆球。

匊：双手捧。近似中空的球形。

球：卵圆之极致。

骨朵：武器名，长棒头上缀一球形物，又叫金瓜；比喻花蕾。

榾柮：树根疙瘩。

馉饳：一种圆球形食品

蜾蠃，又作蒲庐：细腰蜂。近似长圆形。

果蓏：木实曰果，草实曰蓏，多是卵圆的。

轱辘：轮子，圆形。

骨碌：球滚动。

栲栳：藤或篾编织的容器，底部是中空的半球形。

佝偻：曲背。半球形。

岣嵝：衡山主峰。中间高周围低，近乎半球形。

（2）帮系唇音：

唇音与牙音似乎有某种关系（但无法论证）：卷字釆声，釆字来声。釆乃古文辨字，唇音。

膝波罗：膝曲则髌骨现，髌骨卵圆，邵阳话叫"膝波罗"，北方叫脖拉盖儿。

手波罗：手肘的鹰嘴突（邵阳话）。

糖波罗：金樱子果（邵阳话）。

量波罗：邵阳的儿童玩具，一副量波罗由一大一小两根木棍构成，大者如短笛，小者如筷子。将小者放在地上，使其头部离地面有点儿距离。用大棍击打小棍头部，一击令其跳起，乘其在空中时再次击打，使小棍远去。谁打得远，谁胜。这小棍是替代品，原来是椭球形之物，北方叫尜尜儿。

光波罗：光头（邵阳话）。

饽饽，面食，大致卵圆形。邵阳话用其比喻鸡蛋，念阴去，真正的卵圆。

蓓蕾：花苞，卵圆物。皮肤上半球形的小颗粒也叫"蓓蕾"。

部娄：小土山，半个卵圆。

瓿甄：小罂，瓦器，近似卵圆。

拨浪鼓：儿童玩具，本来是个小鼓，一转动，看去就是一个球。

叵罗：酒杯。

筲箩：或作啵箩，用竹篾或柳条之类编织的圆形容器。

念波罗经：如敲木鱼念经一样反复叮嘱念。"波罗"源于"般若"，本来佛家指"智慧"，这儿转指木鱼，是中空的卵圆之物。（邵阳话）

（3）端系舌音（舌头音）：

舌音似乎也同牙音有一点关系。丵声是牙音，在"腾"字中，它同"朕"声的右旁却老是相混。赵立伟《〈尚书〉古文字编》有劵（即倦）字五个，下部从"力"，上部无例外从"关"（隶定为"关"，是朕字的右边），可《说文》说此字是"从力，卷省声"。关字《玉篇》士倦切，士字崇母，属齿音。而俟即媵字，媵字《广韵》以证切，是喻四，原来是定母，归舌头，与腾滕縢幐等同声符字一样。舌音声母的卵圆义也有好几个字：

叀：纺锤，椭球形。叀《广韵》时钏切，禅母，舌面音。（转、繐得义于叀。邵阳旧时用土纺车纺纱，纱收成"繀子"。此繀子即纺锤，椭球形。繀当是繐的区别字，专用于本义，齿头音［s］）。

团：圆球状物，抟的结果。抟，使聚成团，动字。

椭：长圆形。

㲋：孵不出幼子的卵。

箪：圆竹器。邵阳有箪箱，是拿来抟米的。

砣：根据"锤"字的方言音造的字。大致的圆形。

驼：驼背，半球形。

陀螺：旋转的圆形物。

三组字近义，很近。但它们不是同一个根词的分化，也就不属于同一个词族。仔细辨别，有源于弯曲义者，如驼背之驼，膝曲之卷，蹴鞠之鞠；有源于圆周运动之义者，如纺锤义的叀，圆形竹器的箪；唇音［po⁵⁵lo］而表示卵圆之义，好像最为古老。但它们之间的声母有关系吗？说不清啊，本来就有好几个词族，怎么去讲读音的变化呢。从韵来说，多山摄合口字，按上古音则多元部和歌部字，也有幽部字。有单音节的，也有双音节的，双音节的可能源于複辅音。现在似乎只能得到这些认识。

如果说见母"卷"字的声母本是双唇音，其他见系卵圆义字怎么办？都如此吗？这是不可能的。声母的发音方法比较容易发生变化，但也是有条件的；发音部位临近，可能慢慢推移（如舌头音可能腭化），但帮系唇音与见系牙音的发音部位之间，距离也太远了，不可能直接发生关系。因此，把"卷"字定为［po⁵⁵lo］的本字，只能凭谐声和声训资料，无法从发音机理、音变条件方面进行论证。既然如此，就不能再以"卷"为［po³⁵］的本字，而应另外寻找出路。

三

而这另外的出路，其实是李荣先生 28 年前已经指给了我的。摹拟人所发声音的字多从口,因为口是人主动发声的主要器官。那就从"啧"出发吧:既然吸气舌音可以摹拟,别的吸气音也有这种可能。

人的口鼻发出的吸气音虽然不多,但啧啧称奇的"啧",念字是呼气的,摹拟对象却是吸气的舌尖塞音或舌面前塞擦音。吸吮的"吸",邵阳话音[tɕiən⁵⁵],吸吮虽得吸气,但不发声。除此之外,生活中还有两种吸气音:一是亲吻,在嘴唇离开所吻对象时发出的"啵啵"声,这是吮吸突然停止,双唇发出的圆唇塞音。二是吃东西时觉得有滋味的"吧",以及抽烟袋的"吧"。它们也是双唇塞音,不过不圆唇,至少圆唇度较低。这大概是生活中最常见的三种吸气音了。

生活中的吸气音是自然声音,不是语词。摹拟吸气音的"啧"是语词,这个词的读音 zé,是呼气音。语词"吧"摹拟抽烟时嘴巴发出的吸气音,音 bā;吃东西吧唧着嘴的"吧唧"音 bājī(见《现代汉语词典》),二者同样是呼气音。汉字中的拟声字的语音,与它的摹拟对象自然得有相似性,但拟声字的音属于语音系统,经过了语言的音系的改造,它同被摹拟的自然声音在本质上是不同的。汉语的语音系统没有吸气音,不得不用呼气音去摹拟现实中的吸气音。

"啵"是语词,这个"啵"在邵阳话中,声母是双唇清塞音,韵母是圆唇半高元音,声调为阴去,记音作[po³⁵]。它可能源于生活中的亲吻之声吗?上文已经说及,生活中的亲吻,如果发声的话,它虽没有明确的声调,但一定是吸气音,发音部位一定是撮圆的双唇,发音方法一般是塞音。拿生活中的亲吻声,与语词"啵"的读音一比较,这就可以肯定:李荣先生是对的,邵阳话的"啵",确实是对亲吻声的摹拟。不过它已经发展成一个口语的动词,读音稳定,语义也稳定指亲吻,"斗啵"则指亲嘴,而不是单纯的摹拟声音。

至于写个什么字来记录这个[po³⁵],首先要看书面汉语是否已经记录了这词,用的是本字还是借字,然后再决定是沿用既有写法,还是另外选字。据查,上古和中古,中国社会讳言"接吻",记录接吻的"啵"

首见于《金瓶梅》,用的是借字"剥",该书第五十七回说:"〔潘金莲和陈经济〕两个乘着没有人来,执手相偎,剥嘴咂舌头,两下肉麻,好生顽了一回儿。"这个"剥"音 bō,声韵都合,但调不合。典籍中还有个"剥啄",是个摹拟敲门声、下棋落子声的拟声词。现在很少见了。可汉字"形中有义",如果考虑"剥"字之义,就根本没法用它了。别的文献则未见有记录这词的。如果前人不曾为它造字,也就无所谓本字了。我以前借用"簸"字,是因为邵阳话的 $[po^{35}]$ 是阴去,"簸"字虽多念上声,在"簸箕"中却是去声。不过一顾及字义,"簸"字也很不理想。互联网上有"打啵",这"啵"字是个现代字,表示语气,只有轻声一读,实际声调与句调纠缠在一起,非常多变,可以认为没什么固定声调。它含义少,又从"口",用在"斗啵"或"打啵"中,人们会很快推知其所指是亲吻。看来"啵"字最合适,不过要增加一个义项"指亲吻",还要添一个去声的声调。实际上,许宝华和宫田一郎主编的《汉语方言大词典》已经引用了朱子椿《闪亮的银耳环》中"吻"义的"啵":"啵她一下。"并指出这是赣语,但没有注音。又有"打啵"条,说是长沙话、双峰话,"啵"为阴去。

《汉语大字典》有"吧烟"(用例引周立波《山乡巨变》),《现代汉语词典》有"吧一口烟"。这"吧"字邵阳音 $[pa^{35}]$,也是阴去,不圆唇,与圆唇的 $[po^{35}]$ 恰好一对。邵阳人也说"吧一口烟"(不过平常听到的多是"吃一口烟")。邵阳话还说"吧饭"。要孩子少吃点儿菜,就说:"菜是吧饭咯,哪个吃尽菜何咖?""吧嗒着嘴",邵阳话说"吧嘴子","吧"也是阴去,与"吧烟"的"吧"是同一个字。这"吧"无疑是摹声,摹拟生活中"吧嗒着嘴"的吸气音。但它们是语词,也有稳定的语音和语义。"吧嗒着嘴"当然是个不大好的习惯,不过事情没有这么简单。这个"吧"的来头不小。自古"民以食为天",人要是吃得有滋有味,嘴巴就会情不自禁地"吧嗒"起来,特别是孩子。要不然邵阳话肉类怎么叫"吧吧",鱼怎么叫"鱼吧"呢,它们太好吃了,太有滋味了,尤其是在温饱问题没有解决的时代。吃饭为什么同时要吃菜？营养学家也许要说为的是营养全面，菜中的许多营养是饭里面没有的。但人不都是营养学家，他们首先感觉到的是，口口是光饭，是粗粮，吃起来什么味道都没有，难以下咽；饭里面拌点菜，吃起来有滋味，那饭就容易下喉了。有滋味，嘴唇就吧嗒，所以说"菜是吧饭咯"。这个方言词从另一个角度说明了人们吧嗒着嘴是有原因的，

这样，邵阳话中阴去的"吧"就有四个义项：（1）吃得有滋味、很满意时上下嘴唇吮吸发出的声音：他吃得嘴子吧个冒停。（2）使有滋味，易于下咽：菜是吧饭咯。/猪耳朵吧酒最好不过。（3）吸（烟）：又吧了一口烟。（4）叠用为"吧吧"：童语。肉食品，特指猪肉：餐餐吃吧吧，吃哩尽架架。

其中，第二义项文献或作"配"，《金瓶梅》第九十九回说："韩道国去街上买菜蔬肴品果子来配酒。"白维国《金瓶梅词典》解释"配酒"是"下酒，和酒一起吃"。此字音义都与"吧"近，但不是从摹声角度找到的本字，而是从既有的词汇系统中找来一个音义都相近的字。因此，口语的[pa³⁵]字写作"配"只能是勉强将就，远不如写个摹声的"吧"。还有，邵阳话的"吧口吧嘴"的"吧"念的是阴平。在意义上，"吧口吧嘴"是中性的，既可以指吧嗒嘴的不良习惯，也可以指吃得津津有味的表情。

需要郑重说明的是，"啵"和"吧"虽然源于对声音的摹拟，但它们都不是拟声词。"啵"指以嘴唇亲吻，即使无声，也可以说"啵了一个"。"斗啵"则指亲嘴，一般无声。"吧"的四个义项，其（1）可说是拟声义项，（2）（3）是动词，（4）是名词。拟声词和摹声性理据是两个不同的概念。例如"猫"是名词，指一种动物；"猫"虽不是拟声词，但它的理据义是摹声性的。摹拟猫的叫声的拟声词作"喵"。拟声词的意义就是摹拟某种声音，重视声音的像似性，所以它的发音往往会突破语音系统的限制，可以说它是"以声音为意义"，语音形式和语义内容还是浑

沌不分的，是语言中语词资格最不充分的一种词。拟声词发展成为名词之类的关键，在于是否突破其单纯的拟声性，不再"以声音为意义"，而以它的稳定的读音指称某种事物。一旦拟声词发展成名词之类后，其原有的拟声之意义，就降格为摹声性的理据义。理据义和所指义混而为一是拟声词的特点，一旦二者分离，拟声词就不再是拟声词了。[3]

从摹声的角度一分析，就获得了可观的收获：与"啧"字不同，古人没有给"啵""吧"这两个吸气音造本字，我们只能根据它们的音义和理据来选字。长期笼罩在头上的迷雾驱散了，终于见到艳阳天了，真是高兴。我几十年来考求"啵"的本字的经历说明：

1. 做研究千万不能先入为主，那样会一叶障目，不见泰山。我自认为人的吸气音少，摹拟吸气音的字更少，长期拒绝从拟声的角度研究邵阳话的"啵""吧"，因而长期弄不明白，原因就是先入为主，一叶障目，不见泰山，怪不得别人。

2. 没有想清楚的问题不能勉强作结论，下断语。这一点在打印《"采"声字小考》时做到了，没有把它拿出去。但在出版《雅林赏翠·湘语邵阳话音义疏证》时却没有做到，给该书留下了硬伤，造成不可挽回的损失，悔之已晚。

3. 把没有想清楚的问题缓一缓，存放在心里，有时间再想想查查，不急于求成。这是对的。但这两个摹拟吸气音的字，在我心里存了三十年，直到八十岁才大致解决，这也太久了。什么原因？没有抓紧，缺乏紧迫感。幸而我活到八十岁，要是我年寿短点，就没法解决它了。教训是，要处理好"缓急"的关系，不要急于求成，因为欲速不达；也不要大放宽心，似乎没事人，不然会虚度了年华。

4. 研究语词一定要重视语言理论和语音学。有关语言学的所有知识，特别是语音知识，要尽量熟练掌握。要是对语言理论、语音学、音韵学很纯熟，早就该把这个并不困难的问题解决了。当然，要对语言理论、语音学、音韵学十分纯熟，谈何容易，一个人只能根据自己的情况来努力了。

2019-03-06 惊蛰之夜

注释

[1] 朱建颂《武汉方言单音词汇释》，载《方言》1980年第1期。该文用音标，上声。

[2] 中国音韵学研究会编《音韵学研究》第二辑，中华书局1986，第193页。

[3] 参见黎良军《汉语词汇语义学论稿》第48页"摹声义"。

参考文献

（1）刘正埮、高铭凯、麦永乾、史有为《汉语外来词词典》，上海辞书出版社1984.

（2）俞敏《俞敏语言学论文集》，商务印书馆1999.

（3）史存直《汉语音韵学论文集》，华东师范大学出版社1997.

（4）中国音韵学研究会《音韵学研究》（第二辑），中华书局1986.

（5）许慎撰、段玉裁注《说文解字注》，上海古籍出版社1981.

（6）王先谦撰集《〈释名〉疏证补》，上海古籍出版社1984.

（7）赵立伟《〈尚书〉古文字编》，中国社会科学出版社2015.

（8）罗竹风主编《汉语大词典》，上海辞书出版社1986-1993.

（9）徐中舒主编《汉语大字典》，四川辞书出版社，湖北辞书出版社1986-1990.

（10）中国社会科学院语言所《现代汉语词典》（第6版），商务印书馆2012.

（11）鎌田正 米山寅太郎《新漢語林》，［日］大修館書店2004.

（12）黎良军《汉语词汇语义学论稿》，广西师范大学出版社1995.

（13）黎良军《湘语邵阳话音义疏证》，黄山书社2009.

（14）张希峰《汉语词族丛考》，巴蜀书社1999.

25 楷书中的耒字古形

汉语文字系统中有两个字形不同的耒字。一个见于《说文》："耒，手耕曲木也。从木推丯。古者作耒耜以振民也。"浑言之耒包含耜，析言之耒指其曲木之柄，耜指其锋刃（桂馥《说文义证》："耒为耜上之曲木，所恃以发土者耜也"）。丯即草芥之芥。"从木推丯"的耒字是会意字（包含耜），意为除草即手耕之器。另一个见于甲金文，是象耒耜之形的象形字。《汉语大字典》耒字下收了两个金文耒字，耒簋的耒字（左）是单耜，而耒方彝的耒字（右）是双耜，即改良的耒耜之象形。这象形的耒字就是本文说的"耒字古形"。

耜是耒（或言耒耜）的关键部位，其形有如刀刃。《后汉书·章帝纪》："故古者急耕稼之业，致耒耜之勤。"李贤注："耒耜，农器也。

耒,其柄;耜,其刃。"牛耕出现后,"耒"引申指"犁"。犁既有"曲木"(谓之犁弦),又有铁制的"刃"(谓之犁头)。《周易·系辞下》:"斫木为耜,揉木为耒,耒耨之利,以教天下。"《庄子·胠箧》:"昔者齐国邻邑相望,鸡狗之音相闻,罔罟之所布,耒耨之所刺,方二千馀里。"王先谦集解引李颐曰:"耒,犁;耨,锄也。"

但是,功能如耒之犁,除了同耒一样是农具名之外,"犁"还可以用如耕字,指用犁翻土,表示一种农作行为,耒字则无此用法。

在楷书系统中,会意的耒字可以单用,也可以作複合字的部件(如耕耧字);而象形的耒字,即耒字古形,则只作为合体字的部件而存在(单用的力字不计,理由见下)。耒字古形即象耒耜之形的耒字,在隶定时本作黎字右上角之形,即"勿"字少一撇。但在汉字发展的历史中,作为部件的耒字古形,有的楷化作刀(刂)、刃、办或力字了。许慎未见甲金文,这一点是不能到《说文》中找根据的。独体力字源于耒字古形,有的合体字中的部件"力"也源于耒字古形,《汉语大字典》早已指出;至于有的合体字中的部件刀、刃、办等也源于耒字古形,尚未见明确的说明。以下举力、男、耕、耜、办(創)、黎、犁、利八字作为例证加以说明。

力字。《说文》说:"力,筋也。象人筋之形。治功曰力,能圉(按借为御)大灾。"这个说解不妥。因为"力"很抽象,无法象形。说"象人筋之形",可"人筋"虽然与"力"有关,但"人筋之形"是什么样子,仍是说不清的。"牛蹄筋"是附着在骨头上的韧带,"转筋"是肌肉抽搐,"筋脉"是静脉血管。单是韧带,也有薄片状、厚绳状与带状之分。各个不同的关节,其韧带的形状也各不相同。既然"人筋之形"各种各样,也就无法"象人筋之形"了。

《汉语大字典》力字下引《说文》后说:"按,古文字'力'像耒形。金文中从力之字,有时即从耒作。"又劦下云:"按,甲骨文像三耒,表示合力并耕的意思。"这就根据甲金文纠正了《说文》的错误。

注意，隶书以后的力字，即表示体力、脑力的力字，其形是象形之耒字（耒字古形）的隶定，其义则是象形之耒字本义的孳乳（耒力二字的读音已经不同）：用耒耜进行农作，是要费力气的。因此楷书中单用的力字，宜视为耒字古形的孳乳字。

（2）男字。《说文》："男，丈夫也。从田，从力。言男用力于田也。"《汉语大字典》引《说文》后云："按，男，从力、田，力字即象耒形。"《汉语大字典》是完全正确的，因为人的气力很抽象，肌肉与筋腱组织又很多样，况且造字时代还没有解剖学，因此无法象形；而耒耜是非常具体的，有形可象，一看甲金文就明白。

（3）耕字。耕或作井刃。《凤凰山汉墓遗策·简十二》："井刃大奴四人。"《考释》："井刃，通耕。""通"当作"同"。井刃字也是从耒，井声。其部件"刃"，源于耒字古形之讹变。此字曾被释为刱或剏（剏）。从刱字之形改"井"为"井"看来，很可能是为了使耕字之或体与刱字区别开来。实际上耕刱构形之义相同，字义也基本相同，刱字多"初始"之义而已。耕字的"井"除表声外，又指井田，其构形之义与男字同。但"耕"指以耒翻地，"男"则转指以耒翻地之人。《说文》耒字段注删"手耕曲木"之手字，把"耕"理解为农具"犁"，是不恰当的。

（4）助（锄）字。今天的"锄"字古代除鉏外，还有助、𠛱、耝，还有耡。助耝𠛱三字中的"且"（且者祖也）是声符，形符（义符）"耒"不用说什么，形符"力"是耒字古形，形符"刂"源于"刀"，而"刀"是"力"之讹变，也是耒字古形。它们的造字理据是一样的。

其义是松土除草,帮助庄稼生长。《广韵·御》:"助,耕土起。亦作耡。"耡是助字之繁化,部件"力"本来是耒之象形,人们不认识这耒字古形了,就在左边再加一个"耒"。"助"字今义是帮助,但原来是"锄",字理方面没问题,书证也有。《庄子·徐无鬼》有个吴王射狙的故事,末尾说:"颜不疑归而师董梧,以助其色,去乐辞显,三年而国人称之。"色,颜气也,颜不疑是吴王的朋友,有傲气,听了吴王讲的故事,就把傲气收起来了,叫做"助色"。《庄子》书有不同的版本,焦竑《庄子翼》作"助",用小字"锄"作注,郭象《庄子注》则直接作"锄"。这"助"的含义引申了,从"锄草"(义为除草)引申为"除去恶习"。唐段成式《酉阳杂俎》说:"古者葬弃中野。礼:贯弓而吊,以助鸟兽之害。"孝子哪有帮助鸟兽来咬啄亲人遗体的道理?"贯弓"就是弯弓而射,"助"者锄也,锄者除也,是把敢于来毁亲人遗体的鸟兽射杀。朱骏声《说文通训定声》说:"助,假借为鉏。"[2]汉刘熙《释名》云:"锄,助也,去秽助苗长也。"这说明,汉代"助"字主要是帮助义了,但帮助义是从锄草义引申出来的,后来变了声调,分化出去了,可又占据了"助"这个字形,"助草"之"助"就只好另外作"耡"了。朱骏声说的假借,其实是以后起字释源字;刘熙的声训,则是以源字释后起字。助耡的关系,就是源字和后起字的关系。

(5)刅字。刅字又作創、剏、刱。《论语》"裨谌草创之",《释文》云:"依《说文》,此是'创痍'字,'创制'字当作'刱'。"《说文》:"刅,伤也。創,刅或从倉。"段注:"从刀,倉声也。凡刀创及创疡字皆作此。俗变作刃刂,作瘡,多用创为剏字。"《说文·井部》:"刱,造法刱业也。从井,刅声,读若创。"许慎以刅创二字为"伤也",以刱为刱业字。实际上三字同源,刅为创业之本字,剏为刅之添旁字,創则为形声字,其右旁是改良之耒的象形,并非从刀。后来"伤也"之义分化出来了。草刅,先民创业,就是用耒耜辟草莱,开垦土地。这儿的"刅"有二刃(即二耜),《正字通》释为"两刃刀",实际是一种改良了的两耜之耒。耒方彝之金文耒字，与此叐字颇为相似。下边是叐壶上的叐字。

（6）黎字。《说文》云："黎，履黏也。从黍，称省声。称，古文利。作履黏以黍米。""履黏"的意思，只能是做鞋用的浆糊，黎字没这含义。《说文》的说法背离了黎字的构形之义。黎如果是形声字，其义应是一种"黍"。可黎字也没有这意思。"用黍米作履黏"，似乎得"擂"，因为黎擂音近，《说文》把"黎"解释为"擂"了。其实黎字从黍从耒（古形），耒亦声。"耒黍"会意，是以耒艺黍之义，与耕种义同。[1]黎民之义本是以耒艺黍之民（即农民），"黑"与"众多"乃黎字的引申之义。

（7）犁字，或作犂，本作犛。《说文》："犛，耕也。从牛黎声。"段注："《山海经》曰：'后稷之孙曰叔均，是始作牛耕。'郭传：'始用牛犛也。'按，耒部'耕'训'犛'，是犛耕二字互训，皆谓田器。今人分别，误也。《仲尼弟子列传》冉耕字伯牛，司马耕字子牛。《论语》'司马牛'，孔注曰'宋司马犂也'。此可证司马牛名耕一名犂也。盖其始人耕者谓之耕，牛耕者谓之犂，其后互名之。"又说："俗省作犁。"

段玉裁注意到犁耕同义互训，其区别是人耕（还是叫手耕较好，因为牛耕也离不开人）牛耕之别。这是对的。但他又说犁耕二字"皆谓田器"，则颇有不妥。牛耕的田器是犁，手耕的田器是"耒"。手耕为耕，牛耕为犛。它们的共同含义是言农事，表动作行为。犁则又可指农具（与耒同）。犁字的声符作黎或作利，都有"耒"字古形在其中。

（8）利字。《说文》黎字的说解说，利字古文作"称"。其右旁（勿字少一撇）不是刀字，而是耒字古形的隶定。这从犁字或作犂也可以得到证明。可惜自《说文》以来，一直说"利"字从刀。《说文》："利，铦也。从刀，然后利，从和省。《易》曰：利者义之和也。"它似乎认为锋利义是利字本义。今天的辞书《汉语大字典》《汉语大辞典》《现代汉语词典》《现代汉语规范字典》《汉语字源字典》《汉字源流字典》都说利字本义是锋利，众口无异词。但是，《说文》利字段注根据《说文》"铦，臿属"云："铦者臿属，引申为铦利字，铦利引申为凡利害之利。"段注明明白白说利字本义为臿属的"铦"，锋利义是引申义。

"臿"是什么？《汉语大字典》的解释是"锹，掘土的农具"。《方言》卷五："臿，燕之东北、朝鲜、洌水之间谓之<u>庇斗</u>，宋魏之间谓之铧，或谓之鏵，江淮南楚之间谓之臿，沅湘之间谓之畚，赵魏之间谓之杲，东齐谓之梩。"《韩非子·五蠹》："禹之王天下也，身执耒臿以为民先。"《淮南子·精神训》"揭钁臿"高诱注："臿，铧也。"犁铧就是今邵阳之犁的犁头加犁面（或叫犁镜），犁头掘土，犁面承土并使土往一定方向倒下。从功用说，把犁弦看作耒（曲木），犁铧就是耜。《五蠹》说禹"身执耒臿"，就是身执耒耜。由此可知，铦即臿即耜（含耜），但用"铦"释"利"并不准确。利字本义从禾从耒（古形），耒亦声，指的是农事：用耒掘土种禾。

可见，"利"字的构形就是会意字中的亦声字（王筠《说文句读》称为意兼声）。耒禾者，以耒艺禾也。其实，屈翼鹏《殷墟文字甲编考释》已经说过："利当是犁之初文，从禾从刀。其小点当是犁出之土甶也。"屈氏就一点没说对。利字不从刀，而从耒字之古形。利黎二字构形之义相同。以耒艺禾之"利"与以耒艺黍之"黎"的形中之义当然没什么两样。犁（或作犂）字是古代的简化字，本来从牛，黎声，而声中有义。简化后从利声，仍然声中有义。也就是说，手耕为利为黎；后来出现了牛耕，便在利黎字中加进一个部件"牛"。

就字义的引申规律而言，从臿属可引申出铦利义，这是物性之引申。段玉裁说"铦利引申为凡利害之利"却有问题。"铦利"可视为

"舌属"之性，怎么能一下跳到"利害之利"呢？须知"利害之利"就是"义利之利"，是人类价值观的最高概念之一啊。而"刀刃"除了可以砍柴、切菜，它也是凶器。刀利，不一定就利人利己。与锋利同义的"锐"，反义的"钝"，都没有与此相应的引申。当然，"利钝"作为一个字串，包含正反两面，与成败、好坏、吉凶等一样，可用来指称正反两端及两端之间的各种情况，那是另一回事。单用的利字钝字锐字之义则大不相同。如果"利"字本义是以耒艺禾，与"耕"同义，情况就不同了。搞农业生产，总会带来利益，这利益是物质利益，是看得见摸得着的。物质利益后来成为利字的中心意义，它扩大为各种利益，如权利、福利、便利、胜利，又有各种动词用法。从耕种义引申出利益义是非常自然的，属因果之引申。因此，利字本义是耕种，利益义是本义的直接引申，锋利义则是其间接的引申义——因为须经过中介义"耕种之器耒耜"（中介义是引申分析的产物，它有道理，但没有用例：利字形中之义有耒耜，但它并没有"耒耜"这个义项）。

利字的耕种义不见于字书，也没有用例，它完全是我们依据字形变迁和字义引申的规律得到的认识。

2019 年 4 月

注释

[1] 参见《湘语邵阳话音义疏证》【黎氏冲】条，黄山书社 2008.

[2] 冯其庸 邓安生《通假字汇释》，北京大学出版社，2006.

26 "跋扈"解

今天的复合词"跋扈",其使用中的词义好懂,理据义却难说。

《现代汉语词典》(第6版):[跋扈]专横暴戾,欺上压下:飞扬跋扈|他做事一向非常跋扈。

这个解释只有词义,没有理据义。"跋扈"何以有"专横暴戾,欺上压下"之义?读者根本无从明白。

《汉语大词典》(1986-1993)的"跋扈"有7个义项:[跋扈](1)骄横,强暴。唐玄奘《大唐西域记·室罗伐悉底国》:"横行邑里,跋扈城国。"李大钊《面包问题》:"一般武人,却是一日跋扈一日。"(2)引申为恃强抗拒。《晋书·邵续传》:"而续蚁封海阿,跋扈王命。"宋苏轼《代张方平谏用兵书》:"上则将帅拥众,有跋扈之心;下则士众久役,有溃叛之志。"清昭梿《啸亭杂录·论三逆》:"国初既定云贵,因命吴三桂、耿继茂、尚可喜等世守边圉,以为藩镇,后渐跋扈,拥兵自重。"(3)勇壮貌。《文选·张衡〈西京赋〉》:"迺卒清候,武士赫怒,缇衣韎韐,睢盱跋扈。"张铣注:"跋扈,勇壮貌。"[1]按,六臣本跋作拔,李善注:拔与跋古字通。(4)鱼虾跳跃之貌。明孙柚《琴心记·归途遇寇》:"蔽海之虾跋扈,争如白虎临头。"清阮文藻

《观毒鱼》诗:"小鱼戢戢波面浮,大鱼跋扈高一丈。"参见"扈业"。(5)指跋扈将军梁冀。明王錂《春芜记·宴赏》:"夫人任氏,貌比无盐,性同跋扈。"参见"跋扈将军"。(6)飞扬貌。宋陆游《观村童戏溪上》诗:"竹马踉蹡冲淖去,纸鸢跋扈挟风鸣。"(7)比喻占据统治支配地位。朱执信《论社会革命当与政治革命并行》:"贫富悬隔,由资本跋扈;不放任竞争,则资本无由跋扈也。"鲁迅《〈故事新编〉序言》:"我的集子里,只剩着'庸俗'在跋扈了。"

《汉语大词典》[跋扈]之义项(4),"鱼虾跳跃之貌"的"跋扈",可能是另一个同音同形词,指的是用竹编"扈"来捕鱼,"跋"从"行走"义引申为"跳跃"。"跋扈"指鱼被篱笆(扈,当借为"护")围住没法儿游走便跳了起来。这是一种挣扎,但能跳出篱笆的几率很低。其余义项是义项(1)的引申。但义项(1)的"骄横,强暴"如何同跋、扈二字联系,词典没有说。因此,《汉语大词典》虽然把"跋扈"的词义说得很详细,读者仍然心存疑窦:"跋"和"扈"结合起来,怎么会得到"骄横强暴"之义呢?

《辞源》(1983):[跋扈]骄横,强暴。本作"拔扈"。《诗·大雅·皇矣》"无然畔援"郑玄笺:"畔援,犹拔扈也。"《后汉书·梁冀列传》:"(质)帝少而聪慧,知冀骄横,尝朝群臣,目冀曰:'此跋扈将军也。'"又《崔骃列传》附崔篆《慰志赋》:"黎共奋以跋扈兮,羿浞狂以恣睢。"

《辞源》的不同处是引用了郑玄笺《诗》用"拔扈"释"畔援",但值得注意的是,郑玄用的训诂术语是"犹"。段玉裁《说文解字注》"雠"字注说:"凡汉人作注云'犹'者,皆义隔而通之……径说字义不言'犹'。"又注"骚"字说:"《屈原列传》曰:'离骚者,犹离忧也。'此于'骚'古音与'忧'同部得之。'骚'本不训'忧',而扰、幼则生'忧'也,故曰'犹'。"'犹'作为训诂术语,多用于"随文释义",离开了特定的上下文,"犹"字联系的前后词语是不同义的。这说明,"畔援"与"跋扈"各有其义,并不是一回事。

《辞海》(1989):[跋扈]骄横暴戾。《后汉书·梁冀传》:"帝少而聪慧,知冀骄横,尝朝群臣,目冀曰:'此跋扈将军也。'"

四部主要辞书都没有说"跋扈"何以有"骄横强暴"之义。那么,旧辞书的情况如何呢?

《辞海》(1936)以章怀太子李贤注《后汉书》的意见为根据,以"暴横"释跋扈,还引了王先谦和朱骏声对《诗·皇矣》郑笺的解释:

[跋扈]暴横也。《后汉书·朱浮列传》:"往年赤眉跋扈长安。"注:"跋扈,犹暴横也。"王先谦集解引《诗·皇矣》郑笺:"畔援犹跋扈也。"是跋扈与暴横、畔援并同。朱骏声谓借跋为暴,跋暴畔三字乃一声之转,扈横援亦双声,皆强梁之谓。

《汉语词典》(1962,原名国语辞典)因之,虽然没有引用郑王朱讲理据,但仍释为"强梁":

[跋扈]强梁之意,如"质帝目冀曰,此跋扈将军也",见《后汉书·梁冀传》。

可是,从理据义来说,"一声之转"和"双声"过分笼统,滥用了音转可能把本来不同义的词语串联到一起,李白与刘备毫无关系,滥用的"一声之转"和"双声"却有可能说他们是同一个人。这也就是说,"跋扈"未必与"暴横"同义。[2]

从构词方面来说,《辞海》(1936)以"暴横"二字解释"跋扈"二字,并以"一声之转""双声"来说明"跋"就是"暴","扈"就是"横"。如果是这样,"暴、横"两字义近(语料库在线有暴横127条,横暴53条),其构词方式一般视为联合式。但于永玉等《现代汉语造词词典》(1992)说[跋扈]是联绵词,冯志纯等《新编汉语多功能词典》(1989)却视为"偏正式"。这两部词典虽然没有说明跋、扈二字各作何解释,但从它们的构词标注可以看出,这两部词典都没有接受旧《辞海》根据郑玄、王先谦和朱骏声所作的理据方面的解释。要分析合成词的构词方式，必须弄明白它的构成成分——词素（字）。如果一个合成词的词素没弄明白，是不可能对该词进行正确的构词或造词分析的。而要弄明白"跋扈"这个合成词的构词成分，看来需要从"跋扈"的源头着手。

"跋扈"最早的源头在哪儿？从《汉语大词典》和《语料库在线》的用例看，词义为"勇壮貌"的张衡（78-139）《西京赋》的"跋扈"最早，郑玄（127-200）笺《诗》用"跋扈"释"畔援"次之，可惜它们对探讨"跋扈"的理据没什么用处。第三就要算《史记·司马相如列传》注解中的"跋扈"了。

所谓《史记·司马相如列传》的注解，实际是解释司马相如《上林赋》的。

司马相如《上林赋》描写天子校猎云："［于是乎背秋涉冬，天子校猎，乘镂象，六玉虬，拖蜺旌，靡云旗，前皮轩，后道游；孙叔奉辔，卫公骖乘，］扈从横行，出乎四校之中……"司马贞索隐引魏张揖注云："跋扈纵横，不案卤簿也。"裴骃集解引郭璞云："言跋扈纵恣，不安（按）卤簿矣。"张揖是汉魏之间的人，魏明帝太和年间（228-233）为博士，著《广雅》；郭璞（276-324）比张揖大约晚百把年，郭璞之释当源于张揖。

文中"校猎"的意思是"遮拦禽兽以猎取之"，"校"指遮拦禽兽的栏杆。注文中的"卤簿"是天子出巡的仪仗队。细细琢磨文意，我们就能明白，文章写的是天子校猎的兴致很高，气势很大。在秋末冬初，天子校猎时，乘着装饰了象牙的鸾车，驾着装饰了玉石的骏马，旌旗飘扬，前呼后拥。太仆公孙贺执辔，大将军卫青陪着。多么大的声势！"扈从横行，出乎四校之中"的意思是，随从天子的卫护者见天子校猎的兴致很高，劲头十足，只好贴近天子车舆的四周，在行猎的苑囿里纵横奔跑。张揖的注文"跋扈纵横，不案卤簿也"，意思上略有不同。它的意思大底却是，（为了追逐禽兽）天子的乘舆不惜踩踏着自身的卫护者纵横奔跑，完全打乱了仪仗队行走的规矩。注文突出了天子校猎的兴致和气势，没有按字义一一解说。说起来，古注本来就有"解释字义（训诂）"和"串讲文意（章句）"这样两种情况，张揖的注文是近乎"章句"的，纵横奔跑的主角，从"扈从"变成了天子的乘舆。不过，张揖是编过《广雅》的，对字和字义有相当深入的研究，他认为《史记》的"扈从"之"扈"，就是"跋扈"之"扈"。这一点非常重要。因为它可以锁定"跋扈"的"扈"字指的是"扈从"，不是别的什么同音字或音近字。而一旦"扈"字弄清楚了，"跋扈"的本义就有可能弄明白。

"跋"，有行走、踩踏诸义，我们以为，在这儿可以释为"踩踏"。由此我们可以得到，"跋扈"本来是短语，"跋"是踩踏，"扈"者扈从，即随从卫护的人。"跋扈"的意义就是"踩踏卫护者"。为什么会"踩踏卫护者"？因为天子校猎的兴致高极了，禽兽乱走，天子所乘的车驾就听着天子的驱遣紧紧地追，顾不得周围的卫护者了。尽情校猎，猛追不舍，是"跋扈横行"之形象的实际内容。在这里，"横行"没有贬义，"跋扈"同样没有贬义。它们的贬义用法是用于别的语境使词义发生演变的结果。不过，从尽情校猎，猛追不舍的"跋扈"，是能引申出"骄横""强暴""勇壮"之类含义的。事有其状，"跋扈（不惜踩踏扈从）"是事，"骄横""强暴""勇壮"是此事的状貌。这叫做事-状之引申。

短语"跋扈"凝固成词了，不再专用于天子校猎，引申出了"勇壮""骄横"等义，原来的短语义就成了合成词"跋扈"的理据。张衡《西京赋》的"跋扈"已经是"勇壮貌"之义，则此短语在汉代已经有凝固成词的用法了。

如果不分别短语和复合词，"跋扈"就是一个由两个字组成的字串。字串"跋扈"的本义是"踩踏卫护者"，《汉语大词典》的六个义项（鱼虾跳跃之貌除外）的引申过程是：踩踏卫护者→飞扬貌→勇壮貌→→骄横强暴→→→特指跋扈将军刘冀→→→恃强抗拒→比喻占据统治支配地位。这是说，从本义出发，飞扬貌、勇壮貌和比喻占据统治支配地位三义属于第一级引申，前两义是事状之引申，第三义是比类移用之引申；骄横强暴是勇壮貌的引申，属于第二级引申，是增涵式引申；指刘冀和恃强抗拒是骄横强暴的引申，属于第三级引申，前者是逆向的物性之引申和通特之引申的叠合，后者是逆向的动静之引申。[3]

2019 年 7 月

注释

[1] 张衡《西京赋》中的"跋扈"出五臣注本《文选》，六臣注本《文选》作"拔扈"。李善注：拔与跋古字通。中华书局 1987.

[2]《皓首学术随笔：吴小如卷》（中华书局 2006）第一编《〈诗三百篇〉臆札》之九《畔援、伴奂、判涣》，认为"畔援"等即盘桓、徘徊，初义是"回旋""不进"，引申义为徜徉而耽于玩乐。该文还引用了葛毅卿和蒋礼鸿的论述。可参看。

[3] 黎良军《雅林探赜：汉语字义引申例论》第 355-358 页，广西师范大学出版社 2016.

27 "板"字说

"板"字平易好懂。《说文》有"版"无"板",宋代《集韵》说"版"或从木,作"板",字义引《说文》"判也"。判者分也,就是劈开。段玉裁注《说文》版字也说"今字作板",即版板乃古今字。从典籍用例看,《集韵》和段说是有根据的。明代《正字通》也说板就是版,"解木为薄片也"。今天的木板、地板、天花板、板壁、板擦儿等,都是同一个"板"字。木板是平的,所以有一种平头叫板寸;木板也比较硬实,要是土壤"板结"了可不好;木头和木板都是没有生气的,所以说"呆板""板着脸"。这些都容易理解。

但是,由"板"构成的"老板""板眼""拍板"就没有那么容易理解了。"老板",又作老闆,老班,老办,老版。在互联网上,有人说,老板本作"老闆","上土下匕是为老,门中有品乃为闆",老板作为工商业主,既要奸猾阴毒,也得注意诚信品位。这其实是一种不讲证据的主观臆测。那对"老"字的拆解就少了一撇。"闆"最早见于《玉篇》,音匹限切,今音当读为 pǎn,义为"门中视"。据北京大学《ccl语料库》和教育部《语料库在线》,"老闆"最早见于清末民初的《官场现形记》,比明清之际《醒世姻缘传》的"老板"要晚几百年。可见是有人觉得写作"老板"似乎容易引起误解（老板着脸?），才故意改写作"老闆"的。这当然是因为不了解"老板"的理据的缘故。

搜狐网的栏目"语文开讲"2019-03-19的《"老板"试考》一文颇有分量，它除了举证说明"老板"先于"老闆"，还说明了"老班"是受了方言影响的写法，"老办"理据不可取，"老版"是个别人偶一为之的写法，等。文章的结论是：

"老"，自然是前缀，犹如"老张、老李、老总"，是人物称呼的标志……"板"其实就是"铺板"或"门板"。旧时传统的店铺临街的一面都有铺板/门板，起着店门的作用。早上营业时将铺板一一卸下，表示开门营业；晚上闭市打烊时，为了安全，则将铺板一一安上……铺板成为店铺的象征……因此，以店铺象征之铺板/门板，在"老"的帮助下作为店铺主人的称代，区别于其他行业的主角，非常合理。这就是"老板"构成的理据。

文章还说，"老板"与"老衲""老圃""老荆""老枪"一样，是"以部分指称全体甚而指称其所有者或所用者，这是词语形成的一种方式。"

《"老板"试考》一文重视语料，也颇具思致，它是迄今说明"老板"理据的最有价值的论文。但它也还有几个问题没有解决："老板"主要是指有钱（富有）还是有势（处于支配地位）？比照种菜园的叫老圃，穿僧衣的叫老衲，开店铺办厂子的似乎该叫"老店/老铺/老厂"；"老板"可以引申为一般尊称，"老圃/老衲"却不行；如果"板"是"铺板"，"老板"则应指上下铺板的人，店主和伙计都包括在内，而且多半是伙计，他们既没有钱，也没有势。这样看来，"老板"之"板"似乎不是"铺板/门板"，"老板"的理据到底何在，还需要继续探讨。

以下说一点笔者的浅见，供有兴趣的读者参考。

从"老板"的早期用例看，明清之际的《醒世姻缘传》有个薛振曾被称为"老板"，这薛振原来是兖州府学的教授，升任青州衡王府的纪善

（明代亲王属官名，掌讲授之职）。"教授"或"纪善"管的是教学，是教师或"学官"，并非工商业主。其第六三回的原话是："先时薛夫人也还壮健，又有薛教授这个老板，他还有些怕惧；如今薛夫人老憨的话也说不明白，又没了薛教授；那龙氏亦因没了薛教授的禁持，信口的把个女儿教道，教得个女儿如虎添翼一般，那里听薛夫人的解劝！"这是说薛振"禁持"着其妾龙氏，是龙氏的"老板"。薛教授并不是很有钱（第二三回说"那衡府又是天下有名的淡薄去处，只好糊口而已"），也不开店铺，但他是一家之主，在家里处在支配地位。在封建社会，女人是要"在家从父，出嫁从夫，夫死从子"的。

处在支配地位的人为什么叫"老板"？这才是问题的关键。于是我们想到，这"板"不是"铺板""门板"的板，而是"檀板"（也叫"拍板"）的板。"老板"本来指"拍檀板者"或"操控板眼者"。一个戏班演出时，鼓师兼持檀板，檀板声和鼓点声构成的"板眼"就出在他的手下。鼓师就是通过其"板眼"（加上若干手势）支配或控制着整个乐队的节奏，使之与演员的节奏和谐，并从而也在某种程度上支配或控制着演员的节奏；板眼不合，演员就唱念出不了口，做打出不了手。"操控板眼者"和"鼓师"，指的是同一个人，他是乐队乃至整个演出的指挥者。而在"板眼"中，"板"更重要。所以"操控板眼者"不叫"老眼"而叫"老板"。

"老板"中的"老"怎么说？"前缀"之说源于西语，西语讲 word。汉语历来只讲字，词原来指的是虚字，不是西方拼音文字的 word。在汉语中，什么是词（word），专门家也说不清。比如说"看不见"，有说一个词（word）的，有说两个词的，有说三个词的。什么是词既然说不清，什么是词缀（前缀、中缀和后缀）就更说不清了。要是说"老"是称人的词的前缀，那么老鼠、老鹰、老虎、老实等等怎么说？因此，最好直接说"老板"的"老"，就是"老师"的"老"，与老练、老到、老成、老辣中的"老"意思差不多，用的是"岁数大"的"老"字的引申义,意思是"熟练、有经验、有权威、很厉害"。

在梨园界,把"老"和"板"两字合起来,指熟练而有权威的操控板眼者(鼓师),这是本义。把这种人叫"老板",自然含有敬重他们的意思。可惜的是,在我们的视野中,一直没有查到直接的证据,证明某某鼓师被称为"老板"。只是在梨园,什么人都可叫"老板",鼓师自然也不例外(见下)。我们推测,"老板"原来是操控板眼的鼓师的专称,后来才作为一种尊称用以称呼梨园界的其他人。

有人虽然知道"老板"出自梨园界,但说它的直接源头是戏院公示近期将要演出的剧目和其主要演员的"牌板儿"(广告)。这个说法不合理的地方是:"牌板儿"上不但有演员,而且有剧目,剧目可不能叫"老板";有些牌板儿公示的演员也不是大腕或名角,没有支配、控制作用,与"老板"的含义很有不同。

"操控板眼者"要拍板,拍卖行的拍卖师也"拍板",后者来源于前者,是前者的引申。拍卖师要在卖家与买家之间,寻求价格上的一致,当双方意见一致时即拍板成交,使买卖成功。鼓师的拍板则是在乐队与演员之间协调节奏,使演出和谐成功。拍卖师面对的卖家是一,买家为多。鼓师面对的演员是一,乐队是多。拍卖师要整齐买家的意见,使与卖家意见相合。鼓师则要整齐乐队的节奏,使与演员的节奏相合。当然,他们也能在一定程度上调整卖家的价格或演员的节奏。两种"拍板"的区别是:鼓师的拍板为的控制节奏,因而击板的次数多;拍卖师的击板是宣布成交,因而一次买卖只需拍板一次。不过请注意,"一拍即合"的"拍",是鼓师的"拍",不是拍卖师的"拍"。

因为"操控板眼者"之义的"老板"是支配或控制演出节奏的人,"老板"就可以泛指"支配者/控制者"。这时,"老板"就能引申指一家之主、店铺之主等等了,因为他们都是起支配、控制作用的人。鼓师和拍卖师的击板,都有"板儿"在,"老板"的"拍板定案",却只是一两句话做出决断,没有了板儿。所以,拍板定案的"老板",就引申得更远些。从这儿也可以看出,"老板"首先指的是"有势",处于支配、控制的地位。"拍板定案"又说"拍板定音",可见它的源头在梨园。证据是陈廷一《宋氏家族全传》:"究竟咱们三人谁去,请蒋先生拍板定音吧。"

但"老板"的泛指用法首先是在梨园用开的。旧时京剧界四大名旦梅兰芳、程砚秋、荀慧生、尚小云,他们都不是鼓师,人们却可称"老板",梅兰芳就叫梅老板。陈建功《皇城根》说:"没错儿,出梅老板、程老板的时辰过去啦!"因为,既然鼓师拍檀板指挥乐队称"老板",那么一个戏班的名角大腕,就更可以叫"老板"了,至于戏班的班主叫"老板"当然不在话下。因为他们不但支配、控制着某场具体的演出,而且支配、控制着整个戏班。而为了表示尊重,戏班的其他人也被叫做"老板"。"新时期的旧文人"徐城北,专门研究京剧,他在百家讲坛的《铃记中华(二)——京剧》中说:"从前,一般尊称梅兰芳是梅先生,还不大称'梅老板',因为梨园界,普遍是称老板的,什么人都是老板。""梨园界普遍称老板",这"老板"就从操控板眼的鼓师引申为梨园界的一般尊称,就像社会上普遍称别人为"老师",病号普遍称医院里的工作人员为"医生"(连医院的勤杂工也被叫医生)一样。

今天的"老板"似乎多指工商业主,他们多是公司的头儿,是"有钱者"。这是为什么呢?这恐怕是受了西语的影响。木板,英语是 board,但英语的 board 的引申义很特别,它从木板引申指桌子,从一般桌子又特指会议桌。更为特别的是,它从会议桌又引申指委员会或董事会。我们知道,董事会成员是公司股东选出来的,他们都是公司的有钱人。由于英语的"木板"如此引申,中国近现代是学习西方的,也就把"老板"与"有钱人"联系在一起了。

不过,为了同一般尊称的"老板"相区别,真正的首脑或举足轻重的人物又改叫"大老板"了。这还是清代末年的事。语言必须适应生活的需要。只要需要,语言是什么奇迹都能创造的。

最后补充说明一下，打拍子的鼓点为什么叫"眼"。这是因为戏曲的板鼓（一面蒙牛皮，又称单皮）有鼓眼，打拍子的鼓点得用鼓箭子敲在鼓眼上。板鼓的鼓面中央凸起，比周围高，鼓皮下面大部分是木板，只有中央部分（直径约 5-10 厘米的圆）是空的，这就是鼓眼。空穴或孔穴叫"眼"，比如"腰眼""井眼""洞眼""炮眼""针眼"之类都是。

2019-07-31

参考文献

1. "老板"试考，搜狐网"语文开讲"2019-03-19.

28 备什么不住?
——汉字孳乳一例

《现代汉语词典》有个方言词"备不住","备"字或作"背",意思是"说不定;也许"。例句是:这件事他备不住是忘了。

文题中的"什么"指"备"的对象。"说不定/也许"肯定是"备不住"的本义的引申,表达本义的"备不住"应该是个动词短语。"备"字是什么意思说不清,但肯定是个动字。因为在汉语中,能够进入"x不住"格式的x,只能是动字。"不住"是补充说明"备"字的,"备"字还应该有个对象。像"对不住",可能是"对不住他/对不住别人","他/别人"就是"对"的对象。"靠不住",可能是"陌生人靠不住/运气靠不住",这"陌生人/运气"就是"靠"的对象。由于"备"字的意义暂时说不清,"备"的对象就更说不清了。而语言的理据研究却要求我们说清楚。那么,"备不住"中的"备"到底是什么意思?"备"的对象到底是什么呢?

北京大学 ccl 语料库的古代汉语部分没有"备不住"或"背不住";其现代汉语部分有"背不住"1 条,是作家王小波的:咱们谁也背不住有到外地找人的时候,对不对?却有"备不住"40 条。如:

（1）他想，韩大棒子又玩什么花招呢？备不住烟土涨价，想加租吧？（周立波《暴风骤雨》）

（2）今天敌人清剿公路西边，备不住明天到公路这边来，大家休息，拂晓转移。（冯志《敌后武工队》）

（3）心眼好归心眼好，备不住乏味。（《读者》合订本）

（4）虽说不好看，备不住聪明。（《读者》合订本）

如果懂得了词义，从词义出发，词中的字义是可以理解的。这是因为，词中的字义是形成词义的理据。例如，青面兽杨志又心虚了，看也背不住他，只好承认。句中的"背不住"是隐瞒义，其中的"背"字好懂，它与"背地里/背着家人"的"背"字在意义上的联系很明显。但是，从词义"说不定/也许"出发，却没法理解"备不住/背不住"的"备/背"。无论是防备、准备、置备、预备、周到，还是脊背、违背、背弃、背地，都没法与"说不定/也许"之义联系起来。这样看来，"备/背"很可能是借字。

"住"用在动字后边，中间有时插入"得/不"，是什么意思？《汉语大字典》《汉语大词典》和《现代汉语八百词》都列了三条：一是"表示停止或静止"，如留得住/站不住；二是"表示牢固和稳固"，如捉住/记得住；三是"构成固定短语，有些已成为单词"，这时，中间一定有"得/不"，如对得住/禁不住。第三条来源于前两条，往往表示前边的动作能否完成。

从"说不定"这词义看来，"备不住/背不住"的"住"，就是"定"，是"表示牢固、稳固"的意义。可是，动字"备"带不了"住"字，汉语不可能说"备住/备得住"。事实上，北京大学ccl语料库里边也没有"备住/备得住"。那么，"备不住"的"备"就只可能是个同音的借字了。

"背"字如何呢？ccl语料库倒有"背住"，这"背"字似乎很难作统一的解释，分别像是动字"扣""拉""围"诸义，用例如下：

（5）只是他心理的劲儿一时背住扣子了，转不过磨盘儿来。(《儿女英雄传》第26回）——扣住扣子

（6）不好了，有两条花的虬龙背住我们的船呢，船就［要］翻了。（民国《上古秘史》）——拉住我们的船

（7）（师子）怀欲心盛，行求其偶，困不能得。值于林间，见王（按，波罗捺国国王波罗摩达）独坐，婬意转隆，思欲从王。近到其边，举尾背住。王知其意，而自思惟：此是猛兽，力能杀我，若不从意，倘见危害。王以怖故，即从师子。(《大藏经》）——举尾围住

而陈刚《北京方言词典》也有一条"背扣儿"，非常值得注意，全引如下：

［背扣儿］（1）线上扭成的小圈。|电线上有个背扣儿，得抻抻直。|电话线上净是背扣儿。|背着扣儿呢。［打背扣儿］扭成小圈。（2）思想上的疙瘩。|他心里有背扣儿。（3）心思郁结。|他背住扣儿了，一下子想不明白。（按，（3）义与例（5）之《儿女英雄传》同）

唐装的布扣子分公母，母"扣儿"就是小圈，公"扣儿"就是个紧紧的结（疙瘩）。有个谜语说：你看着我，我看着你，你再看我，我绚起你。这儿的"你"是公扣儿，"我"是母扣儿。既然母"扣儿"就是"小圈"，那背扣儿的"背"字是什么含义？为什么要把它揽进来？其次，从"背住扣儿了"意思是"心思郁结"看来，"扣儿"只做名词，比喻"疙瘩"，如果要拿它做宾语，动词就得用"背"或"背住"。"背住扣儿了"犹如今天通语说"扣起扣子了"（比喻义则是"打起疙瘩了"）。

问题在于："背"字历来没有拿"扣儿"作宾语的，也没有"拉""围"的含义。那么，这个"背"也可能是个同音借字。

探讨"备/背"的本字，一得抓住音同，二得有动词性，三要后

边能带"住/不住"。这样,我们就疑心它本是"鞴马"的"鞴"。下面,我们将要论证"备不住/背不住"的"备/背"字,其本字为什么是"鞴"。备鞴背三字同音,因为"备不住"是现代的,不必讲古音,我们只需在语义方面进行论证。

从 ccl 语料库用例看,动字"鞴"的宾语主要是"鞍""马"和"驴",其补语则有"好"和"上",也可以不带宾语、补语而独用。

ccl 语料库现代汉语部分共有 20 例"鞴",都出自《中国传统相声大全》:

(8)你到后院把马给我鞴好,鞴好马咱们俩一块出城会客。

(9)他(暴脾气)拿着鞍子到了马号,怎么着也鞴不上,因为平常不是他鞴,这马瞧他眼生,他从左边搁鞍子,这个马往右边排步儿,他从右边搁鞍子,这个马往左边排步儿。他火儿啦:"嘿!我倒瞧我鞴得上鞴不上!倒瞧你行还是我行!"

(10)左大脚回家叫儿子给鞴了个小叫驴儿,左大脚骑着,她儿子牵着……

(11)要说愁,咱们净说愁,唱一会儿绕口令的十八愁。狼也愁,虎也是愁,象也愁,鹿也愁,骡子也愁马也愁……虎愁不敢把高山下,狼愁野心耍滑头,象愁脸憨皮又厚,鹿愁长了一对大犄角。马愁鞴鞍就行千里,骡子愁它是一世休。羊愁从小它把胡子长,牛愁本是犯过牛轴……

"鞴"的古代用例不少,最早的见于唐代(鞴马的说法汉代之前就有了,但用的是别的字,如被):

(12)(裴仁基)遂攘袂向前,去十余步,踊身腾上,一手撮耳,一手抠目,马战不敢动,乃鞴乘之。(唐张鷟《朝野佥载》)

(13)(薛)涛未审是何王,鞴马便去。(唐段成式《酉阳杂俎》)

(14)将我木棉衣撒来穿,马套上辔头,这里将来鞴鞍子,把那尾子挽的牢着。(元《朴通事》)

（15）咳，没头口却怎的好？且住，你来街坊有赁的驴么？有钱时那里没赁的驴？将一百个钱去，疾快赁的来，牵将来鞴了也。（元《朴通事》）

（16）（于）得水次日开门出去，果遇一驴在门，将他拴鞴起来骑用，方知杨化灵尚未泯。（明《初刻拍案惊奇》）

（17）（巴德哩）然后拉着马，鞴的是破鞍鞒，穿的是旧箭袖袍，一直的望大帐，怒容满面，站在一旁，也不言语。（清《康熙侠义传》）

"鞴"字是什么意思呢？

《现代汉语词典》第6版收了字头［鞴］，解释是：把鞍辔套在马上：鞴马。

《汉语大词典》解释鞴字说：指装备车马，把鞍辔等套在马上。引例有前蜀的，宋朝的，最后一例是《水浒传》第五十回："这骑马号乌骓马，鞴上鞍子，扣了三条肚带。"

该词典还有［鞴马］［鞴勒］两条：

［鞴马］装备坐骑。唐杜甫《狂歌行赠四兄》："长安秋雨十日泥，我曹鞴马听晨鸡。"《警世通言·赵太祖千里送京娘》："左思右想，一夜不睡。不觉五更鸡唱，公子起身鞴马要走。"

［鞴勒］犹备马。给马加上鞍具和嚼子。《东周列国志》第三七回："襄王命多选良马，鞴勒停当。"

当然，古代的"鞴"还有别的含义和读音，本文不涉及。

在文献中，这个"鞴"有时作"俻（备）"。

《汉语大词典》"俻［备］"字第5义项是"设备，装备"，引例有柳青《铜墙铁壁》第十九章："满村到处拴着备皮鞍子的肥大骡马，这里那里站着的是警卫员。"下边还有［俻马］条：

［俻马］谓备好鞍辔，以供骑乘。《宋史·吴昌裔传》："至于治兵足食之法，修车俻马之事，乃缺略不讲。"清翟灏《通俗编》卷二："《南渡录》：康王南奔，倦息崔府君庙，梦神曰：'追骑已至，宜速去，已俻

马矣。'"

《汉语大词典》[背]字义项20：装上鞍鞯。《西游记》第二十回："次日天晓，行者去背马，八戒去整担。"《儿女英雄传》第五回："便忙忙的收拾行李，背上牲口，带了两个骡夫竟自去了。"

"背"显然是借字。"鞴"和"備（备）"似乎含义差不多，人们可以随便写。语料库中的"备马"超过"鞴马"一倍以上。这样，事情就复杂起来了。"鞴马"真的就是"备马"吗？仔细研究一下，它们并不相同。

"鞴马"和"备马"有何不同呢？我们从"备马"谈起，"备马"是有内部差别的。请看例句。

（18）所掠男子，令充兵役，所掠妇女，随给兵士为妻妾。一兵备马三四匹，冬时用褐裯裹蹄。（《明史演义》第98回）

（19）每甲令备马十五匹，牛车二辆。（《元史·本纪第十七》）

（20）黄廷桂奏备马三万匹。（《清史稿·本纪十二》）

以上三例，"备马"是一般的准备或预备马匹，马匹的数量可能是概数，"备马"的时间可以长达数月或数年。"备马"的内容则是使马从无到有，主要是买马、养马。在"备马"之前，马并不是现成实有的。

（21）至马槽，备马骑之。（《旧唐书·史思明传》）

（22）一营有警，则旁营备马，以待追袭。（宋彭大雅《黑鞑事略》）

（23）回府驾车备马起程。（清《海国春秋》第39回）

以上三例的"备马"，那马是确数，往往是上司或主人叫下属或随员给自己"备马"，时间一般几十分钟或几个钟头，紧急时也就几分钟。"备马"的内容主要是套好鞍辔以便骑乘。在"备马"之前，马是现成实有的，不过没有套上鞍辔而已。这就和"鞴马"是一回事了。

两种"备马"，语义上的差别很大。而"马"是相同的，这差别只能源于"备"字。同一个"备"字，笼统说都是"准备/预备/具备"的意思，但其内部的差别竟然如此之大，确实有点吓人。对于"备马"之"备"的内部差别，可以有两种不同的认识和态度。一种态度是站在抽象的"准备/预备"的立场，维持"备马"的统一性。两种"备马"既然仍有共同之处——都是"准备/预备"，那就是同一个"备马"的内部差别。这是偏于保守的维持旧物的态度。另一种态度则强调差别：既然两种"备马"差别很大，宁可把"套好鞍辔以便骑乘"的含义写作"鞴马"，使之从一般的"准备/预备"义的"备马"中分化来。这是偏于激进的改革态度。汉语世界目前对这两种态度都采取容忍的态度，"套好鞍辔以便骑乘"之义，可以写作"备马"，也可以写作"鞴马"。在北京大学 ccl 语料库古代部分，有"备马"两百来条，其中属于"套好鞍辔以便骑乘"的约有 60 条，占三分之一。因此，本文认为，此义与其写作"备马"造成意义的歧解或含混，不如写作"鞴马"，因为"鞴马"的写法早就有了（现成汉字系统需要尊重，不要随意造字），而且意义明晰，符合新词新义的产生规律，也符合汉字孳乳的规律。何况《现代汉语词典》的"备"字没有"把鞍辔套在马上"这个义项，也没有收"备马"条，"备"字是不能涵盖"鞴"字的。

在历史上，文字的孳乳是口语发展的要求，口语发展了，便要求文字跟上。孳乳的一个原因是引申义用得多了，要求表意汉字作出必要的反应，用一个特定的字来记录它。"取妇"是一种特指的"取"，后作"娶"；"昏夜"之事不少，特指成亲时作"婚"；"干"若是木本，作"杆"，如是草本，则作"秆"；引导的"导"是道路之"道"的孳乳，教授之"授"是取予兼该的"受"字的孳乳。这些字，今天都不能随便替换。"鞴马"之"鞴"的右边，就是"备"字繁体（備）的右边，它本是箭袋的象形字之隶定（有讹变），后作形声字"箙"。这字既有箭袋之义，又是鞍鞴的早期形式，有鞍鞴之义（鞴箙二字上古音都在并母职部）。鞍鞴多用皮革，后来此义就加革（或韦）字旁作"鞴"，并且用为动词，表示"套鞍鞴"或"套鞍辔"。字或作"鞁"，《说文》："鞁，车驾具也。"唐崔涯《嘲李端端》诗："觅得黄骝鞁绣鞍，善和坊里取端端。"备字繁体是立人旁，《说文》释为"慎也"。该用"鞴"字而写作"备"，是不符合汉语汉字发展的规律的（虽然二字同源），用"背"字就更不合适了。"满村拴着备皮鞍子的肥大骡马"，这"备皮鞍子"是装备了皮鞍子吗？很不好理解。因为"装备鞍子"这说法就很新，而且"皮鞍子"作为一种"装备"，是可能放在马房或别的某个合适的地方的。那么，这"皮鞍子"到底是放在马背还是马旁或马房？是随随便便搁马背上，还是扣好了防止马鞍移动的肚带？马笼头套好了吗？笼头的各种革带扣好了吗？用"备"字，这些都是疑问，用"鞴"字，这些疑问就不存在了。因为"鞴"就是套好鞍辔准备骑乘的意思。又如"马愁鞴鞍就行千里"，用"鞴"字意味着立即上路，用"备"字则可以从容些，过几天根本没有问题。《朴通事》那"（把驴）牵将来鞴了也"，如果把"鞴"写成"备"，读者也许会疑惑大半天。

"鞴"既然是"（为了驾驭骑乘）套鞍辔"，"鞴不住"的本义就是"套不住（鞍辔）"，即不能给马套上鞍子和马勒并扣好各处的革带（主要是肚带，还有顶革、鼻革等一大堆）。这样，马鞍和马勒就不稳固，容易滑脱。人们就无法驾驭马匹，骑乘更容易出事。相反，"鞴住了"就是套好了鞍辔，扣好了各种革带，鞍子和马勒都挺稳固的，骑手可以放心大胆地上马。虽然语料库里边只有"鞴好""鞴上"，从逻辑上说，汉语里却可以有"鞴住"，写作"背住"的就是它（例5、6、7）。"鞴"的对象从"鞍""马"扩展到其他事物时，"鞴"的含义也就引申了。例如说"船被鞴住了/人的思想被鞴住了"，那就不是什么好事。船被别的什么鞴住，就只能听别的什么东西的指挥，而不听船老板的了；人的思想要是被鞴住了，那就不能自由驰骋而僵化了。一般说来，人们对自己所面对的事物，都希望能够驾驭控制，可惜事实上往往难以如愿，驾驭不了即"鞴不住"的情况是经常发生的。因此，"鞴不住"就是没法驾驭，就是情况不明，如果要说明这情况也就"说不定"，只能说"也许"了。

这样我们就得到一个结论：备不住者，鞴不住也。"鞴"的对象是马驴或鞍鞯。不管说"鞴不住马"还是说"鞴不住鞍"，指的都是把鞍鞯套在马上而没有套住，那鞍鞯就不稳当，可能移动滑脱，人们就没法驾驭车马。因此，其引申义是"说不定/也许"，往往表达说话人对难以确定的情况的一种估计。

回头说说陈刚《北京方言词典》里头的"背扣儿"，那"背"字也是借为"鞴"。"鞴马"包括一系列动作：把鞍子"搁"马背，把鞍鞯往后"拉"点儿，把固定鞍鞯的马肚带"扣"上，把马勒"塞"马口中，把笼头的顶革、鼻革等等全都"扣"好缩紧……在"鞴马"的各种动作中，"扣"革带是最频繁的，因此它可以与"鞴"连用。北京大学 ccl 语料库古代汉语部分有 8 例"扣备"（扣鞴）。如：

（24）我坐下马肚带悬了些，吾要下马来扣备，不要放冷箭。（明《五代秘史》）

（25）长老吩咐收拾行李，扣备马匹。（《西游记》第 96 回）

（26）便吩咐伴当扣备鞍马，牢拴行李，出了合肥县。（清《三侠五义》第 59 回）

（27）刘云解下白龙驹，扣备安稳，扬鞭打马，把势赶起车来，直奔平安镇去了。（清《三侠剑》第 4 回）

《西游记》有时作"扣背"，《汉语大词典》收了［扣背］：谓装好鞍鞯。《西游记》第十四回："那行者才死心塌地，抖擞精神，扣背马匹，收拾行李，奔西而进。"又第十五回："明日将那鞍鞯取来，愿送老师父，扣背前去，乞为笑纳。"

上边诸例中，由于"鞴""扣"两字在同一语境中出现，而且连用，时间一久，字义互相渗透，"鞴"和"扣"便似乎互相有了对方的含义。

但陈刚词典中的"背扣儿"却是"鞴扣儿"，"背（鞴）"是动字，"扣"却是名物字，"鞴扣儿"的含义是"鞍鞯上边鞴马用的扣儿"。

"电话线上净是背扣儿",这是"鞴扣儿"的比喻义,指称名物,"鞴"是修饰"扣儿"的。"背(鞴)着扣儿呢""背(鞴)住扣儿了"是动宾式短语,成为小句了。

最后,有个事儿要交代一下。《说文》鞁字重文作鞴,段注引师古谓鞁为驾车之饰,鞦为被马之饰。又,据北京大学ccl语料库,鞴马也曾有作鞁马者。但鞁字90%以上用于炉鞁,而鞴字虽然用于炉鞴者不少,多数还是用于鞴马。它们大概同源,但分工倾向十分明显,应予尊重。本文没提鞁字。

参考文献

1. 陈刚《北京方言词典》,商务印书馆 1985.

2019-08-10 于藜藿轩

29 "打"字新说

"打"是现代汉语的最常用字之一,在占字频90%以上的1000个常用字中,"打"为第170位。人的劳动实践主要靠手,前500个最常用字中从手的字有手、看、把、打、拉、提、指、找、持、拿、接、报12个。"打"在这些字中,频率第四,只在看、把、手三字之后[1]。但要是说字义之複杂,也许"打"字要排第一,而且老是遭人埋怨。

宋代欧阳修（1007—1072）《归田录》卷二云:"今世俗言语之讹,而举世君子小人皆同其缪者,惟'打'字耳。其义本谓'考击',故人相殴,以物相击,皆谓之'打'。而工造金银器亦谓之'打'可矣,盖有槌挝作击之义也。至于造舟车者曰'打船''打车',网鱼曰'打鱼',汲水曰'打水',役（四库全书影印本误作投）夫饷饭曰'打饭',兵士给衣粮曰'打衣粮',从者执伞曰'打伞',以糊黏纸曰'打黏',以丈尺量地曰'打量',举手试眼之昏明曰'打试'。至于名儒硕学,语皆如此,触事皆谓之'打'。而徧检字书,了无此字。其义主'考击'之'打'自音'谪耿',以字学言之,'打'字从手从丁,丁又击物之声,故音'谪耿'为是。不知因何转为'丁雅'也。"[2]那时口上的"打"已经颇为流行,欧阳修音丁雅切,竟与千年后的今音大同,同《广韵》

杜奚切的"提"和都合切的"搭",也只相近。

大约近两百年后,宋代刘昌诗《芦浦笔记卷三·打字》认为欧公论打字之音"得之",又云:"然世间言打字尚多:左藏有打套局,诸库支酒谓之打发,诸军请粮谓之打粮,请印文书谓之打印,结算谓之打算,贸易谓之打博,装饰谓之打扮,请酒醋谓之打醋、打酒,监场装发谓之打袋,席地而睡谓之打铺,包裹谓之打角。收拾为打叠,又曰打併。畚筑之间有打号,行路有打伴,打包,打轿。负钱于身为打腰。饮席有打马,打令,打杂剧,打诨。僧道有打化,设斋有打供。荷胡床为打交椅,舞傩为打驱傩。又宋歌曲调:'打坏木楼床,谁能坐相思。'又有打睡,打嚏,打话,打闹,打斗,打和,打合(读作阁),打过,打勾,打了,至于打糊,打麨,打饼,打百索,打绦,打簾,打荐,打席,打篱巴。街市戏谑有打砌、打调之类,因并记之。"[3]宋代打字之复杂,似乎和今天相近,甚至超过今天。

上世纪新文化运动的健将之一刘半农有《打雅》一文,力图解释101个字串"打某"的"打"字,被批评为"杂纂"[15]。《俞敏语言学论文二集》也有《"打"雅》一文,说今天的"打"字,源头在《广韵》合韵的"搭","打"是随着行政兼刑法的官员流行到全国的。这大概合部分事实。《"打"雅》专门给北方话里"打"字的含义分类,共分成七个义项组,33个义项;《汉语大词典》则分34个义项。二者都没有说及"打"字的互渗义和假借义。汉语为什么这么爱用"打"字呢?难道真的是"中国人好斗"而无意识地表现于语言吗?其实,许多"打"与动武没关系。

"打"是典型的口语词。书语和口语的关系是多方面的:口语是书语的源头,书语是口语的提高;书语流行面广,口语地方性强,文读音往往战胜白读音;口语中既有当代最通俗新颖的口语词,又可能保存着很古很古的书语词,它能熔古今于一炉,铸口书于一瞬;汉语有众多的方言,彼此的距离往往很大;在汉语词汇双音化的过程中,口语和书语各有自己的贡献……特别重要的是，汉文的书语经历了从文言到白话的重大转变，这个转变绵延一千多年，许多口语字进入了书面，替换了原来书卷气重的字。今天的"打"字里面，有的是"打"的同义字的替换者，有的是"打"的同音字或近音字的替换者，甚至也有"打"是"某个同义字的同音字"或"某个同音字的同义字"的替换者。它的複杂面貌，是汉语书面语从文言演变为白话的长期历史中积淀起来的。"替换"是打字含义複杂的根本原因，同替换相比，字义的普通引申、假借和互渗，都要逊色一些。

一 "打"字本来的音义及其意义引申

古文献中，"打"字最早出现于西汉，到南北朝时它在书面语中便用开了（北京大学 ccl 语料库第一个"打"出自《黄帝宅经》，不取）。

（1）萃：鼋羹芬香，染指拂裳，口饥打（一作于）手，公子恨悁（一作馋）。（四库全书影印本《焦氏易林》卷一。按，焦延寿为西汉中期睢阳［属今河南］人，昭帝时曾为官。昭帝始元元年是公元前86年）

（2）其后醉，形坏，但得老狗，便打杀之。（桓谭《新论·辨惑》。按，桓谭是东汉初年淮北相［属今安徽］人，公元前23－公元56在世）

（3）尔乃挥手振拳，雷发电舒；斳游光，斩猛猪；批狒毅，砍魅虚；捎魍魉，拂诸渠；撞纵目，打三颅；扑苕茏，抶夔魃；搏睍睆，蹴睢盱。剖列靡，掣羯孽；劓尖鼻，踏赤舌；拿伦魀，挥髯鬣。"（《楚辞章句》作者王逸［约公元110年前后在世，南郡人，南郡属今湖北］之子王延寿《梦赋》。按，这是写梦中打鬼，"纵目""三颅"指眼睛竖着长的鬼，有三个头的鬼）

（4）苏林曰："［棓］音'鹏打'之'鹏'。"（《史记·天官书上》裴骃集解引。按，苏林是东汉末年学者，陈留外黄［属今河南］人，约220年前后在世，魏文帝黄初年间为博士，曾封侯。《说文》棓字段注：

"棓棒正俗字。""鹏打"即棒打。鹏字博厄切，今音 bò。苏林口中的"鹏"与"棒"同音）

（5）所打煞者，乃有万计。（葛洪［284-364］《抱朴子·内篇·至理》，葛洪是晋代丹阳［今属江苏］人）

（6）梲谓捶打。（《十三经注疏》之《春秋穀梁传注疏》宣公十八年"邾人戕鄫子于鄫"注。按，作注者范宁是《后汉书》作者范晔的祖父，东晋人，约 339 年—约 401 年）

（7）张悦贼中大帅，逼迫归降，沈攸之录付喜，云："杀活当由朝廷。"将帅征伐，既有常体，自应执归之有司。喜即便打锁，解襦与著，对膝围棋，仍造重义，私惠招物，触事如斯。（《宋书·卷八十三·吴喜传》。吴喜 427-471，刘宋后期大臣。《宋书》由吴兴［今属浙江］沈约 441-513 撰写。按：打锁即开锁。锁原作鏁）

（8）吾共汝叔母等闻之，各捉其儿打之。唯盛洛无母，独不被打。（《北史》卷四十五《周书》晋荡公护传。宇文护513-572，鲜卑族，北周大臣。《周书》由唐朝令狐德棻主编，贞观十年 636 成书。令狐德棻是宜州［今属陕西］人）

上引 8 例中，例（1）"口饥打手"，是否用工具没明说，例（3）是挥手振拳而打，例（4）是棒打，例（8）是母亲打儿子，徒手的可能性大，例（2）把狗"打杀"，例（5）也说"打煞"，而且有"万人"之多，肯定用木棒之类工具；尤其值得注意的是例（7）的"打锁"，"打"可能是"开"的意思（今汕头配钥匙叫打锁），与后世的"打道回府"的"打"相同，说明它已经很普及了。从用例作者的籍贯看，"打"字也从中原扩散到江南、河北，即扩散到整个中国了。

对"打"字的读音，学术界一般认为原来是阳声韵，有鼻音尾 -ŋ，后经过鼻化韵，演变为阴声韵，即鼻音尾彻底脱落了。主元音方面，"打"的西北方音的主元音晚唐时已经是低元音，北方的书语曾经用一等字搭字记录打这个口语字：

（9）［彪］高声大呼曰："南台中取我木手去，搭奴肋折！"（《魏书·李彪传》。李彪（444-501）是北魏名臣。《魏书》作者魏收 501-572，北齐巨鹿［今属河北］人）

（10）老革多奸，将贼胁我。欲搭其口，但隐忍之，诚极难耐。（魏征《隋书·裴蕴传》。裴蕴是今山西闻喜人，魏征是巨鹿曲阳［今河北晋州］人）

虽然《切韵》系韵书中，"打"字一直是都冷切或都挺切之类，但从诗歌的韵例看，晚唐五代的"打"已经与麻马骂韵字相押，可见口头的"打"早就是马韵字了，韵书还保守着它的古音。[4] 丁声字上古音属耕部，但在方言中，此部字主元音为低元音的不少。如今湘语邵阳话白读中，王力上古音系统的支锡耕三部字，韵腹为低元音（王力鱼部音）的不是个别现象，如支部的洒佳崖涯卦挂挂挂蛙洼俾髀提，锡部的画划轭蟹懈臂壁劈滴嫡缔历绩锡镒摘，耕部的声平丁钉鼎挺井颈轻性婴缨萤等字。

"打"字可能不取其义而纯粹拿来记音，这样的"打"只是记音符号。

1【打紧】"打紧"何意？按字解释，"打紧"不就是"打之使紧"吗？如说"打包要打紧/檝要打紧"。一查词典，不对了。它们说的不是这个"打紧"。《现代汉语词典》（以下简称《现汉》）说，"打紧"是方言，"要紧"的意思，常用于否定式。例如说：缺你一个也不打紧。"不打紧"大致与"没关系"差不多。但它的源头却远着呢。宋代《清平山堂话本·快嘴李翠莲记》就有："姨娘不来不打紧，舅母不来不打紧。"《水浒传》也有用例。"要紧"好懂，有时也说"紧要"。《朱子语类》卷一一五："以此见得孟子求放心之说紧要。"把"紧急""重要"加合起来，就能得到"紧要"或"要紧"。不过，"打"字的音义怎么也与"要"字沾不上边。从读音考虑，这"打紧"大概是"当紧"。"当紧"，《现汉》也说是方言，要紧之意。"当"变成"打"，不过因为在

"不当紧"中,"当"字轻读或快读丢了韵尾,读音如"打"。一个旁证是:"打眼"也来源于"当眼"。《现汉》有"打眼",说是方言,"惹人注意"的意思,湘语邵阳话也这么说。"当眼",也是惹人注目之意,虽然一般辞书没收,网上却有(如百度百科)。汉语中确实有这词。《金瓶梅》第四十回:"大姐姐他们都有衣裳穿,我老道只有数的那几件子,没件好当眼的。"陈残云《山谷风烟》第二二章:"刘二柱和叶银……周祺等等坐在一排,坐的是当眼的位置。"如果作"当眼",那就一点也不奇怪,我们不是常说"当头/当面/当心一拳"吗?可见"打紧"的"打",记录的是口语中"当"字的音变,是个纯粹的记音字。

2【打糖】湖南邵阳农村,1940—1950年代用稻米熬的糖主要是:饧糖,打糖,排糖和麻糖。最先得到的是黏稠度各异的饧糖(麦芽糖),棕色,胶状。饧字读如寻琴,音[dziən^{22}]。在饧糖中掺入芝麻、米花,搅和均匀,冷却凝固后切成片,就是麻糖。饧糖继续熬,质地由稀变稠;接下来是扯糖:在一个宽敞的屋内,把一锅浓稠的饧糖盘在墙上一个倒丁字形的架子上,人拉着糖仰身抵足,奋力后退,估计不能再拉了,就接连两把抓住长约丈余的糖,同时上前几步,又把它绕在"倒丁字"那一竖上,继续仰身抵足拉扯。如此循环往复。这个工序很费气力,不是壮劳力别想扯糖。经反复拉扯,糖的颜色逐渐变浅,脆性逐渐增加,成了就盘放木板上;然后挑到村子里,一块块敲下来卖。这就是"打糖"。若是分成几份继续拉扯,质地继续变松变脆,拉扯成拇指大小的棍状,一根根排着截断,就是排糖。戏谑时说:"你要吃排糖还是要吃麻糖?"指的是打棍子和扇耳光。这些名称中,"打糖"最有特色。"打糖"是个双音词,不是动宾字组,动宾字组的重音都在宾语上,"打糖"的重音却在"打"字上。虽然一般人把"打糖"的打,理解成"敲打",但它的含义却是"拉扯"。为什么呢?第一,扯糖是熬制打糖的诸多工序中决定质量好坏的最关键的工序,也是最辛苦、最费力的工序。第二,"打糖"壮文叫 diengzdaz 或 dangzbeng,意译是"拉糖"。

其中 diengz/dangz 是汉语"糖"的译音；daz 是个壮语成分，音近汉语的"打"，义为"拉/扯"；beng 在壮文中也是拉扯之义，它还是一些汉语方言中一个蛮越语（现代某些壮语、苗语和瑶语的祖语）底层（邵阳话音[pən³⁵]，黎良军《湘语邵阳话音义疏证》作攀，钱钟书《围城》作迸，周立波《山乡巨变》作绷）。"打糖"是汉蛮合璧的："糖"是汉语成分，"打"是个蛮越语成分的译音，跟敲打根本没关系。[5]

在互联网上，吴语上海话把洗头叫"打头"，洗发膏叫"打头膏"。"打"的本字是"汏"，《汉语方言大词典》有"汏浴"，释为"洗澡"，引例是朱德谟的《西瓜皮事件》。要是据音写字，大概会作"打浴"。《汉语大词典》确有词条[打浴]，解释是："方言，洗澡。"引例有阿英《盐乡杂信》的"供给一家人秋冬打浴"，还有周立波的。这是用汉字记录方音。

"明打明/实打实/件打件（都好）/盒打盒（的糖）"中的"打"都轻读，方音各有不同，有的写作"打"，也有作"哚/的/顶"的，多半是"逐"字的音变。逐字《广韵》在澄纽屋韵，声母念[d]是古音，清化了就是[t]，韵母则很模糊。[6]

这类"打"字只是记音符号而已，与汉字"形中有义"的主流并不合拍。连西语的音素文字也不能准确记音，所以专门家才制定了国际音标。人们面对汉语的口语，却不得不用汉字来记录音变，记录方音，甚至记录从外域借来的构词成分的音（如苏打），确实难为"打"字了。

关于"打"的语义，从"打"字的构形看，应是从手丁，丁亦声。"手/丁"是"打"字得义的两个要素：一是手部的动作，二是要用力而得到一定速度、发出某种声音（"丁"原来是钉子的象形，曾用作拟声词）。去声"钉"与"打"通，例如，唐代《临济录》说："师云，我在黄蘗处，三度发问三度被打。僧拟议，师便喝，随后打。云：不可向虚空里钉橛去也。"橛，木桩，"钉橛"即"打桩"。叙述时说"打"，记录对话用"钉橛"，是钉打二字相通的最好证明。今湘语邵阳话既说"钉

[tiaŋ³⁵]糍粑",也说"打糍粑",钉打指的都是"杵击（＝筑）"。"钉"是四等字，但邵阳话白读音的主元音却是低元音，与一等字相通。

因此，一般字书都说"打"字之义是"击也"，即今语打架、棒打之"打"。如《广雅》"打，棓也。"《说文》新附，"打，击也。"《广韵》梗迥两韵都是"打，击也。"《龙龛手镜》："打，击也，棓也。""打"或"击"含义丰富，有徒手和用工具之别，也有近击和遥击之分，还有轻打和重打的不同。"打击/敲打"是人类生活中最常见的行为，其引申义也多。

但除了"一打袜子"的"打"作量词，而且来源于外语外，"打"字只作动词，说明"打"字引申的方式并不複杂，大多属于因果之引申或事效之引申，"吃/做/造/取/除去/计算"等义是最常见的。

3【打牙祭】"打牙祭"晚出，原来只说"牙祭"。教育部语料库在线的古代语料只有一例，见于清初的《梼杌闲评》（明代遗老所撰，又名《明珠缘》），是动词，说的是去水陆寺祭祀：

（1）忽听得人说道："站开些！公子来牙祭了。"（《明珠缘》第十八回）

清代小说也只《儒林外史》有一例"牙祭肉"：

（2）平常每日就是小菜饭，初二、十六，跟着店里吃"牙祭肉"；茶水、灯油，都是店里供给。（《儒林外史》第十八回）

"牙祭肉"可能是"獭祭鱼"的仿造，"牙"是"衙门"之略。祭字同用，牙对獭，肉对鱼。《礼记·月令》："［孟春之月］东风解冻，蛰虫始振，鱼上冰，獭祭鱼，鸿雁来。"高诱注《吕氏春秋》"獭祭鱼"云："獭獌，水禽（按禽者鸟兽总名）也。取鲤鱼置水边，四面陈之，世谓之祭。"獭祭鱼，说"祭"是误会了，原来水獭捕鱼多，吃两口就扔掉，排列在水边，有如祭祀。牙门祭祀则确实是"祭"，祭祀所陈列的"牺牲"，也叫"胙"，祭祀后会分到有关人家，成为真正的佳肴，是鲜美的肉食品。"獭祭鱼"常省作"獭祭",似乎可以说,"獭祭"是水獭吃河里所长之鱼,"牙祭"指国人吃衙门祭神之肉。衙门的祭祀活动即使正常,每月也就初一、十五两次,所以引申后的"牙祭(肉)",指的是人们难得吃到的荤腥。把"牙"字理解为古名厨易牙或人们的牙齿,是误解了。衙是牙的孳乳,牙门与牙旗有关,本指象牙。

"打牙祭"的打,则源于用火镰"打火",《水浒传》多次说"打火做饭"或"打火做饭吃",打火遂依事理之引申而引申为"做饭"或"吃饭";"打中火"的字面义是"日中打火",指吃中饭;"平火"指参与者均摊费用的比较铺张的饭局,"打平火"即参与这种餐会吃饭。随着"火"分化作"伙","打"就只能是引申义"吃"了。"打尖"是在旅途或劳作中吃饭,"尖"是"尖山"之略,以妇女乳房喻可食之物,原是江湖黑话[7]。打尖的食品是煮熟带身上的,不用"打火"。

这样,"打牙祭"之义,就是"吃一餐难得的有荤腥的饭食"了。

人类要熟食,须"打火做饭吃","打"因而引申为"吃"。鸟兽不同,它们解决食物问题,一不要熟食,二往往需要"厮打"。如老虎吃牛,老鹰吃蛇,那牛和蛇是会逃跑或反抗的。所以鸟兽"打食"的"打",是"厮打"和"吃"两种义素并存。另一种解释是:此语原来是说鸟类"啄食"。"打"记录的是读音相近的"啄"字。啄字竹角切,上古读端母,今赣语、闽语、粤语、客家话都如此。[8]

4【打水】"打水"并不是从"打柴"类推出来的说法。说"打水"的来源比较费事。"打"字一般表示人的主动行为。人的实践行为大多为了获得或避免。表示获得的,文言主要是"取",白话主要是"得"。

(1)昨夜打得一只狗,煨得糜烂在这里,与公子同享。(《二刻拍案惊奇》卷二十二)

(2)昨日圣驾幸猎,打得鹿麞之物,做成肉饼,特赐贤侯,故有是命。(《封神演义》第二十回)

(3)知县看了武松这般模样,心中自忖道:"不恁地,怎打得这个

猛虎！"（《金瓶梅》第一回）

（4）屠狗店里把他做个好主顾，若打得一只壮狗，定去报他来吃。（《警世通言》卷十五）

（5）纵然是块铁，下炉能打得几根钉？（《西游记》第三十二回）

（6）做庄家的人，恃着年岁收成，打得盆盆盒盒的粮食，看得成了粪土一般，不放在眼内，大费大用，都要出在这粮食身上。（《醒世姻缘传》第九十回）

在这些例句中，"打"是"打猎/打麦/锤击"的打，但打是为了"得"，为了获得狗、麋鹿、猛虎、钉子和粮食。打禾为得谷，打椹为得桑葚，这样的"打"字，击打义和获得义并存。到"打水"中，"击打"义隐去了，"获得"义就突显出来了。它最早出现于唐代佛家著作中。

（7）桔槔打水声嘎嘎，紫芋白薤肥濛濛（僧人贯休《怀邻叟》诗）

（8）师曰："不打水，鱼自惊。"（《五灯会元》卷八）

（9）心上正如十五个吊桶打水，七上八落的。（《初刻拍案惊奇》卷三）

本来，汉语原先是说"取水"的：

（10）取水实于大盎中，盎破水流地……（王充《论衡·论死》）

（11）时天暑热，植因呼常从取水自澡讫，傅粉。（《三国志·魏书王粲列传》裴松之注引）

（12）［东］坡取水漱口，或云："一盎水如何漱得！"（《苏东坡文集》卷一百二）

（13）这崔生只为口渴，又无溪涧取水……（《警世通言》卷三十）

"取"字本义是"割取"，表达的是事情发展的结果，反映的是古代的口语或事实。《说文》："取，捕取也，从又耳。《周礼》'获者取左耳'，《司马法》曰'再献聝'。聝者耳也。""从又耳"说字形像右手提着耳朵。为什么"取"字这么构形？因为那时在战争或行猎中，都是割下捕获物的左耳来计数请功的。《周礼》说："大兽公之，小禽私之，获者取左耳。"《左传·僖公二十二年》说:"且今之勍者,皆吾敌也,虽及胡耇,获则取之,何有于二毛?""获则取之"就是一旦抓获就割下左耳。可见"取"是以抓获、战胜为前提的,战胜或抓获之后,才有"取(手提左耳)"这结果。后来含此"取"字的书语词有"博取/采取/夺取/攻取/换取/获取/猎取/谋取/窃取"等,书面语气味相当浓。

"打"依照因果之引申而引申为"得到",就为"打"字取代书面色彩较浓的"取"字创造了条件。经过长期的发展和选择,上述字串中的"取"一一被"得"替换,"打水"也终于战胜了"取水"。原来的"取水"是泛指,只要得到水就行,包括"舀水/倒水/汲水/挑水/端水"等等的,现在这些也都可以叫"打水"。

湘语邵阳话说"舀水""倒水""挑水""端水",或说"打一盆水来"而不单说"打水"。因为单说的"打水",指公鸡爬母鸡背上射精的动作,"打"是射,"水"指精液。那又是另一回事了。

5【打胎】"打"的具体结果有很多种,常见的有"掉落",如打禾打麦的结果,稻谷和麦粒就掉落了。稻谷和麦粒这掉落之物,正是打禾打麦的人想要保有的,这掉落在实质上是"取得/获得"。有的掉落之物却是不需要的,那就任凭它们消失了。胎儿畸形的,母亲会"打胎"(或叫堕胎);棉花有了冗枝,棉农会"打枝/打杈";想让植株长得壮实些,可以"打顶";口渴的人,可以吃个梨子"打口干"。"怪胎/冗枝/(茎的)尖顶/口干(之感)"经过"打"就掉落消失了。任凭掉落物消失的"打",也可说是"消除/除去"或"使消失"之义。两种"打"都是"使掉落/使坠落"义,由于对掉落之物的处理态度有原则区别,总的意义就大不相同,"获取"与"消除",应该属于"打"字的不同义项。

刘正埮等著《汉语外来词词典》说,"打消"来源于日语。这个说法不妥。日语中义为"打消"的名词念うちけし,写作"打ち消す"的动词念うちけす。汉语中的"打消"与日语读音毫无关系。汉语中的"打消",其形、音、义都是汉语的,不过把这两个字形(形中有义)连

起来的是日语而已。日文中的方块字,几乎都是源于中国。"打消"与"打破"一样好理解:"打"是原因,"消""破"是结果。"吃个梨子打口干",只要把梨子吃了,那口渴之感不就消失了吗?不过"打消"源于"取消","打"替换的是"取"。

"掉落"作为"打"的结果,有时有一个过程,即处在掉落的过程中。而且"掉落"的含义有引申,多指处境在衰落。例如"打单"多指成年男性而无偶者,或被动离群的孤独者,也说"落单"。如:

(1)公园那些地方全是些人:女的男的一对对紧挟着走,生怕对手逃去似的。一些打单的家伙可不怎么舒服,叹口长气。(张天翼《温柔制造者》)

(2)宝玉因近日林黛玉回去,剩得自己落单。(《红楼梦》第十三回)

在湘语邵阳话中,不论男女,凡是丧偶者都叫"打单身",男子应娶而未娶者则叫"打光棍"。他们的处境正处在"衰落"的过程中。

6【打票】"打酒/打票"也同"打水"一样,"打"字是得到/获取之义。"打"字后边说到的东西,就是要得到的东西。但是,酒呀,票呀,要花钱买,水是不要买的(野外的泉水之类,一般是不用买的),怎么也说"打酒/打票"呢?是的,天上不会掉馅饼,你要得到,就得付出。"打水"就不要付出吗?你忘了,"打水"是要付出劳力的。付出劳力和付出金钱,有什么原则上的不同吗?

还有"打车/打的",谁都知道这儿的小车和的士,不是人们要获得的东西。语言在这儿有省略,它是用"车/的"表示提供乘坐小车或的士的服务。"打车/打的"的人所要获得的,就是这种服务。所以,"打车/打的"的打,同"打水"的打,也没有根本的不同。不过,如果看前景,"打的"可能日益流行,"打车"就不见得。因为"打车"曾有造车(指手工造车)义,也有理据,还有作"搭车"的,取搭乘之义。要是公交车,显然说"打"不如说"搭"。

7【打草鞋】属于因果之引申的,还有"打"字的"使成"之义。

29 "打"字新说

"打"一般是一种人类行为,凡人类的行为总有个目的,而这目的的实现,就是行为的结果。"使成"之义很宽泛,有的是使成为可用的东西,有的是使成为什么样子,处于什么状态等等。这东西或样子,原来是没有的,是"打"后才有的。例如"打菜刀",这菜刀原来是没有的,打起了才有,原来不过是一些铁或钢。打菜刀的人一开始就把菜刀悬为自己的目的。菜刀成了,这"打"的行为才完结。"打菜刀"的"打",自然是"捶打",但有"使成"之义。到"打草鞋"中,这"打"字的"捶打"之义隐去了,"使成"之义突显了(另一说,"打草鞋"《孟子·滕文公》叫"捆屦",或以为捆乃梱字之讹,梱者款也,扣也,即捶打。说"打草鞋"是"捆屦"的替换亦通,但本文不取此说)。不管是捶打还是别的什么行为,只要"使成"之义是主要的,用的仍是"打"字,就属于这一条。如"打柜子/打毛衣/打洞/打井/打席子/打晒簟/打草稿/打鞋底/打勾/打汤/打滚儿/打趣/打转转"等。"打柜子"是木工活,免不了敲敲打打,但"使成柜子"这层意思很清楚。"打毛衣"就不用敲敲打打了,可仍说"打","打"在这儿指"用毛衣针编织",讲究的人宁肯说"织毛衣"。"打洞"有时要敲打,但说"老鼠的儿子会打洞",就没有敲打。"使成洞"可有各种不同的动作,或挖或戳或凿或捅。"打晒簟"是篾工活,其中有"敲打",主要的编织。"打鞋底"是老式妇女干的,主要工序是在多层袼褙做的鞋底上,用粗麻线密密麻麻而有次序地穿过来穿过去,使鞋底结实。这当然用不着敲打。"打草稿"的行为是写,需要安静,与敲打大有矛盾。"打勾"的行为是画,"勾"或"叉"是两种记号,这记号是画出来的。"打汤"是做一个菜汤。"使成某种东西"是这些"打"字共有的含义。这一含义与"造/做"相通("打工"就是"做工")。从"打造"这说法看来,"打"字引申为"造"是稳定了,成为一般人的共识(在形式上,"打造"似乎源于"锻造",打锻都是锤击义,以"打"换"锻"就能得到"打造"。但"打"的"使成器物"这一含义与"造"相通,"打"的结果是"造出",因此,"打造"

这个词也可比照"打破"之类创造出来，不是非以"锻造"为前提不可）。不过，"使成"义的范围要大多了，"造"只是其中包含的一个意义，只适用于"器物"。"洞/草稿"不是器物，就不大好说"造"。

"打滚儿"就是在地上滚来滚去，"滚儿"指这种行为，或这种行为表现出来的样子。但是名词，"打"是做出这种行为或样子。做出了它，它也就"成"了。"打趣/打转转"的打和"打滚儿"的打是一回事，同类说法还有"打仰儿/打斜/打横/打赤膊"等。

8【打分】评分为什么叫打分？要研究汉语字词的理据就得回答它。"评"字只有两个义项，一是评论、批评，二是评判，"评分"的评，自然属于第二义项，所以"评分"可以叫"判分"。判者剖也，就是劈开，这同刀有关，同"打"似乎没关系。评分要动脑筋，要衡量，甚至要算算账，所以评分还可以叫"计分"，考试卷的右上角，有时就有"计分"二字。"计"跟"算"有关，"算"跟"打"可是太有关了：四字成语有"精打细算/满打满算"。这是AxB（A）y式，"精""细"含义相同或相近，"打""算"含义相同或相近。这样看来，"打分"也就是"计分"或"算分"了。

"打"字之义为什么会同"计算"搭上关系呢？"打算"这词是怎么来的？只能认为它们同"打算盘"关系密切。"打算盘"的"打"，义为弹拨，就是用手指不断弹拨算盘珠子，珠子碰珠子会发出一连串清脆的响声。"弹"字与"射"字同义，甲骨文射字是"矢在弓"，弹则是"丸在弓"，会矢或丸即将弹射出去之意。所以弹和射都是"击"，与"打"同义；而且弹字《广韵》徒干切（与掸字同），声母与打字的声母只有清浊之别，主元音也是低元音，所以打弹二字读音相近。不过"打算盘"却表面是弹拨即"打"，实际却是"算"，因为算盘珠子只是"像丸"，并不是真正的"丸"。通过"表里之引申"，"打（弹拨）"就得到"算"的含义。汉语中，凡是表示要衡量、要计算的"打"，大概都是这么来的，如"打主意/打表/打价/打卦/打筮/打谱/打折"等等。

二　"打"字替换与其同义而有书卷气的字

在中国历史上，日益脱离口语的文言文盛行了两千多年，唐代以后开始出现用汉字书写口语的变文，后来逐步发展，到一千年后的清末民初形成著名的白话文运动，主张"我手写我口"，用白话代替文言，白话化才成为一种风气。所以从唐代开始，就有书卷气较重的字被换成口语字的现象。"击也"之义的口语字"打"，替换了多个与其同义而书卷气较重的字，正是这个潮流中产生的现象。

9【打扮】"打扮"的意思是，经过装扮使容貌衣饰更好看。装扮包括做头发，打粉，打胭脂，涂口红，选用头饰衣饰等等。中心是打粉、擦胭脂。从前湖南邵阳有一首儿歌说："十二月，落泡雪，揹起包袱下湖北；湖北有个好堂客，不打粉，空空白，不擦胭脂桃红色。"因为擦胭脂也说打胭脂，所以总体就叫"打扮"了。这是说，"打扮"的"打"，是从"打粉/打胭脂"来的。打粉，通语叫"扑粉"，就是陆游"红棉扑粉玉肌凉"的扑粉，即往脸上扑香粉，或者往身上扑爽身粉的意思。扑，古作"攴"。《说文》："攴，小击也。""击"就是打，"小击"就是轻轻地打。《尚书》说"扑作教刑"，指用打手心来罚学生。所以扑粉就是打粉。这样，"打扮"也就是打粉装扮即扑粉装扮了。

一个证据是，"扑灭"也换成了"打灭"（邵阳话也把扑灭火灾的火叫"打火"）。ccl 语料库有 29 条用例：

（1）人须扩而充之。人谁无恻隐，只是不能常如此。能常如此，便似孟子说"火之始然，泉之始达，苟能充之，足以保四海"。若不能常如此，恰似火相似，自去打灭了；水相似，自去淤塞了；如草木之萌芽相似，自去踏折了，便死了，更无生意。(《朱子语类》卷五十三)

（2）押司娘见说，倒把迎儿打个漏风掌："你这丫头，教你做醒酒汤，则说道懒做便了，直装出许多死模活样！莫做莫做，打灭了火去睡！"(《警世通言·三现身包龙图断冤》)

学汉语，不光要知道"打扮"的打，决不是挥拳"动武"，还要进一步知道这"打"是"扑"的换用，是用一个纯粹的口语字换掉一个有点儿书卷气的字。

10【打一物】谜语分谜面和谜底。谜面后边往往有个带括弧的提示：打一字/打一物/打一人名，等。例如：两只翅膀一颗牙，不会飞来只会爬，生来好管不平事，口吐朵朵白莲花（打一物）。这"打"字不大好懂，有人改为"猜"。但为什么要说"打一物"呢？年岁大点或读了点书的人可能知道，"打一物"，从前是叫"射一物"的。"射"字神夜切，上古音在船母铎部，拟音 $\mathrm{d}_{\mathrm{i}}\bar{\mathrm{a}}\mathrm{k}$。与打字的丁雅切（折合上古音在鱼部端母）阴入对转，声母也相近。《说文》："射，弓弩发于身而中于远也。"这不就是用弓弩"遥击"吗？难怪"射猎"今叫"打猎"。《龙龛手镜》："射，猎也。"《山海经·西山经》："竹山有兽，其状如豚，白毛，毛大如笄而黑端，以毛射物，名豪。"这"射"就是隔空打击，是豪猪自卫的法子。所以用"打"代"射"音义都很自然。但谜语的"射"有所引申，这种引申战国时代就出现了：

荆庄王立三年，不听而好讔。成公贾入谏，王曰："不穀禁谏者，今子谏，何故？"对曰："臣非敢谏也，愿与君王讔也。"王曰："胡不设（按借为说）不穀矣？"对曰："有鸟止于南方之阜，三年不动不飞不鸣，是何鸟也？"王射之曰："有鸟止于南方之阜，其三年不动，将以定志意也；其不飞，将以长羽翼也；其不鸣，将以览民则也。是鸟虽无飞，飞将冲天；虽无鸣，鸣将骇人。贾出矣，不穀知之矣。"（《吕氏春秋·重言》）

这就是著名的"一鸣惊人"的语源。"讔"是隐语，其发展即后世的谜语。"设"，邵阳话白读音是 $\mathrm{\varepsilon y\varepsilon}^{55}$，与说字文读音同，此处借为批评义之的"说"。"胡不设不穀矣？"就是"你怎么不批评我了？""射"是"用言语指向"，语境从打猎变到言谈游戏了。

对谜面来说，它一方面要求"藏"，要"迷惑"人，不能直说。另一方面，谜面的字句要影射或指向谜底。对猜谜的人来说，他们要凭着这些影射的话，去射中谜底。"射"字本义，不就是打枪打炮的"打"吗？足球场上的"射门"，也说"打门"。所以，"打一物"的"打"，不过是把沾着些书卷气味的"射"，换成了白话"打"罢了。古人有"射覆"，是射字这一含义的老祖宗。"覆"是覆盖，即隐藏；"射"是说出被隐藏的东西，主体是射覆的人，所以可说"你覆我射"或"我覆你射"。[9]

"打"跟着"射"字从本义引申为"用言语指向"，"打比方"是用喻体比方本体，同"打一物"用谜面"射"谜底差不多。注射也是"射"，把"注射"叫做"打针"，也不过换了个口语说法而已。

11【打发】一个孩子把碗打破了，大人会说："没关系，打发打发，只有打了才能发！"这是把"打"和"发"算两回事了。其实，"打"即是"发"。《说文》："发，射发也。"段注："引申为凡作、起之称。"今语说的是"发射"，发，原来与射同义。发字繁体从弓，癹声，表示"射"的意思很自然。射既是打枪的打，发也就是它了。"一发中的"就是一射就射中目标。打枪先是瞄准，然后"击发"（扣扳机），也就是打仗的指挥员命令战斗开始的那一声"打！"。所以"发"就是"打"，却有"开始/发出/发生"义素。

关于发出某种声音，《尚书·囧命》的"发号施令，罔有不臧"算很早的，而"发号"后来作"打号"，不过前者是发号令，后者是喊号子。

今人举重出力者，一人倡则为号头，众皆和之，曰打号。（宋代高承《事物纪原·杵歌》）

这儿已经把"发"换作"打"。秦汉人说"雷乃发声"，元明以后改作"打雷"。雅言为"发抖"，口语说"打颤"；雅言为"发怵"，口语说"打怵"；"发疟子"，一些地方说"打摆子"；发蔫，也说"打蔫儿"。这些"发"，都被"打"换下来了。

从词汇语义的角度应该说，口语的说法很有道理：这"打雷/打铃"的"打"，就是"发出"雷声、铃声的意思。人不自觉地"发出"的某种声音，口语就说是"打"出来的，所以白话文才有"打鼾/打嗝儿/打喷嚏/打哈欠/打屁/打哼哼"。人有意识地"发出"某种声音也叫"打"，于是有"打哈哈/打哦嗬/打唿哨/打嘟噜/打讷讷（讲话不清楚）"。人是一个整体，既然人有意或无意地发出声音都叫"打"，那么，无意识地发出动作，也能叫"打"：小孩子白天在大人怀里会"打挺儿"，夜里在床上会"打被"。至于"打招呼"的"打"，则既有声音，又有动作。总之这些"打"都是从替换"发"字来的。

12【打赌】"打赌"有各种不同的形式，笔者儿时见过的是"赌钱"：用两个文钱（即孔方兄）在桌上侧着转起来，然后用碗覆盖着，让参与者赌里边的文钱倒下来后是"麻子"、"鉴子"还是"龟孙对"（麻子指两钱有字的一面朝上，鉴子指两钱光平如镜的一面朝上，龟孙对是一个麻子，一个鉴子）。赌钱的"钱"指的是赌具中那两个文钱，不是指参赌者的钞票，那是下注用的（要是与"赌命"并列，那就指参与者的家财和性命了）。这"赌钱"同"射覆"的相似点太多了。所以"打赌"的打，有可能是射的意思。但词汇研究不能不重视词形，语料库在线的古代语料根本没有"射赌"这个说法，ccl 语料库虽有"射赌"，却是"用射箭来打赌"，即"赌箭"（看谁射得更准），其"射"字用本义，并非"用语言指向"之意：

（1）定制，赌有禁，惟以射赌者无禁，故有大书于门曰"步靶候教"者赌箭场也，然往者寥寥。（清震均《天尺偶闻》）

而两语料库却有"角赌""斗赌"和"打赌赛"（赌赛这说法可追溯到六朝）：

（2）便佞巧宦，早升朝籍，常以酒肴棋博游公卿门，角赌之际，每伪为不胜而厚偿之，故当时有虚名而嗜利者悉与之狎。（《旧唐书》列传第八十一）

（3）尔辈勿劣相，我筹之已熟，两相角赌，必有一负，负者必怨，事理之常。(《阅微草堂笔记》卷十七)

（4）二将阵前寻斗赌，两下交锋谁敢阻。(《封神演义》第三回)

（5）枪剑并举没遮拦，只杀的两边儿郎寻斗赌。(《封神演义》第三十八回)

（6）上床同睡，又说了与懒龙打赌赛之事。(《二刻拍案惊奇》卷三十九)

"角"或"斗"，即是"战斗/打斗"。牛是用"角"来"斗"的，所以"角"有"斗"义，说"角力/角斗/角逐"。秦汉人就"斗鸡"，元明人"斗牌"，清人"斗蟋蟀"。所以从这几个用例看，"打赌"的打，更有可能源于"斗赌"的"斗"。《说文》："斗，两士相对，兵杖在后，象斗之形。"斗字古形是两人搏斗、对打。所以"斗"就是"打"，是一种特殊形式的打。它的特点就是：人分两造，斗有胜负。因为"赌"是人相斗，"斗鸡/斗蟋蟀"只是人们"赌"的工具，才不能说成"打鸡/打蟋蟀"。

《说文》新附："赌，博簺也。"博的本字是"簙"，《说文》释为"局戏"，"局"指棋盘。簺也是一种棋类游戏。赌博是从博弈变来的，它们都是"人分两造、斗有胜负"的。"斗鸡/斗蟋蟀"是赌博的方式，"斗赌"的意思，就是用"斗鸡/斗蟋蟀"等来赌博，同例（1）的"射赌"构词方式相同："斗/射"修饰"赌"。恐怕很少人知道"打赌"的源头是修饰关系，因为从"打个赌"看，它是演变成动宾格式了。

既然"打赌"的打，源于"斗赌"的斗，那么，"打牌/打麻将/打扑克"的打，也都源于这同一个字。实际上，"斗牌"的说法元明清都很流行，十八世纪末年的《红楼梦》就九次说到它，而"打牌"的首例出现于二十世纪初的《官场现形记》(据教育部语料库在线网站)。"打官司"也是从这儿引申出来的：原被告两造对簿公堂，由官府宣判胜负。"打官司"原来叫"斗讼"，ccl 语料库有"斗讼"80 来例：

（7）妒夫娼妻，同室而处，淫乱失行，忿怒斗讼，夫死，妻更嫁，妻死，夫更娶。（王充《论衡》卷十二）

（8）诏："开封六职闲剧不同，如士曹之官，唯主到罢批书，而刑、户事繁，自今凡士之婚田斗讼皆在士曹，馀曹仿此。"（《宋史》卷一百六十六）

（9）[丁暐仁]父筠，以吏补州县，所至有治声，其后致仕，杜门不出，乡里有斗讼者，不之官而就筠质焉。（《金史·丁暐仁传》）

（10）山居人尚气，新都（按指徽州）健讼，习使之然。其地本勤，人本俭，至斗讼则倾赀不惜，即官司笞鞭一二、杖参差，便以为胜负。往往浼人居间。（明王士性《广志绎·杂志上》）

不难看出，是"打"替换了"斗"，"官司"替换了"讼"，"斗讼"就成了"打官司"。

此外，接吻，邵阳城区说"打啵"，邵阳南路却说"斗啵"，可见"打"源于"斗"。"打"与"斗"音义都近。

13【打钱】经常可以听到类似下边的说法："你放心，我明天就把钱打到你卡里。"这打，也是打炮的打，即发射或投送。大炮的原始形态是"发石车"，炮字本作"礟"，从石，是投掷石块砸人的武器。投掷石块砸敌人，与把钱打到卡里，是相似的，打钱的"打"，就是"投掷"之义。以前，街头卖艺的场合，也有一个环节叫"打钱"。一段演出完了，卖艺人摘下头上的帽子，翻过来拿在手里举着，在场地上贴近看客转着圈儿，口里说着：各位老少爷们，在家靠父母，出门靠朋友，各位带钱的捧个钱场，没带钱的捧个人场……于是，身上有钱的看客就把一个个铜钱投进那帽子。这就是"打钱"。原来"打钱"就是"投钱"，因为隔得远一些。《说文》："投[原作豆旁殳]，繇（=遥）击也。从殳，豆声。"遥击不就是远打吗？所以把投钱叫"打钱"也只是换了个更口语化的说法。

今天，钱的形态变了，不再是可以投掷的铜钱，"打"字之义也只好引申。

手机支付虽已普及，无人售票的公交车上还是有"投币箱"，这"投币"，也就是"打钱"。由于"纸币"太轻，不能"遥击"，那"击"的含义就隐去了，源于"投"的"打"字，自然也是如此。在不同的语言环境中，词的某部分含义（义素）或者突显了，或者隐匿了，很常见。（按，《说文》："投，擿也。"擿即掷，原来偏于掷弃之义。今投字包括《说文》两个字）。

关汉卿《玉镜台》第一折："怎能彀可情人消受锦幄凤凰衾，把愁怀都打撇在玉枕鸳鸯帐。"这个"打撇"即"抛撇"。《说文》投/掷（擿）互训，《说文》新附与《集韵》都说"抛，掷也"。抛字后起，与"礮（炮）"同源，礮亦作抛（提手旁改车旁）。所以"抛"与遥击语义相通，可以被"打"替换。

14【打电报】"打电报"的"打"，文雅的说法是"拍/发"或"拍发"，"打"字替换的是"拍"。"电话"虽然也说"打"，但不能说"拍/发/拍发"。可见"打电话"的"打"并不是"拍"的替换。这是因为，"拍/发/拍发"是单向的，它们适用于单向的"电报"，不适用于双向的、交互的"电话"。

这个"拍"指敲击电报机。《说文》："拍（原文右边作百），拊也。"段注"拊"字说："《尧典》曰'击石拊石'，拊轻击重，故分言之。"这拍是轻击，与"扑"同义。

为什么说"拍"是单向的？因为"拍"曾用于"拍车/迫击炮"，这个语境把单向性注入了"拍"字。《陈书·黄法𣰰传》："于是乃为拍车及步舰，竖拍以逼历阳。""竖拍以逼历阳"之"拍"指拍竿，是拍车的灵魂。清魏源《圣武记》卷十四："拍竿之制，施于楼船，上置巨石，辘轳贯焉，层楼百尺，六竿相联，壮士数百，层环其巅，发之碎敌，熊罴莫前。"拍车前继"发石车"，后来也叫"抛车""炮车""发石机"，可以投掷大石块打击敌人。拍车拍石（可与今之网络语言"拍砖"比较）

击敌当然是单向的。可说"拍石",当然也可以说"拍电报"。石头和电报虽然不同,但都可以单向的拍发出去。迫击炮的"迫击",实际也是"拍击",这写法原来带有方言性而已。

在和"摄"的对立中,"拍"的单向性更明显。相机是把物像从外物摄入自身的储存设备,犹如拍竿把石块从原地拍向目标。"拍""摄"的不同之处在于:"摄"是拉,是吸纳,说的是把物象拉入相机里边来(《说文》:"摄,引持也。"引就是拉),立足点在相机;"拍"是掷,是投出,说的是把物象抛进相机里边去,立足点在拍摄对象。摄影师摄影和剧组演员拍电影虽然是一回事,立足点却不同:摄影师是把外物的形象吸纳进来,演员们却是把自己的演出拍发出去。不过如今"拍摄"已经混到一起,人们很少注意这点罢了。

15【打住】"打住"意思是"停止",与"住口/住手"的住字意思一样,不过"打住"似乎一定是有人做施动者,所以"风停了,雨住了"的"停/住"都不能用"打住"替换。此语开始见于宋代,盛行于晚清:

(1)雪肌花貌,见了千千万。眼去眉来几曾管。被今回打住,没口施程,口捺地,却悔看承较晚。(宋沈端节《洞仙歌》)

(2)今日薛蟠又输了一张,正没好气,幸而掷第二张完了,算来除翻过来倒反赢了,心中只是兴头起来。贾珍道:"且打住,吃了东西再来。"(《红楼梦》第七十五回)

(3)所以公馆中留下轿马,止说大人偶尔抱恙,要打住几日,不用地方办差,自己起火食。(晚清《续儿女英雄传》第四十一回)

(4)如今久别相逢,难为情见面就抬杠,只得趁势打住话头,另谈别事。(晚清李伯元《文明小史》第十七回)

古有"鸣金",今有"打铃"。鸣金是敲打铜质的钲或锣发出响亮的高音,叫士兵停止战斗撤回。打铃也是发出铃声作为信号,叫停某项活动并开始另一活动。如"打上课铃"是停止课外的休息娱乐,开始上课;"打下课铃"是停止上课,开始休息娱乐。它们的老祖宗大概是"击柷止乐",《说文》:"柷,乐木控也,所以止音为节。"击柷的槌子叫"止"或"止戛",用"止戛"击柷,整个乐队的演出就停止(结束)。

"打"字从手从丁,丁亦声,会意而兼形声(参读[打马掌]段)。颇疑"打住/打止"之打,是《广韵》德冷切之打,与"丁声"有关:"停"字"亭声",而亭字"丁声"兼表"钉住"之义。如果"打"字声中有义,就与"停"相通,"打住/打止"也就是"停住/停止"。

有人在互联网上说"打止"源于日文"打ち止め",这就数典忘祖了。日文有うちどめ,意思是"结束/终了",其所以要借用汉语的"打""止"二字,是为了利用汉字的形中之义来克服假名难以区别同音词的弊病。汉语辞书没有"打止",邵阳话却有"打止/打住"("打住"引申指在亲友家里做客多日,与例(3)同),1940年代文盲的口上都常说。退一步说,即使把"打"和"止"两字相连的是日文,也不能说"打止"源于日文啊。

16【打马掌】 俞敏先生说,"打掌儿",指在磨薄了的鞋底加一层鞋掌。其实,在马脚底打个铁质的马掌也很常见。在骑兵队伍中,还有专门打马掌的士兵呢。这个"打"是敲击,似乎没什么异议。不过问题并不那么简单。鞋掌厚,一般要用钉子,所以也说"钉鞋掌"。打马掌则一律要用钉子,说"钉马掌"更准确。这就与《广韵》的"打"字念顶、等之音有关了。看来,"打"字丁声而声中有义。钉子,古只作"丁","补丁"的丁就是它:钉子打进木头去了,外面看到的是它的"厣板",就像一块或圆或方的补丁。较小的榔头,湘语邵阳话叫"丁锤",钉丁子少不了它。如果依《广韵》音义写作"打(音顶)锤",只有声调不合。

有一种打人的办法吴语叫"凿栗暴",是把手指屈曲起来,用指关节敲击别人脑袋,邵阳话叫"丁栗果子"(屈曲的指关节,外形似一排板栗)。这"丁"字就用作动词了。邵阳话这动词"丁",就是《广韵》的"打",不过声调没变成上声。但即使在邵阳话中,动词"钉"多变阴去了，"丁栗果子"的丁却没变。《现汉》中有个"靪"，读与"丁"同，意思是"补鞋底"，就是动词"丁"的孳乳字。此外，"钉梢"的"钉"，《现汉》的解释是"紧跟着不放松"，湘语邵阳话进一步引申为"黏"，音[tiaŋ⁵⁵]，如说"不是精肉不钉骨，不是肥肉不钉皮"，"钉只信封易得，有几粒饭就钉起哩"，"那只伢伢太钉娘哩，娘上茅厕也要跟着去"。欧阳修提到"以糊黏纸曰打黏"，这"打"也应是"钉"，"打黏"是两个近义字连用构成的字串。

这一段是说，"打马掌"的打，其义源可能是动词"丁"或"靪"或"钉"。教育部语料库在线没有"钉马掌"和"打马掌"；北京大学ccl语料库的古代语料也没有"钉马掌"和"打马掌"，其现代语料则有"钉马掌"12例，"打马掌"1例。

17【打问】《明史·李沂传》中有"打问"："廷杖非正刑，祖宗虽间一行之，亦未有诏狱、廷杖并加于一人者。故事，惟资贼大逆则有打问之旨，今岂可加之言官。"这"打问"的"打"，指"廷杖"，那是狱卒拿水火棍打屁股，是"打"的本义。这儿要说的"打问"，就等于"问"，如：

（1）掖衣襟，挽袖裤，倒退数十步，往前一纵，蹿上墙去。并不打问路石，飞身而下，看了看，黑夜之间并无人声犬吠。（《小五义》上）

（2）张旺掖刺打问道："施主通上名来。""在下铁腿狻猊，姓谢名洪字宝泰。奉陪师父走上三招五式。"（《雍正剑侠图》上）

那么，在"打问"中，"打"字何意？《礼记·学记》："善待问者如撞钟，叩之以小者则小鸣，叩之以大者则大鸣，待其从容，然后尽其声。不善答问者反此。此皆进学之道也。"这就是今语"叩问"的来源。待问者，等待问的人，就是答问的人。拿撞钟来比方，"叩之以小者则小鸣"，你只是随便问问，那我也只能随便答答；"叩之以大者则大鸣"，你若是认认真真地问，那我就认认真真地答。"叩"字怎么变成"打"了？《说文》无叩字，叩问之叩作敂。"敂，击也。"段玉裁注说，谢灵运《山居赋》的"敏弦"即郭璞《江赋》之"叩舷"（船底如弓，船舷如弦），"自扣叩行而敏废矣"。叩既是击，"打"字自然可以替换它，"叩问"就成"打问"了。这个"打"并非无义。以叩钟比喻提问，"叩"的比喻义就是"问"。因此以"叩问"为源头的"打问"，这"打"字也有"叩"的比喻义"问"在里面。

"打听 / 打探"的"打"是不是有"问"的意思？我想多半是有的。旧有"问探 / 问听"的说法，时代比"叩钟"近多了：

（3）凡一行公用什物之类，及使人出入问探之费，皆出此钱。（宋赵鼎《辩诬笔录》）

（4）盖奸人乘危造为此说，以骗脱朝廷金帛耳。问探不明，有类儿戏，国安得不亡哉！（宋周密《癸辛杂识》）

（5）独孤皇后问听高颎的"为了一个妇女"的话儿，心中好生不悦。（民国张恂子《隋代宫闱史》第二十六回）

"叩问"是个书面语，换成"打问"，生命力强多了。"问听 / 问探"也演变成了"打听 / 打探"。这都是文言演变为白话的结果，可惜人们似乎忘了：这"打"字原来是有比喻义"问"的。

18【打扫】与"打问"类似，似乎"打扫"也就是"扫"，"打"字无义。但只要研究一番就会明白，这打字是从替换"掸"字来的。《汉语大词典》[掸尘]的释文就是"大扫除"，引柯灵《春节书红》："一是掸尘，就是在春节以前，出动全家，里里外外进行了一次大扫除，以便干干净净过新年。"清代顾禄《清嘉录·打埃尘》云："腊将残，择宪书宜扫舍宇日，去庭户尘秽，或有在二十三、二十四日及二十七日者，俗呼打埃尘。"既说"掸尘"，又说"打埃尘"，这'打'分明就是"掸"。更有力的铁证是，清代有"掸扫"或"扫掸"之语：

（1）昨日带领多人细细掸扫，拂去浮尘，各处留神，并未见有此诗句。（清石玉昆《三侠五义》第四十一回）

（2）此时店婆已将上房掸扫，安放灯烛。（《三侠五义》第

一百三回）

（3）只见四个小童，扫掸灰尘已毕，从门内走出一人，衣服鲜明，仆人跟随不少。(《施公案》第一百三十一回）

要说明的是，"打扫"元代郑光祖《倩女离魂》中已经出现，比"掸扫"早得多。看看欧阳修《归田录》的记载，甚至可以认为，口头的"打扫"还可能出现得更早。但这并不妨碍它是"掸"字的替换者，北魏《齐民要术》已有"掸去热气"的说法了。今天，扫地用扫帚或笤帚，掸尘用鸡毛帚或笤帚，据说扫帚和笤帚都源于鸡毛帚，可见扫掸两字的含义难解难分；《汉语方言大词典》还说，山西运城把"掸"说成"打"。

掸音dǎn，只比"打"字多一个韵尾。掸字之义，《说文》说是"提持也"，是本义。但用得多的是"鸡毛掸子"，或用鸡毛掸子拂去尘埃。《广韵》释掸为"触"，即用角相抵。拂者掠击，即用鞭子之类抽，以角相抵则为"斗"，二者都与"打"义同或近。只要义同或近，打字就能凭借其地道口语的身份并且易写这个特点，而换下掸字，把"掸扫"变成"打扫"，何况二字还音近呢！所以，打扫之"打"里面，有"掸"的基因，"打扫"是两个同义字构成的字串。

说两句题外话。"掸"字"提持"之义湘语邵阳话还保存着，是个常用字，有如通语之"拿"（邵阳话不说"拿"），音[tan^{55}]，或音变为[lan^{55}]，写作"担"或"拈"。担字不但是擔的简体，在繁体字中也是掸字的异写。写作"拈"字的，《古尊宿语录》卷十七有"拈灯笼向佛殿里"之句。

19【打柴】"打柴"的打，是"伐"字的换用。《说文》："伐，击也。"《诗经》有"坎坎伐檀兮"，《礼记·郊特牲》有"二日伐鼓"，《吕氏春秋·季秋纪》有"伐薪为炭"。此后，《论衡》《淮南》《抱朴子》《三国志》等都说"伐薪"，直到唐代，白居易《卖炭翁》还说"伐薪烧炭南山中"，柳宗元《小石潭记》还说"伐竹取道"。"伐薪"，薪是柴，伐是击即是打，"伐薪"改作"打柴"，通俗多了。不过，"伐"字既可因"击也"之义换用为"打"，也可直接说"伐"字本义就是"砍"。《说文》"伐"字下说"从人持戈"，似乎未得正解。在"伐檀"等中，它明明是"砍"。郑玄注《尚书》"不愆于四伐五伐"云："一击一刺曰伐"，又郑玄笺《诗·皇矣》"是伐是肆"云："伐谓击刺之。"所以，"伐"字之形应解释为"以戈击人"。戈的杀伤部位横出，前端尖利，上下两侧有刃，可啄可割可凿（郑玄说刺）。而凿割都可使人头落地。概括地说，"以戈击人"就是砍杀，于是后来有"砍伐"，"砍柴"。

"伐薪"是个书卷气味很浓的词语，在口语化的潮流中换成砍柴或打柴是势所必然的。否则就不是"我手写我口"了。

20【打瞌睡】此语也叫"打盹/冲瞌睡/打瞌铳"，古语叫"睡（坐寐）"。意思是：困倦欲睡而没上床躺下，两眼闭合，头部不自觉多次猛然下垂又抬起，神似舂碓时那碓嘴（杵）一上一下的动作。《说文》："舂，擣粟也。"又"擣，手椎也；一曰筑也。"擣今作捣，"手椎"即以手为椎（槌）而椎之，"筑"为用杵垂直撞击（邵阳话白读［tˈiəu⁵⁵］阴平）。"舂/捣"两字都是"打"义。冲瞌睡的"冲"和打瞌铳的"铳"，本字就是"以碓曰捣粟"的"舂"。从"冲瞌睡/打瞌睡"的联系看，"打"代替的是"冲（舂）"，二字同义。

但"打"直接代替的应是"捣"，那是由于"打/捣"音义都近。《西游记》第十八回云："我也曾替你家扫地通沟，搬砖运瓦，筑土打墙，耕田耙地，种麦插秧，创家立业。"这"筑土打墙"就是用版筑直接捣土砌墙（不用烧砖）。"打墙"就是"捣墙"，民间叫"筑墙"。《现汉》有个词"捣麻烦"，是"有意惹事，使人感到麻烦"之意。老舍《四世同堂》五四："你说的对，一刀两断，干她的去！省得日后捣麻烦。"田汉的话剧《丽人行》也有"捣麻烦"。但茅盾、赵树理却作"打麻烦"，如茅盾《清明前夜》："怎么又来打麻烦了？"

又，给轮胎充气叫打气（又比喻鼓劲），也是因为"舂""充"同音，以"打"代"舂"扩大到以"打"代"充"的缘故。而"道喜"或曰"打喜"（见《汉语大词典》），也是因为"道""捣"音同，以"打"代"捣"扩大到以"打"代"道"了（道字徒晧切，上声，与捣仅声母有清浊之别，今普通话浊塞音已经消失，清浊之别变成了声调之别）。

21【打磨】"打磨"源于"捣磨"。如：

（1）女共其父，还归城里，便行推买种种妙香，如佛所须。持诣祇洹，躬自捣磨，日日如是。（元魏凉州沙门慧觉等译《贤愚经》第六十五章）

（2）行恶者今至，缘是恶物故，当益加我等，若干种苦毒。都来趣会此，共毒治恶物：剥皮曰捣磨，生胗而杀之，消散其身体……（宋释宝云译《佛本行经》第二十六）

捣即用碓臼舂，磨即用石磨磨。当然，"捣"和"磨"也不一定分得一清二楚。捣药是捣中有磨，研胡椒是磨中有捣。"捣磨"的结果是，使被捣磨的东西成为齑粉。所以捣磨是要用工夫的。上文已经说过，捣打义同。"捣磨"的"捣"被"打"替换，就是"打磨"，例如，《金瓶梅》第一回说："到不如削去六根清净，披上一领袈裟，参透了空色世界，打磨穿生灭机关，直超无上乘，不落是非窠……"

变化还没完，"打磨"的"打"，意思本是"舂/杵击"，由于受到"磨"的渗透，也有了"磨"的意思，与"摩擦/擦"相通。《现汉》解释"打磨"说，"在器物的表面摩擦，使光滑精致"。可见在"打磨"中，"打"已经被"磨"完全同化了。例如：

（3）花梨木鞘，白铜事件（按事件：装饰物），打磨的果真精致。（《醒世姻缘传》第七十九回）

即使单用的"打"，也有了"摩擦"之义。如说"草鞋把脚打起泡了"，就是指草鞋的绳子粗，磨得脚起了泡。石磨的"磨"念去声，那是把粮食磨碎的工具，圆形，石制。磨盘分上下两扇，正中有轴，下边一扇固定，上边一扇可以绕轴旋转。用磨磨麦子，就是让麦粒经过两扇磨盘之间那一排"牙齿"，被磨成粉。在互联网上，这"磨粉"也有说"打粉"的。"打蜡"的打，也是磨擦的意思，或写作"抹"，与擦或涂相通。

22【打熬】"打熬"似乎只是"熬"，其实未见得：

（1）夜宴重开，十年前一秀才。黄齑菜，打熬到文章伯。施展出江湖气概，抖擞出风月情怀。（元薛昂夫《双调殿前欢》）

（2）（晁盖）最爱刺枪使棒，亦自身强力壮，不娶妻室，终日只是打熬筋骨。（《水浒传》第十四回）

"打熬"出于"炼熬"或"熬炼"（郑玄有"捣熬"一语，极为罕见，恐非"打熬"的源头）：

（3）那回是真个今番演，越显得俺经熬炼。（元代尚仲贤《三夺槊》第四折）

（4）金火炉中造，神功百炼熬。（吴承恩《西游记》第七十五回）

熬者煎熬，如熬中药，指用微火久煮，使药材的有效成分彻底溶解；炼者熔炼，如炼猪油，是把猪板油之类放锅里干炸，把纯油炸出或榨出，最后去掉油榨（渣滓）。本来熬与炼义近，由于炼另有捶打义，被"打"替换了，炼熬就成了"打熬"。如：

（5）史进回到庄上，每日只是打熬气力，亦且壮年，又没老小，半夜三更起来演习武艺，白日里只在庄后射弓走马。（《水浒传》第二回）

"炼"字捶打之义从何而来？需要说明一下。《说文》："鍊，铄冶金也。"本义为熔炼。《说文》："锻，小冶也。"本义为加热并锤击。但两字关系密切：锻主锤击而锻中含炼——金属若不炼（不加热变软），就没法锻打；另一方面，炼主熔铸而炼中含锻——杜甫诗云"炼金欧冶子，喷玉大宛儿"，欧冶子是铸剑能手，难道只熔炼而不捶打？在有些地方，它们的主要含义甚至进一步互换了。湘语邵阳话中，锻为熔炼，如说"鼎罐被炭火锻熔嘎哩",字或作"煅",说明以锻为熔铸之义已经进入书面;炼为锻打,如春天备耕时,用木制锤子锤击田径(田塍)内侧,使坚致不漏水,叫做"炼田径";又如说"炼你两锤",是"打你两拳"之意。

由于在"打熬"中受到熬字的渗透,"打"字也有了"熬"的意思。平时说"熬夜",那么"打通宵"就是熬了个通宵。

如果不通过"炼"字的熔铸之义,"打熬"反而不好理解,虽然"打"比"炼"通俗。这个现象带有一定的普遍性:通俗的反而不好理解。记得俞敏先生在哪儿说过,"王冕七岁上死了父亲"这话让汉语语法界争论个没完,实际上它似乎是拿"王冕七岁丧父"打底稿的。"死"替代了"丧",语义上是通俗了,但"死"无"失去"之义,在句法上反而不好说了。语言的複杂性在于:它要求新,不断地前进,不断通俗化和现代化,但它又不能离开现有的基础和历史,不能是把历史和现实一脚踢开的"全新"的东西。这样,它里边就不能不充满了矛盾。

三 "打"字替换与其同音而有书卷气的字

如果"打"字替换的字并非"击也"之义,"打"字同被替换字只是音同或音近,那么,"打"字从被替换字得到的含义就是假借义了。不过这不要紧,假借义用得久了,从形音义结合的角度说,也可以看做约定俗成的另类"形中之义"。"我"字的第一人称单数之义,也是假借义,但今天的人们一见"我"这字形,就会立即想到"第一人称单数"之义。汉语语言学应该承认两类形中之义:一是文字学的形中之义,它诞生于造字时代,是汉字形中之义的主体;二是语言学的形中之义,它是汉字的形义关系长期约定俗成的结果,其中有着字音的关键作用。只是要注意,假借义的理据在本字当中,如果是没有本字的借字,一般就没法说明其理据了。这些音近字为什么会被"打"字替换?原因主要是两个：一是它们有书卷气，二是它们比"打"字难写。

23【虫打了】庄稼、衣服或书籍被虫子咬坏了，东北、湖南邵阳都说"叫虫打了"。这个"打"的本字是"蠹"，是"打"把"蠹"字替换了。蠹是一种虫子，这种虫子的咬蚀或蛀蚀，也叫"蠹"。《说文》："蠹，木中虫。"蠹字作动词表示"蛀蚀"义的，如"流水不腐，户枢不蠹"，就是"流动的水不会腐臭，门斗子不会遭虫的蛀蚀"。而蠹字上古音在端母铎部，郭锡良《汉字古音手册》拟音 *tāk，与唐宋以来"打"字读音相比，就多一个韵尾。在入声消失的方言中，"蠹/打"读音相同。既然口语把"蠹"读为"打"，白话文记录口语时也就把"蠹"写作"打"字了。

"打"字的"蛀蚀"之义，虽然《现汉》和两个语料库都没收，《汉语方言大词典》却收了【打了】，其第二义项是"被虫子蛀坏"。用例是东北方言：

  毛呢大衣里多放些卫生球，免得叫虫子打了。

此外，前引宋代刘昌诗所说的"打了"，大概也是这个含义。刘昌诗是江西人；从族谱看，今邵阳县各姓大多从江西迁来。

说"蛀蚀"义的"打"，源于"打"字引申义"吃"的继续引申，也有一点道理。不过这样理解没有那么简洁明了。

方言中保留着个别字的上古音是普遍现象，并不奇怪。只要认真研究过某种方言，对这一点是深信不疑的。别说一千多前的宋代，就是在今天的湘语邵阳话中，还有铎部字保存上古低元音韵母的，如《淮南子·泰族训》狸猫搏鸡之搏念 [pa^{55}]，《淮南子·精神训》喘息薄喉之薄念 [ba^{22}]，又如摸底之摸念 [ma^{31}]，落脱（遗漏也）之落念 [la^{55}]。普通话一字不落之落也念 là，拓片之拓音 tà（王国维《毛公鼎考释序》把"拓本"写作"打本"，源于唐人窦臮《述书赋》注"今见《三体石经》打本"），黄河边姓"拓跋"的鲜卑后人读"拓"如 tà，都是同类现象。对方音中保存的上古音孑遗的情况毫无认识，才会觉得奇怪。

24【打坐】"打坐"本有二义，一指静坐或端坐，二指佛道闭目盘腿而坐的一种修行方法，也叫跏趺或跏趺坐。第二义应是第一义的专化，此语始于宋代。

（1）惟有十八高人，缄口围炉打坐。（北宋《禅林僧宝传》）

（2）圣贤教人，岂专在打坐上？（《朱子语类》卷一百一十五）

（3）问："打坐也是工夫否？"曰："也有不要打坐底，如果若之属，他最说打坐不是。"又问："而今学者去打坐后，坐得瞌睡时，心下也大故定。"曰："瞌睡时，却不好。"（《朱子语类》卷一百一十五）

（4）昔有一僧，在经堂内不看经，每日打坐。（南宋《五灯会元》卷六）

（5）宋金和老僧打坐，闭眼诵经，将次天明，不觉睡去。（《警世通言·宋小官团圆破毡笠》）

唐代以前，"打坐"也是作"端坐"的，北京大学 ccl 语料库的古代语料，有 1000 多条"端坐"的用例。

（6）乐之当详听一意，端坐长思，心中悦喜，愉愉然也。（东汉《太平经》六）

（7）入此法门，端坐成佛。到彼岸已，得波罗蜜。（六朝傅翕《傅大士心王铭》）

（8）说经戒已讫，还至正殿，斋戒床上，端坐定意，便得等心。（东晋天竺三藏昙无兰译《佛说呵雕阿那鋡经》）

（9）我等今当各各还至所住之处，在一静处，一心端坐，思惟修习种种庄严己佛世界。（北凉天竺三藏昙无谶译第二卷）

（10）不语谛观如来，逍遥独脱尘埃。合眼任心树下，跏趺端坐花台。不惧前后二际，岂着水火三灾。只遣荣乐静坐，莫恋妻子钱财。称体实衣三事，葬身锡杖一枚。常持智能刀剑，逢君眼目即开。（唐王梵志《回波乐（其六）》）

端字今邵阳话白读念 [to^{55}]，丢了韵尾，主要元音 [o] 是由于属合口韵而由低元音变来的。"端"字文献或作"掇",记录的就是这个音。古音学认为,端在元部,掇在月部,两音阳入对转。

(11)有一个小丫头出来买菜,狄希陈认是那前日掇茶的丫头。(《醒世姻缘传》第三十七回)

后文要说及"夺标"曾作"打标",今邵阳话"夺"正音[to^{55}],它的主元音也因念合口韵而由低元音变来(上古音在月部)。

从例(10)的"跏趺端坐花台"看,跏趺只是端坐的姿势之一。跏趺是佛道修禅的坐法,两足交叉置于左右股上,称"全跏坐",又称"吉祥坐"。或以左足压在右股上,或以右足压在左股上,叫"半跏坐"。端坐则是端正地坐,包括跏趺坐。如今的"打坐"虽源于"端坐",却似乎专指结跏趺坐了。

25【打躬作揖】此语主要出现于元明以后,见于《封神演义》《金瓶梅》《儒林外史》《红楼梦》《醒世恒言》等著作。或说"作揖打躬",也单说"作揖"或"打躬"。单说的"打躬","躬"字也作"恭"。这是因为"打躬作揖"是行礼表示恭敬的缘故。这个写法注重实质内容,而忽视动作本身(形式)。所以"打恭"当属后起,本应作"躬","躬"是内容和形式结合在一起的。

"打躬"即是"躬身",那么"打"字的意思呢?语言研究者不能不刨根问底。行鞠躬礼时要躬身,"鞠"即弯,"躬"即身。"打"可能是"鞠"吗?不可能,音义相距太远。况且鞠躬一语先秦就有了,本来是小心谨慎之义,而鞠躬礼只见于《清史稿》。

《晏子春秋》有"张躬而舞","打躬"可能源于"张躬"吗?射箭先要"张弓",张弓本为张弦于弓,引申为拉弓或开弓。"张躬"源于"张弓","躬"是"弓"的孳乳,用"张弓"比喻躬身。"张躬"之躬,大学问家王念孙以为通"肱",指手臂。[10]这是从"舞"推导出来的。如果没有"舞"字,"张躬"就只能是"舒张身体"或"躬身(弯腰)"。而在"张躬作揖"中,"张躬"只能是"躬身"。

汉语有字串"张网",也有"打网","张"被"打"替换了。如:

(1)"蜘蛛张网,蚕虱不馁,使人智巧,役用万物,食口衣身,何足剧乎?(葛洪《抱朴子·诘鲍》)

(2)韩方寝,梦身为鱼在潭,有相忘之乐。见二渔人乘艇张网,不觉入网中,被掷桶中,覆之以苇。(唐段成式《酉阳杂俎》续集卷三)

(3)打,击也。而造船曰打船,取渔曰打网。(清袁枚《随园随笔·俗用字不知所始》)

这样说来,"打躬"也就是"张躬"了?愚以为的确如此。中古"张"字阳韵舌上音,与口语的"打"字马韵舌头音读音相近,白话文就把"张躬"写成了"打躬"。"打"替换"张",也表现在"打伞"替换"张伞"中。

(3)荆公以兀子,而茂直坐胡床也。语甚久,日转西矣,茂直令张伞,而日光正漏在荆公身上。(宋代王铚《默记》卷中)

(4)喝教艄公打跳,童儿张伞,迎接公子过船,就于船头作揖。(冯梦龙《警世通言·杜十娘怒沉百宝箱》)

(5)一日,帝与[杨]素钓鱼于后苑池上,并坐,左右张伞以遮日。(冯梦龙《醒世恒言·隋炀帝逸游召谴》)

"打"替换"张",更表现在"张旗"被"打旗"替换中。ccl语料库有200多例"张旗",今天却一律说"打旗"了(当然,带点书卷气的"举旗"也不少,它替换的是"揭旗/褰旗"):

(6)张良曰:"秦兵尚强,未可轻也。愿益张旗帜诸山上为疑兵,令郦食其持重宝以啖秦将。"(荀悦《前汉记》)

(7)帝盛兵多张旗帜出其南。(《晋书·宣帝纪》)

(8)天将明,大雾四塞,遣上国兵三千人潜伏北山下,以粮车由东而上,鸣鼓张旗,运夫大呼宝奴,宝奴出兵袭之,战于狐原……(金张师颜《南迁录》)

(9)田能同徐弘吉、徐弘义领卒子驾鹰引犬打旗上。(元代郑光祖

杂剧《钟离春智勇定齐》第二折）

还有一个旁证是，"张弓"有时又作"搭弓"。北京大学 ccl 语料库古代汉语部分有"张弓"352 例，"搭弓"12 例。而"搭"和"打"往往互换（见［打话］段）。如：

（10）众将看见，搭弓在手观望。（清《说唐全传》第五十四回）

（11）他忙向袋中取箭搭弓，弓开如满月，箭去似流星，嗖的一声，那怪物却不见了。（清《薛仁贵征东》第三十九回）

26【打话】此语今已罕见，近代汉语还广泛地用着，见于《警世通言》《水浒传》《西游记》《三国演义》《二刻拍案惊奇》《醒世恒言》等书，《汉语大词典》也收了。例如：

（1）两人饮酒中间，言来语去，眉目送情，又不须用着马泊六，竟是自家觌面打话，有什么不成的事？（《二刻拍案惊奇》卷七）

（2）与我报进中军，叫崇黑虎与我打话！（《封神演义》第三回）

（3）张飞更不打话，直取纪灵。（《三国演义》第二十一回）

（4）兄弟，大王爷攻打淮城，要个人见杜安抚打话。（《牡丹亭》第四十五出）

（5）索超听了，并不打话，直抢过来，迳奔关胜。（《水浒传》第六十三回）

（6）二人也不打话，一径且回。（《喻世明言》第二十六卷）

《说文》："话，会合善言也。"话字籀文作䛡，声旁㑹（会）声中有义。它的本义是交谈，是双向的，交互的。"打电话"的"打"之所以不能换为"拍/发"，就是因为"拍/发"是单向的。因此，"打电话"的源头不是"打电报"，而是"打话"。

"打话"的打，是"搭"字的替换者。例如：

（7）每日担水灌浇，刈草锄垦，也不与人搭话。（《醒世恒言》第十七卷）

（8）那时无论他是骑牲口是步行，你先下了牲口，只管上前合他搭

话，切记不可说车上没银子。（《儿女英雄传》第十回）

（9）你们明日倒要趁着后半夜的月色早走，到了牤牛山跟前，这班人一定下山拦路，要借盘缠。你们千万不可合他动手。张老大爷你也不必搭话，只把车拢住，这算让他一步。他一看就知是个走路的行家，便不动手了。（《儿女英雄传》第十回）

（10）他就跟了个破老婆子出了门，在街上哭哭啼啼的雇了一辆车，一直跑到薛家。进门也不搭话，就"儿"一声"肉"一声的闹起。（《红楼梦》第一百零三回）

"搭"字《广韵》都合切，中古拟音 $tɒp$，比"打"的中古音只多一个塞音尾。在入声消失的方言中，二者很可能同音。因此，以"打"换"搭"是有充分道理的。

梅膺祚《字汇》："搭，挂也。"今天，既说"打电话"，也说"挂电话"，可能不完全是巧合。前面说到，"打话"的含义是交谈，它是双向的，交互的。双向、交互这层含义，从前引诸例中都可以看出来。今语有"搭接"一词，《西游记》第五十一回有"他两个搭上手"，张天翼有"搭上了交情"，打话的"打"，正是搭接/搭手/搭交情的"搭"。这种"搭"增加"不正当"之义和贬斥色彩，就是勾搭之"搭"。它们都是双向的，交互的。这样看来，"打热/打得火热"（男女热烈相好，还往往含有贬斥色彩）的"打"也应源于"搭"。

或者有人怀疑："打电话"和"接电话"有先后或施受之别，这个"打"不是"搭接"的意思。我的解释是：这是"搭"的内部区别，有时有先后、施受之别，有时却没有。"总想凑过去搭上话"有先后之别，"两个人搭上话了"却没有。"接"字同样如此。"接客"之接逻辑上后于"客来"，它得以"客来"为前提；"接线"之接，两股线就没有先后或施受之别。交谈，也可说"接谈"，如：

（11）每与尊师接谈，常自大以诅之。（《旧五代史》卷二十四）

（12）即与奈剌忽同席，接谈谑笑竟日。（《醒世恒言》卷二十三）

（13）钦服他的义气，与接谈叙话，成了相知。（《醒世姻缘转》第八十四回）

（14）那宝玉素日本就懒与士大夫诸男人接谈。（《红楼梦》第三十六回）

以"打"换"搭"，前提是两字音近，而"打"更为通俗易写。"手搭凉棚"的搭，《雍正剑侠图》第十七回也作"打"。"打乡谈/打番语/打诨/打哑谜/打圆场/打招呼/打官腔（本义指说官话，官话是普通话的前身）"的打，都是如此。但"打话"替换"搭话"并不成功，今天，说"打话"的很少见，说"搭话"的却不少。

"打鱼"的打也可能源于"搭"。"打鱼"有两解：一是"张网捕鱼"，"打"替换的是"张"；二是钓鱼，"打"替换的是"钩搭"之搭。杜甫诗《观打鱼歌》《又观打鱼》里，渔夫用的是网，"三日打鱼，两日晒网"的俗语说的也是用网打鱼（即张网捕鱼）。用钓竿钓钩也可能叫"打鱼"。关汉卿《金线池》第二折说："恰便似钩搭住鱼鳃，箭穿了雁口。"《水浒传》两次说到"箭穿雁嘴，钩搭鱼腮"，钩对箭，鱼对雁，鳃对口，都表名物。"搭"在这儿指钓上的钩钩住了鱼嘴。古"钓鱼"在口语中可能说"搭鱼"，写作"打鱼"。别以为钓竿不如网罟，这要看渔场的情况，有时网罟根本没用，而钓一条大鱼却有几百斤呢！

27【打结】打结/打个死疙瘩之"打"，源于缔结之"缔"，"打结"就是"缔结"，原因是有些方言中"缔"字之音近于"打"。但"缔结"原是并列的两个义近字连用，"打结"却重新分析成了动宾。"缔结"有缠结（麻烦）/结交/订立诸义，最早见于六朝时期。

（1）鱼豢曰：寻省往者，鲁连、邹阳之徒，援譬引类，以解缔结，诚彼时文辩之俊也。（《三国志·魏书二十一》裴松之注引《典略》）

（2）中和末，以太原李克用兵势方盛，与定州王处存密相缔结。（《旧唐书卷一百三十·李可举传》）

（3）（吴瑞生）住了月余，遂缔结了城中两个名士。（《明珠缘》第

一回）

"打结"的用例最早在宋代就出现了：

（4）讲学切忌研究一事未得，又且放过别求一事。如此，则有甚了期？须是逐件打结，久久通贯。（《朱子语类》卷一一八，引申为"终结/结束"）

（5）只有一个马给事，天性绝饮……（酒）略沾唇，面便发赤，眉头打结，愁苦不胜。（《喻世明言》卷四十，本义"纽个疙瘩"）

（6）这十八两银子说的多么？应城伯家要这孩子做通房，情愿出我二十五两银。我不合那大勋臣们打结交。周嫂儿合马嫂儿，你没见么？（《醒世姻缘传》第八十四回，"打结交"即结交/打交道）

单用的"缔"字也有捆扎之义的用例：

（7）上缔蓬茅，下远官府。耕耨以时，饮食得所。或寝或卧，免风免雨。（唐陆龟蒙《祝牛宫辞》诗）

"缔"字《广韵》特计切，定纽霁韵。上古音在定母锡部。《汉语方言大词典》说，赣语平江话音 [tʰia^{44}]，如"用绳子缔书"，含义是"捆"；湘语长沙话音 [tʰia^{24}]，如"缔鞋带子"，含义是"系/结"。我们还可以补充，湘语邵阳话音 [tʰia^{55}]，是"紧紧地绹（捆也）"的意思，如"缔颈（自缢）/缔紧滴（捆紧些）"。类似现象有《广韵》齐韵杜奚切的"提"字，邵阳话白读为 [dia^{22}]，《汉语方言大词典》有词条 [提圳]，是长沙方言，其"提"字音 [tia^{13}]。"缔"字书卷气较重，难怪白话文要用音近的口语字"打"来替换它。

"捆/扎/系/结"之义而用"打"字的，还有"打包/打背包/打绑腿/打石膏"等。

28【打理】"打理"是个现代方言词。北京大学 ccl 语料库和教育部语料库在线的古代汉语部分都没有用例，而现代汉语部分的用例分别为 287 和 3。从用例看，有两个不同的"打理"："搭理"和"处理"。"搭理"义的"打理"今已不用，但上海乐群书店1930年出版的周毓英《最

后胜利》有用例,如"看护妇立在面前克西也不打理"。如今的"打理"一般是"处置/料理"义,"打"取代的是"处":

(1)他们试着去旅行度假,程梨华形容说:"仿佛一盆花,平日不打理,突然之间搬出去晒太阳。"(《记程梨华》)

(2)帮助家里打理卖稀饭的小本生意。(搜狐网)

(3)要担心时局的动荡,要关心物价的涨跌,还要打理梁林两个大家族许多亲戚之间的往来关系。(《豆瓣读书·林徽因的笔记》)

(4)谭灿辉把大人山打理得如诗如画,取决于他能诗会画。(瑞文网)

"处"字《广韵》昌与切(上声),上古音在昌母鱼部,拟音 tɕʰia。音读与打字近似。今日双峰话,邵东廉桥话,章组知组声母读归舌头的字不少。由于处字的古音与打字的丁雅切相似,白话文据音写字,就把"处"写成"打"了。

汉语中,同一个字的同一个音,随着字串的不同,其演变有迟有速的现象不少:北京话中,"行"字在"道行"中有时念 heng(轻声),但它在行动、行为、行车、行李、进行、风行、举行、德行、品行等字串中无例外都念 xing(阳平)。各方言中一般都存在文白异读,白读音往往较古,只存在于个别字串中,正在走向消失。如邵阳话百字,口语中一般也念 [pɛ⁵⁵],与读书音同,但在"百合"中却念 [pa³⁵],保留铎部字的低元音读法(入声的塞音韵尾则消失了)。要是一个不认识百合其物的人,照邵阳话的叫法据音写字,就会写作"坝河"(合字的声母在其他场合已经清化,而在这个字串中仍保存着匣母的浊音念法)。

这就是说,在某个方言中,处字在一般字串中已经念 [tɕʰy] 或 [tʂʰu] 了,在"处理"中却念与丁雅切的打字近似的音。这种情况,在汉语中是存在的。它是某方言中保存本方言固有音系的字彙孑遗。了解了这种情况,也就能够理解人们何以会把"处理"写作"打理"了。保定、张家口一带农村,有把"哪里来\去哪里"说成"哪哒来\徒哪哒"

的，"哪里"即"何处"。颇疑这儿的"哒"即是"处"。康濯《我的两家房东》对此有所记录。

这类情况，还表现在宋代曾把"夺标"写作"打标"中："许郡县村社竞渡，每岁端午，官给彩缎，俾两两较其迟速。胜者加以银椀，谓之打标。"[11]打明显是代替夺字而来。夺字徒活切，上古音在月部，主元音是低元音，中古拟音［duat］，与丁雅切的打很相似。在入声和浊音消失的方言中，说不定音同。

29【打量】打量的"打"，则是"度"字的替换。"度"上古音在定母铎部，《汉字古音手册》拟音 *dāk。"打"在欧阳修时代是丁雅切，"度"的上古音如保存在宋代某个方言中，就与"打"音近，白话文就把"度量"写作"打量"了。其实，远在此前约七百年，打度二字在江东方言中就音同或音近，扬雄《方言》卷五"佥，宋卫之间……或谓之度"晋代郭璞（276-324）注："今连枷，所以打谷者……今江东呼打为度。"按，连枷，或称了吊杖，邵阳农村二十世纪中后期还广泛用来打豆麦以脱粒，叫禾架（音［ɣo^{22}ka^{35}］）。

欧阳修《归田录》说"以丈尺量地曰打量"，这"打量"正是度量之义，是打量的本义"丈量"。今语打量的估量、观察之义是本义的引申（本义已不用），但雅言仍作"度量"。

"度"还有"超度/度过"义，替换"度"的"打"字因而也获得这含义。

刘昌诗说"僧道有打化"，这"打化"《汉语大词典》说是"犹募化"，其实就是"度化"，是超度、点化之义。例如明初《道法会元》第二百六十七卷有云："有通灵鬼神，假其名兴崇香火为福于人者，法官（按道士）宜精为收补，就令其充本所打化真官（按道教徒的教内职务）……"

"打"字的"度过"之义也是这么来的。清李百川《绿野仙踪》第四十六回："他说我打不过本月二十五日，我不由的怕死心切。"这"打不过"也是"度不过"。今天的老年人病重时还常说,"这一关我恐怕打不过了。"

四 "打"字替换范围的扩大和含义的虚化

打字替换了某个字,就获得了这个字的意义,被替换的字的意义,是打字许多义项的义源。有时,打字还替换了被替换字的同音字或同义字,扩大了它替换的范围。这是一种深层的隐蔽现象。例如,"打"字替换那被替换字的同音字,前文说到的"打气"源于"充气","打喜"源于"道喜",由于"舂/充"同音、"捣/道"同音,"打"字从替换"舂/捣"扩大到替换"充/道"了。"打"替换"复"也属于这种情况,见下面的[打叠]条。"打"和"开"的竞争,就源于它以其音近替换"张"字,并进一步替换"张"的同义字"引/启/起",而"张"等字又与"开"字同义,"开"字也是一个地道的口语词,也可以替换它们。这样,两个口语词就发生了竞争。这些都属于"打"字替换范围的扩大。

30【打起精神】今天一般说"打起精神/提起精神",要是说"振作精神",就有点儿书卷气了。"打起"最早见于唐代:

(1)又有禅德问曰,达摩传心,不立文字,汝何违背先祖,讲论传经。近复问曰,净名已呵宴坐,荷泽每斥凝心,曹溪见人结跏,曾自将杖打起。(唐代《禅院铨叙》卷上之二)

(2)打起黄莺儿,莫教枝上啼,啼时惊妾梦,不得到辽西。(唐金昌绪《春怨》诗)

"打起"都是"杖击使起"的本义。"打起精神"中,"打起"却是振作义,这个"打起"既然不是本义,可能另有源头。

一查 ccl 语料库,才知道同样含义的说法,从前多得很呢。"打熬起精神/打叠起精神""扶起精神""叠起精神""振起精神/挣起精神""整顿起精神/顿起精神""立起精神""抖擞起精神/抖起精神""鼓起精神""奋起精神",这些都是元明以后的,共有13种。而见于宋代《朱子语类》的,却是"耸起精神/著起精神/抖擞起精神"三种说法:

(1)须是勇猛著起精神,拔出心肝与它看,始得!(《朱子语类》卷十四)

(2)须是著起精神,字字与他看过。不惟念得正文注字,要自家暗地以俗语解得,方是。(《朱子语类》卷一百一十六)

(3)如人瞌睡,方其睡时,固无所觉。莫教才醒,便抖擞起精神,莫要更教他睡,此便是醒。不是已醒了,更别去讨个醒,说如何得他不睡。(《朱子语类》卷十七)

(4)看文字,须大段着精彩看。耸起精神,树起筋骨,不要困,如有刀剑在后一般!(《朱子语类》卷十)

耸,使高起来,今语常见,"耸起精神"也好懂,不必细说。"抖擞"今天也常用,只是其理据湮没无闻了。其实,它原来是"抖筛",筛字的韵母被抖字同化了。"筛"者"筛糠"之筛,也是"抖动"之意。"抖动"怎么会有"振奋"之义?《说文》:"振,举救之也,一曰奋也。"段注说振奋之"振"与"震"略同。振震都有颤动之义,"声震遐迩/振振有词"就是例子。人或鸟在奋起之前往往要振一振,即抖一抖。

明代以后,还说"抖起精神"或"抖擞起精神"或"打熬起精神",不过,"打起精神"已经占主要地位了。例如:

(5)陈大郎心上不安,打熬起精神,写成家书一封。请主人来商议,要觅个便人捎信在家中,取些盘缠,就要个亲人来看觑同回。(《古今小说·蒋兴哥重会珍珠衫》)

(6)那国王在内闻言满心欢喜,打起精神高声应道:"指下明白,指下明白!果是此疾!请出外面用药来也。"(吴承恩[约1500-1583]《西游记》第六十九回)

（7）只消三两个瞌睡，便隔断一部神情，瞌睡醒时，上文下文已不接续，即使抖起精神再看，只好断章取义，作零出观。(《闲情偶寄·科诨第五》)

（8）说时迟，那时快，李奶奶打起精神，双眼定睛，看着这恶物，喝声："住！"疾忙拿起右手来……(冯梦龙《喻世明言·杨谦之客舫遇侠僧》)

（9）只见前面透出星也似一点亮光，想道："且喜已有出路了。"再把青泥吃些，打起精神，一钻钻向前去，出了穴口。(冯梦龙《醒世恒言·李道人独步云门》)

值得考虑的是"打起精神"的源头。

"著起精神"是很有理据的。"著"字《广韵》丁吕切，其上古音在端母鱼部，拟音 tia。在宋代保存上古音的方言中，它同丁雅切的打字音同或者极为相似。今湘语邵阳话把开花叫"打花"（湘语中的动态助词"着"音[tau]），古人则叫"著花"。打、著二字在唐代就音同或近了：

（9）君自故乡来，应知故乡事。来日绮窗前，寒梅著花未？(王维《杂诗》)

在语义方面，"著"与"精神"的联系，比"打"同"精神"的联系就有理据多了。"著"与"箸\着"是源字与分化字的关系，《说文》只作箸，是烧火棍或火筷子（即火钳。箸的常用义是吃饭的筷子，又作筋），著作的"著"是从它分化出来的，"着"是"著"的草书楷化字。"箸"字从者，竹声。而"者"就是"燃烧"之义，甲骨文者字下从火，上从木加好些"点儿"，表示火星。[12]"著"就是用拨火棍拨动柴火，其火更为猛烈，其光也更为明亮。中国古人说"主上圣明""神明佑护"，就是用日月或火光之"明"来比喻精神。王充说："人之死，犹火之灭也。火灭而燿不照，人死而知不慧，二者宜同一实……谓人死有知，是谓火灭复有光也。"(《论衡·论死篇》)俗语说"人死灯灭""油尽灯枯"，都是这个意思。"著起精神"，"著"是比喻义，就是用使火光更明亮，来比喻采取措施使精神（智慧）更高涨、振奋。从字义说，在南宋，"［tia］起精神"而写"打"似乎不如写"著"，只是元代以后"著"字的读音与"打"越来越远，"著起"早就成了语言化石进了博物馆了。不过，"著"多半是记录［tia］音节选字的结果，因为历史上这种用法没有更深远的来源，《朱子语类》另有"著起草鞋"，这是穿著（着）之著，倒用得挺多。

"打起精神"更可能源于"打叠起精神"，用单字，说"打起精神\叠起精神"，用字串，就说"打叠起精神"。"打叠"源于"复叠"，那么，"打"替换的就是"复"字了（上文"扶起精神"的"扶"，本字也当是"复叠"的"复"）。但"打"与"复"既不同音也不同义，"打"怎么会替换"复"呢？下文［打叠］条将予以回答。

31【打叠】《现汉》有"打点"，其第一义项是"收拾／准备"，如"打点行李"。这个"打点"本来作"打叠"，如：

（1）［沈灿若］连忙开出门（按两字疑倒）来，叫起家人打叠行李，把自己喂养的一个蹇驴，驮了蕙娘，家人挑箱笼，自己步行。（《拍案惊奇（上）·张溜儿熟布迷魂阵》）

（2）韦德先将店中粗重家伙变卖，打叠行李，顾了一只长路船，择个出行吉日，把父亲灵柩装载，夫妻两口儿下船而行。（《醒世恒言·大树坡义虎送亲》）

（3）当时打叠行李，讨了两房童仆，雇下船只，夫妻两口同上北京。（《警世通言·赵春儿重旺曹家庄》）

而"打叠"本作"复叠"，就是重叠之义，两字义同，"打"替换的是"复"。"复叠"的用例如：

（4）欲辞南国去，重上北城看。复叠江山壮，平铺井邑宽。（白居易《齐云楼晚望偶题十韵》）

（5）寒郊复叠铺柳絮，古碛烂熳吹芦花。（唐代乐府诗《白雪歌》，

作者佚名）

　　文献未见"复叠行李"的用例（但有"叠起被褥/叠起铺盖"），其所以认定"打"字所替换的是"复"字，因为《现汉》以"叠"为后字的两字字串，只有"重叠/堆叠/折叠"（"打叠"不计）三个，此外还有"三叠/百叠/复叠/震叠/累叠/稠叠/白叠/积叠/玉叠"等，"百叠"指多重，"金叠"指佛法，"震叠"犹震恐，"白叠"即棉花（叠本作氎），"玉叠（氎）"喻指积叠的雪，而"重叠/积叠/累叠/稠叠/复叠"义近。在音义两方面都有道理可说的只有以"打"代"复"。复字《广韵》房六切，並纽屋韵，拟音[biuk]；扑字《广韵》普木切，滂纽屋韵，拟音[pʻuk]。两字之韵只有屋韵的一三等之别，两字声纽则只有双唇塞音的清浊之别，因而两字读音极近。在湘语邵阳话中，"复/覆"音[fu⁵⁵]，"覆"字白读音[pʻu⁵⁵]（如覆坛），与"扑"字音同。看来，"打"字是从替换"扑"字扩大到替换"复"字了，这是替换一个同义字的同音字。在语义方面，"复叠行李"就是把散在的行李一件件叠放一块儿，所以可引申为"收拾行李"。只是"打叠"已经不能再做形容词，它往往要带宾语"行装/箱笼"之类，其用法是发展了。

　　"打/叠"两字义近的证据是，既说"打叠起精神"，又说"叠起精神"或"打起精神"：

（6）师师是何等心灵性巧的人，察言观色，早已会意。便打叠起精神侍候徽宗。（民国许慕羲《宋代宫闱史》第五十九回）

（7）自己虽然风尘劳顿，即还打叠起精神，跟属员们敷衍。（陆士谔（1878-1944）《清史演义》第四十九回）

（8）每人只得一韵，若叠起精神，细细做去，只怕竟是曹娥碑"黄绢幼妇"那个批语哩。（清李汝珍《镜花缘》第八十七回）

　　可见"打叠起精神"就是"叠起精神"或"打起精神"，意思是振作精神，使精神高涨起来。这含义也是"重叠"或"复叠"的引申，与"收拾"义不同的是，它强调结果：复叠的结果是越来越高，就像叠床架屋或叠罗汉那样。

还有一个证据是，今语"打转（身）"是古语"复回"的替换。《说文》："回，转也。"

（9）[王]敦意攀承[陶]侃风旨，被甲持矛，将杀侃，出而复回者数四。（《晋书·陶侃传》）

（10）渌酒白螺杯，随流去复回。似知人把处，各向面前来。（张籍《和韦开州盛山十二首·流杯渠》）

（11）各盏待君下次勾，见了抽身便复回。（敦煌变文《难陀出家缘起》）

（12）你看他弄神通，丢开解数（按意为使出招数），打转水晶宫里，唬得老龙王胆战心惊。（《西游记》第三回）

这些"复回"口语都说"打转"，如例（12）的"打转水晶宫里"，就是拿"复回水晶宫里"做底子的。"复"字书卷气甚浓，又与"扑"字读音近同，而"扑"即是"打"，用口语的"打"字把它替换下来，也合情合理。

"打"替换"扑"是用口语字替换一个有点儿书卷气的同义字；它替换"复"，则是替换"扑"的一个同音字。"扑"的同音字还有"铺"，在"铺个铺"这样的语言环境中，第一个"铺"就被"打"替换了，"打地铺"就是"铺个地铺"。后面那个"铺"怎么没有被替换？因为它是名物，不是动作行为。

32【打道】"打道回府"，也可说"开路回家"或"启（起）程回府"。开路不是原先没有路，要临时开辟，是说起程或引路。"打/开"二字替换的是"引/起"。《说文》："引，开也。""启，开也。""开，张也。"又，《说文》："起，能立也。"段注："起本发步之称，引申之训为立，又引申之为凡始事、凡兴作之称。""开"凭字义近同可以替换"引/张/起/启"，"打"则凭读音可以替换"张"，也就可以替换与"张"同义的"开"。但"开"和"打"一样是口语词，处在口语字替换有书卷气的字的范围之外,不能随意替换,于是"打"和"开"发生了竞争。"打"字同"开"字竞争的例子还有"打头/打证明/打白条/打离婚/打花/打会/打醮"。"打头"就是"开头",它们替换的是"起"。"打证明"是指开具证明某事的书面文契(用文字把有关内容显露固定),"打离婚"指开具具有法律效力的离婚证。"打/开"替换的也是"起",原来是说"起路引","起护照"的。"打花"在邵阳话中指开花,如唱情歌:桐子打花球哚球,连妹就要连到头。以前叫"著花"或"发花""作花":"来日绮窗前,寒梅著花未?"(王维)"丹灶初开火,仙桃正发花。"(孟浩然)"鹤老难知岁,梅寒未作花"(刘长卿)。"打/开"替换的是"著/作/发"。不过"打花"竞争不过"开花","打花"只存在于个别方言中,没有进入通语。"打会"的说法有点年头了。《醒世姻缘传》第八回有:"这玉皇宫打会,这程氏正在里边逐队。"1940年代的邵阳乡下,清明节宗族在祠堂聚会,大家饱吃一顿,叫打会,或打清明会。"打会/开会"替换的是"作[做]会","打会"竞争不过"开会"。"打醮"可算开庙会的一种,参加者众多,也少不了喝酒吃肉,不过主要是念经祭神求福,宗教色彩浓。这儿"打"字没输,"开醮"的说法罕见。从"打"字替换"张/发",现在又替换"引/起"而同"开"字发生了竞争,它替换的范围是扩大了。可以认为,"打"字替换范围的确定,是别的字词制约的结果,归根结底决定于汉语整个词汇系统,决定于词汇系统各成员的相互作用。

"打"与"开"的竞争尤其表现在替代"决"字上。"决"本作"决",是"夬"的分化。夬(决)字郑玄注为"钩弦",即射箭的"扳指",作动词就是发射之"发"的意思。断狱义的"决断(判决)",有作"打断"的:"决断公事",《警世通言·皂角林大王假形》作"打断公事";"量轻决断",《京本通俗小说·菩萨蛮》作"量轻打断"。但是,《淮南子·说山训》"决指而身死"高诱注:"决犹开也。"《仪礼·士丧礼》"决用正"郑玄注:"决亦开也。"《仪礼·乡射仪》"袒决遂取弓于阶西"注:"决犹开也。"(按最后一条郑注中之"决"字,《十三经注疏》本作"貴",用的是夬的借字)雅言"决意"今口语说"打定主意",而雅言"衝决"今口语说"衝开"。

33【打从】《现汉》认为有两个"打"字,第二个打字是"从"的意思,如"打这儿往西/打门缝里往外看/打今儿起"。这是没弄清这个"打"源于"发",是"发"的替代者的缘故(见[打发])。书语说"发自",口语说"打从",二者按字对应。"发自"的用例从汉魏六朝,经唐宋元明清,至今不绝,如:

(1)惟信、义等始发自濮阳,结奸无盐,殄灭于圉。(《汉书·翟方进传》)

(2)三年十二月,义旗发自襄阳;己酉,檄京师。(陆倕《石阙铭》,载《昭明文选》卷五十六)

(3)楚仓倾向西,吴米发自东。(孟郊诗《赠转运陆中丞》)

(4)学曾应变稍缓,臣请责诸将以振士气,而逮学曾之命,发自臣疏,窃自悔恨。学曾不早雪,臣将受万世讥。(《明史·魏学曾传》)

元明以后"打从"才见于书面。今语既有"发自肺腑",又有"打从心眼里(佩服)"。前者明显有书卷气。"发"就是"打","从"就是"自"(今天还说"自从")。"自打"也源于"发自",不过倒过来了。

(5)自打我进宫以来 就独得皇上恩宠。(当代搞笑小品《甄皇后传》)

(6)打自二叔被捉了去……(曾秀苍《山鸣谷应》1981)

(7)门户皆闭,又不知打从那里去了。(凌濛初《二刻拍案惊奇》卷三十七)

(8)只见一个安童托着盒儿打从面前过去。(冯梦龙《警世通言》第十六卷)

不能因为"从"义的打字充当"介词",与"发"作谓语有所不同,就认为它与"发"没关系,进而认为这是另外一个独立的"打"。汉语"介词"或叫"次动词",是动词的一种[13],一般都有同形动词。当"打从"紧缩为一个"打"字时,里边自然包含着"从"的意思。因此"从"字之义的"打",即是"打从",来源于"发自",本义是"以什么为起点出发"之意,其"经过"义是在"打从"中受"从"字影响而得的。

五 结语

打字含义众多的具体原因可以归纳为三个,一是它部分地替换了不少书卷气较重的同义字或音近字,也替换了少量同义字的同音字,或音近字的同义字,本文涉及的这类字有"投/拍/扑/斗/炼/射/伐/搭/叩/掸/发/舂/充/停/靪/张/度/蠹/缔/处/夺/捣/道/端/复/铺/起"等,二是它的本义"击打"是生活中的重要含义,有广泛的引申天地,本文涉及的如"获得/除掉/吃/造出/使成(做)"等,都是极其常见的引申义。这两种情况,使得打字的含义又多又常见,从而带来了打字含义複杂的第三个原因:容易产生新用法或新含义,构成新的字串,向着"万能动词"演变。例如"打扮"就是宋代的新词;又如六朝有"搅扰",明清以后出现"打搅/打扰",大概也属于这种情况——繁体的攪擾(《说文》作𤕩[犭改扌])太难写,人们自然想用别的词语代替。恰好"打/饕"音近,"饕扰"可以写做"打扰"("叨"是"饕"的俗字,见《说文》)。由于"搅/扰"中二字互渗,"打搅"也就因"打扰"而生了,"打"字便有了"搅"义("打糨子"的打就是搅拌之义)。三个原因中,替换别的字无疑是最重要的。

别的字为什么会被"打"字替换呢?分析"打"字与被替换字的区别,可以看出:一是"打"是一个纯粹的口语字,被替换字有较多的书卷气。口语字替换有书卷气的同义字,是文言演变为白话的上千年历史过程的结晶。从孔夫子到上世纪初,文言统治了汉语书面语两千六七百年,越来越脱离口语,从唐代出现记录口语的变文开始,白话就为进入书面语而斗争。此后的书面语中,口语字替换书语字的现象层见叠出,这换此,那换彼,你换尔,我换吾,猪换豕,鸭换鹜,数不胜数,"打"字换下了许多字,是其中最突出的代表。有书卷气的字与"打"含义近同或读音近同,是它们被替换的根本原因。由于汉语中核心义为"击也"的词相当多,"打"才部分地替换了众多的字。二是"打"字之音在晚唐读入马韵之后,它的发音简单而明晰,主元音是低元音,又容易写,许多音近字或笔画较多的繁难字都被它替换了。当然,被替换的字也没有死亡。这是因为它们代表着传统,而且书卷气有庄重色彩,汉语又从单音词为主发展为以多音词为主了,有书卷气的字在双音化的过程中有重要用。以"扑(攴)"字为例,有"扑作教刑"的成语,有"扑蝶"没有"打蝶","扑杀"和"打杀"也并不等同,所以"扑"字不会死。

"打"字替换别的字的后果,最重要的是使得人们难以认识它的真面目。从宋代欧阳修到今天,人们一直在研究它,甚至有人认为它讹谬太甚,诅咒它。但是,一旦我们在文言演变为白话的大背景下研究它,一旦我们把揭示字词的理据作为研究的中心,一旦我们从共时的平面进到历时的平面,"打"字的面目也就无处逃逸了。当我们再回到今天的辞书编撰时,我们对"打"字义项的分合,心中就有底儿了,会觉得:把"打扫/打听/打算/打住"的"打"认定为无实义的词缀的说法,离真理最远;[14]"打"字的所有含义,无非是本义、引申义、互渗义和假借义,它所替换的字的含义,则是"打"字某些引申义、沾染义或假借义的义源。义源字对"打"字含义的影响,在引申义中表现在引申的方向上。此点可与汉语中的意译词的引申方向,受到源语言相关词汇的影响比较。"鐘"本义是一种击打发声的乐器,其引申义梵鐘和鐘表之"鐘",在引申方向上就受到梵语和英语相关词汇的影响。"革命"源于"汤武革命",本义是改朝换代,其引申义指以武装夺取政权为中心的激烈的阶级斗争，这个引申义是在翻译英语词 revolution 获得的，其引申方向无疑受到这个英语词的影响。"打"字怎么会引申出"砍（打柴）/玩（打扑克）"之义？这是受到"伐/斗"二字的影响。"打"字为什么有"熬/磨/擦"等义？这要在"打熬/打磨"中从语义互渗方面去理解。至于"使高涨/捆/度"等假借义，则必须到汉语词汇系统的发展过程中寻找与［ta］音近的源字，才能理解。所以作为汉语字词的研究者，真应该感谢这个曾经被称为"混蛋字"[15]的"打"："打"字充分体现了汉语的生命力，是汉语的生命之花。另一方面，被"打"替换的字一般都没有死亡，它们还在别的语境中活着，并作为"打某"的打字之义源，提供着"打某"的理据：活动范围的缩小，并不说明它们没有了生命力。虽然它们的书卷气一般比"打"要重，但它们代表着汉语重理据的传统，在构成新的字串时也有着重要的功绩，这是我们千万要注意的。

2020年2月20日于桂林藜藿轩，2020-06改定

注释

［1］钟丽《最常用的一千汉字使用频率排名》移动版。

［2］欧阳修《归田录》卷二，四库全书影印本（guoxuedashi.com）。

［3］刘昌诗《芦浦笔记卷三·打字》，四库全书影印本（guoxuedashi.com）。

［4］王耀东 敏春芳《"打"字的来源及读音考》，宁波大学学报2011［2］；周远富、刘翠《"打"字都瓦切的来源》，语文研究2018［1］。

［5］黎良军《湘语邵阳话音义疏证》［打糖］条，黄山出版社2009。

［6］黎良军《湘语邵阳话音义疏证》［喋］条，黄山出版社2009。

［7］曲彦斌《中国隐语行话大辞典》引《切口·旅馆业》："打尖山，吃饭也。"又引《江湖切要·身体类》："妇乳曰尖山、吞子。"又《切口·星相》："尖山，妇人之乳也。"《儿女英雄传》《红楼梦》等均作"打尖"，当是"打尖山"之略。

［8］北京大学中文系语言学教研室《汉语方音字汇》第二版，文字改革出版社1989。

[9] 射覆的玩法已经失传，《红楼梦》第六十二回有作者理解的"射覆"。

[10] 王念孙《读书杂志》中册，北京市中国书店 1985.

[11] 宋代马令《南唐书·后主书》。

[12] 谷衍奎《汉字源流字典》，华夏出版社 2003.

[13] 丁声树等《现代汉语语法讲话》，商务印书馆 1979.

[14] 梁根峰《论近代汉语的动词词头"打"》，中山大学研究生学刊 1999 [4].

[15] 刘半农《打雅》说："无论哪一种语言里总有意义含混的'混蛋字'，有如英语中的 take 与 get，法语中的 prendre 与 rendre。我们中国语里，这'打'字也就混蛋到了透顶。"转引自《陈望道文集》第三卷《关于刘半农先生的所谓"混蛋字"》（1935）一文，上海人民出版社 1981.

参考文献

1. 教育部语言文字应用研究所计算语言学研究室语料库在线（www.cncorpus.org）.
2. 北京大学中国语言学研究中心 CCL 语料库。
3. 中国社会科学院语言研究所《现代汉语词典》第 6 版，商务印书馆 2012.
4. 罗竹风主编《汉语大词典》第六卷，汉语大词典出版社 1990.
5. 许慎撰、段玉裁注《说文解字注》，上海古籍出版社 1981.
6. 阮元《十三经注疏》，中华书局影印 1979.
7. 许宝华 宫田一郎主编《汉语方言大词典》，中华书局 1999.
8. 俞敏《俞敏语言学论文二集》，北京师范大学出版社 1992.
9. 郭锡良《汉字古音手册》，北京大学出版社 1986.
10. 曹先擢《"打"字的语义分析》，辞书研究 1996 [6].
11. 徐时仪《"打"字的语义分析续补》，辞书研究 2001 [3].
12. 徐时仪《"打"字的语义分析再补》，南阳师范学院学报 2008 [4].
13. 黎良军《雅林探賾：汉语字义引申例论》，广西师范大学出版社 2016.
14. 刘俊丽《汉语动词"打"字研究综述》，洛阳工业高等专科学校学报 2007 [1].

30 两副下联的诞生

这两副下联，都是"观音山上观山水"的下联。

广东东莞观音山森林公园和广东省楹联学会悬赏 70 万元征集"观音山上观山水"下联的消息，引起了全国媒体的关注。北京青年报记者宋霞、戴幼卿在该报 2019-11-15 发文说，在 2015 年的首届东莞观音山书画论坛上，广东楹联学会会长邹继海即兴吟出上联"观音山上观山水"，当时就有人即兴应对。2019 年中秋节，东莞观音山景区悬赏 7 万元求下联，至 10 月 31 日截稿，仍未能征得满意的下联。为弥补遗憾，誓寻最佳下联，经过征联组委会慎重考虑，决定悬赏 70 万元，继续征集"观音山上观山水"的下联。届时将由广东省楹联学会和广东观音山国家森林公园组织全国名家一起共同评定，一经采纳，观音山景区将给予获奖者 70 万元（含税）的现金奖励！若在规定时间内仍征不到最佳下联，将从来稿中选取优秀下联 20 句，每句给予作者 2000 元奖励，并颁发优秀下联获奖证书。

有网友怀疑此事是炒作，是宣传，为的是扩大景区的影响，提高公园的知名度，从而提高其经济效益。他们认为，有关单位并不真打算拿出 70 万元，届时说一句"没有征到合格的下联"就完了，因为出资方同时就是裁判员。如果要公正，得有第三方介入。邹继海表示，"观音山每年各种文化活动有数十次，投入的资金不在小数，征联、征赋金奖也曾高达10万元，主办方是不会吝惜奖金的。"他还说，观音山为寻找最佳下联，将建设一个景点，刻上与"观音山上观山水"配对之获胜下联。

作为一个退休的汉语教师，我对于其中的法律问题，确实不大懂。但对于这样的活动很感新鲜。到截稿还有一年多，不知将来会怎样发展。也许在广东楹联学会第八次代表大会之后，新的领导又有新的想法。即使奖金大幅下降，这类文化活动还是有意义的，不妨一试。何况我有的是时间！

那就动手吧！不必考虑那么多。

先得看征联的具体要求：一是道德准则：不抄袭。二、三是楹联的形式准则：符合《联律通则》，对仗工整而有韵味。四是对上联特点的分析：要注意专名、重字和它的两重含义。五是对应征下联的特殊要求：融入东莞观音山景点且有诗意。六七是事务性要求。虽然每一条都重要，但对我说来，最要紧的是四五两条。第四条，"观音""观音山"都是专名，"观""山"二字各重一次；上联之意，可说是"（游客／我）在这观音山上看山水"，在逻辑上，"观音"也可以作主语。这就是所谓"两重含义"。第五条，我没有去过观音山，得从"观音山国家森林公园景点介绍"之类网上文章中，去全面了解。经查，这个公园的导游图中主要景点有：仙泉水库，飞云岭，飞云阁，怡心亭，印妙轩，佛光路，普渡桥，普渡溪，佛缘道，洗心瀑，送子泉，感恩湖，耀佛岭，笔架山，老仙岩，仙人居，仙宫岭。从景点名称看来，主要与佛教有关，有三四处则涉及道教。别的文章中还有菩提径，藏经阁，三圣堂，观瀑台，百鸟园等。与这些景点相关的某些内容如能进入下联，应该就是"融入东莞观音山景点"了。

"观音山上观山水"的平仄是，平平〇仄平平仄，下联的平仄应作：仄仄平平仄仄平。第五字重複第一字，都是可平可仄的；第六字重複第三字，则必须是仄声，因为第六字非仄声不可。如果要顾及别犯孤平，重出的第一、五字就只能是平声了。否则，第三字为仄，则注定整个下联除韵脚外只有一个平声字。首二字如果取景点名称，有印妙、普渡、送子，笔架四处合格。考虑到上联的"观音"，下联首二字最好也是专名中的人名。这就只有"印妙"合格了。说"印妙"合格，是以重视"重字"而不惜犯孤平为前提。但印妙是村姑妙莲，为给父亲治病而上山祈福，以心诚而得到观音帮助。与"观音"不在一个层次，难以为对（不是绝无可能）。

许多地方有三圣堂，其中的"三圣"也各不相同。东莞观音山公园的三圣堂所供奉的三圣是：佛教祖师释迦牟尼佛，儒教祖师大成至圣先师孔子，道教鼻祖老子。据说这是岭南地区供奉此三圣的最早去处。"孔子""老子"都是仄仄，又是人名，合格。"老子"据说是太上老君的化身之一，因此还与景点"老仙岩／仙宫岭／仙人居"有关，用"老子"正符合征联的要求。但第五字须重复第一字并为动字，"孔"不合要求，它作不了动词；"老"在古籍中虽能作动字，但今天已经罕用，如果用上，与上联的风格也许不大相称；再者"老"是仄声字，整个下联注定是"孤平"。况且"孔子""老子"是儒道二教的创立者，与观音为对，似乎也把他们降格了。虽然如此，仍不妨对一下。"老子道论老道行"。第二个"老"是"老辣""娴熟"之意，可理解为使动用法：使道行老到。整个下联的意思是"（游客／我）运用老子道论使自己道行更老到"，在逻辑上，"老子"也能作主语，有另一层意思。但"论"不是方位词。这个下联自然还需要打磨。

老仙岩，仙宫岭，其下有仙人居，这仙人是谁？经查，仙宫岭与老君、元始天尊、火龙真人和飘渺真人都有关系；仙人居则是火龙和飘渺的居所，他们是太上老君的两个徒弟。"火龙"二字平仄不合，"飘渺"却甚为相合："飘"字平声，在第一位可平可仄，在第五位似乎应仄而平，但从与上联的对应说没有影响，因为它不在节奏点上，而从下联本身说却是避免了"孤平"。而且它是动字,第五字正要动字。"飘渺真人飘真诚",据说二位真人被观音山的山水所吸引,乐而忘返了,在此庐居练功;老君和元始天尊发觉后亲临此山点化他们。"乐而忘返",这不就是"真诚"吗?加之如今制假的现象太多,需要刮一股讲诚信的旋风,"飘"就是旋风,其使动用法就是"刮旋风"。可惜,"真人"对不了"山上","飘真诚"作为下联的最后三字,是"平平平",犯了楹联格律的大忌,不合《联律通则》的要求。

但以"飘渺"对"观音",比以"老子"对"观音"似乎更好。除了可以避免孤平外,"观音"是菩萨,在佛教里比佛低一级,就算她是菩萨之首,上边至少有释迦牟尼佛、阿弥陀佛等。"飘渺"在道教里是真人,据说也比道教的道君(神仙)低一级,他是太上老君的徒弟,他上面也还有太清道德天尊、上清灵宝天尊、玉清元始天尊等。以"飘渺"对"观音",比较起来是较为理想的。这点不要犹豫了,下面的内容再去琢磨。

"观音山"也是个地名,它由"专名+通名"组成。"飘渺+?"能构成专名吗?苏州有个"缥缈峰"(缥缈同飘渺),但第三、六位重出的字应为仄声字,"峰"字平声,不合要求。况且缥缈峰也不是东莞观音山公园的景点。此外有"飘渺坊""飘渺云",不管是不是地名,也不管是不是属东莞,第三字"坊/云"都不合格。那就只能创造一个新的尚未用开的专名了。"飘渺水/飘渺道/飘渺阁/飘渺谷/飘渺岛"都行,只要第三字仄声,并在第六字位置重现时,能与第七字一起,对上"山水"。这样,可能性反而大多了。

联系"仙人居/仙宫岭"的特点,排除了"水/谷/阁/岛"等,取一个"道"字,指道路。仙人居至仙宫岭的道路颇有特色:"其遗址仙人居仍仙风道骨犹存,有石级人行步道直达山顶及各亭阁,沿途风景迷人,空气清新,负离子含量高,实为养生,观赏,怡情,保健的风水宝地。这条路为上仙宫岭的必经之路,全长280米,有318级台阶。"

(《乐嗨旅游》网)仙人居附近的道路,似乎可叫"仙人道",或者更具体一些,叫"火龙道"或"飘渺道"。"道"字引申义多,选一个"道?"与"山水"为对,也许不无可能。

这样,"观音山上观山水"的下联,似乎呼之欲出了。

常见而能与"山水"为对的两字组"道?",如"道理""道义""道德""道术""道艺"等,都不合律,只能作罢。下字平声的,似以"道行""道风"最为合适,因为"道行"和"山水"一样是并列关系的名词,"道风"也是名词,可指"道德风操",其"道"和"风"似乎也是并列关系。于是我们有了两个下联:

飘渺道边飘道行
飘渺道乡飘道风

"道边"与"道乡/道周"比,"道边"是口语,人人懂得,这是它的优点。但与"道乡"比,除了这优点之外,它与"山上"放一块儿,显得直白少文,缺乏韵味;而且"飘渺"是双唇音,"边"也是,嫌多了。"周"是"周边"之周,"乡"即"梦乡"之乡,前者与"边"含义相同,后者比"边"的范围大些,有"境地/境界"之意,两者都能表处所,与方位词表处所的功能一致,又避免了一个双唇音,而"乡"比"周"更有韵味与想象力。

地有山水,人有道行/道风,用"道风/道行"对"山水",就是以人对地。"道风"和"道行"比,情况如何呢?"道风"一语不太流行,它有三个意义:一指道德风操(风操指人的志行品德),适用于所有人;二指超凡脱俗的风貌,可以说义犹"仙风道骨";三指道家的教义与生活实践(包括修行)。其致命缺点是:"道"与"风"的并列关系很可疑,一般会理解为修饰关系。"道行"却相当流行,义项也多,主要也是三个含义:一是道德品行,适用于所有人;二是道家的教义与修行功夫,或修行达到的境界，适用于信奉道教者；三是第二义的引申，指一般人的能耐或涵养。"道"与"行"的并列关系系毫无疑义：道是道路，行是十字路口。"道"和"行"原来是同义字，但其引申意义并不完全相同。"行"字依照物性之引申从道路引申为行走，并进一步引申为运行、行驶等，是非常合理的。"道"却没有这样引申。在语言的自我组织的过程中，同义词的引申方向和过程不会完全一样。当"道"引申指"万物之理"或"教义"时，"行"则引申为"施行"，即按"道"的标准去行动，去"修行"。前者是形而上的"理论"，后者是形而下的"实践"。在"道德品行"中，二者也是并列的。道德是社会的习俗观念，品行是个人的行事品性。"道行"和"道德"含义近同，"道行"的最狭隘的理解是"仙家的武功法力"，"道德"也能这么用，例如：

> 我等自是出家人，不曾恼犯了你，你因何夜来越墙而过，入来把斧劈我？若是我无道德，已被杀了。（《水浒传》第 53 回）

在佛道的信徒看来，修行的功夫，本来就是德与才的结合而体现于武功的东西，所以把它们叫"道德/道行"是当然之理，"道行"也才可能喻指普通人的涵养与能耐。至于现代辞书把"道行"的行字注为 héng 轻声，则是把一种方音误为普通话音。实际上，方音的 héng 就是普通话的 xíng。我们只需把"道行/道德"宽泛地理解为"人的涵养与能耐"就成，对佛道信徒和俗世之人，都可以讲。所以两相比较，"道行"比"道风"要好。那么，应征下联当为：

飘渺道乡飘道行

但有一个问题一直藏在心头：《声律启蒙》以单字对为基础，"云对雨，雪对风"，要是问"'道'对什么？"说"道对理""道对义"在意义上是不错，可平仄不合呀！虽然能对"道"的字很多，但在没有上下文的单字对中，字义应是最常见的，这就只有"行／佛／魔"几个字了。"道对魔"是佛道修行者的共识。"山对水，海对河，雪竹对烟萝"，要是这么来要求"山水对道？"，除了寒山诗"野情便山水，本志慕道伦"的"山水对道伦"外，可能的句子也许就只有"山水对道佛／山水对道魔"了。"山水"内部为对，"道佛／道魔"内部为对，然后"道佛／道魔"再与"山水"为对，这样的对仗才叫工整。顺便说及，寒山诗的"道伦"就是"道理"，指"老子道"，或自然之道。因为要叶韵，又要平声字，才用"伦"代"理"。"伦"的意思是"理"不是"辈／类"，辞书把"道伦"解释为"佛道一流人物"并不妥当。

"飘渺"是道教人物，为了与"飘渺"相应，"道佛"不如"道魔"。拿"飘渺道乡飘道魔"去对"观音山上观山水"，声律上很理想，字义上也很有意思。首先，"飘渺"是专名，"飘渺道"指飘渺真人居所附近的道路，至少是有待用开的专名。其次，"道乡"即修道之处，"飘渺道乡"也可理解为高山上那忽隐忽现的仙乡。第三，"道魔"就是"道高一尺魔高一丈"的道和魔。总起来说，"飘渺道乡飘道魔"的意思是，"飘渺道乡"的上空飘荡着道魔竞高的情景，指的是广大游客在仙人居到仙宫岭的道路上争先恐后地游览美景的情景，并用不断克服魔障、勇敢前进的精神激励自己（"道高一尺魔高一丈"的成语有一个意思是"像道魔竞高那样争先恐后"，"魔"在这儿并不是一个绝对的否定形象）。另一方面，佛道人士也可以把"飘渺"作主语，说他在道乡修道降魔，与魔障打斗，这是他苦心修行的形象。

这样，我们总算找到了符合东莞观音山国家森林公园要求的最佳下联：

观音山上观山水
飘渺道乡飘道魔

离开学究式的解说,要说对这副对联的一般理解,大概是:在观音山山顶上,观赏那明山秀水的景色;在仙宫岭那高邈隐约的步道上空,飘荡着道魔竞高的情景。明山秀水的景色是婀娜多姿的,人们在景点的生活也是朝气蓬勃的。

但是,"飘渺道乡飘道魔"真的是"观音山上观山水"的"最佳下联"吗?这得回头研究一下前边提到的诸多下联。在诸多下联中,不用"飘渺"的只有"老子"一联。上文说及,"老"字的仄声必然导致"孤平"(在第三、六字相同、非仄不可的情况下),如果重视重字与避免孤平只能二选一,我们当然选择前者,而置避免孤平于不顾。"道论"不能与"山上"为对,"道经/道篇"的"经/篇"在平仄上能对,可不是表方位处所的,所以在意义上也很不理想,改为"道心"就合适了。"道心"常见,因为有"人心惟危,道心惟微,惟精惟一,允执厥中"的古训,指的是天理。"老子道心"指自然之道的核心,可以与"观音山上"为对,因为"心"字可做方位词,如江心/街心公园。说"老子道心老道行"行吗?我的第一感觉是"行"。它的意思是:遵奉老子道的精神核心使自己道行更老到。在逻辑上,"老子"也可以是主语。"老子""老子道"都是专名,与"观音""观音山"是工对。第二个"老"是动词。看来,"老"作动词并不罕见:"老吾老以及人之老"已经颇为流行,特别是在国家进入老龄社会的时候。方言中的"老"还有"使坚定明确"的用法:"你当场说半年为期,我还老嘎你咯句咯,你忘记了?""老"作为形容字,大家是熟悉的,而汉语的形容字可以动用,如"老着脸皮"义犹"厚着脸皮",成语则有"老于世故"。所以《古今说海》的"尔徒老于年,未老于事"的"老"字很好懂。"老道行"就是老于道行或老于道德。《太平经》有言:"老者,乃谓耆旧老于道德也,象天独常守道而行,不失铢分也,故能安其帝王。老而无一知,亦不可仕也。"至于说老子是道教的创始人,观音却不是佛教的创始人,似乎难以为对,这明显是过虑了,楹联没有这么机械死板的。即以佛教言,菩萨和罗汉不在一个等级,永嘉兴国寺名联却有观音对罗汉:"观音袖绕菩提路,罗汉松围般若台。"何况论知名度,观音并不弱于老子。"老子道心老道行",比"飘渺道乡飘道魔"要明白通俗。

这样,我们又有了第二个答案:

观音山上观山水
老子道心老道行

从内容说,两联都不错:深刻,有积极的启发性。"飘渺道乡飘道魔"有生动的形象,但不如"老子道心老道行"明白易晓。单独判断,似乎难分轩轾,有必要让上联参与评判。上联"观音山上观山水"确实"明白如话",几乎信手拈来;重视这点,"老子"联更容易赢得赞同,因为"老子"比"飘渺"更普及,两联的风格更为一致。更为重要的是,"观音山上观山水"仅仅是"明白如话"或"直白少文"吗?恐怕题吟人邹继海先生的初衷并非如此。其实,"观山水"里边大有文章。《五灯会元》卷十七中有个著名的"三境界公案",说是禅宗大师青原惟信曾说:"老僧三十年前未参禅时,见山是山,见水是水。及至后来,亲见知识,有个入处,见山不是山,见水不是水。而今得个休歇处,依前见山只是山,见水只是水。大众,这三般见解,是同是别?"虽然同是"观山水",不同年龄、经历或学养的人,却有不同的境界,这同修为不同的人道行大不相同当然是联系在一起的。只有经过肯定——否定——否定之否定(第二次肯定)三个阶段,人们对事物的认识,才能达到理性地把握其发展本质的阶段。这样,似乎可以说,这副对联不简单!上下联表面上都"直白少文",实际上却"蕴藉无限":观音山上观山水,各有各的境界,而"三境界"之说,最为深邃;老子道心老道行,即遵奉"老子道"的核心去"老于道行(道德)",则是一切修行者毕生的追求:师父领进门,修行靠个人。表面上的"直白少文"与实际上的"蕴藉无限"结合着，上下联都是如此，真是"绝配"！从阅读的心理来说，初读上联而对青原惟信的"三境界公案"一时失忆者，心里会觉得它"意境平淡"，期待着下联出现引人入胜的东西，而"飘渺""道魔"正是"阿堵物"，切中期待，因而忍不住为"飘渺道乡飘道魔"叫好！但过后细细思量，青原惟信禅师出场了，直接谈了观山水的"三般见解"；接着，老子出场了、"老子道"出场了、修为和道行（道德）也出场了；最后，特别是作为佛道最高理想的"老道行"也出场了……这就是把一大桌几乎是脱去语言外衣的纯粹的思维盛宴摆在了我们面前，教我们如醉如痴……鱼兔已得，忘了筌蹄又有何妨？语言越是直白少文，没有筌蹄之迹，它就越有力量。在禅学中，没有任何语言形式的"当头棒喝"，不是可以直捣人的内心吗？所以，所谓"直白少文"的楹联，如果内容合适，那就是最上乘的佛道名胜的楹联！"老子"联真正不如"飘渺"联的地方，是这个下联格律上有缺陷，犯了孤平。

关于横批，征联未作要求。横批似乎并不是对联的要件，但是，生活中的对联，大多还是有横批的。因此我们在这儿提供两幅对联的横批。老子联的横批作"入寥天一"，是"入于寂寥而与天为一"之义，出于《庄子·大宗师》。飘渺联的横批作"天之天"，指自然本性，也比喻事物关键。出于《庄子·达生》。横批之所以要说"天"，主要因为两副对联都是说"地"和"人"的，它们和三星在天的"天"合起来叫"三才"。这是狭义的"天"。天有星辰，地有山水，人有道行，三者都统一于大自然。大自然是广义的"天"。还有，天人合一的"天"是包括"地"的，它与"人"或"社会"相对，指自然科学研究的对象。在范围的广狭上，天人合一的"天"是中位的"天"，它比三星在天的"天"大，比"大自然"这"天"要小。

既然"诗无达诂"，"联"也当如此。对于上联"观音山上观山水"来说，其下联究竟是选"老子道心老道行"为原配，还是选"飘渺道乡飘道魔"为原配，恐怕也会见仁见智。这都是意料中事，不会惹人大惊小怪。

  征联而报之以巨大的经济利益，是好事。但有一点，总觉得与诗词、楹联有矛盾。有特殊要求，犹可说也；有截止日期，那是当然。可在评价中出现不同意见时，不得不援用政治领域的"少数服从多数"原则最后定案，就有点儿与艺术格格不入了；可不如此又没有别的好办法，真叫人哭笑不得。

2019-12-02 初稿、2020-12 改定于桂林市藜藿轩

31 谈"聊斋",说"聊"字

"聊斋"是"聊天的书房"吗?初看似有道理,细想却很可疑。

"聊"字的本义,据《说文》是"耳鸣",屈原《九歌·远游》的"耳聊啾而憯慌"可能是最早的用例。甲骨文就有"耳鸣"了,那时的人们把它当做不祥之兆加以祭祀(见于省吾《甲骨文字释林》)。依照段玉裁,"聊赖/聊且"之聊,原是"憀"字之借;但现在"聊"字已经完全代替"憀"字了,它用得最多的地方,一是聊天,二是无聊。"聊天"的历史很短,它首见于黎锦熙作序的《国语辞典》(1937年初版),同样由黎锦熙作序的《辞海》(舒新城主编,1936年初版)还没收。1915年出版的《中华大字典》及更早的其他字书,其"聊"字都没有"谈/说"之义项。只有到了《国语辞典》,聊字才有"闲谈"义项,而且排在最后。《现代汉语词典》(第6版)则有两个"聊",聊^{1}有"依赖"等四个义项,"无聊"的聊字就属于聊^1,聊^{2}只有"闲谈"一个义项。用词典界的行话说,《现代汉语词典》的编者认为,这两个聊字是两个同音同形词,彼此在意义上没有关联。

两个聊字真的没有意义联系吗?且看《现代汉语词典》(第6版)对"无聊"的解释:

[无聊]①由于清闲而烦闷：他一闲下来，便感到无聊。②（言谈、行动等）没有意义而使人讨厌：老谈吃穿，太无聊了。

"无聊"的"聊"本属聊¹，但是和"闲谈"义的聊²似乎有点儿联系。其义项②的例句中那"太无聊了"，要是被理解为"真是没什么话好说了"，那"聊"字不就是"谈/说"的意思吗？这里面是有误解，但误解也是有可能达成引申的："簇新"的簇字被引申为"极/全"，就是源于误解。

"无聊"的一个意义是"无聊赖"，这儿"聊/赖"两字同义。"无赖"还有一个意思是"不认账"，柳州话说"麻赖"，多用在"耍"字后说"耍麻赖"，小孩子玩游戏都反对"耍麻赖"。可是，"耍麻赖"开始可能是行为，后来则多半是言语上的狡辩之类了。"赖账/赖婚"之类，言语方面可能是主要的，而"诬赖"就纯粹是言语了。不过这"言语"不是坐而论道的言语，它也是一种行为，语言学家称之为"言语行为"，"不认账"就是一种言语行为。

但是，"聊斋"的"聊"究竟是什么意思？网上有文章说："聊斋——所谓'聊'就是在交谈，蒲松龄在他居住的地方附近设一茶棚（凡是进来的人都不收银子），捧上一壶茶坐下来和客人闲谈，他就专门问一些奇闻异事，蒲松龄的'聊斋'便由此而生。"把"聊斋"的聊理解为闲谈，聊字闲谈义出现的时间就提前了两百多年。会是这样吗？得了解"聊斋"的真正含义才知道。

"聊斋"依理是个书屋的名字，书屋的主人是蒲松龄。但这个名字首先出现在《聊斋志异》的书名中，那时他四十岁，开始去毕家开馆教私塾，同时把历来所写的狐鬼故事编成一本书，书名就定为"聊斋志异"。高珩的序言就写于当年，即康熙十八年己未（1679），见上海古籍出版社1979年出版的铸雪斋抄本《聊斋志异》（现存最早的全抄本）。可见"聊斋"的命名，并不起于蒲松龄的书房，而起于他那写狐鬼的"志异"

著作。

　　从事著作当然要个书房,但对著作来说,更重要的是作者。所以《聊斋志异》的意思应是"我蒲松龄写的志异",这从当时人们称蒲松龄为"蒲聊斋先生"就能看出。在铸雪斋抄本《聊斋志异》的附录中,殿春亭主人在"跋"中第一句就是"余家旧有蒲聊斋先生志异钞本"。

　　"聊"暗含蒲松龄指称自己之意,从字形也可以透露出一点儿消息。裴松之注《三国志·吴书·虞翻列传》云:"臣松之案:翻云古大篆'卯'字读当言'柳',古'柳''卯'同字,窃谓翻言为然。故'劉''留''聊''柳'同用此字,以从声故也……"蒲松龄字留仙,号柳泉居士,著《聊斋》,留柳聊三字均从卯(丣,《说文》以为古文"酉"字)得声,通过聊字暗示留(仙)、柳(泉)以达成自指,是非常可能的。

　　至于"聊斋"的"聊"字的通常含义,在蒲松龄的著作中一直没查着,铸雪斋抄本《聊斋志异》中蒲松龄的自序也没有加以解释。自序无"聊"字,只有一个"斋"字,说"萧斋瑟瑟,案冷疑冰"。这说的是书斋冷落萧条,自己窘迫潦倒。"萧"与"聊"除了同属《广韵》萧韵,在意义上似乎没有关系。但是,"聊"和"志(记)"的搭配却是常见的,这突出地表现在给《史记》作注的唐代人司马贞身上,他在《史记索隐》中就很爱说"聊记异",如:

　　(1)未安其说,聊记异也。(《史记·孝文本纪》索隐)

　　(2)然纪年之书多是伪谬,聊记异耳。(《史记·燕召公世家》索隐)

　　(3)贞与贾膺复、徐彦伯、魏奉古等执对反覆,沈叹古人未闻,聊记异见,于何取实也?(《史记·高祖本纪》索隐)

　　(4)此文不云"授玉",王氏之说复何所依,聊记异耳。(《史记·齐太公世家》索隐)

　　当然,类似的话别人也说,如:

（5）聊记于此，以广异闻。（清代姚宏语，见于《战国策·楚策四》的注文）

我们知道，《聊斋志异》的"志"，就是"记"，那么"聊斋志异"只比"聊记异"多一个"斋"字，二者是否有关系，就很值得考虑。如果有，那"聊"字就是"聊且/姑且/暂且"之意。

由于没有找到直接说明"聊斋"含义的文献，我们只好找别的含"聊"字的名称。这样我们就找到了"聊园"。"聊园"不少，明代，清代，现今都有，而且与"聊斋"的结构一样，含义应该近同："聊斋"是给书房命名，"聊园"是给住所的附属物园子命名，也可以用来给具有某种用处的房舍命名。例如，现今的"聊园"有一个是古琴工作室，其"聊"字可能取源于《说文》的"耳鸣"之义（见豆瓣网文《聊园二日》）。

明代诗人马之骏（1588—1625）有诗《聊园晚步二首》，其一是：

问病过邻舍，乘闲葺旧篱。牛知自归路，鸟乱欲栖时。
暮景不堪驻，孤怀谁与期。畦丁报寒早，催护隔年枝。

其二是：

关即深壑掩，整履复柴门。残水到桥折，孤亭依堞昏。
乾坤争朔气，庐井错高原。荏苒看如此，宁容久灌园。

这个"聊园"偏僻破败，但它只是有着孤高情怀的志士暂时隐居的地方，光阴易逝，有志之士是不会长期在这儿灌园的。作者虽然没有明说"聊园"的意思，我们却可以根据诗的内容大致认定：此"聊"字是暂且之意。

清代《桃花扇》的作者孔尚任，他有一个叔父叫孔贞瑄，也能诗会文，有《聊园文集》等著作。康熙四十八年己丑（1709）九月，孔尚任给《聊园文集》作序说："公方屏迹聊园，抚松叠石，莳花劚药，所谓高人有不急之务者，殆日无暇晷。予屡请缮誊，始倾诸箧中。零星断纸，皆为清理。且录且读，且以意评之曰：'诗不拘格，兴到格成；文不限体，情生体具。得韩之奥而不强，得柳之奇而不僻，得欧之畅而不肤，得苏之趣而不巧。'公每谓：'吾老矣！屏迹聊园，凡事聊且为之，不足传也。'予曰：'作人作事，用意者多伪，《左传》、《世说》，皆传其聊者也。'故序。康熙己丑菊月下浣侄尚任拜手撰。"[1]

这个"聊园"是孔贞瑄辞去云南大姚知县后回故乡山东曲阜建的，此后再没有出山为官，他说"屏迹聊园，凡事聊且为之，不足传也"，这"聊"也是"聊且"，却不是暂且之意，大致与"随便／自然任意／漫不经心"差不多。

孔贞瑄自己对"聊园"有更详尽的说明吗？查《聊园文集》，目录中有一篇《聊亭小记》，正文中却没有。《安徽广播电视大学学报》2014年第4期肖阳、赵铧的《清代诗人孔贞瑄卒年考辨》一文，从乾隆三十九年（1774）刻的《曲阜县志》中引了一段文章，其中说及"聊"字的含义，很可能是《聊亭小记》原文：

"孔贞瑄，别号聊叟。其园亭皆名聊，自为《记》云：'聊之为言且也，赖也。人生愿望过奢而不克满志，则多郁郁，不自聊之。况赋云"心烦愤兮意无聊"，余取以名亭，盖去其无聊者以安于聊。点石为山，导渠作沼，种卉艺蔬，编竹结茅，皆聊且为之，不求美备。亦曰无以娱老，将于此有赖焉云尔。系之铭曰：迹近意遥，处卑寄高。拳山坳水，石舡铁篙。孤亭就树，小阁攒茅。瓮牖竹几，瓦铛葛槽。一炉清篆，数盏浊醪。盖宅心不可以苟，而居室无妨于聊。富贵不羡，傲岸非骄。耄不忤少，静不厌嚣。不知世路之坎坷，不觉胸中有牢骚。非敢溷儒家于仙释，庶可号城市之渔樵。'又有《聊园》诸诗，见本集。"

孔贞瑄自己说，"聊园"的"聊"，是"去其无聊者以安于聊"，它不但有聊且之义，同时有聊赖（即"安于聊且以娱老"）之义。

孔贞瑄（1634-1716）和蒲松龄（1640-1715）是同时代人，年龄相若，一个叫聊叟，一个叫聊斋先生，还是山东老乡。《聊斋志异》初稿成书于1679年，此后三十来年两人都健在，《聊斋志异》的抄本多，孔贞瑄看到过它都有可能。这就是说，孔氏对"聊园"之"聊"的解释，很可能适用于"聊斋"之"聊"。它们都没有"聊天/闲谈"之义。

那么"闲谈"之义的聊，就肯定与"聊且/聊赖"之义无关吗？怕不尽然。汉字字义引申的类型有一种叫做"言－行之引申"，就是从言引申指行，或者从行引申指言。讨字从言，"讨论/商讨"也只用言语，但可引申为"征讨/讨伐"，那可是军事行动。讲字从言，讲话是言语活动，但在"讲究/讲武"中主要就不是言而是行了。"称"是测量物体的重量，是行，但在"称说/称赞"中，却引申指言语活动了。"扯"本是拉，表示动作，是行，但在"扯淡"中却指胡说，是言语。在理论上，"聊"字从"耳鸣"义可以引申为弹奏音乐，也可能引申为说话，因为说话和音乐都有声音，可以使耳朵听到。与"聊"同义的"赖"既可指行为，也可能指言语，聊字怎么就不能从行为引申为言语呢？

在实际上，"闲"和"聊"也连用，不过"闲"字属前，"聊"字属后，要是读成"闲聊"，那就是"骑马句"了。例如：

（6）小技等闲聊戏尔，无人知我是真仙。（唐代吕岩《仙乐侑席》）

（7）尧民不自知有尧，但见安闲聊击壤。（元稹《和李校书新题乐府十二首·驯犀》）

（8）谋拙未能忧岁计，身闲聊可饱晨炊。（苏辙《次韵柳子玉谪官寿春舟过宛丘见寄二首》）

（9）碧树亦佳侣，白云非远期。心闲聊对景，兴转别成诗。（明代谢榛《对西山》）

"闲聊"来源于这种"骑马句"的可能性微乎其微，应该排除。但"聊"字后边又往往跟着"谈/劝/叙/申/设/问"等含言说义的字，构成"聊谈／聊劝／聊叙／聊申／聊问／聊设"等字串。这些"聊"字本来是"粗略"之义，但在这种语境中容易受到了后字语义的渗透或沾染，获得"谈说"之义似乎是迟早的事。如：

（10）忽有一客通名诣瞻，寒温毕，聊谈名理。（《搜神记》卷十六）

（11）我携一尊酒，满酌聊劝尔。（高适诗《宋中送族侄式颜》）

（12）虽有惭于丽薄，盖聊叙乎徽音。（张君房《云笈七签》卷一百）

（13）杨公就教摆酒来，聊叙久别之情。（《喻世明言·杨谦之客舫遇侠僧》）

（14）顷藉听道路，承欲狼顾一隅，既未悉雅怀，聊申往意。（《梁书·袁昂传》）

（15）寿算南山，更辑康宁之福；辞同下俚，聊申祝颂之忱。（宋丁黼《满江红（寿江古心母）》）

（16）[王]济从骑有一马，绝难乘，少能骑者。济聊问叔："好骑乘不？"曰："亦好尔。"济又使骑难乘马，叔姿形既妙，回策如萦，名骑无以过之。（《世说新语·赏誉》）

不过，"聊"字的"闲谈"之义要稳定下来，恐怕得摆脱其"专业"修饰语的地位，在句子中充当谓语动词，或者重叠为"聊（一）聊"，或者前有状语如"一直聊""海阔天空地聊"，或者后带宾补如"聊天""聊家常""聊起来"之类。而这大概都是二十世纪以后的事了。

总之，"聊斋"的聊确实不是闲谈之义，"聊"字的"闲谈"之义出现的时间要晚得多。在理论上，"聊"字虽然可以从"无聊"或"聊赖"中引申出"闲谈"义来，但实际上大概是在"聊谈／聊叙"之类字串中受到语义渗透或语义沾染的结果，属于重新赋义式引申的一个小类。[2]

2020 年 5 月 28 日

注释：

［1］孔尚任《聊园集序》，见康熙间刻本《聊园文集》。《国学大师》网站提供影印本下载。

［2］尺原来是拃，引申为一拃的长度；斤原来是柴斧，引申指一把柴斧的重量。把尺定义为一米的三分之一，把斤定义为500克，是其后的术语性引申，其中就有重新赋义。参见黎良军《雅林探赜：汉语字义引申例论》（广西师范大学出版社2016年版）。

32 浅说"无耻"

一

《现代汉语词典》(第6版)的【耻】字没标注词性,有两个义项:"①羞愧:可耻|知耻。②耻辱:雪耻|奇耻大辱|不以为耻,反以为荣。"其【无耻】条标的词性是"形",具体内容是:"不顾羞耻;不知羞耻:卑鄙无耻|无耻吹捧|无耻之尤(最无耻的)。"

在现代汉语中,"无耻"的主要搭配是:

厚颜无耻/无耻面目/无耻手段/无耻谰言/卑鄙无耻/卑劣无耻/无耻透顶/无耻污蔑(诽谤/歪曲)/无耻文人/昏庸无耻/下流无耻/荒淫无耻/无耻伎俩/无耻勾当/无耻之尤/无耻行径/无耻之徒/进行了无耻的陷害、攻击和揪斗/腐朽、败落、无耻的旧时代/国民党无耻地投降了帝国主义/你这无耻的畜生!/一个后辈委员以那种无耻的军阀作风来叱责自己的长辈/官商勾结所犯下的无耻罪行/慈禧还无耻地请求八国联军"助剿"义和团

《孟子·离娄》有这么一句话:"孟子曰:人不可以无耻,无耻之耻,无耻矣。"孟轲这句话一连用了三个"无耻",另外还有一个光秃秃

的"耻"字。虽然今天仍然说"无耻",但要用现代汉语说出孟轲这话来,还似乎有点儿难,网上的说法就很多,如:

(1)人不可以没有羞耻之心,不知羞耻的那种耻辱,就是无耻。(据说这是根据2013年小学三年级课外教材的解释)

(2)朱熹《四书集注》:"赵氏曰:人能耻己之无所耻,是能改行从善之人,终身无复有耻辱之累矣。"(按,赵氏指东汉赵岐,著有《孟子章句》)

(3)人不可以没有羞耻心,把没有羞耻心当作可耻的事,就可以远离耻辱了。

(4)人不可以不知羞耻。从不知羞耻到知道羞耻,就可以免于羞耻了。

(5)一个人是不可以"无耻"的。然而,只有那种自己既已"无耻"同时又不知道或者根本就没有能力意识到自己的"无耻"的人,才真正是所谓的"无耻"。

为什么会有这么多不同的说法呢?看来一是古今汉语的差别确实比较大,二是人们对字义的理解有不同。比如"无耻之耻"的"之"字,有的说相当于今天说的"的",有的说是动词"到",有的说是把"动宾"的次序颠倒为"宾动"的助词。令人奇怪的是,原文有三个"无耻",上面各种说法却只有最后一种把它们全保持下来,而这种说法又未必符合孟轲的原意。

这句话中有几个小句?头一个小句是"人不可以无耻",这没问题,大家也都这么看。关键是后边的"无耻之耻无耻矣"怎么理解:是一个还是两个小句?如果"之"字相当于今天的"的","无耻之耻"就是一个名词短语。名词短语虽然也能成句,一般却是句子中的一个成分,位于句子开头的名词短语,一般就是主语。上文(1)(5),属于这种理解。如果"之"是"到"或把动宾颠倒为宾动的语法手段,"无耻之耻"和"无耻矣"就各自为一个小句了,因为它们各有一个谓语动词。

赵岐把"无耻之耻"理解为"耻无耻",上文(4)则把"之"理解为"到",都是把全句分为三个小句。

如果"之"相当于今天的"的",全句如(1)(5)那样,要是保持"无耻"这字串不变(因为"无耻"今天还说,是可以保持的),就是"人不可以无耻,无耻那种耻,就是无耻"。这有点儿不像话,三个"无耻"似乎是同语反复,并没有说出什么深刻的道理来。

把"之"看作颠倒动宾关系的语法成分,是最平实的解释。"无耻之耻"与"(唯)利是图""善人是富"的结构一样,"之/是"字的前边是宾语,后边是动词,与一般动前宾后的次序相反。"(唯)利是图"的意思是"(唯)图利","善人是富"意思是"富善人",即"使好人富裕起来"。"无耻之耻"的意思就是"耻无耻",以无耻为耻,即"对无耻感到羞耻"。"之"字有这种用法。虽然杨树达《词诠》只引了《论语》《左传》《国语·晋语》的例子,但《孟子·梁惠王》开篇就有"鸡豚狗彘之畜,无失其时,七十者可以食肉矣","畜"者养也,其"之"字就是这种用法,说的是把鸡豚狗彘养好,七十岁的老者就有肉吃了。不过,这样理解,第一、二个小句的联系有点儿困难:因为头一小句说"人不可以无耻",既然没有羞耻之心,怎么可能"耻无耻",把无耻看作可耻的呢?

把"之"理解为动词"往",全句却非常通畅。"无耻之耻"即"从无耻进到耻",亦即"从不知羞耻进到知乎羞耻"。这种理解,虽然不大符合动词"之"的普通用法,即"之"字后边常常是表示具体处所的词语,如"之楚/之南海/之虚(墟)所卖之"等,但《诗经》就有"之死矢靡它"之句,"死"已经不表示具体的处所了。因此,"之耻"也可以说是"进到知耻的时候",其中的"耻"可理解为虚化的处所。而且这种理解同前一小句的联系非常自然。《论语·为政》就把"无耻"和"有耻"对比着说:"道之以政,齐之以刑,民免而无耻;道之以德,齐之以礼,有耻且格。"意思是:用政令、刑罚来治理民众,民众就只注意免于刑罚，没有羞耻之心；用道德和礼制来治理民众，民众就有羞耻之心，行为也合乎规范。"无耻之耻"，就是"从无耻进到有耻"。

"无耻矣"中，"矣"在句末表示语气，这种句子一般表示现在或将来的已然之变化或必然之事理。"耻"可以指心理，也可以指事件。主要有"太无耻了／将不会有羞耻心了／就不感到羞耻了"等多种意思。

它们到底是什么意思，得把三个小句连起来看，如果文脉贯通，又符合孟轲的思想体系，那意思就对了。

按照我的理解，孟轲这话，今天应该这么说：

人不能无耻，要是从无耻进到知耻了，就不会有感到羞耻的时候了（因为知耻之人不会做可耻之事）。[1]

"无耻矣"这最后一个小句，使我想起奥斯特洛夫斯基的名著《钢铁是怎样炼成的》中的名言："人最宝贵的是生命。生命属于人只有一次。人的一生应当这样度过：当他回首往事的时候，不会因为碌碌无为、虚度年华而悔恨，也不会因为为人卑劣、生活庸俗而愧疚。这样，在临终的时候，他就能够说：'我已把自己整个的生命和全部的精力献给了世界上最壮丽的事业——为人类的解放而奋斗。'"这是从俄文翻译的，其中的"愧疚"有的版本译作"羞耻"。可见能够"无耻矣"很不容易，那是具有很高精神境界的人才能做到的。

我还想到，著名烈士刘伯坚被俘后，敌人押着他戴着脚镣游街示众，他游完街就写了一首千古绝唱《带镣行》：

带镣长街行，蹒跚复蹒跚。市人争瞩目，我心无愧怍。
带镣长街行，镣声何铿锵。市人皆惊讶，我心自安详。
带镣长街行，志气愈轩昂。拼作阶下囚，工农齐解放。

"我心无愧怍"，"愧怍"与"愧疚／羞耻"同义，说的是我心里光明磊落。为了工农解放而当阶下囚、游街，这是莫大的光荣，我心里没一点儿愧疚。诗句道出了志士仁人的崇高情怀：一生为大众，问心无愧。

保尔·柯察金和刘伯坚等很伟大，能够做到"无耻矣"，当然有很多前提，其中一个，就是有正确的荣辱观，懂得什么是"荣"，什么是"辱"。这"懂得什么是辱"，即是"知耻"。

其实中国人早就具有类似的思想了。孟轲（公元前372—前289）是战国人，此前三百多年，春秋时代的秦穆公（？—公元前621）就深知这一点。《国语·晋语四》记载了秦国有关方面举办了一次有失面子的国宴，以招待逃亡的晋公子重耳，宴后秦穆公生气地说了一段话：

卒事，秦伯谓其大夫曰："为礼而不终（按指忘了安排导引宾客的傧相），耻也。中不胜貌，耻也。华而不实，耻也。不度而施，耻也。施而不济，耻也。耻门不闭，不可以封。非此，用师则无所矣。二三子敬乎！"（参考译文：国宴结束后，秦穆公对大夫们（包括国宴的操办者）说："讲礼仪不能善始善终（忘了安排傧相），是耻辱；内心的诚挚比不上礼仪的形式，是耻辱；礼仪华而不实，是耻辱；不考虑国力随意办事，是耻辱；事情是去办了但办得不好，是耻辱……这些带来耻辱的大门不关闭，就不能治理好国家。不关闭这类大门，光靠用兵能解决什么问题！你们一定要小心在意啊！"）

秦穆公一口气说了五个"耻"，说明任何一件事情，要把它做得完美，不给自己带来遗憾和耻辱，就要非常小心，要有很高的敬业精神！

一个人不能不要脸，不能没有尊严，不能没有人格。中国传统的人格就是"智仁勇"，"好学近乎知，力行近乎仁，知耻近乎勇。知斯三者，则知所以修身。"（《礼记·中庸》）从孔夫子到孙中山、陶行知，对此都很重视。这也说明"人不可以无耻"是何等重要了——因为它关系到一个人的人格。人无人格，那不就成了两脚禽兽了吗？

二

《孟子》这句话有三个"无耻",这"无耻",我们叫做"字串"。这是一个字本位理论的概念。

字串就是经常连用而整体有意义的几个字,主要是两个字,也可能是三四个或更多的字。对照西方语言学的概念,字串中有的是词(word),有的是短语(phrase);有的既不是词也不是短语,只是语素组(morpheme group);有的有时是词,有时是短语,有时是语素组;有的在现代汉语中似乎是词,在古汉语中却是"跨界组合(cross over group)",分别属于前后两个单位。汉语中的字串无穷,进入字典的应是其中的很小部分,就是那些整体含义不可从字义及其结构关系推知的字串。这种语言单位徐通锵叫"辞",陈保亚则叫"字结",我曾把这种字串叫"字联"。[2] 现在流行的汉语词典中的"词"大多含义不可推知,但也有一些其含义是可推知的。虽然从不可推知到可以推知,中间也有一个过渡地带。我们却不能因为这个过渡地带的存在,就混淆是否可以推知的界限。所以我们放弃"词"的说法,只称"字"或"字串",凡是讲"字"就可以解决的问题,就不讲"字串"。若以"新中国成立了"为例,我们说这个句子是一个由六个字组成的字串,其中"新中国成立"是一个五字字串,"成立"是两字字串,"新中国"是三字字串,"中国"是两字字串。要是按照西方的说法,则"中国"在此句中是词,在"中国通"中是语素组,而在"中国称齐、宋,远国称江、黄"(《穀梁传·僖公二年》)中则是短语。"成立"在此句中是词,在"男成立兮女从夫"(《唐代墓志汇编续集》)中是短语。要是不称"字串",离开了具体语境,就不知道"中国"或"成立"是什么了。

我们按顺序把孟轲话中的"无耻",分别叫"无耻[1]""无耻[2]"和"无耻[3]"。《现代汉语词典》(第6版)把"无耻"标为形容词,词义是"不知羞耻;不顾羞耻",网络上或理解为"没有羞耻心"。这三个意义,都只适用于"无耻¹"和"无耻²",不适用于"无耻³"。就是说,按照通行的说法,"无耻¹"和"无耻²"是词,"无耻³"却不是词。但三个"无耻"在意义上都是可以推知的。要是分析三个"无耻"中的俩字,"无"肯定是个表示否定的字,"耻"是一个多义字,有一个由"羞耻"和"耻辱"两个义项构成的义项系统,那么,即使孟轲话中三个"无耻"的"耻"义项有别,三个"无耻"也属于同一个字串。何况三个"无耻"中的"耻"字都可解释为"羞耻"呢,为什么要把同一个字串给予两个不同的身份呢?

汉字是形音义的统一体,"字串"的同一性只依赖于字的同一性。一个字串无论用了多少次,如果其中的每个字都是同一的,则该字串也是同一个字串。上文的"中国""成立",就各是同一个字串。

"无耻¹/无耻²"与"无耻³"的区别只能到语言的运用中去寻找。按照西方的理论可以这样解释:"无耻¹"是宾语,"无耻²"是主语或宾语,"无耻³"却是句子的主要部分——谓语(主语承前省),其中的"无"则是一个谓语动词。"无耻¹/无耻²"是词,"无耻³"则是短语。"无耻¹/无耻²"指某种一般认识能力,即"没有羞耻心"或"不知羞耻",是主观心理;而"无耻³"这个短语中,"无"是谓语动词,"耻"则指羞耻之心被自己所做的可耻之事触动的客观事实,即客观的"感到羞耻"这一事实。"无耻矣"就是"不会感到羞耻了",这是对知耻之人的行为的判断。《带镣行》的"我心无愧怍",是说"带镣长街行"并没有触动刘伯坚的"耻愧"之心,即刘伯坚的心并不感到羞耻,这是事实;《钢铁是怎样炼成的》那"不因……而羞耻",则是在"回首往事"之时,是自己一生的经历都没有触动那人的羞耻之心。作为一种心理能力,人应有羞耻心;作为一种事实(现实的或愿望中的),人应该做到问心无愧,即他的羞耻心永远不被自己的行为所触动。只有有羞耻心的人,才不会做可耻之事,才能做到问心无愧。按照字本位理论,那就简单多了,因为这儿可以不讲字串:"无耻¹/无耻²"中的"耻",指羞耻心；而"无耻³"的"耻"，指"羞耻之事"。前者指心理的内部世界，后者指现实的外部世界。为什么"耻"一会儿指心理，一会儿指现实？这是因为语言是心物一体的符号系统，"耻"当然可以这样用。当然，这与"无"字是否充当谓语动词也有些关联。

因此我们说，四个"耻"是同一个"耻"字用了四次。"无耻矣"中的"无耻"，与《现代汉语词典》（第6版）中的"无耻"并不对应。

另外举个例子"有种"。【有种】一语，《现代汉语词典》（第6版）只有一个义项，解释是："指有胆量，有骨气。"《汉语大词典》却有三个义项（用例只录第一个）："① 谓世代相传。种，种类。《史记·陈涉世家》：'且壮士不死即已，死即举大名耳，王侯将相宁有种乎？' ② 指有后嗣，有后代。《晋书·刘颂传》：'及赵王伦之害张华也，颂哭之甚恸。闻华子得逃，喜曰："茂先，卿尚有种也！"'按，茂先，华字。③ 有志气；有骨气。姚雪垠《长夜》十五：'人们都晓得他是个有种的孩子，但不知道他竟有这一些奇怪的想头。'""有胆量，有骨气"是《现代汉语词典》的唯一解释，却完全不能用来解释《史记》和《晋书》中的例句，也不能用来解释现代汉语中"有种"的所有用例。如费孝通《文字下乡》中的用例："教员们见面时总在家长面前夸奖这些孩子们有种、聪明。这等于说教授们的孩子智力高。"但《史记》《晋书》和姚雪垠《长夜》及费孝通《文字下乡》中的"有种"，却都是同一个字串。它们的含义是可以推知的：其中"有"字含义相同，"种"字含义虽有差别，但彼此有关，即"种"字的多个含义属于同一个义项系统[3]。因此，我们认为，《汉语大词典》的条目，实际上是字串，比较符合汉语的实际。按照字本位理论，这儿也不必讲字串，只要把有关含义归于"种"字就够了。

2020-07-30 于藜藿轩

注释

［1］孟轲这话是摹仿老聃的。《老子》第四十六章说："祸莫大于不知足……知足之足，常足矣。"但《老子》这话中的"之"，相当于"的"。

［2］见徐通锵《语言论》第四章，陈保亚《20世纪中国语言学方法论》350页，黎良军《湘语邵阳话音义疏证》序言。

［3］见《现代汉语规范字典》（第3版）种（上声）字。

33 和、平与和平

一 "和"与"平"

许慎《说文解字》"和"字作"咊","咊,相应也,从口禾声。"《说文》另外有"龢"字,说"龢,调也,从龠禾声,读与咊同。""龠"是什么呢?《说文》说,"龠,乐之竹管,三口,以和众声也。从品龠。龠,理也。"这是一种吹奏乐器,今叫"排箫"。

湖南邵阳的老百姓也说"和",音与禾何河同,似乎是个拟声字,表示同意的应答之声。例如娘叮嘱去学校读寄宿的崽:"你要听老师咯话,发狠读书呀!"答:"和。""要顾自家咯身己!娘冒在身边,自家要多留心!""和。""你……"崽嫌啰嗦,不大耐烦了:"和咧,我晓得咧!"其实这"和"字并非拟声字,是可以说得清楚的。

《说文》说咊(今作和)、龢是两个字,一个是"相应",一个是"调",这是把"和"字的"口"理解为人的嘴巴了。其实它们是两形一字,"和"是"龢"的简体,甲金文多作"龢",而战国古文作"和","龠"简作"口"了(见谷衍奎《汉字源流字典》)。"龠"是一组编在一起的竹管,每个管只能发一个音(就像钢琴一个键只能发一个音一样)。那三个"口"指排箫的吹气孔,"三"表示"多"。可见简体"和"字的"口"并不是人的嘴巴。

从"龢"的构型看来,其本义是音乐中"和声"的和,即把众多的声音协调起来,使每一个声音既保持自己的特性又与别的声音和谐配合,这样,整个乐曲就中听了。《礼记·乐记》云:"地气上齐(按借为跻),天气下降,阴阳相摩,天地相荡,鼓之以雷震,奋之以风雨,动之以四时,暖之以日月,而百化兴焉。如此,则乐者天地之和也。""气"是中国古代哲学的第一号范畴,今天还说天气、地气、人气、和气、中气、血气、戾气等等,万物由气构成。气有清浊,分阴阳。"龠"是人用"气"吹奏的,但要吹龠成乐,则需要调清浊,和阴阳,使成"天地之和气",有如"天籁",这样才能"中听"。应答的"和"是把用于音乐的"和"引申了。今天说的"和而不同"源自《论语》,也正是"和"字本义的引申,指既要与别人讲团结,又要保持自身的独立存在,不与别人苟同。

"和"字单用,现在一般是虚化的连字,即"你和我"的和,大多是组成字串,如"和而不同/和为贵/和气/和声/和睦/和好/和解/和平/平和/调和/暖和/共和/违和/饱和/中和/柔和/温和"等。这些字串中的"和",都以"龢"为源头。

《说文》:"平,语平舒也。从亏八。八,分也。""亏"即古文"于",《说文》释为"于,象气之舒亏","于"即是"乌(呜呼之乌)"。但谷衍奎《汉字源流字典》以为"于"乃"竽"之初文,本指乐声平缓,"语平舒"是引申义。注意,这个"平缓"不是与"急促"相反的"缓慢",而是"正常"之意,指的是"不紧不慢","适得其中",是不升不降、心平气和的"平"。

可是,许慎与谷衍奎的说法总觉得可疑,特别在面对"平"的异体字形之时。

《国学大师》网站的"平"字异体有十三个,前十个是:

33 和、平与和平

丂丂丂丂平丂丂平丂丂《说文》仅仅依据第一形立说，说其"从丂八"，显然是片面的。经仔细察看诸异体字形和反复思索，终于得到一个结论：在秦汉之前，平釆番三形，本来是同一个字。

先说"平釆"是同一个字。这有两条证据。证据一，《说文》段注本中，古文"平"作釆，是"一"下"米"，与"釆"字的区别只在首笔是横，还是撇。证据二，"釆"字的异体有 丂 釆 丂 丂 丂 等五个，其第三形（源于《说文》大徐本）与"平"字异体的第九形（源于《汉隶字源》）极近，也是首笔有撇与横之别。我们知道，篆书之前，汉字的点横竖撇诸种笔形尚未形成，写刻汉字如同画画，横与撇（平撇）并无不同。即使在楷书中，它们也可能相混。如"呈"字，本来是"从口，壬声"，可下部的"壬"往往作"王"。又如"蚕"字第一笔，本是横，或作撇。就在前述"平"字的异体中，其部件"釆"的首笔也有作横的（第二形，源于《玉篇》）。可见在秦汉之前，"釆"就是"平"，"平"就是"釆"，平釆原来是同一个字。

再说"平"与"番"也是同一个字。"平"字异体第三形作"釆"下"刀（去掉撇）"（源于《集韵》），这个"刀（去掉撇）"或作"勹"，或作"丂（去掉横）"，是个不完整的"掌（田）"。《说文》说解"番"字云："兽足谓之番，从釆。田象其掌。"我们平时看到的兽足之迹，那兽足之掌极少作"田"，掌的周边线条也往往并不完整。"番"有异体"𡆡"，是在"丑"字的四个空挡各加一点，另外并没有什么"掌"。繁体"審"字古文从"宀釆"，篆文从"宀番"，而其异体中，那"田"或作"口"。所以，从"審"字的异体看来，釆番一字，"釆"字下的田、口等，都是兽足之迹中"掌"的象形，它繁也可，略也可，有也可，无也可。那么，"平"字异体的第三形就是"番"字，不过下边的"掌"画得比"田／口"更简略而已。

从"象形"的角度看，平釆番三形确实本为一字。此三形之本义后来作"蹯"，两个义项：一为兽足之迹，如虎蹯；二为兽足本身，如熊

389

蹯。不过，平采番虽然本为一字，秦汉以后却分化了，形音义都有所不同，一字三形变成了三个字。

在现存典籍中，"采"未见独用之例，作为字的部件，则构成"悉/释/釉/番/寀"诸字。"番"也用得不多，《诗·崧高》"申伯番番，既入于谢"中的"番番"，传统释为"勇武貌"，与辨认兽足之迹以狩猎，是有直接关系的。狩猎时可能遇到大型猛兽，不"勇武"都不行。《诗·小雅·采菽》的"平平左右，亦是率从"的"平平"，就是"番番"，只是语境不同，所以向熹《诗经词典》释为"办事有才干"。狩猎时很"勇武"，不是"办事有才干"吗？"班师"是"威武地回师"，其班字也是此义之"番"的假借，用为动字。因为今语的上班、下班，古人作"番上/番下"。比较多见一点的是"次/外国的"两义。经常用到的就一个"平"字。

"平"之本义为分辨、识认，用于"平章/平秩"，是"兽足之迹"的引申。在狩猎时代，辨认兽足之迹也许是人生最重要的事情，从它可以确定野兽的种类，多少，大小，有无疾病，经过的时间，等等，以便顺利地猎取食物、谋取生存资料。把分辨的结果说出来，就是"辩"或"评"，所以"评议"又作"平议"，"平治"又作"辩治"。"狩猎平顺"的发展是五谷丰登，即"再登曰平"之"平"。《汉书·食货志上》说："民三年耕，则馀一年之畜……故三载考绩……三考黜陟，馀三年食，进业曰登；再登曰平，馀六年食；三登曰泰平，二十七岁，遗九年食。""进业"主要指农业有所发展，"再登曰平"就是连续十八年耕作顺利，获得丰收，"菽粟屡登"。要是二十七年如此，就是"太平"了。

"平"字早期的引申过程是：兽足之迹（形中之义）→辨认（兽足之迹）→→事业顺利（猎则得之，种则丰收）。

"平"字的"辨别"义见于《尚书》的"平章百姓/平秩东作"。前人对此"平"字的理解多样，把"平"解释为平和、平治、平均、平齐、平常的都有。例如：

《书·尧典》"九族既睦,平章百姓"孔安国(伪)传:"既,已也。百姓,百官。言化九族而平和章明百姓。"孔颖达疏:"贤臣之化,先令亲其九族之亲,九族蒙化已亲睦矣,又使之和协显明于百官之族姓。"(《十三经注疏·尚书注疏》)传疏或言"平和",或言"和协",都是以"和"释"平"。

(1)宋林之奇《尚书全解》:"平章者,平章百官之职业而升黜之。后世以宰相为平章事盖出于此。"虽然作者没有直说,这却是把"平章"理解为"辨别清楚"的正确解释。

(2)宋陈经《尚书详解》:"百姓,百官也。随才而授之以职,所以平之;因其功而授之以禄,所以章之。百姓乐于著见其才,则昭明也。"职务高低与才能高下相匹配,相称,谓之"平",这"平"与"和"近之。

(3)宋史浩《尚书讲义》解释"平章百姓"说:"欹者平之,晦者章之,而百官巨姓,至于昭明,章之至也。此非治国而国治之效欤?"这是用"使平坦"比喻"平治"。

(4)宋黄度《尚书说》:"以亲九族,齐家也;平章百姓,治国也。百姓,甸内天子所自治民也。"直接以"治"释"平章"。

(5)元黄镇成《尚书通考》谓西山真氏(按真德秀)曰:"明俊德者,修身之事;亲九族者,齐家之事,所谓身修而家齐也。九族既睦,平章百姓,所谓家齐而国治也。百姓昭明,协和万邦,黎民于变时雍。所谓国治而天下平也。"

(6)宋蔡沈《书经集传》注释字义说:"平、均,章、明也。百姓,畿内民庶也。"

(7)元吴澄《书纂言》说:"平:均齐、普遍之意。章亦明之也。平章,谓均齐、普遍,无一不明之也。下文平秩平在仿此。百姓:畿内之民。"

明陈泰交《尚书注考》解释了《尚书》"平"字的多种含义:"平章

百姓、平秩东作，训平均。地平天成，训水土治曰平。天寿平格，训坦然无私之谓平。平邦国，训平谓强不得凌弱、众不得暴寡、而人皆得其平也。"

另有回避"平"字的，如宋代夏僎《夏氏尚书详解》、宋吕祖谦《增修东莱书说》等。元陈悦道《书义断法》："有帝尧者，能明明德于天下，亲九族而九族睦，章百姓而百姓明，和万邦而民于变时雍。"是回避"平"的典型。明马明衡《尚书疑义》则没有把"平"字的解释当做"疑义"。

今天，一般的理解是：平章百姓指辨明各官员是否称职，以便黜陟。"平"是辨别、区分之义。注意，这是"平"字本义，因为平采一字。《说文》："采，辨别也，象指爪分别也。"

另有"平林"一语，屡屡被错误地解释为"平野（平地/平原）的树林"，如向熹《诗经词典》，始作俑者大概是《诗经》的毛传。古籍中"平林"的用例不少：

（1）依彼平林，有集维鷮。辰彼硕女，令德来教。（《小雅·车舝》）毛传："平林，林木之在平地者也。"

（2）诞寘之平林，会伐平林；诞寘之寒冰，鸟覆翼之。（《大雅·生民》）

（3）挟德而责是，日疏位均而争，平林以亡。（《逸周书·史记解》）（此条的"平林"系古国名，其理据大概是普通的"平林"）

（4）御六艺之珍驾兮，游道德之平林。（张衡《思玄赋》）此"平"字与"珍"为对，应为形容字或内动字，不能释为"平地"，"平地"是"地"，是名物。

（5）蹰躇畦苑，游戏平林，濯清水，追凉风，钓游鲤，弋高鸿。（《后汉书·仲长统传》）

（6）陈仓人舍媪逐二童子，童子化为雉，飞入平林（《搜神记》）

（7）鱼游清沼，鸟萃平林。（《文选·束晳〈補亡诗六首〉之六》）

（8）平林漠漠烟如织，寒山一带伤心碧。（李白《菩萨蛮》）

把这些"平林"中的"平"字理解为"平野／平地／平原"既不符合实际，又是典型的"增字解经"。至少在中国，"山林"多，平地的林木少，所以说"封山育林"，不说"封平育林"。以"平林"对"寒冰"，"平"显然不能理解为"平地"。"童子化为雉，飞入平林"，也是说"飞进茂密的树林"较为合理。把"平"解释为"平野／平地／平原"，实际上是把"平"理解为"平坦"，"野／地／原"是凭空增加的。一个并非固定语的两字字串，如果只用一个字来代替它，是不能选表示修饰的那个形容字的。其实"平林"的意思是"茂林"，"茂密的树林"，"平"字从丰收的作物长得兴旺引申指树木长得兴旺。

此外，"平沙"一般指沙多，"暮云平"则是暮云多。岑参《走马川行》的"君不见走马川行雪海边，平沙莽莽黄入天"，描写的是沙漠，沙漠的沙多得很，一望无际，但并不平坦。这从"黄入天"也可以看得出来。王维《观猎》的"回看射雕处，千里暮云平"，说的是暮云多：回头向那刚才射雕的方向看去，看到的是暮云千里，一片苍茫。

"平林／平沙／暮云平"的"平"，都是从"再登曰平／三登曰太平"的"平"引申出来的。

二 "和平"与"平和"

《易·乾卦》："时乘六龙，以御天也；云行雨施，天下平也。"这个"平"与"顺利／丰登"关系密切，同时和"治国平天下"的"平"也一致：平治指手段，平顺指目标。

"和""平"是两个含义密切相关的字，"乐从和，和从平。声以和乐，律以平声"（《礼记·乐记》），即音乐需要协调诸音，而协调诸音又以辨认和矫正诸音为前提；各种声音要协调一致才能成为中听的音乐，黄钟等十二律则是用来平量各种声音是否合格的标准。在使用中两字互渗，含义近同：朱熹说"平，犹和也。""心平气和"在苏辙《既醉备五福论》中作"心和气平"，都是证明。所以"和平"与"平和"的含义，原来几乎是相同的，在说明音乐、世界（天下）、政治、人事、风俗、身体等的性质时，用"和平"可以，用"平和"也可以，而且含义似乎没有什么不同。请看用例：

1. 用于音乐

妨正匮财，声不和平，非宗官之所司也。夫有和平之声，则有蕃殖之财。（《国语·周语下》）

又：细钧有钟无镈，昭其大也。大钧有镈无钟，甚大无镈，鸣其细也。大昭小鸣，和之道也。和平则久，久固则纯，纯明则终，终复则乐，所以成政也，故先王贵之。（《国语·周语下》）

（1'）先王之乐，所以节百事也，故有五节（按五声之节）；迟速本末以相及，中声以降。五降之后，不容弹矣。于是有烦手淫声，慆堙心耳，乃忘平和，君子弗听也。（《左传·昭公元年》）

又：衷，音之适也。何谓衷？大不出钧，重不过石，小大轻重之衷也。黄钟之宫，音之本也，清浊之衷也。衷也者，适也。以适听适则和矣。乐无太，平和者是也。（《吕氏春秋·适音》）

2. 用于世界（天下）

天地感而万物化生，圣人感人心而天下和平。（《周易·咸卦》）

（2'）夫古昔平和之世，人民蒙美盛而生，皆坚强老寿，咸百年左右乃死，死时忽如卧出者，犹果物谷实久老则自堕落矣。（桓谭《新论》）

3. 用于政事

致政，其民服信以听；致德，其民和平以静；致道，其民付而不争（《管子·正第四十三》）

又：王商者，宣帝舅乐昌侯武之子。曰："自古无道之国，水犹不冒入城郭。今政治和平，何为当有大水一旦暴至？此必讹言，不宜令民上城，重惊百姓耳。"上乃止。（荀悦《前汉记·孝成皇帝纪》）

又：天下安宁，政教和平，百姓肃睦，上下相亲。而乃始立气矜，奋勇力，则必不免于有司之法矣。（《淮南子·氾论训》）

（3'）敞闻事君之义，进思尽忠，退思补过。历观世主时臣，无不各欲为化，垂之无穷，然而平和之政万无一者，盖以圣主贤臣不能相遭故也。（《后汉书·何敞列传》）

4.用于人的身心、性情等

（4）故乐行而伦清，耳目聪明，血气和平，移风易俗，天下皆宁。（《礼记·乐记》）

又：惟愿大王，圣体和平。（《梁书·中天竺国传》）

（4'）伏惟圣体渐就平和，上下同庆，不觉抃舞。臣等愚戆，窃有微怀，以为收功于所忽，事乃无悔；虑祸于垂成祚乃日新。（《晋书·华峤传》）

又：王蕴，字叔仁……起家佐著作郎，累迁尚书吏部郎。性平和，不抑寒素，每一官缺，求者十辈，蕴无所是非。（《晋书·王蕴传》）

"和平"与"平和"几乎相同这种情况，一直延续到清末民初。马君武1914年翻译诺贝尔遗嘱时还把"世界和平"说成"世界平和"："予之遗产，当以为资本金，永不动用。其每年所得之利息，则以用于人类有益之事业。此利息当分为五份……第五份以赠能维持世界平和之人或此种机关……得平和赠金者，当得挪威国国会所选出委员五人之公认。"（曾德奎选编《马君武文选·罗伯儿传》）

"和平"与"平和"似乎也有区别。"和平"可以用来说明丰收，如清代陆心源所辑《唐文拾遗·请封禅第三表》说："符瑞毕臻，天意也；书轨大同，人事也；菽粟屡登，和平也；刑罚不用，至理也。""平和"似乎无此用法。要是这个"和平"也能改为"平和"，二者就没有什么不同了。

语言在不断发展，在现代汉语中，"平和"与"和平"基本上是两回事了，虽然它们之间的联系还隐约可见。这是由于上世纪战争不断，还发生过两次世界大战，"和平"便主要同"战争"构成了反义关系，形成一个语义场，"平和"则没有进入这个语义场。《现代汉语词典》说"和平"有两个义项，一个是名词，指没有战争的状态；一个是形容词，"温和，不猛烈"的意思。第二义项与"平和"相通，但用得很少，其用例"药性和平"在教育部的语料库在线网站和北京大学ccl语料库中根本查不到。

"和平"与"平和"的理据义是相同的，它们的交际义原来也相同，但是，在现代汉语中却基本上不同了。这是什么原因呢？同义字或类义字并列连用，字的顺序不同，怎么会造成这么大的差别呢？我想了又想，想不出什么深刻的道理，只能承认：是语言社团的运用造成了这差别。在汉语这个庞大的社团里，大家都这么用，用了几十年，就成为社团的约定了，成为一种风习了。这就是约定俗成。根字的音义联系，除少量的存在摩声性理据外，一般也说不清。所以我们承认，语言既有理据性，也有约定性。在汉语中，字义的引申和字串的含义一般是有理据的，但这种理据大多含有不同程度的或然性，其中就包含着约定性。强调汉语的理据性是应该的，因为人是有智慧、有理性的，不会一切都听命于偶然，听命于随机；但是，人的生死的偶然性就很突出。所以强调汉语的理据性也不能过头，不应忘了汉语的约定性。

2020年9-11月

34 说会意字"娄"

先交代一下:本文说"娄"字的形义,一律作繁体"婁"。本文的"异体字"概念是广义的:一个字的各种不同写法互为异体,它们都是异体字。

《说文》:"婁,空也。从毋,从中女(段注:从毋犹从无也,无者空也。从中女谓离卦,离中虚也。皆会意也),婁空之意也。一曰婁务,愚也(段注:婁务即子部之𣪊𣪘,故云愚也)。𡝤,籀文婁从人中女,臼(按下横断开,音 jú,下同)声。𡝤,古文婁如此。"许书与段注,疑点甚多。许书完全从一个字形立说,不兼顾其他字形,段注竟然扯到记忆八卦的歌诀上去了,真是从何谈起!要是"中女"是"阳阴阳"三爻,那么,"口女女"作何解释?

我国第一部标明字义引申脉络的字典《现代汉语规范字典》,对"婁"字的释义似乎并没有什么贡献,反而增加了读者的疑惑。它的"婁"字收了四个义项,依次是:(某些瓜类)过熟而中空变质,比喻体虚衰弱,星宿名,姓。第三、四义项前加了圈,表示"引申关系尚未查明",犹可说也;第一、二义项间有箭头,表示前一义项引申出后一义项。似乎前者为本义或先义,后者为比喻义。这就怪了:这两个义项的

"娶"字都是假借，其中并没有比喻关系啊。

下面说说我们对娶字形义的分析。

娶字的异体多达三十个，《国学大师》网收的前十个异体字是：囵娄㚻婹婹婹嬰嬰㜣㜣。它们分别源于《六书统》、金文、《说文》《玉篇》《集韵》《集韵》《集韵》《说文》《碑别字新编》和《中华字海》。综合各字形看来，其字形是合体的，"女"是它的一个部件，毫无例外，其余部分则很难说。但很难说也得说，因为象形字、会意字是以形表义的，形声字的形符也能表示义类。要真正了解字义，还得从字形入手。异体字形有些有甲金文或战国古文的根据，多数却没有。没有甲金文或战国古文根据的异体字形是后起的，但也能反映人们对字义的某种理解。

首先，第三形㚻上部是席子的象形（宿字异体有㝛，象人躺在席子上，当源于甲骨文。谷衍奎《汉字源流字典》以为席子的象形是"因"字古文，或作"囙"。故本文以"囙"表示席子），从"女"从"囙"，又不是形声字"姻"，那就是个合体的会意字，可能会男女之事之意；这样，第一形的"囗"也应是席子。"因"是"人"（"大"象人之形）躺在"席"上，故说姻缘，说婚姻。"姻"字的女旁是后加的。第一形的"席"上却躺着两个"女"。作为"娶"的异体，这"从囗（席子），从女女"，能是什么意思？思来想去，"从女女"大概只是为了同"囡"区别（二字都出现于明代），在表义上与"从女"没什么不同。

第六、第七、第八这三个字形上部有"臼"。此形当源于金文。金文"娶"字作㝛，下部从"女"，上部从"因"，而且"因"的两旁各有一手（《三体石经》也如此作）。是双手铺席之形。这三个异体有两只手，却没有席子，但要解释这两只手的意思，恐怕得添上席子才行。段注说第八形是"臼声"，那就把一个会意字说成形声字了。况且第六、第七两形的"臼"，中间又加了"丨"，是"電"字古形，又是"申"字，它还是声符吗？

其次，第五、第十两形是从"毌"还是从贯字初文"毌"？许慎说从毌，笔者认为是从"毌"。因为第四、五、七、八、九、十共六种异体字形中都有"中"字形，此形可视为"串"字之略写，而"串"与"毌"的形义联系很密切，可说难解难分："串"曾代替过"毌"，这时"串"就是"毌"。例如：

（1）宗（指宗悫）军人，串噉粗食。（《南史·宗悫传》）

（2）团歌遂成赋，聊用布亲串。（晋谢惠连《秋怀》）

（3）以竹括押其耳，头动摇则括中物。后遂串习，不復惊。（《周礼·夏官·廋人》"散马耳"郑玄注）

（4）由是女往来于华郑两家，有如戚串。（清王韬《淞隐漫录》）

这些"串"都是"毌"字，音 guàn。《说文》毌字下段注云："后有串字，有弗字，皆毌之变也。"五经常用的是"贯"，"毌"字很少用，比较常见的是用于複姓"毌丘"，或是"毋"字之讹。

在"毌/女"之间的"中"字形，说是中茸/中宫，指内室，似也可通，却远不如说它是"串"字之略。把"中"说成"串"字之略写，可能使人觉得奇怪。其实，还有更奇怪的。"寻"字《说文》作"𢒫"，许慎说是"从工口又寸。工口，乱也；又寸，分理之也。彡声"。"工口，乱也"根本无法理解。《碑别字新编》中"寻"字却是"从工工又寸"，经反复琢磨，原来这是"从又寸，琴省声"。"工工"是"琴"字之省，"口"是"工"之讹变。人们不知道"琴省声"，又加上三撇来表示"彡声"。寻琴彡都在侵部。谁会想到"琴"字竟然省成"工工"啊！何况从"共用笔画"（好些人的签名都采用共用笔画的形式）之省略的方式看来，"串"字并没有"省作中"，只是共用了上边的"毌"字之部分笔画，中间一竖最上面的出头部分，就属于"串"而不属于"毌"。因而"娄"字的结构，实际上是"从女，从毌串"。第四形娄是"从串，从毌省"，这儿的"串"即 guàn，那中间一横是"毌省"。

"从囟"和"从毌"是两个不同的字形系统（"从眲"是第三个系统，见下文）。从"囟"这个系统还包括"从臼"，从"毌"这个系统还包括"从串/中"。虽同是"婁"字,造字方式也都是会意,但"因"和"毌/串"的生活内容却大不相同,会意的根据也就大不相同。今简化的"婁""从米",属于"从因/臼"一系,因为臼匊二字互为异体,匊即掬字初文。第七、第八两形,既"从毌",又"从因",是两系的综合;第九形则是"从串""从眢"两系的综合。毋庸讳言,综合两系的异体字有些累赘。

以上主要是对各种异体字形的分析,下面我们来看字义。讲字义当然要搜罗用例,不过各辞书的字义都是从用例中概括出来的,我们利用辞书就行。从字本身来说,凡是象形字和会意字,字义要源于字形,字义也能证实字形。

"婁"字用得不多,"郲婁/卷婁/维婁"等中的"婁"又不宜选,因为不知是不是联绵词,难以确认其"婁"字之含义。例如"维婁",此语出自《公羊传·昭公二十五年》"牛马维婁",何休注说"系马曰维,系牛曰婁",徐彦疏说"系马曰维"源于《诗·小雅·白驹》"皎皎白驹,食我场苗;絷之维之,以永今朝","系牛曰婁"是由此推论出来的,旧说"婁者侣也"。清人方苞《陈驭虚墓志铭》说"当以官为维婁,可时呼而至也",黄遵宪《题运甓斋话别图》有诗句"马逸难维婁",两人或用为名或用为动,却都是把"维婁"当做一个整体,是束缚/羁縻的意思。因此,很难说其中的"婁"字之义。人有姓婁的,贵州有大婁山(婁山关就在这儿)。姓和地名的来源极为複杂,也很难把这两个含义同字形挂钩。这样,有定解的"婁"字就更少了。

有方言说"他身子骨儿可婁啦",是指身体虚弱;又说"西瓜婁了保换",指西瓜过熟而变质。这两种方言说法中,那"婁"字都借为"柔"。柔字日组,其古音读归泥组,这古音可能保存在现今某些方言中。如果那种方言来泥不分,就读归来组了。读"柔"为"婁",就是把一个日组字读为来组。写文章的人据音写字,所写的"婁"实际是"柔"。"身子骨儿可婁啦"同"硬朗"相反,"西瓜婁了"同"酥脆"

相反，其中的"娎"都是"柔"字之借。湘语邵阳话就把"柔"说作"娎"，"柔和"说作"娎和"，物件由梆硬变柔软叫"变娎"，还可专指人睡熟，说"跘落床上就娎嘎哩"，熟睡的人身子很柔软。可以肯定，这些方言含义也同"娎"字之形无关。

网上说"娎猪"指母猪，比喻淫乱的女子。是这样吗？《左传·定公十四年》记载人们指责南子与宋国公子朝的淫乱说："野人歌之曰：既定尔娎猪，盍归吾艾豭？"（既然你们那母猪［指南子］已经得到满足，为什么还不归还我们那帅气的公猪［指公子朝］呢？）"野人"确实把南子比作母猪，但这与"娎"字之义是两回事。杜预注"娎猪"为"求子猪"，也有说是"求牡之猪"的（见王鸣盛《蛾术篇》）。"娎"是"求子"还是"求牡"呢？此语还保存在邵阳话中。母猪发情，邵阳话说"翻（发字的音变）娎"，例如："那只猪婆吵得厉害，怕是翻娎哩咗！""发情"是"求牡"。此义可能是"娎"字的造字根据。第一、第三两个异体的娎字和金文的娎字从女、从因，或从女、从双手铺席之形，可以会"睡觉"之义，进一步可婉指女子怀春。但怀春并不等于淫乱，所以意义还有点儿隔膜。第四、第五、第九、第十这四个异体的娎字，从女、从毌/串。这怎么会意？"毌/串"有"通"义，今天还说"贯通"。这"通"是"私通/通奸"之"通"，"男女不正当的性行为"是辞书归纳的"通"字的义项之一。"女子淫乱"之义不是得到了吗？可见"女子私通"是"娎"字的形中之义，即是本义，"母猪发情"反而是比喻义。"豮"字从豕，是后起字，是负载"娎"字比喻义的分化字，北京大学的 ccl 语料库根本没有用例。既然娎字从"女"，本义当然指人。"公/婆/母/子/孕/育"诸字，都从指人推广到指草木禽畜，"娎"字如此，不难理解。"娎猪"像公猪、母猪、子猪一样，本义是指某种猪，而娎、公、母、子诸字，原来却都是指人的。

以"女子私通"作为"娎"字本义，既符合"娎"字十个异体的形中之义，又有《左传·定公十四年》的野人歌作为书证，还符合"娎"

字的第三系异体瞿瞿的形中之义。这种特别的异体源于《古文四声韵》。眀即瞿字初文,惊视不安之貌。而《诗·唐风·蟋蟀》"好乐无荒,良士瞿瞿"的毛传称:"瞿瞿然顾礼义也。"女子私通之举,极为无礼,不但叫自己无地自容,别人知道了也会惊遽不安。附带说一句,"眀"中加"乙"作𠣞,徐铉本《说文》说"古文以为醜(按简化字作丑)字"。

"娄"字之义,除从本身的字形得知外,也可以从那些把"娄"作为构字部件的字来考虑,因为很多字都是"声中有义"的。这类字很多:楼搂篓喽髅镂瘘偻蒌耧蝼䁖嵝偻屡缕数寠廔……本文不能一一讲遍,也没有那个必要。

"娄"字有"空"义,不但《说文》说"娄,空也",古代还有"娄娄然",就是形容"空的样子"。《管子·地员》:"五殖之次曰五觳,五觳之状娄娄然,不忍水旱。"尹知章注:"娄娄,疏也。""五觳"指贫瘠的土地,"疏"即"空疏",是说这种土地中没有养分,空空如也,作物当然长不好,不耐水旱。"窭"是贫,以致"无财备礼",与"空"相通。此外,"篓"是中空的编织竹器;"骷髅"的骨头也是中空的,那"骨髓"已经不见了;"镂"的目的就是"空",是使成空虚的;"瘘"指病体中形成的管道,中间也是空的。这"空"的意思,就源于字形中的"毌/串"。《说文》云:"毌,穿物持之也。从一横贯,象宝货之形。""宝货"即古钱,孔方兄。"毌/串"就是用绳子穿过古钱的"孔",这样钱多些也不会散了。"孔"者"空"也,不空怎么能贯穿过去?

"娄"字也有明亮义。《说文》:"廔,屋丽廔也(段注:丽廔读如离娄二音。囧字下曰:窗牖丽廔闿明也。《长门赋》《灵光殿赋》皆作离楼。谓在屋在墙窗牖穿通之貌。《玉篇》作蠡廔)。从广,娄声。一曰种也(段注:谓以丽廔贮谷播种于地也。木部曰:木役,种楼也。《广韵》耧,种具也。皆即廔字)。"《孟子·离娄》:"离娄之明,公输子之巧,不以规矩,不能成方圆。"这"离娄"之明亦然。娄字之明亮义,也源于

"田/串"。透明体除外，空洞无物，才可能"明"：光线要进家，家得有门窗。打开门窗，使之成为空洞，光才进得来。"明"与"空"是有连带关系的。

"婁"字还有"多"的意思："屡"字《说文》所无，是"婁"的分化字，典籍也常作"婁"，《汉书·成帝纪》有"黎民婁困于饥寒"，又有"火灾婁降"，这"婁"是多次之义；"楼"是"重屋"，重者多也；"数，计也"，它音所角切时，《广韵》释为"频数"，即是"多"。蝼蚁众多，不必说了。缕得义于丝，本义是麻线，似乎也有"多"义，"千丝万缕"很常说。《说文》："譐，譧譐也。""譧譐"形容委曲繁杂，絮语不清，也是话"多"。"婁"字简体字形从"米"，源于金文。《说文》匊字"从勹米"，段注云："米至散，两手包之而聚。""米，粟实也"，颗粒很小，小则多，一线粟有多少"米"啊。"耧"包含"开沟"与"播种"两件事，也算是"多"。这"多"也源于"田/串"。"宝货"为什么需要用绳子穿起来，就是因为"多"，仅仅一两个钱就不必"田穿"了。大型辞书还说二十八宿的"婁宿"之"婁"有"聚"义，《史记·天官书》："婁为聚众。"《晋书·天文志》："婁三星……亦为兴兵聚众。"中国古代把公公私通儿媳妇（换一角度就是"女子私通"）叫"聚麀 yōu"："夫唯禽兽无礼，故父子聚麀。"（《礼记·曲礼上》）。"聚"与"多"自然相通，不是说"聚少成多"嘛。

总起来说，"婁"字异体之形繁多，共有三系：第一系从女、从象形之席，第二系从女、从田/串，第三系从女或从穴女、从眀。第一系选择"女人""席子"两个象形符号，虽可从"施事-受事"表达"睡"义，但与"女子私通"的字义有所隔膜，不太理想（"囡"也是一个"女"躺在席子上，所会之意即字义却是"女婴"，引申为一般孩子）；后二者改以"田/串"或"眀"的字义代替象形的席子，通过"施事-动字"表达"女子私通"之字义，表义明确。在字形规范的历史过程中，从女、从田/串的一系得到了承认，繁体字"婁/數/樓"等等都是如此，概莫能外。"从畕"的一系也许是因为多点儿曲折，比"从毌/串"差点儿，况且它们也没有从毌/串那么普及。"毌""串"虽异形，本是一字，为什么要重複？可能是因为"毌"字本身只是图形，可以从不同角度去理解，又用得少，还容易误识为"毋"（许慎误识婁字"从毌"，《古文四声韵》的一个异体字从毋女），便加一个与"毌"字互为异体的"串"形，明确指向字义，提示不要被图形的众多含义所迷惑。至于"串"字那共用笔画方式的减省，则是构成方块的需要。《说文》的字形是后来的规范字形，但它的说解却错误不少。我们认为应该是这样："婁，女子私通也。从女毌会意，从串省，串毌同也。""婁"字的义项是，婁：①女子私通→②比喻母猪发情；③空疏→④明亮；⑤众多→⑥聚。"空/多"两义虽然只与"婁"字的部件"毌/串"相关，但说到底也是婁字的形中之义，它们都不是从"女子私通"义引申出来的。从这个角度说，《说文》的说解"婁，空也"还是有道理的。"形中之义"即是本义，看来本义可能不止一个，虽然它们有的从字形整体获得，有的只是从部件获得，二者有差别。"武"是一个典型的会意字，《现代汉语词典》和《现代汉语规范词典》都处理为两个同形同音词，原因也在这儿：以一个本义为源头，难以引申出"武"字的全部义项。

二〇二〇年十一月廿八日

参考文献：

1. "婁"的异体字及其详情，《国学大师》网 guoxuedashi.com.
2. 夏军《〈说文〉会意字研究》，广西师范大学出版社，2013.
3. 阮元校刻《十三经注疏》，中华书局 1980.
4. 叶绍钧编《十三经索引》增订本，中华书局 1983.

35 "粟"字漫谈

一

"粟"字的隶书、楷书字形是"覀"加"米","覀"字似乎既不是声符，也不是形符，好生古怪。只好去查《说文》，看它怎么说。原来《说文》的粟字，其小篆字头的上部不是"覀"，而是"卥"，隶变应为"卣"。"覀"字本象"鸟栖"之形，或作"卤/鹵"，上部是鸟形的隶变，下部是鸟巢的隶变。"卥"字的小篆字形与之很像，其差别是"囗"内作"仌"。"粟"上部的"覀"，是误把篆文"卥"当"卤/鹵"了。

"卣"在幽部，《集韵》有异体字"脩"，古读如"调"。《说文》："卥，草木实垂卥卥然，象形。凡卥之属皆从卥。读若调。"段注："卥之隶变为卣，《周书·雒诰》曰'秬鬯二卣'，《大雅·江汉》曰'秬鬯一卣'，毛云'卣，器也'。郑注《周礼》'庙用修（黎按一作脩）'曰，'修读曰卣。卣，中尊。凡彝为上尊，卣为中尊，罍为下尊。中尊谓献、象之属。'按许说则木实垂者其本义，假借为中尊字也。"段注是说，卣字本义为"草木实垂貌"，其"酒器"义是假借。很有道理。

"粟"字下部从"米"。《说文》："米，粟实也。象禾黍（黎按大徐本无"黍"字)之形。"后来引申指稻米,又泛化指某些去壳的谷类或豆类之籽实。为了区别,往往另外加一个修饰语,如:稻米/大米/小米/粟米/苞米/秫米/玉米/黍米/鸡头米/花生米。

粟成熟的时候,穗子垂下来的特点是非常显眼的,这是粟的重大区别特征。从"卤"象其穗子下垂之形,从"米"象其颗粒状的籽实之形。所以"粟"字本来是一个合体象形字。但是,"卤"也兼表声,调卤脩攸都在幽部。所以全面地说,"粟"的构形原来是会意兼形声。邵阳话中,"粟"白读"脩",是幽部音,与其古音更一致。依据《广韵》相玉切推得的粟字古音在屋部,要旁对转才能得到幽部音。

"粟"字到底作何解释呢?《说文》:"粟,嘉谷实也。从卤,从米。"看来,"粟"字本来只是指"籽实",即与"大米"对应的"小米",不是指作物全株。后来字义范围扩大了,才指粟的整个植株。明代郭一经撰《字学三正》,把粟字下部的"米"改为"禾",创造了一个异体字,就反映了这新的含义。

"粟"原来只指籽实,整个植株叫什么呢?叫"禾"。这在典籍中用得很多,也是人们的共识。

(1)冬,筑郿。大无麦、禾,臧孙辰告籴于齐。(《左传》庄公二十八年)

(2)聚禾粟,缮城郭。(《左传》襄公三十年)

(3)黍稷重穋,禾麻菽麦。(《诗·豳风·七月》)

陈奂《毛诗传疏》说:"禾者今之小米。"其依据很多,《尔雅·释草》:"粢,稷。"西汉犍为舍人注:"粢一名稷,稷,粟也。"

(4)禾,嘉谷也。以二月始生,八月而熟,得时之中,故谓之禾……从木,从𠂹省,𠂹象其穗。(《说文解字》大徐本)

段玉裁注:"民食莫重于禾,故谓之嘉谷。嘉谷之连稿者曰禾,实曰粟,粟之仁曰米。"

(5)今兹美禾,来兹美麦。(《吕氏春秋·任地》)按,"今兹/来兹"犹今年／来年。意思是同一块土地，种了粟接着种麦，今年和来年都能获得丰收。

甲骨文"禾"字屡见，如"（祷）禾于高且"（《甲骨文编》网络版32028），这"禾"，就是粟的植株的象形。而且黄河流域西至青海东至山东，都种粟，其新石器时代考古遗址中发现粟的遗存的，共有48处之多。典籍中的"禾"字，也继承了甲骨文禾字的字形。请看 （《甲骨文编》网络版28232"弗受禾"）。

"禾"的本义虽然是"粟"的全株，指农作物"粟"，但后来就泛化指一般粮食作物（百谷）了，正如《诗·豳风》"十月纳禾稼，黍稷重穋，禾麻菽麦"的孔颖达疏所说："苗生既秀谓之禾。禾是大名，非徒黍稷重穋四种，其馀稻秫苽粱皆名禾，惟麻与菽麦无禾称，故再言禾以总之。"

作者儿时，觉得"锄禾日当午"很怪，先生也没有具体解释。作者是湖南邵阳人，这儿不说"稻"，把水稻叫"禾"。给水稻中耕叫"薅田"，薅田只需一根"薅田棍"，人脱了鞋袜，卷起裤腿，拄着薅田棍下到田里，凭着一双脚，就把田里的泥巴翻动了，也把杂草除掉了。薅田没有用锄头的，怎么说"锄禾"呢。用锄头那是"锄畬（方言音沙）"，或叫"薅畬"，是给旱土的作物中耕，如锄红薯，锄麦子，锄豆子。后来知道，邵阳人的老祖宗是北方的，他们南迁时把北方旱作农业的名称术语带到邵阳来指称水稻农作了。旱作的地叫"土"，种水稻的地叫"田"。关于水稻的词语还有：移栽前叫"秧"（秧是在"秧田"培植的），移栽后叫"禾"，稻穗叫"禾稍（方音线）"，籽实叫"谷"或"谷子"，谷仁叫"米"，砺（方音类，有介音–u–，砻也）下来的谷皮叫"糠"或"老糠"，其仁叫"米"，砺出的是"糙米"，糙米除去细皮叫"熟米"，收获了籽实的禾的茎叶叫"草"或"禾草／禾稿"；把秧移植到水田叫"栽田"，给水稻中耕叫"薅田"，收割稻子叫"打禾"，割稻子叫"割（方音瓜）禾"……在这儿，禾、糠、谷、米原来都是称呼粟的相关部分的，"薅"也源于旱作农业，它有专门的农具"槈（耨）"，类似锄头。"锄禾"原来是用耨给粟或别的旱土农作物松土、除草，这"禾"并不是水稻。

"粟"是狗尾草属植物，古人看重颜色，有"五粟"之说。《管子·地员》说："群土之长，是唯五粟。五粟之物，或赤或青或白或黑或黄，五粟五章。""粟"和别的谷类名字可以连用，主要是"米粟/粟米/禾粟/菽粟"。大概地说，"米粟"泛指粮食，"粟米"是粟的籽实，"禾粟"指连秆的粟和无秆的颗粒状粟，"菽粟"指豆类和粟类。

（5）故五谷粟米者，民之司命也；黄金刀布者，民之通货也。（《管子·轻重乙》）

（6）鲁阳文君将攻郑，子墨子闻而止之，谓阳文君曰："今使鲁四境之内，大都攻其小都，大家伐其小家，杀其人民，取其牛马狗豕布帛米粟货财，则何若？"（《墨子·鲁问》）

（7）今葭芦、米脂里外良田，不啻一二万顷，夏人名为"真珠山"、"七宝山"，言其多出禾粟也。（《宋史·食货上》）

（8）民非水火不生活，昏暮叩人之门户求水火，无弗与者，至足矣。圣人治天下，使有菽粟如水火。菽粟如水火，而民焉有不仁者乎？（《孟子·尽心上》）

"粟"在古代也许另外还有个名字，为什么呢？在北京大学 ccl 语料库和教育部语料库在线两个语料库的古代语料中，"黍稷"分别是 613 条/268 条，"稷黍"分别是 47/34；"黍粟"分别是 20/10，"粟黍"分别是 6/4；而"稷粟"分别是 2（《急就篇》的"稻黍秫稷粟麻䵚"，和《清史稿》的"秬秠三种黎白黄，稷粟坚好硕且香"）/2（没有《急就篇》的，却有《续资治通鉴》的"若得其人，稷粟以守之，胜于十万师远矣"），"粟稷"则两语料库都是一条都没有。可见"稷"绝对可能就是粟，因为粟是古人的主要粮食，"黍稷"并列那么多，而"粟""稷"却不能并列同用（"稷粟"2 条可视为例外，也许另有原因）。据游修龄教授等的研究,"稷"确实就是粟的另一个名称,到南北朝的《齐民要术》为止,这是人们的共识。南北朝医学家陶弘景不识五谷,开始怀疑;唐代本草学者苏恭则肯定稷乃黍。此后一千多年,一直存在争论。以农学家贾思勰为主的意见是"稷即粟",以本草专家李时珍为主的意见是"稷乃黍"。由于黍类的穄与稷读音近同(是中古以后读音近同;上古音相距很远,稷在职部,穄在月部,两字的主要元音和塞音韵尾都不同),也由于李时珍名望极高,"稷乃黍"是明代以后的主流。但是,从上世纪八十年代以后,农史学家游修龄教授接连发表了《论黍和稷》《黍和粟的起源及传播问题》,农史学家李根蟠教授 2000 年发表了《稷粟同物,确凿无疑———千年悬案"稷穄之辨"述论》,农史地理学家韩茂莉教授 2013 年发表了《粟稷同物异名探源》,从此"稷即粟"将成为定论。

二

但是,韩茂莉教授的文章需要补充深化。例如,文章虽然证据确凿地论述了"粟""稷"两名的不同语境——庙堂用稷,民生领域用粟;但是,这种差别是怎么产生的?为什么在庙堂既用黍也用稷,在民生领域,却单单稷被"粟"取代了,黍却没有被"糜"取代?文章却没说,或者说得不够清楚。

在民生领域以"粟"替代"稷",笔者以为主要是由于禁忌,由于人们在日常生活中忌讳说"稷"。"稷"本是粟,一种农作物。由于它是"五谷之长",所以管理农业的官员曾叫"农师",也叫"稷官"或"稷"。据《史记·周本纪》等材料,周代的"稷官"是周人的始祖。姓姬,小名弃,其父帝喾,母曰姜嫄。他是黄帝的玄孙,帝喾的嫡长子。他生于稷山,儿时游戏即好种蔬菽,长大更喜农事,帝尧任为农师,天下得其福利。虞舜继之,称之为后稷。他的后人(如不屈和公刘)世为稷官,百姓尊这位稷官的老祖宗"弃"为稷王。不过周弃并不是亘古以来唯一的"稷",他原来是继"柱"之后为"稷"的。《国语·鲁语上》记鲁人展禽说:"昔烈山氏之有天下也,其子曰柱,能殖百谷百疏;夏之兴也,周弃继之,故祀以为稷。"《左传·昭公二十九年》记晋人史墨之言亦曰:"有烈山氏之子曰柱,为稷,自夏以上祀之。周弃亦为稷,自商以来祀之。"以后,"稷"就成了周弃的专名。他的出生地因他而得名"稷山",百谷之神并不是"百谷",而是弃。前引《国语·鲁语上》展禽还说:"周人禘喾而郊稷,祖文王而宗武王。"韦昭注:"喾,稷之父;稷,周之始祖也……周公初时亦祖后稷而宗文王,至武王虽承文王之业,有伐纣之功,其庙不可以毁,故先推后稷以配天,而后更祖文王而宗武王。"于是,"稷"从主粮粟,经过官职名,变成了人名。今天,山西新绛县北池村稷王庙还是全国重点文物保护单位,所祭的应是周弃,新绛县阳王镇的稷益庙(又叫阳王庙)是祭祀周弃和伯益的,稷山县小阳村则祭祀周弃的母亲姜嫄,还有娘娘庙。《荀子·礼论》云:"故社,祭社也;稷,祭稷也;郊者,并百王于上天而祭祀之也。"在民间,土地庙旧时遍地都是,却很少"稷神庙",也透露着这消息。笔者还记得,家乡黎氏村1949年前至少有土地庙四个。土地庙只有土地公、土地婆两尊神。是老百姓重"土地"而轻"五谷"吗?不是,主要是由于"稷"是周人始祖的缘故。"稷"作为周人的始祖,周人除了祭祀时呼唤"后稷/稷王"之外,平时是不能不忌说"稷"的。宋代字书《类篇》有"禝"字,注云:"尧臣,能播五谷,有功于民,祀之。""稷"字从"禾"改为从"示",正是"稷"在日常语言中消失而走上神坛的标志。

"名讳"当起源于"祭祀",是把"祭祀"的对象崇高化、神灵化的逻辑结果。有关名讳的情况,秦汉以前的人们所知甚少,秦汉时期材料渐多,唐宋趋于精密,元明之后略弛,民国则予废除。但是,中国人历来不信教,崇奉的是祖先崇拜。即使在今天,孩子也不能随便直呼大人之名。由今视古,我们很容易理解中国古人的"名讳"。韩愈《讳辩》认为"名讳"起于孔子、周公,他劝李贺举进士并不犯讳。宋代张世南

《游宦纪闻》说"殷人以讳事神明",甲骨文证明,殷商的确非常重视祭祀。明代彭大翼撰《山堂肆考纪纂》说:"夫讳非古也。周人以谥易名,于是有讳。"(转引自《渊鉴类函》)。旧籍虽没查到"讳稷"的直接书证,却有讳黄帝轩辕的事实。钱大昕《十驾斋养新录》卷七说:"予见宋版经籍,遇轩辕二字辄缺笔。初未详其说,后读李氏《通鉴长篇》载大中祥符……诏:内外文字不得斥用黄帝名号;故事,其经典旧文不可避者,阙之。乃悟轩辕二字缺笔之由。"文字讳轩辕,口上自然不能说。彭氏《山堂肆考》在论述"诗书不讳"时说,"《大诰》'弗弃基',不讳后稷'弃'字,言外之意是,除非在不讳的场合,平时还是讳说后稷的。

名字本来不过是一个人的符号,但它代表着一个人。国旗也是一种符号,但它代表着一个国家。"名讳"是禁忌的一个大类,历代皇帝之名都是人们的忌讳,甚至忌同音字;大臣或权臣之名也是当地当时人们的忌讳,普通人家长辈之名也不可说,叫"家讳"。例如:忌"邦"字,把它改为"国";忌讳"秀"字,把"秀才"改做"茂才";忌"庄"字,把它改为"严";忌"民"字,把它改为"人",民部则改叫"户部"。忌"登"字,把它改为"火",才有"只许州官放火"的民谚;司马迁因父亲叫司马谈而讳"谈"字,把它改为"同"。不得不写某个禁忌字时要"缺笔表敬",如"丘"缺第四笔,"民"字缺末笔。物名被改动的现象也有。如五代十国的吴越王钱镠,把石榴改为"金樱";和钱镠同时代的杨行密占据扬州时,当地人怕犯他的讳,便把蜜改为蜂糖;有些地方讳"虎"字,把老虎叫"老虫"或"大虫",则是因为李渊祖父名虎,原是唐朝人的讳,传给了后人。唐人讳"虎",有历史根据。汉代设置的"虎牙將军",六朝以后改为"武牙將军",就是这个原因。也许有人怀疑:不是六朝人先于唐代就改了吗?不是的,六朝的史书《晋书》《南史》《北史》《周书》等都是唐代人编写的,是他们把唐代讳"虎"的禁忌提前了。

一般名讳都有地域性和时间性，超出一定地域和时间，就不忌讳了。讳"稷"而只叫"粟"，却流行全国，并且存在了两千多年。这是为什么？我想，这有两个原因。第一，与儒家的统治地位有关。孔子说："周监于二代，郁郁乎文哉，吾从周。"后稷既然是周的始祖，大成至圣先师又坚定地说"吾从周"，那么，不但周人的子孙要讳"稷"，天下读孔圣人之书的人也都要讳"稷"了。司马迁就是这方面的榜样。据语料库在线，《史记》一书的"稷"字有：

（1）《伍子胥列传》："六月，败吴兵于稷。"

（2）《匈奴列传》："夏道衰，而公刘失其稷官。"

（3）《太史公自序》："维弃作稷，德盛西伯；武王牧野，实抚天下。"

（4）《史记·天官书》："旦至食，为麦；食至日昳，为稷；昳至餔，为黍。"

（5）《叔孙通列传》："汉王拜叔孙通为博士，号稷嗣君。"

（6）《田完世家》："是以齐稷下学士复盛，且数百千人。"

《五帝本纪》有四个"稷"，其一为官职，另三个是人名。《周本纪》有八个"稷"，七个在"后稷"中，另一个是官职名。《赵世家》有"赵稷、涉宾以邯郸反。"《礼书》有"大飨上玄尊而用薄酒，食先黍稷而饭稻粱。"《封禅纪》："自禹兴而修社祀，后稷稼穑，故有稷祠，郊社所从来尚矣。"《三代世表》："尧知契、稷皆贤人，天之所生，故封之契七十里。"《赵世家》有"公子稷"。

这22个"稷"字，20个用于人名、地名、官职名。指粟的只有两个：一在《礼书》，讲的是祭祀；一在《天官书》，讲的是天道。可见就是这两个"稷"，指的也都不仅仅是与俗人的日常生活相关的单纯的"粟"。他好像只忌讳以稷指生活中的粟，不忌讳别的名称中的稷字。"社稷/后稷/黍稷"则只出现在祭祀中，因为"在庙不讳"。但是，百姓生活中的这东西十分重要，常须讲到它，总得有个名称；"空字避讳"

还未发明,即使发明了他也未必肯用,因为他是史官,知道"空字"会给后人添麻烦,司马迁就用现成的"粟"来代替"稷",如:

(7)《吴王濞列传》:"大王诚幸而许之一言,则吴王率楚王略函谷关,守荥阳敖仓之粟,距汉兵。"

(8)《伍子胥列传》:楚国之法,得伍胥者赐粟五万石,爵执珪,岂徒百金剑邪!

(9)《项羽本纪》:章邯令王离、涉间围钜鹿,章邯军其南,筑甬道而输之粟。

(10)《货殖列传》:塞之斥也,唯桥姚已致马千匹,牛倍之,羊万头,粟以万锺计。

司马迁不过是个例子,俗世生活中讲粟不讲稷,就是忌讳说"稷"。因为粟要种、肥、割、打、晒、舂、煮、吃……怎么能说它就是"稷"呢?"稷"是神,是老祖宗啊!用"割/打/舂/煮"来对付神或老祖宗,那还了得!!!只有在祭祀社稷的场合,人们才偶尔说起后稷、黍稷。而且随着历史的前进,祭祀活动也越来越少了。这样年深日久,"稷"的使用范围越来越小,逐渐退出了人们的日常生活,而说"粟"的人或场合越来越多,它在语言中的地位也就日益巩固、稳定。

其次,与语言的性质有关。社会的语言是有稳定性的,一些基本的东西,不会变来变去,要不然就会造成交际困难,这是违背语言的本性的。所以,一旦"稷"被语言生活遗忘,让"粟"进入基本字汇,这个局面就很难改变了。要恢复"稷",使之重新与"粟"并驾齐驱,那是不可能的。在《诗经》时代,"稷"和"粟"还是竞争关系,有人说"粟",有人说"稷",此时说"粟",彼时说"稷",都行;周人取得统治地位并讳"稷"时,也只是加强了"粟"的地位,他们不可能让天下人世世代代都讳"稷";只有在孔夫子声明"吾从周"并且在西汉"独尊儒术"以后,"讳稷"才成为强大的历史潮流,并且通过读书人传递到全社会。这当然需要很长的时间,因为时代越古远,读书人就越少。到

"讳稷"逐步为整个社会所接受,恐怕要经历好几代人。这时候,老百姓就只说"粟"了,"粟"便进入了基本字汇;到后来,普通人连"稷"为何物都不知道了,甚致陶弘景这样的大知识分子都迷糊了。这时大局已定,"粟"在日常语言生活中已经完全取代了"稷"。对于"稷"字,人们只在出现"后稷/社稷/黍稷"的祭祀场合偶然听到它,可能连"稷"字都不认识,根本想不到它同"粟"曾经是同物异名。只有少数几个书虫,还在纠结着"稷到底是粟还是黍"这样的问题。

忌讳,是使"稷"成为祭祀用语、"粟"成为日常用语的根本原因。名讳对语言有这么大的影响吗?有的。《礼记·曲礼上》:"入竟而问禁,入国而问俗,入门而问讳。"名讳而影响我中华全国两千年历史的,还有农历正月的"正"字改读平声这个事实。"正月"的"正"字,原来是"正道/正义"之意,本读去声,证据是《左传·隐公元年》"元年春,王正月"的杜预注:"隐公之始年,周王之正月也。凡人君即位,欲其体元以居正,故不言一年一月也。"秦代以前,人君改朝换代,必改正朔,规定新朝的历法,把一年的第一个月叫"正月",意思就是通过改历这种办法宣布自己是正义的,代表着天理正道,并要求人们承认。夏商周分别建寅、建丑、建子,秦国历法建亥,以夏历(我们今天用的农历即是夏历)之十月为正月。可这"正"字与嬴政的"政"同音,犯了忌讳。怎么办?能查到的书证有两条:(1)《史记·秦本纪》说他"以秦昭王四十八年正月生于邯郸",宋裴骃集解引证说他原来名"正":"徐广云'一作正',宋忠云'以正月旦生,故名正'。"唐张守节正义云:"始皇以正月旦生于赵,因为政,后以始皇讳,故音征。"(2)《史记·秦楚之际月表》二世二年"端月"的司马贞索隐:"二世二年正月也。秦讳正,故云端月也。"可见把"正月"之"正"的改音归诸嬴政,并没有冤枉他,虽然历史事实可能要曲折一点。[1]《秦本纪》说他十三岁继任秦王,立二十六年后"初并天下为三十六郡,号为始皇帝",《秦始皇帝本纪》说他统一天下时"更名河曰德水""更名民曰黔首""改年始，朝贺皆自十月朔"。"始皇帝"没有千秋万代传下去，"德水/黔首"之名也没有通行开，可嬴政（或作正）毕竟是"千古一帝"，司马迁把"正月"写做"端月"，应有历史根据。可能嬴政继秦王位的当年，正月之"正"就在秦国改读平声了；他灭六国一统天下之后"改年始"，才进一步把"正月"改为"端月"。后人恢复了"正月"，可是读音还是改了，也算是嬴政继秦王位和秦始皇帝"改年始"所遗留的一大痕迹：对"正月"读音的长远而广大的影响。

这类例子当然不多，因为《礼记·曲礼》说："庙中不讳。夫人之讳，虽质君之前，臣不讳也；妇讳不出门。大功小功不讳。"出了"五服"不服丧，哪有祭祀？当然也谈不上"讳"了。即使是"公讳"（帝王的名讳），过几代也废除了。自然，也有"因仍习惯，视为固然，忘其起于避讳"（陈垣语）的，那多半是地名，如今的"邵阳/邵武"，原来是避司马昭之讳而改的，已经流行了一千多年。所以也要看到，有些事实虽然源于避讳，但古人既然因讳而避了，在语言上成了空白，后人多不知道，"视为固然"。例如，《广韵·麻韵》以遮切有"耶椰"，《字汇》以遮切还有"爷"，三字本同音，依律当音 yé。为什么椰字今音 yē？（湘语邵阳话则念上声，变得更远）。就是因为人们在称呼其他事物时"讳耶（爷）"，"耶（爷）"是父亲，谁在叫其他事物时能够不忌讳？可是，今天有多少人知道"椰"的读音是"讳耶（爷）"的结果？[2]因此，即使不是"铁证如山"，本文关于汉语字汇以粟代稷是由于"讳稷"，这个解释仍有足够的说服力。是否如此，请高明赐教。

二〇二〇，十二，十二初稿于藜藿轩

注释

［1］对于正月之"正"读平声源于讳秦始皇嬴政之"政"，历史上有不同看法。虽然唐代张守节《史记正义》说"正月"之"正""后以始皇讳，故音征。"但

著名史学大师陈垣在《史讳举例》中认为,"避讳改音之说,亦始于唐。然所谓因避讳而改之音,在唐以前者多非由讳改,在唐以后者,又多未实行,不过徒有其说而已。"还说正字"本有征音……其非为秦讳明矣。"本文之所以取"流俗相传"的看法,是因为避讳属于语言问题,口语只有音义两方面,书语则有形音义三方面。汉字是表意文字,表音颇为笨拙。避讳而改字形,则明显易识;避讳而改读音,则难以表现。如果只避字形,那么,避讳就只同识文断字的人有关了。然而既有"嫌名之讳",说明古人也注意到"避讳"不但涉及字形,还涉及字音。秦讳"楚"(庄襄王名子楚),秦国国史把"楚"叫做"荆",这是既改了字形,也改了字音的。绝大多数的"避讳改字"都是如此。元代孔齐《至正直记》云:"子孙读经史,凡云孔丘者,则读作某,以朱笔圈之,凡有丘字读若区……",这是只管字音的避讳。隋唐以前,不涉及字形时怎么避讳?因为这时只能避音,这也许是避讳学和汉语古音研究的一个课题。

[2]黎良军《湘语邵阳话音义疏证》,黄山书社,2009.

参考文献:

(1)许慎《说文解字》,大徐本中华书局1963,段注本上海古籍出版社,1981.

(2)司马迁《史记》,中华书局,1959.

(3)董增龄《国语正义》,巴蜀书社,1985.

(4)韩愈《讳辩》,见《古文观止》,中华书局,1959.

(5)张世南《游宦纪闻》卷三,四库全书网络版。

(6)张英等《渊鉴类函》卷二百六十三《讳 闺情》,四库全书网络版。

(7)钱大昕《十驾斋养新录》,上海书店,1983.

(8)陈垣《史讳举例》,中华书局,2012.

(9)游修龄《论黍和稷》,《农业考古》,1984年第2期。

(10)李根蟠《稷粟同物,确凿无疑》,《古今农业》,2000年第2期。

(11)韩茂莉《粟稷同物异名探源》,《中国农史》,2013年第4期。

(12)语料库在线 www.cncorpus.org。

(13)CCL语料库 http://ccl.pku.edu.cn。

(14)国学大师 guoxuedashi.com。

36 纵目说

一

"臣"字的初义是战俘（见谷衍奎《汉字源流字典》），甲骨文作𦣝（《甲骨文合集》网络版614·2）或𦣝（同前620·1），确实是"象纵目之形"。《说文》："豎，坚立也。从臤，豆声。䝂，籀文豎从殳。"豎（竖）字从臤，也说明"臣"是竖目，竖目即纵目。所谓横纵，讲的是同一只眼的内外眦（眼角为眦）的连线与地面的关系：两眼角的连线与地面平行，是横；两眼角的连线垂直于地面，是纵。甲骨文"臣"字有正有反；前一个正的是左眼，后一个反的是右眼，上边是眼外角（外眦），下边是眼内角（内眦）。上眼睑连续不断，因为它与眉骨合而为一，形象十分清楚；下眼睑本来也是连续不断的，可它并不分明（除非有眼袋衬托着），为了突出瞳仁，只好让它断了。可以说，甲骨文的"目/臣"二字，在构形上不太重视"下眼睑"，但这是人眼的实际情况使然。《说文》："臣，牵也，侍君也。象屈服之形。"没有提到"纵目"。

"象屈服之形"与"纵目"有关吗？如果有，怎么把二者联系起来呢？郭沫若《甲骨文字研究》把它们联系起来了，他说：甲金文臣字"均象一竖目之形，人俯首则目竖，所以'象屈服之形'者，殆以此也。"于省吾《甲骨文字释林·释臣》以为"郭说非是"，"甲骨文……臣与目只是纵横之别"，"屈服乃臣字的引伸义，与构形无涉。"

其实，二位对于"臣"字象纵目之形并无分歧，分歧在于此纵目是否"本来面目"，天然长成。郭氏以为"纵目"不是本来面目，人的眼睛都是横着长的，是"俯首"把横目变成了"纵目"，这是一种暂时的特殊的状态。于氏则认为：纵目就是本来的样子，是天然长成的。有横目人，也有纵目人。为此，于氏作了详细的论证。他说："臣字本象纵目形，纵目人乃少数民族的一种，典籍也称之为竖目。清代陆次云《峒谿志》：'竖目仡佬，蛮人之尤怪者，两目直生。'这是少数民族志关于纵目人的明确记载。"再验之于其他典籍……《华阳国志》说"蜀侯蚕丛，其目纵"，《汉书·天文志》有"从（纵）目人当来"，《楚辞·大招》称西方之神"豕首纵目"，《麽些文字典》有竖目天女之义的一个字。纵目的鬼神"都是由于世间已经有了纵目人而在神灵世界的反映。"

他还说："独体的臣字起源于纵目人"，而甲骨文的见字"象人横目以视"，望字"象人纵目以望"（按这个"纵目"可理解为放眼之意，但此处并非此意），只是"文字上的省化"，二者有别。这是说"望"字的纵目是临时的，而"臣"字的纵目是生成的，虽均为纵目，却不可同日而语。

于先生相信有纵目人这一观点是坚定不移的，他继续论证说：

"古代各种奴隶称名的由来颇有不同"，第四类是，"因其身体的特征而名之，如甲骨文称带发辫的奴隶为奚，甲骨文的交字……来源于交胫国……海外北经有一目国，深目国；大荒北经则有儋（瞻）耳之国。这都是华夏人因其身体某一部分的特征而名之，并非其本来的方国名。这些身体上某一部分的特征，在当时本不足为奇，而后世却少所见，多所怪。本诸上述，则称纵目的奴隶为臣，无疑是根据他的面目特征。"这是说，就像有生成的"一目人""瞻耳人"一样，肯定有生成的纵目人，不要少见多怪。

他最后总结说:"总起来说,古文字以横目为目,纵目为臣。臣字的造字本义,起源于以被俘虏的纵目人为家内奴隶,后来既引申为奴隶的泛称,又引申为臣僚之臣的泛称。纵目为臣的由来,不仅得到了古文字和古典文献的佐证,同时也得到了少数民族志和少数民族文字作为论据。"

于先生毫不含糊地说:以被俘虏的纵目人为奴,这就是"臣"字的本义。事实是这样吗?有谁见过纵目人吗?有考古资料证明人的眼睛可以竖着长吗?于先生不管这些,他"有书为证"。

二

于先生是我们尊敬的老一辈古文字学家,以持论谨严、周全著称,《释臣》一文却有违他的基本风格。有时候,"书证"与"常识"对立,是相信常识?还是相信书证?《山海经》的"一目国/儋耳国"是真实的吗?该书还说有"贯胸国"呢!从插图看,就是一个洞从胸部直穿背部,一根木棒穿过去,两个人一前一后,就可以把这个贯胸国的人抬起来走路。这类事可能有一点由头,但绝不会是真实的事实。蜀国的"蚕丛",就像我们的"伏羲/女娲",怎么会是实有的一个人!

于先生似乎有一颗童心,很天真,很相信"书证"。但如果深入一点,细致一点,就会看出问题来了。"纵目人"的眼睛既然是自然长成,请问他有眉毛吗?眉毛长在哪儿?眉毛、眉骨都是保护眼睛的,应该在眼的上方才对。可"纵目"的上部明明是眼角,怎么可能有眉骨,怎么可能长眉毛?"臣"字象纵目之形,左边那一竖是上眼睑和眉骨的主要部分,眉毛就长在那儿。"纵目人"的"纵目"既然是天然的,他的眉毛和眉骨应该是第一笔那一横。可是我们知道,这一横是"隶定"的结果,它原来是与左边一竖连在一起的,是眉骨和上眼睑的尾部(眼外角)。纵目人的眉毛怎么主要长在眼的左边？这是不符合常理的。可见所谓"纵目"并非天然的本来面目，而是临时的，是由别的原因促成的。扯到《山海经》的"一目国"之类，就更有违客观事实了。那儿是在讲神话啊！难道《海外北经》说夸父喝干了黄河和渭水还不解渴也是事实？

笔者儿时听说"洋人没膝盖"，拙著《湘语邵阳话音义疏证》的例句是："听讲洋鬼子冒得膝波罗，行路脚直起，弯不得。"我的解释是："大约是西方军人正步走时给人的印象，开始可能是猜测，后来便成了传说。在《山海经》之类旧籍中，也有这类现象。例如所谓交胫国'其为人交胫'，交趾之人'足骨无节'，当属此类。原来并非没有某种事实依据，只是经猜测、联想和传播，愈传愈奇了。"去互联网一查，关于"洋人没膝盖"的说法近代还流传甚广。

据搜狐网载，柯云路的文章（2016-10-17）《我们曾以为外国人没膝盖》介绍作家吕新的短文《钟声传来，我们被惊醒》说，他（吕新）及他的小伙伴们在很长一段时间内曾困惑于外国人的身体构造，以为外国人没有膝盖，不能弯曲。于是请教一个成年人：外国人能不能像我们一样把腿盘起来？对方说，真能瞎想，那哪能盘，一盘就断了……关于外国人的膝盖问题，历史上发生过不少令人啼笑皆非的故事。

又"百度知道"提问说，中国历史上哪个人说英国人的膝盖不能打弯？有人还正儿八百的回答，并严肃地考证起来。说这个人恰恰是开眼看世界的第一人林则徐：西洋人的膝盖不能打弯，打仗时只要拿钩镰枪往他们腿上一扫，他们就全倒下爬不起来了。这一说法的出处应该是 1839 年他与两广总督邓廷桢联名给道光帝写的一道奏折。原文为："夷兵除枪炮外，击刺俱非所娴，而其腿足裹缠，结束紧密，屈伸皆所不便，若至岸上更无能为，是其强非不可制也。"一年以后，也就是鸦片战争爆发期间，浙江定海被英军攻陷的时候，林则徐再次给道光皇帝上书，重申他的这个观点："彼之所至，只在炮利船坚，一至岸上，则该夷无他技能，且其浑身裹缠，腰腿僵硬，一仆不能复起，不独一兵可手刃

数夷,即乡井平民,亦足以制其死命。"(参见雷颐《历史的裂缝》,广西师范大学出版社2007)

林则徐只说英军浑身裹缠,身体僵硬,一旦倒下就不容易爬起来。其所以会有"英夷"腿不能屈,竟至"一仆不能复起"之说,有人分析可能源于乾隆五十八年英使马戛尔尼想与我通商,但又不愿行跪拜之礼。

也许是洋人不愿下跪,也许是林则徐说过"一仆不能复起",也许是看到洋人正步走的猜测,总之"洋人没膝盖"的传言有那么一点缘由,但它决不是事实。"纵目人"也和"洋人没膝盖"一样,只是传说,说法虽有缘由,毕竟不是事实。如果二者也有不同,那只是时代的不同:"洋人没膝盖"是今天的传言,是"讹传";"蚕丛纵目"则是古老的传说,与神话同质。

至于三星堆的"纵目人像",则是古代蜀人对他们老祖宗的模糊记忆。古蜀人认为"纵目"是瞳仁作柱形突出(也许寓有"千里眼/可通神"之类意思),与本文说的"两眦连线垂直于地面"的纵目是两回事。但他们对"纵目"的理解并不在生理层面,并不认为人的眼睛可以竖着长,这一点很值得注意。

横长的眼睛确有可能改变位置成为"纵目",但这不是常态,不是天然长长成的与"横目"相反的纵目。

三

郭氏的说法"人俯首则目竖"也有含糊之处。"俯首"即低头,邵阳话说"勾头伏脑"。一个人假如低头90°,眼睛就成了"竖的"了吗?不见得。他的眼睛横长着,每个眼睛的两眦之连线原来跟地面平行,现在还是跟地面平行,并没有什么变化。只是他原来的视线与地面平行,可以看到身前甚至远方;如今却只能看着地面,视线与地面垂直而已(不考虑眼角的余光)。要"目竖",就得与"目横"相反,两眼角的连线跟地面垂直，跟他的视线的变化没关系。

"俯首"的人只能看地面。如果要看前方，就得抬头，那就不是"俯首"了。但俯首的人把头转动一点就可以看两旁，如果转动90°，两眼角的连线就垂直于地面了。这时，"横目"就变成了"纵目"。

90°的说法是"垂直"引发的，一般俯首的人要观察一下周围情况，转头三四十度就行。旁边的人看到的，是眼角向上的那只眼。他的头向左转动，他左边的人看到他的左眼；他向右转动，他右边的人看到他的右眼。今天的"臣"字，就是俯首者向左转动脑袋后，他左边的人看到的那隻竖着的左眼的隶定。

这样看来，用"臣"来表示战俘，还颇费了些脑汁。他们的身体构造与战争胜利者无异，但地位已大大不同：胜利者可以正襟危坐、颐指气使，战俘则只能俯首听命。文字构形则选择了"纵目"来指称战俘。"象屈服之形"的说解，经郭氏"俯首"加本文"转头"的说明，当能清楚理解了：对胜利者而言，"臣"不能抬头，而要俯首听从（主要靠耳朵）；但"臣"的头仍可能转动一点，观察一下周围的现实情况。"臣"字的构形，是从站在屈服者两旁的人的角度出发的。

四

从"臣"之字，最常见的是"卧"，其次是"朢（𦣠）"。"坚/贤/竖"当中有"臣"，但是二级部件，它们所从的是"臤"。

《说文》："卧，休也。从人臣，取其伏也。"杨树达《积微居小学述林》说："古文臣与目同形，卧当从人从目。盖人当寝卧，身体官骸与觉时皆无别异，所异者独目尔。觉时目张，卧时则目合也。"杨氏同样是小学大家，但此说难以成立。目张目合，文字难以表现，这是一；其次，觉时卧时眼睛的不同还有：觉时横目，卧时纵目（仰躺着除外[1]）。从"臣"，正是从"纵目"。至于说"古文臣与目同形"，则是只见其同，不见其异。其纵横之异，是现实的存在，而且挺重要。否则，"卧"与"见"岂不是同一个字了？《说文》："见，视也，从目儿。"《说文》不是说"儿"字就是古文奇字之"人"吗？

不仅此也，"朢"字《说文》古文作𦣞，下部从"壬"，甲骨文却也有从"人"者，如《甲骨文合集》网络版172号"比望乘"的𦣞。要是此字也从目从人，"卧见望"就都变成一个字了。其实，甲骨文的"见"从横目，"卧/朢"均从纵目。卧朢两字的区别则在"人"与"纵目"的位置关系，朢时人站着，"纵目"在头顶；卧时人躺着，"纵目"与身体平。

"朢"字怎么也是"纵目"？此时两眼角连线并不与地面垂直呀。《说文》："朢，月满也。与日相望。似朝君。从月从臣从壬。壬，朝廷也。𦣞，古文朢省。"《说文》讲的是朔望的"朢"，而且加进了属于意识形态的语言，不是讲"举头望明月"。从构形看，甲文的朢是"仰面望"。此时别人是没法看到他的眼睛的，除非比他高很多。如果仰面望的人，头部向左或右转动一点，别人才能看到他的眼睛。一当他转动头部，那两眼角的连线就离开了与地面平行的位置，向着与地面垂直的位置变去。别人看到的也是：他左边的人看到左眼，右边的人看到右眼。与"俯首"而转动脑袋的人不同的是，此时他外眼角向下，内眼角向上。只是这个区别，被卜辞的镌刻者忽略了。

五

《说文》："臧，善也。从臣戕声。𠖭，籀文。"如果依照《说文》，"臧"也是由"臣"参与构成的一个字。但甲骨文有"𢦠"字。于省吾《甲骨文字释林·释𢦠》说："𢦠即臧之初文……以甲骨文为据，则应作从𢦠，爿声。𢦠字加爿为声符作臧，乃后起字……𢦠字从臣从戈，乃会意字。后世加爿为声符，变为会意兼形声。"这样，"臣"也是"臧"字初文的两个部件之一了。它的本义应是"战俘",引申为"奴仆"(参见谷衍奎《汉字源流字典》):在胜利者之"戈"的威胁之下,战俘不能不屈服而为"臣"。"善也"之义当出现在"臣"为他们的新主子办事立功之后,已经引申得很远了。

自来"臧获"相连作释,或以为是个联绵词。如汉代庄忌《哀时命》云:"释管晏而任臧获兮,何权衡之能称?"又司马迁《报任少卿书》:"且夫臧获婢妾,犹能引决,况仆之不得已乎!"但扬雄《方言》云:"荆淮海岱杂齐之间,骂奴曰臧,骂婢曰获。"甲文臧字的初文"戕"被认识后,扬雄的解释得到了证明。至于"骂婢曰获",《初学记》卷十九引《风俗通》说:"获者,逃亡获得为奴婢也。"今湘语邵阳话还保存此语,骂女人为"获",未出嫁的姑娘则叫"卖获"。不过一般人都作"货"。从"获"到"货",是字义俚俗化的表现。

于省吾先生说:"奴隶为什么叫臣?臣为什么作纵目形?由于臣字的造字本意已淹没失传,遂成千古不解之结。"他的解释是,"臣字的造字本义,起源于以被俘虏的纵目人为家内奴隶"。天生的"纵目人"既然子虚乌有,于氏的解释就不能不落空。"象屈服之形"部分地回答了这个问题,"戕"字也许能彻底回答这个千古不解之谜:第一,是俯首加转头使屈服者的横目变成了纵目;第二,你看,旁边还有戈矛呢,不俯首屈服只有死路一条。值得注意的是,籀文臧字的部件"臣"下有"二",即使"二"源于重複标记,它与上边的"臣"一起,也是"二臣"之意。《龙龛手镜》臣部有"臣臣"字,音壬。可惜没有用例。如果它与"眮"字"左右视也"义通,就更突出地描绘出"臣"在"戈"的威胁下惊恐万分的状况。于氏《释戕》还引了甲骨文(菁八)有"其隻(獲),其隹丙戕,其隹乙戕。"于氏释戕为"善",实际上,其"戕"字与"隻(獲)"含义近同,表示动作行为(后世的"臧""获"含义也近同,不过引申为表示名物了,它们是动作行为的对象和结果),全文意思是"大概会有所得,估计只在丙日或乙日能俘获(对手)"。"隻(获)"只是笼统说，不管捕获物是死是活；"戕"则是要使对手屈服，即抓活的，而不是杀死。第三，更为重要的是，"臣"字源于"戕"，是把"戕"字中的"戈"去掉了。这是戕字的演化或分化。战俘后来成了家臣，家臣的头子又成了官员，他们已经变"善"了，去掉戕字中那叫人尴尬的"戈"，对臣子和主人都有利。这样"臣"就独立出来了（而且它的读音变了样，与戕不同了）。这是完全有可能的，原来的"二臣"不就去掉一个了嘛。从造字理据来说，"豎"字《说文》之籀文从"殳"作"豎"，今"肇"字《说文》作"肈"，从戈，段注云："古有肈无肇，从戈之肇汉碑或从殳，俗乃从攵作肇"。可见"又/殳/戈/攴"四者或相通，"臤/戕"的造字理据近同。从它们的或体作"手执砭刺纵目 ᄽ /戈的横枝刺纵目 ᄠ "看来，"盲一目"一般应有两个步骤：戕是前提，臤是后续行为。远古之刺瞎战俘一目，一般应在俘获对手之后。前提包含结论，可以说戕包含着臤。《说文》臣字训"牵[2]"，这是声训，实际就是训"臤"。段注云："《春秋说》《广雅》皆曰：臣，堅（坚）也。"《说文》又云："臤，堅也……古文以为賢字。"而训臤，与训戕（善也）大同。因此，我们说"臣"源于"戕"，在构字理据上是通畅无碍的：二字的初义都是"战俘"，而后来古文臤（贤）与臧又都常训"善"。也许说"臣"源于"臤"更顺理成章，只是由于在意义上戕包含臤，而甲骨文戕隻（获）同现，《殷周金文合集》则未见戕字，却有臤字；金文之臧字中，"臣"或作"口"，或整体作"戕"——"臧"字的构件"臣"似乎经"口"而消失了。因此，说"臣"源于戕要稳妥些。《甲骨文合集》有"臣"174，戕字2，臤为0。这似乎说明，"戕"在甲文时代已经演化出"臣"了，只是在后世，又出现了戕的繁化形式"臧"、"臧"和"藏"，"臤"则作为部件保存在贤堅豎等字之中。

二〇二一，十二，三十一初稿，二〇二一元月六日改定

注释

[1] 其所以除外，是因为仰卧者的两眦之连线仍平行于地面，按前面说的，此时当是"横目"。这是以地平面为参照得到的纵横关系。但此时在"旁边人"看来，却是"纵目"，这是为什么呢？是因为以"旁边人"这个观察者为参照的缘故。此时"旁边人"所在的平面正与仰卧者两眦连线垂直，自然以为纵目。如果"旁边人"不是站在旁边，而是站在仰卧者的头顶或脚边，他所在的平面同仰卧者两眦连线平行，他也会认为仰卧者是横目了。

[2] "牵"是"饩牵"之牵，本指好的给养。这儿比喻有才德的好人。《左传·僖公三十三年》："使皇武子辞焉，曰：'吾子淹久于敝邑，唯是脯资饩牵竭矣。'"杜预注："生曰饩。牵，谓牛羊豕。"

参考文献

（1）于省吾《甲骨文字释林》，中华书局 1979.
（2）郭沫若主编《甲骨文合集》网络版，国学大师网 www.guoxuedashi.com.
（3）容庚《金文编》，中华书局 1985（电子书扫描版）。
（4）杨树达《积微居小学述林·释卧》，中华书局 1983.
（5）谷衍奎《汉字源流字典》，华夏出版社 2003.
（6）袁珂《山海经校注》，上海古籍出版社 1980.
（7）黎良军《湘语邵阳话音义疏证》，黄山书社 2009.

37 聝字遭遇漫评

一

《广韵·麦》古获切小韵十六字，其中今天还活着的字有蝈聝帼掴。"蝈蝈，巾帼英雄，掌掴"都常见于报刊，"聝"却不幸得很，文人墨客不用，只能活在百姓的口头。"聝/馘"互为异体字。教育部语料库在线的古代汉语语料库有"馘"字语料584条，却没有一条含"聝"字的语料；其现代汉语语料自然没有"聝"，"馘"也不见了踪影。北京大学ccl语料库的古代汉语语料有1061条"馘"，而"聝"字只有5条，还有4条源于辞书或疏证，只有一条源于《孔子家语·致思》，这一条是："子路进曰：由愿得白羽若月，赤羽若日，钟鼓之音上震于天，旍旗缤纷下蟠于地。由当一队而敌之，必也攘地千里，搴旗执聝。唯由能之，使二子者从我焉。""执聝"指杀敌，本义为拿着从所杀敌人头颅上割下的左耳（献上记功）。其现代汉语语料无"聝"，"馘"也只12条，其中大多是出自《庄子·列御寇》的成语"槁项黄馘"（其"馘"指面容，近人奚侗《庄子补注》以为它是"顤"字之误），姚雪垠的《李自成》有"执馘献俘"，同样是古语。有一条倒是真正的"现代汉语"，出自1994

年某报刊（按查不到原文），可这个"馘"字似乎是个记音的虚字，没有实在意义，原文是："这位先生讲的话不对，大家愤慨是可以理解的。但开会完全是讲馘道理的。"

《说文》以"聝"为正体，"馘"为或作，这是可以理解的：古人的断耳记功，那左耳就代表人头，人头太笨重，不便拿。至于典籍用"馘"不用"聝"，大概是"断耳记功"的时代很短，早已不甚流行，而战场上多的是砍头，它还是一百多年前才废除的极刑。"聝"既可为名物，指被杀后截下左耳的敌人，或是代表这种人的他们那被割下的左耳；又可以表示用战刀斩割的动作，如"斩馘其君王／俘馘千人／斩将十数，馘首千计／馘于军门／馘其耳／一日馘倭十三人／馘首刳心／已馘耳鼻得还者百余人／大呼奋击，手馘数人"。

在本文中，我们要说的是：表示斩割之义的"聝"，今天还活在很多人的口上。"聝"是刀的功能，用刀可以砍，可以劈，可以剁，可以削，可以切，也可以"聝"。对手如果是人，"聝"可能致死，也可能致伤，如"馘耳鼻得还者"就都没有死。自刎，湘语邵阳话说"聝颈"，音 **ge5jiang3**[1]。

在今语中，"聝（馘）"是一个常用的方言口语字。以湘语邵阳话为例，如：

（1）你回去晏滴叽有么个紧？怕婆娘聝耳朵还是何底？

（2）大室割禾莫聝着手哩呀！

（3）我聝两斤肉回去待客。

（4）有缔颈死咯，也有聝颈死咯，那年月何止一个两个！

（5）我左脚先前镰子聝哩，后头好嘎哩就有滴疤子叽。

（6）那只聝脑壳咯把我一树梨子一夜偷完！

（7）伢伢莫哈麻雀子呀，强告化看见哩会把麻雀子聝嘎去。

（8）当心莫把索子聝断哩。

（9）莫用手指月光菩萨呀，不然月光菩萨要聝耳朵咯。

在语义上，"聝"字本义是"断耳"。《说文》："聝，军战断耳也。《春秋传》曰'以为俘聝'。从耳，或声。馘，聝或从首。"但这"断耳"是割下已经被杀的敌人的耳朵，其中蕴含着"杀敌"之义。《诗·大雅·皇矣》"快讯连连，攸馘安安"毛传云："馘，获也。不服者杀而献其左耳曰馘。"郑玄笺："馘，所格者之左耳。""馘首/馘于军门"之"馘"则是其蕴含意义，属于"蕴含析出式引申"。邵阳话中的"聝"，则受事不限于头和耳，语境也不限于敌我厮杀，而可以是日常生产生活中的被切割的物件，如绳子，手，猪肉，男阴，等。"聝"的含义已经泛指刀子的切割功能，这是从具体到一般的引申，我们叫做从器到道的"道器之引申"。

在语音方面，邵阳话的"聝"字音 ge5，没有介音 –u–，与"锯"字的白读音相同。别的方言如客家话、粤语也说"聝"，客家话［海陆丰腔］［客英字典］［台湾四县腔］均作 kwet7；粤语音 gwik1。吴语可能也说，苏州音 gue?7（据帼蝈二字拟）。它们与"锯"字读音有声调的不同，主要是多一个塞音尾。"锯"的白读音也见于武汉、成都的西南官话。

二

近现代书面语中，有的"锯"字实际是"聝"。例如：

（10）潘金莲跪在地下，柔声痛哭道："饶奴终日恁提心吊胆，陪着一千个小心，还投不着你的机会，只拿钝刀子锯处我，教奴怎生吃受？"（《金瓶梅》第十二回）

（11）不刺则俺这歹名儿怎地了，惊急列心如刀锯，颤笃速身如火燎。（罗贯中《风云会》第二折）

（12）虽刀锯鼎烹，也无半句言语！（清代佚名《狄公案》第五十三回）

（13）梨树<u>刀锯不开</u>、斧砍不动，曹操砍一剑，梨树直飙血。（20200309 好看视频网）

除《金瓶梅》的"钝刀子锯"是一语双关外，罗贯中的"心如刀锯"、《狄公案》的"刀锯鼎烹"，"好看"视频网说的"刀锯不开"，其中的"锯"字就都应是"馘"，说的是刀子的功能，其义犹"割"或"砍"。刀和锯本来有明显区别，刀刃是一条连续不断的线，锯子的刃却由许多"锯齿"构成，虽然也连成一线，但是虚线，不连续。刀可砍可削可切，锯只用于截断。《国语·鲁语上》说"中刑用刀锯"，韦昭注云："割劓用刀，断截用锯。"如今有一种"刀锯"，把"刀"和"锯"结合到一起了，指有锯齿样刃的刀，或刀形锯。"锯"字可以用为动字，那只能是锯子的功能，要反复来回拉动，最后达到切割别一物体的目的。如"绳锯木断"，是拿绳子当锯子用，不知要来回拉几百次、几千次，才能使木头断为两截。用刀"馘"就不同了，刀要是锋利，一刀就"馘"断了。

"馘"与"砍"的不同主要是，"砍"要依赖刀子的重量，刀子向砍的对象运动还有较高的速度，"馘"则完全依赖刀刃的锋利；"砍"的力垂直于被砍物，"馘"的力则是斜的，虽然它与被割物之间总有一点儿角度，但这角度很小，近乎平行。"馘"像拉锯，是横着用力；"砍"如挥锤，是竖着用力——最轻的"砍"叫"切"，它一般竖着用力，而且只靠刀刃的锋利，刀子的刃紧挨着被切物，完全没有动能。

"馘"与"锯"虽都是横着用力，但"馘"用的是刀子，"锯"用的是锯子，二者的不同是显然的。可是汉语书面语有时却宁肯用表示动作的"锯"来代替"馘"，把"用刀子馘"写作"用刀子锯"，即使"馘/馘"在生活中不断被使用，它们也难进文人墨客的法眼。而在普通话中，"锯"音 jù，"馘"音 guó，两音相距很远，人们根本想不到"同音"，也不知道"刀子"怎么能拿"锯"作谓语，两者根本不搭配啊。

这其实也造成过麻烦，有人就因此把"锯""馘"搞混了。白维国

《金瓶梅词典》有"锯处"条，原文是：

[锯处]用锯锯。比喻慢慢地折磨。（例）饶奴终夕恁提心吊胆陪着一千个小心，还投不着你的机会，只拿钝刀子锯处我，教奴怎生吃受？（十二，14下，1/138）

原文明明说是"拿钝刀子"，怎么变成"用锯"了？"用钝刀子聝"变成了"用锯锯"，这不说明编者糊涂了吗？其实编者明白着呢：能用"锯"表示其动作的，只能是锯子[2]。如果说的是"刀子"，动词就不能用"锯"，母马和公牛怎么能凑对呢。但是，这不是一般的刀子，而是"钝刀子"，由于"钝"，切割不会顺畅，需要反复推拉，这不很像"锯"了？编者不明白的是：这儿的"锯"是一语双关：它既是"聝"的替代者，又是"锯"的比喻义。

刀子"聝"久了会钝，但刀刃不会卷或缺；"砍"就不同，如果碰到"硬骨头"，刀刃是会砍卷或砍缺的。"庖丁解牛"用刀，不用锯，不过他对牛的生理结构非常了解，刀子用了十九年还像新的一样。用他自己的话说，"良庖岁更刀，割也；族庖月更刀，折也"，而他的刀子不割也不折，"以无厚入有间，恢恢乎其于游刃必有馀地矣"。这当然是夸张，"割"或"切"是少不了的，不然牛就不会"解"。不过，同样是"割"或"切"，庖丁更有门道，效率更高，刀刃受的影响非常小。

三

为什么汉语书面语不直接用"聝/馘"？这是因为"聝/馘"在历史上有太多的血腥，文人学士对它们很不屑。《说文》云："聝，军战断耳也。春秋传曰'以为俘聝'。从耳，或声。馘，聝或从首。"《康熙字典》"聝"字下引《字林》曰："截耳则作耳傍，献首则作首傍。"今邵阳罾语谓"砍头"叫"砍脑壳"，也说"剁脑壳"或"聝脑壳"，那是最刻毒的骂人话，其源头是古代的极刑"大辟"。为什么口语一个常用字，到书面有这么些讲究？这是由于汉语和汉字有不同。汉字增加了"字形"，而且"形中有义"。如果只讲"音"，ge5主要是三个意思：一是锯子，二是用锯子锯，三是用刀子割。它们都是生活中常见的事物，完全是中性的，所以说到它并没什么稀奇。汉字却不同，"聝/馘"从耳或从首，增加了形中之义，使人想到"砍头/割下耳朵计数请功"；血淋淋的人头和人耳，使写字的人心理受到刺激，就不愿意也不屑于写"聝/馘"了。要是"聝/馘"不从"耳/首"，只是从"刀"，人们也许就不会产生这些令人恐怖的联想了。

　　代替"聝"字的为什么是"锯"？因为典籍中"刀锯"连用，而"锯"字的一种读法又与"聝"的读音近同。方言学和古音学的知识能证明这一点。上古音"锯"字在见母鱼部，"聝"字在见母职部。声同而古韵可以旁对转相通。古鱼部字读半高前元音 e 的，在吴语不是一个两个，而是规律性现象。今苏州话的如、许、汝（傣）、居、锯、虚都是如此。这种现象还扩散到湘语、赣语、客家话、粤语甚至西南官话中去了。湘语中，以上六个字中有如许锯三字白读音如此。这些字加上塞音韵尾就同职部音非常相似了。所以"锯"字与失掉塞音韵尾的"聝"字，读音几乎相同。在汉语文献中"刀锯"经常连用，北京大学 ccl 语料库有"刀锯"204 条。其中的"锯"一般是"锯子"或"用锯子锯"，个别的却只能理解为"用刀子聝"，语句才能讲得通。

　　代替"聝"字的还有"割"。在湘语邵阳话中，"割"字乡下白读音 gua1，文读音 go1，城区音 go7，适用于平刃的刀，也适用于锯齿形刃的镰，但不适用于锯子。砍柴的"茅镰"，刃是平的，所以也叫"茅镰刀"，可砍可割可削。割禾的"镰子"，刃呈锯齿形，只能割，不能砍也不能削。它们的共同点是：整体都是弯曲的，用力时主要是拉。"聝/馘"只用于刀，不管刀口是直的还是弯的，"锯"则只用于锯子（镰子不是锯子，虽然它的刃类似锯齿），也不管它是直的还是弯的。通语说"割肉""割耳朵"，邵阳乡下的老百姓可不这么说，只说"聝肉""聝耳朵"。但要写到书面，就作难了："聝/馘"字不能写，同音字"锯"不能准确表意，可能只好写个同义字"割"了，这也是没法子的事。"割"字的音就只能是文读音了。

但说到底，用了"聝"字又如何？那血淋淋的耳朵怎么就只影响"聝"字，而对"取"字没有影响？《说文》："取，捕取也。从又耳。《周礼》'获者取左耳'，《司马法》曰'载献聝'，聝者耳也。""取"与"聝"不是同一回事吗？也许对于"聝"字的合理责怪只可能是，"聝"有个异体字"馘"，而且比"聝"更常见，因为经典大多用它；由于砍头的极刑一直持续到清代末年，因此很多人忌讳"馘"字。"取"字却没有这样的混账兄弟。这就是说，是异体字"馘"害了"聝"了。不过话也可以说回来："馘"已经被《说文解字》打入另册了，不能充当字头；而我们只是要用"聝"，《现代汉语词典》选用"馘"而废除"聝"的做法或建议未必合适。既然"取"字可以把自己血淋淋的历史忘掉，"聝"字也同样可以。罗贯中那同"身如火燎"相对的"心如刀锯"，实际就是"心如刀聝"，白读的"锯"，是"聝"的同音字。"聝"是刀子的功能，其音如"锯"，其义犹"割"，没有什么好回避的。"聝耳朵请功"当然残忍，但"割禾莫聝着手呀/去聝两斤肉招待一下朋友"就都是好心；《狄公案》的"刀锯鼎烹"，应该写本字"刀聝鼎烹"；"好看"视频网与其写"刀锯不开、斧砍不动"，不如写"刀聝不开、斧砍不动"，因为在实际语言中，其音读本来就是"dāoguóbùkāi、fūkǎnbúdòng"，"锯"字在这儿要念白读音，因为只有"锯"字的白读音才与"聝"字正音近同，才能够与"刀"字搭配——那又何必要舍近求远，因为忌讳而把它写成蹩脚的假借字"锯"呢！

注释

[1] 本文的注音力求简明。普通话注音依照汉语拼音方案。方言记音则用 gk 记舌面后清辅音，其送气音用 k，不送气音用 g。记舌面前清塞擦音用 j，入声的喉

塞音韵尾用？。元音 e 的开口度实际是"中",相当于普通话 ie 中的 e。调类依照惯例标出平上去入,1357 为阴调,2468 为阳调。

[2] 唯一的例外是,拉琴可以叫"锯琴"。"锯"字的含义引申为"拉"。

参考文献

(1)北京大学中国语言文学系语言学教研室《汉语方音字汇》(第二版),文字改革出版社 1989.

(2)张光宇《吴语在历史上的扩散运动》,《中国语文》1994[6].

(3)《新华字典》(网络版)。

(4)叶祥苓《苏州方言志》,江苏教育出版社 1988.

(5)寒寒豆(顾国林)《谈胜浦第二人称俫本字汝及鱼韵白读(吴语苏州话)》,新浪博客网。

38 韵与天道

一

"韵"字《说文》繁体作"韻",是徐铉(916—991)等校定《说文》时增加的"新附字"。徐本在"韻"字下注云:"和也。从音员声。裴光远云:古与均同,未知其审。王问切。"按,裴光远是晚唐书法家(?—891年)。梁顾野王(519—581)《玉篇》云:"音和曰韵。"《玉篇》残卷"韵"字下引:"《声类》音和,韵也。"看来首先著录"韵"字的是曹魏(220—265)李登的《声类》。

"韵"字的最早用例可能是《尹文子·大道上》的句子:

(1)我爱白而憎黑,韵商而舍徵,好膻而恶焦,嗜甘而逆苦:白黑、商徵、膻焦、甘苦,彼之名也;爱憎、韵舍、好恶、嗜逆,我之分也。(《诸子集成·尹文子》第六册)

"韵"与"舍"相反,有"取"义,这个意思从何而来?从"均"来,从"均"把"韵"从"均"分化出来,其义孳乳为"和","韵商"即选定商调而与之相和。如果把"韵"理解为"调试",那是把"韵"当"均",同韵字的"和"义并不合拍,仿佛"韵"字并没有分化出来似的。但尹文的生卒年代是公元前 360 年至前 280 年，流传的版本不一定可靠。因为此后三百年才见到班婕妤（前 48-2 年）《捣素赋》的下述用例（北京大学 ccl 语料库韵字第一条）：

（2）想娇奢之或至，许椒兰之多术，熏陋制之无韵，虑蛾眉之为愧。（原注：思其或至于骄奢，以椒兰芬香之物，多术以熏之，口（犹）恐其无韵之态，侍侧之娥眉或以为愧）（转引自《古文苑·捣素赋》影印本）按："娇奢"句当是：幻想着成帝也许到来。"娇奢"以特点指人。制，通质。

这个"韵"字喻指班婕妤自己的形象（最主要的是身段）。它也从"均钟"之均孳乳而来，指经过乐均调试的音调，和谐合律，具有声音中最重要的东西，喻指人体形象中最迷人的那种格调。这个"韵"字比较可靠，"韵律"中的韵字也是这个意思。班婕妤离世几十年后佛教就正式传入了（那时正是《说文》作者许慎在世的年代），而所谓"正式"即是朝廷认可。在这以前，佛教应在民间交往中传入了。"韵"字的广泛使用，当与反切注音法的发展与完善同步。此点后面还会谈到。

"韵"字其实是均字的孳乳或分化，说它"古作均"没有揭示问题的本质，反而把两字混为一谈了：

（3）夔令［柴］玉铸铜钟，其声韵清浊多不如法，数毁改作。（陈寿［233—297］《三国志·魏志·杜夔传》）

（3'）杜夔善识音韵，为雅乐郎中，令铸铜工柴玉铸锺，其声均清浊多不如法，数毁改作。（《晋书·律历志上》）

按："声均清浊"，《晋书·律历志上》如是作，而《三国志·杜夔传》作"声韵清浊"。两书都是《四库全书》的本子，都非原书。原书"均"耶"韵"耶？似无从判断。但两书都由清代人抄写，其时"声韵"已经流行，而"声均"至今用得不多，所以宁可认为原作"声均"，《晋书·律历志》是存古，而《三国志·杜夔传》则把"均"改为"韵"，实质是把两字混同了。

杜夔是魏黄初年间的"太乐令"兼"协律都尉","铸钟"即"铸一个钟系列",五音或七音俱全,能够演奏乐曲,满足祭祀奏乐的需要。"声均清浊"指这些钟的声高系列。比照"陶均/国钧"来理解,"声均"即"声之均",指确定五音或七音的音高标准,它是一个系列,也是一种循环。后来"均"字分化出了"韵"字,字义也孳乳变化了,所以"声韵"与"声均"并不完全相同(详见下文)。

"均/昀(旬字古文)"都是"勻"声而声中有义,"勻"则是从二勹声。"二"是两个制式金属块的象形,"勹"是甲文"旬"字的隶定(本文的"勹"都是如此,别因字形相混认作"包")。于是它们被追溯到了甲文的"旬"字。甲文旬字本作"十字绕尾"形,"十"在甲骨文中是"甲"字,"绕尾"的意思是从甲开始,经乙丙丁戊己庚辛壬癸,又绕回到甲,如此循环不断,至于无穷;每一个"环"是"十天"。后来加形符"日"成为形声字"旬"。这是"十日为旬"的刻画表达,是历法即天道的重要内容之一。

甲文"勹"出现最早,但此"勹"字同时是"均"。就是说,甲文的"勹",既是"旬",又是"均"。其理由有二。一是现存甲文都是盘庚迁殷(约公元前1300年)之后的,此前的口语中,"旬"与"均"已经存在很久很久了。它们都是转动循环之义。"旬"是用天干记录日子的顺序的,干支据说是黄帝时代(距今五千年前)的发明;而考古发现证明,制陶转轮在新石器时代晚期的仰韶文化中已普遍应用(距今六千年前),距今五千前已经有了快轮制陶,这就是"均"[1]。而甲文另无从"土"之"均"字。二是《通假字汇集》"旬"字下云:"《易·丰》:'初九,遇其配主,虽旬无咎,往有尚。'注:'旬,均也。'释文:'荀[爽]作均,刘昞作钧。'"据此,《甲骨文合集》1898条"勹亡咎"("咎"字作"口"中"卜")中这个"勹",就是"均"。但"均"在文字字形上还没分化出来,它还以"勹"的引申义的身份出现,与它意义类型相同的"并",甲文却有"竝亡灾(原字作"一"横贯"巜巜"中部)"。到金文中,"均"出现了,又作"钧",因为生活中有了青铜等金属。此时又出现了"勺"字,是金属的重量单位,它后来也作"钧"(三十斤)。

总括起来,甲金文"勺"声字有从"二/日/土/金"之"匀/昀/均/钧"[2],后来《集韵》中还有个"韵"字加入,构成了一个源于"天道"的特别的"勺声字"系列,有周遍、均平、和顺、调匀、标准诸义,这些含义是"天道"的基本性质。这儿先说一下字串"天均/天钧"。首先,"天均"是天然均平之理。《庄子·齐物论》:"是以圣人和之以是非而休乎天钧,是之谓两行。"成玄英疏:"天均者,自然均平之理也。"南朝谢镇之《重与顾道士书》:"故卑高殊物,不嫌同道;左右两仪,无害天均。"其次,"天均"指大自然的循环。《庄子·寓言》:"万物皆种也,以不同形相禅,始卒若环,莫得其伦,是谓天均。""生物链"岂不是一种"环"吗。司空图《二十四诗品·自然》:"薄言情悟,悠悠天钧。"章炳麟《四惑论》:"神教衰而归敬于宿命,宿命衰而归敬于天钧。"最后,"天均"指钧天广乐,这是一种天界音乐。皮日休《上真观》诗:"天钧鸣响亮,天禄行蹒跚。"这里要特别指出的是:数量方面的相等平匀,只是"天均"的数量方面,而更为重要的是不同质的天地万物的"均平",是万物的和谐协调、相互依存、普遍共赢的发展,数量上的"平均主义"忽视了"质",并不合乎天道。

二

"天道"是中国人的核心概念。"天均""天子""替天行道"都是证明。本文讲"韵",这是"天籁",我们就说说天道的音乐方面。

自古以来礼乐并称:"移风易俗,莫善于乐;安上治民,莫善于礼。"(《孝经》)传说"七律"是黄帝时代的发明,实际上,河南舞阳县贾湖村新石器遗址出土的16支骨笛,由鹤类尺骨制成,大多钻有7孔,据碳14测定，这些骨笛距今已有8000—9000年，远在黄帝之前。新石器时期的乐器，还发现有骨哨、埙、陶钟、磬、鼓等。[3]《国语·周语下》的"景王问钟律于伶州鸠"一节确切地说明，公元前六世纪的伶州鸠对黄钟、太簇等六律和大吕、夹钟等六吕（合称十二律）已经了如指掌。难怪《说文》音部字響韹韶章竟共五个，其中的"音"全都指音乐的音。

"历法"的基础是天道，而"律""历"有如兄弟。"律"是什么？《说文》："律，均布也。"段注："均律双声，均古音同匀也。"《尚书·舜典》说"协时月正日，同律度量衡"，这"律"就是"六律"：黄钟、太簇、姑洗、蕤宾、夷则和无射。加上"六吕"大吕、夹钟、仲吕、林钟、南吕和应钟，就是十二律。它们就是从 do 到高八度的 do 之间的十二个半音，每个音比前一个音高半度（"半度"就是钢琴上相邻两键的音高之差）。一个音和比它"高八度"或"低八度"的音听起来十分相似，非常和谐，它们的物理基础原来是振动的波长成整数倍。最常见的钢琴88键，最多的92键，包含了人们的听觉能够识别的全部乐音，它们每隔八度就是一个循环。其每一个循环就是一定高度"五音"或"七音"，中国古人叫"宫商角徵羽"，或者加上"变徵变羽"。这就是音乐方面的"天道"。从舞阳遗址的七孔笛看，七音阶在我国古代早已流行，后来让位于"五音"，很可能是五行学说在音乐界占了主导地位之故。

在我国古代有"均钟"，"均钟"的音高就是标准音即"声均"。当然弦乐、管乐也得有它们的"均"，以便"均琴瑟笛箫"，但它们都得以"均钟"为准。[4]这就是音乐方面的"天钧"：各种乐音按宫商角徵羽递相连环，"卑高殊物，不嫌同道"，彼此和谐，感天地，泣鬼神。

源于天道的"均"，用于音乐，则有"乐均"，以调琴瑟；用于治国，则有"国钧"，说"均天下"；用于制陶，则有"陶均/陶钧"，即制陶的转轮。殷周金文已有"均"字。《广韵》的均字，只有居匀切一音。《集韵》大概是以均为"古韵字"的说法为据，把韵字的音（王问切）赋给了均字。"均"字的意义，《说文》释为"平编也"，段注引《小雅·节南山》释为"平也"，又说"古多假旬为均"。《周易·说卦》说："坤为地，为母，为布，为釜，为吝啬，为均……"符合中国古人"天无不覆，地无不载"的观念。综合起来，"均"字初义当指天道的"均平"之性，后来字又作"钧"。具体说，"均"字的含义有：

（1）不明于则而欲出号令，犹立朝夕（尹知章注：立朝夕，所以正东西也）于运均之上。（《管子·七法》）——制陶的转轮

（2）大夫不均，我从事独贤。（《诗经·北山》）——匀，公平

（3）冢宰掌邦治，统百官，均四海。（《尚书·周官》）——均平，平治

（4）君王均之，群臣惧矣。（《国语·楚语下》）——等同

（5）我马维驷，六辔既均。（《诗经·皇皇者华》）——协调

（6）五声不同均，然其可喜一也。（《鹖冠子·环流》）——音高；乐均

（7）二子拥瑟而调均兮，余因称乎清商。（汉代贾谊《惜誓》）——调试音高使合乎标准

（8）宫、徵、商、羽、角，各处其处，音皆调均，不可以相违，此所以无不受也。（《吕氏春秋·季春纪》）——调于乐均、和谐（合乎乐均的要求）

（9）是月也，命乐师修鼗鞞鼓，均琴瑟管箫，执干戚戈，调竽笙埙篪，饬钟磬柷敔。（《吕氏春秋·仲夏纪》）——（用均来）调试

（10）王将铸无射，问律于伶州鸠。对曰："律所以立均出度也。"（《国语·周语下》）——乐均，一种作为标准音高的律具

（11）请法古，令官作酒，以二千五百石为一均。（《汉书·食货志下》）——汉代计量单位

"均"字之义，由"均平"引申为平匀、公正、计量单位等义，动用

为平治、调试，转为名物之国均、陶均、乐均/声均/音均（正律器）。声均的实质是系列音高的标准，以之调音，就得到"和谐的声音"，即引申为"音和"。此义分化出去独立成字，写作"韵"，"韵"字就是这么来的。因此，说"韵"字是"均"的分化或孳乳，完全顺理成章；说"韵古作均"则没有揭示孳乳关系，似乎古代两字等同。

（12）繁弦既抑，雅韵复扬。（据《艺文类聚》正文所收蔡邕［132—192］《琴赋》引，《六臣注文选·文赋》注引"韵"字作"音"）

（13）聆雅琴之清韵，託六翮之末流。（曹植［192—232］《白鹤赋》）

"清韵"即清越而和谐的琴声，在古乐谱中"清"是"高八度"的意思，比如高八度的宫音叫"清宫"。"雅韵"就是典雅而和谐的声音。"韵"与"声"不同，声（聲）从耳，凡是诉诸听觉的都可以叫"声"。"韵"与"音"也不同，"声成文谓之音"，说的要很多声音"相杂"才能成为"音"，虽然其中也有"中听"之意，但是不大明确；"韵"则是用"乐均"调试过的、合律的许多声音，它们绝对是和谐的。所以"韵"字分化出来才能得到承认。

（14）韵宫商兮动徵羽，曲引兴兮繁弦抚。（蔡邕《琴赋》）

蔡邕《琴赋》的"韵宫商"和前文说及的《尹文子》的"韵商"一样，虽都是早期用例，准确地说是"和"。如果理解为"（用乐均）调试"，那就是用"均"代替"韵"字了。"韵"字既已分化出来，有了自己的独立性，为什么还要用母体来代替它呢。

事实上"韵宫商"与"均琴瑟"是有区别的。"均"字的同类用法如"诸音皆受钟磬之均""拥瑟而调均""均琴瑟管箫"仍用"均"字，指"乐均"，不能用"韵"字。不过，这两个动用为"和"义的"韵"字证明，它的母体确实是"均"。

三

"韵"字的其他含义,都是其本义"和"的引申。对"韵"字本义的概括,《玉篇》的"音和曰韵"最为清楚准确。但对"和"字可以有不同理解。

(1)[单穆公曰:]且夫钟不过以动声,若无射有林(按指林钟),耳不及也……耳之察和(按原作龢)也,在清浊之间;其察清浊(按指轻重)也,不过一人之所胜。是故先王之制钟也大不出钧,重不过石,律度量衡于是乎生,小大器用于是乎出。故圣人慎之。今王作钟也,听之弗及,比之不度,钟声不可以知和(龢),制度不可以出节,无益于乐,将焉用之?(《国语·周语下》),——人听觉范围内的乐音(和谐的声音)

(2)以为琴之大小得中而声音和,大声不喧哗而流漫,小声不湮灭而不闻,适足以和人意气,感人善心。(应劭《风俗通义》)——适中(以人的听觉为标准)

(3)声无定性,音无常主。刚柔之体,实由其人。人和则音和(《唐会要·雅乐》作柔),人怒则声怒(《唐会要·雅乐》作烈)。(杜佑《通典·乐》)——柔和

(4)诸乐之音既以和谐,且复齐平,不相夺伦,又依倚我玉磬之声,与之和合。以其乐音和谐,更复叹美成汤。(《诗·商颂》"顾予烝尝,汤孙之将"孔颖达疏)——和谐/和平/和合依律

(5)太祖每谓雅乐声高,近于哀思,不合中和。又念王朴、窦仪素名知乐,皆已沦没,因诏岘讨论其理。岘言:"以[王]朴所作律吕之尺,较西京铜望臬古制石尺短四分,乐声之高,良由于此。"乃诏依古法别创新尺,以定律吕。自此雅音和畅,事具《律历志》。(托克托《宋史·乐一》)——中和、合律

(6)三十一年,御乾清宫,召大学士九卿前,指五声八风图示之

曰:"古人谓十二律定,而后被之八音,则八音和,奏之天地,则八风和,诸福之物,可致之祥,无不毕至,言乐律所关者大也。而十二律之所从出,其义不可知。律吕新书所言算数,专用径一围三之法,此法若合,则所算皆合;若舛,则无所不舛矣。朕观径一围三之法,必不能合,盖径一尺,则围当三尺一寸四分一厘有奇,若积累至于百丈,所差当十四丈有奇,等而上之,舛错可胜言耶?"(《清史稿·乐一》)——合律(律要正确)

也许还有别的说法。从以上用例可知,"和"的含义有二:1.指听得见的一切乐音,特指"中和/适中/和顺/和雅"的乐音;2.指两种以上乐音"和谐/和合/合律"。

"音和曰韵"当然不是一个汉语语音学的解释,但不能说汉语语音学的"韵"概念与汉语词典学的韵字没有关系,因为一般说来,科学概念都来源于语词。比如语词"韵"继承"均",主要指音高,语音学的"韵"概念就包含着以相对音高的变化为灵魂的"声调",而且人们听到的语音,主要是元音,而元音是"韵"的主要构成成分。

现代中国人语言生活中一般已经很少单说"韵",说的是含有"韵"字的双音词,除"韵母/韵腹"之类外,如"气韵/风韵/神韵/馀韵/音韵/韵味/韵律/韵致/韵调/韵事"等,一般与音乐关系密切,表示抽象的名物。理解复合词的关键是理解其中的字,理解含"韵"字的词,也就要理解"韵"字。"韵"既然源于"天道",指乐音的"规律/规则","有情有信"而"无为无形"[5],它就没有直观性,不能直接诉诸人眼或人耳,但不管如何引申,它都存在于万事万物之中,我们仍然可以概括出它的主要性质:

(一)"韵"是心物一体的,有客观性,也有主观性。"音高标准"一旦定下来,就是客观的,但怎么定决定于人,总不能超出人的听觉范围。正如"气"是客观的存在物,但在某个地方、某种艺术形象中,是否有"气",决定于人是否感知到。

（二）"韵"是感性的，也是理性的。"音高"是听觉感知的，同时可以凭理性用音叉、频谱仪等仪器测量出来——音高的本质乃是发音体振动的频率；音品是发音体材质的特点，表现为频谱中基音和泛音的组合。"节奏"也是如此，它既是自然物（包括生命体）的律动，又得靠人的听觉、视觉以致第六感觉去感知，要是人们没有感知到某种自然物或艺术品的节奏，他就会以为那是杂乱的，没有节奏的东西。"培养节奏感"的说法，就说明节奏既是理性的，又是感性的。

（三）"韵"是"一"与"多"的统一。《毛诗·关雎序》说"声成文谓之音"，"文"是什么？《易·系辞》说"物相杂，故曰文"。《说文》云："文，错画也"。"文"者"纹"也，其字从乂，"乂"就是交叉，就是"相杂"。《国语·郑语》曰："声一无听，物一无文，味一无果，物一无讲。"单纯的"一"是单薄，是枯燥无味。但"五色令人目盲"，杂乱无章也不行。刘熙载《艺概》说："后人更当知物无一则无文，盖一乃文之真宰，必有一在其中，斯能用夫不一者也。"这是我们需要的"一"，是统一、一致、一律的"一"，是贯穿于"多"的灵魂。声音多了，又杂乱，只能是噪声，它们都统一于"十二律"了，成为了"音"或"韵"，才悦耳动听，才美。[6]

（四）"韵"在生活中主要依赖感知，难以用理性的语言加以说明。"韵味"是什么？有个"味"字就很难用语言来说明了，因为各种"味"属于"味觉"，虽然是客观存在，人类理性却很难把握，迄今我们对味觉、嗅觉的认识都是相当肤浅的，何况"韵味"的"味"，意义又有引申。"风味/意味/情味"，都是如此。看来我们只能在"韵"字上多下气力。"韵"源于"均"，"均"源于"匀"，"匀"源于"旬"字的甲文，它们是天道，即是大自然的有规律的活动；"韵"字从"均"分化出来后，指大自然的发声方面的规律，或者比喻别的事物。但"韵"还依赖人体的听觉，是生命体与大自然的声律方面之融合。它能使生命体觉得悦耳，从而感到舒适顺畅，受到感染激发。

（五）"韵"是动态的，不是静态的。谢灵运（385—433）说"因声成韵"，谢庄（421—466）说"风篁成韵"，物体的振动造就声音，风吹竹子发出了声响，它们一旦有了高低升降的变化，变化一旦有了规则，就成为"韵"了，能够"沁人心脾"，打动人心。声音是动态的，"韵"作为"和谐的声音"当然也是动态的，只能比喻动态的另一事物。

（六）"韵"需要整体把握，不能分散指认。"韵"字原义"声和"应该指多种声音的和谐协调（所谓一种声音，在生活中不可能源于某种单纯的简谐振动，它们都可以分解为多种振动的复合），引申指人、艺术品或其他事物时，也是指整体或全体的特征，不能把整体分裂了，或者把全体分散了，然后企图指认哪儿是"韵"。"风韵"一般指整体的美，说"年已老大，风韵犹存"，说"那双眼睛还是当年风韵"，就是把人或眼睛作为一个整体看待。

（七）天道是应该遵循、应该肯定的。"韵"字本义用于令人快乐舒服的音乐，因此，"韵"有"美"义，比喻别的事物时，也指事物中蕴含的值得向往的东西（当然也有"臭美"，"风流韵事"也不见得件件都是好事，那是例外）。"方俗殊韵"，"韵"指好的风俗；"聪韵特挺"，"韵"指人体匀称、高挑，是人体美；"雅人高韵"，"韵"指人的风骨格调，用来比喻艺术品的风格；"文不拘韵"，"韵"指动听合律的声音……

四

《诗经》《楚辞》都押韵，这是事实。而所谓"押韵"的"韵"字具体指什么？是后人指的"音节中声母后面的部分"吗？迄今为止，占支配地位的意见是：古今"押韵"的韵字含义一样。不过，有人认为，古人用的不是"韵"这个字。这就使得一些人到古文献中寻找"古韵字"的字形，郑珍（1806—1864）《说文新附考》说"咏"才是"韵"字古形，就是这一倾向的表现。

郑氏云："珍谓韵古当是咏字，《尚书》……歌咏言者，以歌咏其言也。如帝庸作歌，先言'勅天之命，惟时惟幾'。此是言志。乃歌'股肱喜哉，元首起哉，百工熙哉'。喜、起、熙三字相韵，是为'歌咏言'。'声依咏'者，以声依倚其韵也。如后世倚声度曲，韵宫者宫声，韵徵者徵声，始终本宫不相杂犯。是为'声依咏'。《国语》伶州鸠言'歌以咏之，咏之中声'，正此二句注解。晋吕静作《韵集》，始见韵字，汉以后所制也。若《鹖冠子》及《啸赋》均字，乃别一义。《荀子·礼论篇》'琴瑟张而不均'，杨注引郑氏云：'无宫商之调也。'《国语》'细钧有钟无镈，大钧有镈无钟'韦注云：'钧，调也。'钧即均字。古均义如此。均与调皆作实字解，后人声调之名自此出。音乐有均者，《文选·思玄赋》'考治乱于律均'李注引《乐纬》叶图澂云：'圣人德承天助以立五均。'宋均注云：'均长八尺，施弦以调六律五声。'又《舞赋》注引叶图澂云：'圣人立五均，均者亦律调五声之均也。'宋注同。此五音不同均之说。盖古者作乐之始，先以六律均调五声谓之五均，因名其调乐之器为均。均皆是实义，意与韵近而非韵。自李氏误解《鹖冠》，裴氏又误本之，近世通小学家亦重貤不悟，咸信均为古韵字……"（郑珍《说文新附考》，转引自《说文解字诂林》。叶图澂，《六臣注文选》作汁图徵）

郑珍氏解释《啸赋》《鹖冠子》之"均"乃别一义，"意与韵近"而已，原指宫商之调的"调 diào"或"调 tiáo 乐之器"，证据确凿，很有道理。可惜他没有说明，这种"均"字正是"韵"字的母体，"韵"字就是它孳乳出来的。而他以《尚书》之"咏／永"为后世押韵之"韵"，则所未闻。即使以"长"释"永"并不准确，即使以《尚书》之"咏"为后世押韵之"韵"能说得辞通理顺，那也是孤证一个。孤证是不能说明问题的。"歌咏言"者，歌是吟咏式的语言；"声依永"者，声音的抑扬顿挫要符合咏唱的需要。这样解释不也流畅无碍吗？"吟唱"是咏字本义，例子多的是。

把别的字看作"古韵字",源于"均,古韵字"的糊涂说法。钮玉树《说文新附考》云:"《文选》成公子安《啸赋》'音均不恒,曲无定制'李注:'均,古韵字。'引《鹖冠子》曰'五声不同均,然其可喜一也。'裴说盖本此。"我们清理一下时间先后:初唐人李善(630—689)注《啸赋》时说过"均,古韵字",还拿出了另外一条证据。五代人徐铉等校定《说文》时增加"韵"为新附字,注为"和也",并引唐末书家裴光远的说法"古与均同,未知其审"。清代钮玉树《说文新附考》是相信的。

其实,他们所举的"均"字的用例,都不是"音和"之义的"韵":

(1)若夫假象金革,拟则陶匏。众声繁奏,若笳若箫。礚磕震隐,訇磕磅嘈。发徵则隆冬熙蒸,骋羽则严霜夏凋。动商则秋霖春降,奏角则谷风鸣条。音均不恒,曲无定制。(《六臣注文选·啸赋》)

(2)道德之法,万物取业。无形有分,名曰大孰。故东西南北之道踹然,其为分等也。阴阳不同气,然其为和同也;酸咸甘苦之味相反,然其为善均也;五色不同采,然其为好齐也;五声不同均,然其可喜一也。(《鹖冠子》,转引自简书网站)

按《中国音乐词典》,这"均"是"同属一宫的各种调式所共有的一种调高关系。"成公绥"音均不恒"指"啸"的调高标准变动不居,与器乐之保持音均不变完全是另一种风格。《鹖冠子》"五声不同均"的意思是,宫商角徵羽的音高不一样。"韵"字从"均"字分化而来,这是事实。但像上面这样的"均"字,可不是后世之"韵"字。要证明今"韵"字古作"均",就要指出古文献中的"均"字表示今韵字"音和"的含义。"声均/音均",似乎就是"声韵/音韵",其实不是。例如:

(3)辄令部郎刘秀、邓昊、王艳、魏邵等与笛工参共作笛,工人造其形,律者定其声,然后器象有制,音均和协。

这个"音均"极容易认为与"音韵"相同。其实,"音"是声音,

"均"是一系列符合音律要求的"调高关系",前文不是说"器象有制"吗?均者器也,音者象也。"音均"大致相当于"音阶",即各个音的等级关系。旧籍中的"声均""音均"不能理解为"声韵/音韵",甚至其"音韵"也有与今天的"音韵"大不相同的。如:

(4)材超后进,智逾先觉。音韵宫徵,气谐兰药。(《唐代墓志汇编续集》)

这里的四个句子,第二字都是动字。"韵"作动字"和"解。这样的韵字,与蔡邕《啸赋》的"韵宫商"一脉相承,其源头是在"均"字,但并不就是"均"字。意为"音韵"而写作"音均"者,段玉裁《六书音均表》可能是始作俑者,段氏在解释这个书名时说:

(5)均即古韵字也,《鹖冠子》曰五声不同均,成公绥曰音均不恒。陶者以均作器,乐者以均审音。十七部为音均,音均明而六书明,六书明而古经传无不可通。(《说文解字》段注本)

段氏明说"均即古韵字",后文还说"唯求研审音韵之真",说明他这本书是音韵学著作;但又说"乐者以均审音,十七部为音均",似乎以"音均"为"审音之标准"。这就自相矛盾了,"乐者以均审音"是不错,难道他能让"韵"字也担负起"审音"之责?"韵"字可没有这么大本事!"韵商""韵宫商""韵宫徵"的韵字,都是"和"字动用,没有音韵学的"审音"之义。"音均"只能理解为"律具",不能理解为"音韵"。另一个音韵学者邹汉勋著有《五均论》,是专论声纽的,读者只能把"均"理解为"审音"。这倒没什么毛病,因为作为正律器的"均",确实具有"审音"的功能,"五均论"意犹"审音五论"。

把均韵二字的关系弄得一团乱麻的不是段氏,而是李善注《啸赋》的"均古韵字"的糊涂观念,它导致徐铉引述裴光远的韵字"古与均同"的说法。这才使得谬种流传。上当的不但有钮玉树、段玉裁,还有更多不知名的读书人。他们甚至试图把旧籍的"均"改为"韵",例如:

(6)是故天子常以冬夏至[日]御前殿,全(合)八能之士,陈八音，听乐韵（均），度晷影（景），候钟（锤）律，权土灰，校（效）阴阳。冬至阳气应则［灰除，是故乐］韵（均）清，影长极，黄钟通，土灰<u>为</u>轻而衡仰。夏至阴气应，则［乐］韵（均）浊，影短极，蕤宾通，上（土）灰重而衡低。进退于先后五日之中，八能各以候状闻。（据 ccl 语料库引，出自《太平御览》十六引《京房传》。按：经查 1,《汉书·京房传》无；《太平御览》卷十六有，引自《晋书》之卷十六《律历志上》，但与原文有出入。今据《晋书》（四库全书本）校正：［］内字《晋书》有而引文夺，（）内字是其前一字的《晋书》原文，下加横线之字为《晋书》所无。标点也有所改正。《晋书》的段首是"扬子云曰"，《太平御览》的段首是"《律历志》"，ccl 语料库误为"京房传"。值得注意的是三韵字原文都作"均"。这不是无心抄误，而是有意改变原文。也许 ccl 语料库所引的版本是后来的？）

　　这是宋代或以后试图用"韵"字替换"均"的例子，这样偷梁换柱当然很不合适，可见"均古韵字"的影响之恶劣。在互联网上，把"声均/音均"仅仅解释为"音韵"的人就更多了。

　　"均韵"是古今字吗？今韵字的意思古代都有并且都写作均字吗？古均字的意思今韵字都有吗？均字今天不用了吗？答案都是否定的。何况所举的总是那两个例子！更何况那两个例子又都似是而非！要是说"韵字是均字的孳乳或分化"，"韵字的含义源头在均字"，就明确多了，科学多了，恐怕也不会造成这么多混乱。孳乳或分化是字义引申过程的终结，因为出现了字形的突变，即新字。但孳乳字的意义从母字孳乳而来却很清楚；"均古韵字"却搅乱了两字的孳乳关系，非常容易使人糊涂。

　　话归本题，"韵"字引申指语言的声音，当然很自然，因为语言的声音也是音。《诗经》《楚辞》都是押韵的，但在旧籍中明确用"韵"字指语言的声音则要晚得多。查起源头来，可能《后汉书》的作者南朝宋范晔（398—445）是最早这么用的，而萧衍紧随其后：

　　（7）文患其事尽于形，情急于藻，义牵其旨，韵移其意……性别宫商，识清浊，斯自然也。观古今文人，多不全了此处；纵有会此者，不必从根本中来。言之皆有实证，非为空谈。年少中谢庄最有其分，手笔差易，文不拘韵故也。（沈约［441—513］《宋书·范晔传》）——"韵移其意"指写文章时讲究音节的韵律就免不了改变原来要表达的意义；"文不拘韵"指写文章却不注意字音的谐调。

同时，也有人用"韵"字来指称"音节后部的读音"，平上去入四声也发现了：

（8）诏曰：聊为七夕诗五韵，殊未近咏歌。卿虽讷于言，而辩于才，可即制付使者。（《六臣注文选·任彦升460—508奉答勅示七夕诗启》李善注引，诏当是梁武帝萧衍［464—549］写的字条）——"五韵"即五句，源于"五次押韵"。

（9）然两韵辄易，则声韵微躁，百句不迁，则唇吻告劳；妙才激扬，虽触思利贞，曷若折之中和，庶保无咎。（刘勰［465—？］《文心雕龙·章句》）——"声韵微躁"的"声韵"转指表现于押韵的"节奏"，两个"韵"字都指"音节的后部"。

（10）汝南周颙善识声韵。［沈］约等文皆用宫商，以平上去入为四声，以此制韵，不可增减，世呼为"永明（484—493，齐武帝萧赜的年号）体"。（萧子显［487—537］《南齐书·列传第五十二》，周颙473前后在世）

以上都是公元五世纪百年内的事情。只是有证据表明，此前一百来年，有个西晋学者晋灼，已经说到"协韵"，用"韵"字来指称音节的后部了。这当然是超前的卓识，但却可能是事实，因为佛教已经传入多年，有人在梵文拼音的启发下，为改善汉字的注音而尝试反切法了：

（11）文意假借，协陁之韵也。（晋灼《汉书·司马相如传》注，是《子虚赋》"罢池陂陁，下属江河"的注文）

晋灼是西晋（265—316）人，其时已有"协韵"的说法了。其中"韵"字多半是"韵类"之韵，意思是用"河"字是为的与"陁"字叶韵。

　　值得注意的是：《诗经》时代至永明年间已超过千年，这么长的时间内，人们说话，字有声调，押韵的入韵字也有声调，可是直到此时中国人对声调才有清晰的认识，却是不争的事实。这个事实有助于我们认识《诗经》《楚辞》的押韵现象：说话不以识别四声为前提，押韵也不以识别韵类为前提。著名诗歌评论家、《诗品》的作者钟嵘（约468—约518），还说"至平上去入，余病未能"呢，"天何言哉，四时行焉，百物生焉。"从"沈约等文皆用宫商"看来，反切使人重视音节的拼合，四声的发现直接借助的应是音乐，因为音乐才注重音高的变化，正像现代的五度标调法是赵元任借音乐之助的一大创造一样。把四声归之于"韵"，大有助于人们对"韵类"的认识和总结。

五

　　最后，我们讲"韵"字，讲"韵类"，不得不提到佛教和梵文。"韵"字晚出，所从之"音"也不可能指汉语语音。汉语汉字的特点是重视语义。汉语有音，但甲文"音"与"言"同字，"言以表意"是根本思想。汉字是表意文字，重视的是以形表意；汉语原来主要是单音节的，这就使得中国人把"意义"与"音节"捆到了一起，长期把"字"视为最小的意义单位，于是也认为音节是个囫囵的东西，对音节内部结构的认识停留在一种自然模糊的状态中。

　　押韵的"韵"字确切指称音节的后部分，应该在人们能够分析音节的结构之后。把最小意义单位与音节结合着的汉语传统，是对汉语音节作结构分析的巨大障碍。要克服这个障碍，得有外力。外域拼音文字的传入，就是这样的外力。所以，对汉语音节作结构分析发生在梵文跟着佛教典籍传入中国的东汉初期之后。北宋科学家沈括（1031—1095）在《梦溪笔谈·艺文二》中说："切韵之学本出于西域……所谓切韵者，上字为切,下字为韵。切须归本母,韵须归本等。切归本母,谓之音和,如德红为东之类。"这个"韵"字当然指语言字音的后部。"切韵之学"则指"反切之学",同今天的"双拼"大致一样。

所以押韵的韵字与反切有关,而讲反切的历史,应该从佛经传入中国开始。东汉明帝永平年间,佛教正式传入中国。中国第一座佛寺"白马寺"是公元68年奉勅兴建的,摄摩腾和竺法兰在此译出中国第一部汉译佛典《四十二章经》,其后一百五十多年内,共译出近两百部佛典。这样,中国的士子也就逐步学会了拼音,并且结合汉语的实际,把给汉字注音的方法从譬况和直音提高为"反切"。但在整个汉代,"韵"字都极为罕见。

反切注音法,就是汉字拼音法的一种"双拼",它是以把汉语音节分析为前后两部分为前提的。"反切"用两字(叫切语上字、切语下字)给一字(叫被切字)注音,切语上字与被切字双声(同声),切语下字与被切字叠韵(同韵)。从现存文献看,最先使用反切注音的,是东汉末年的应劭(约153—195)、服虔。此后反切之法迅速发展起来,曾运乾《音韵学讲义》所录有反切注音传世的汉魏三国时期就达23人,于是有魏(220—265)李登《声类》和孙炎《尔雅音义》的比较成熟的反切。经西晋(265—326)吕静的《韵集》(注《汉书》时写下首例"协韵"的晋灼,就是西晋人),到梁永明年间,周颙、沈约(441—513)(有《四声谱》一书)等解决了韵类的最后问题——四声,这才可能出现成熟的韵书。又经齐阳休之(509—582)的《韵略》等韵书,隋朝陆法言"述群贤遗义"的《切韵》(601),这部划时代的分析汉语声韵的巨著终于完成。从梵语正式传入中国,到这时已经过去了五百年。这时,才可以说中国古人已经能够分析汉语的所有音节了。魏晋六朝,是反切法发展到成熟的时期,是汉语的音节分析发生、发展、完善的时期。在这个时期中,"韵"字由曹魏李登收入《声类》,开始了书面的传播。它明确指音节的后部,当始于晋代吕静的《韵集》。南北朝以后,"韵"字就基本普及了。

值得注意的是，作为相对音高之变化的"声调"，是"韵"的非常重要的组成部分。陈澧《切韵考》说，"切语之法，以二字为一字之音……上字定其清浊，下字定其平上去入。"那时还没有音位的概念，把"韵头/韵腹/韵尾"和"四声"，都混在一起叫"韵"。这也是旧体诗词韵类很多并重视平仄的一个重要原因。当然，"韵"字的母体"均"主要指音高，"韵"包含"声调"是它的遗传基因决定的。

把音乐学中的"和""韵"应用于语音学，重新定义，使之成为语音学概念，是"韵"字从音乐学引申到语音学的必然结果。从文献看，这个过程至迟在《文心雕龙》已经开始：

（1）异音相从谓之和，同声相应谓之韵。韵气一定，则馀声易遣；和体抑扬，故遗响难契。属笔易巧，选和至难；缀文难精，而作韵甚易。（刘勰《文心雕龙·声律》）——同韵类为韵；"异音"指字不同韵类，"相从"字面上是"相随"，但很难理解"异音相从谓之和"

（2）所谓切韵者，上字为切，下字为韵。切须归本母，韵须归本等。切归本母，谓之音和，如德红为东之类，德与东同一母也。（沈括《梦溪笔谈·艺文二》）——切语上字定声母，切语下字定韵母

（3）如用迦字之声，对阿伊鸥等十二韵呼之，则生得下迦机钩（矩侯反）等十二字（文）是也。是知此所生字，声韵同和，两字混合者也。（《大藏经》第84卷）——前字为声，后字为韵，声韵拼切叫和

（4）杨慎曰：東董是和，东中是韵。（杨慎1488—1559，明代学者）（《文心雕龙·声律》黄叔琳注引）——双声是和，叠韵是韵

今天，在汉语语音学概念中，"调"一般已从"韵"中分离出来，"韵"单指音色（音品），包括韵头、韵腹和韵尾，是音节开头辅音后面的音色部分。要是音节开头没有辅音（零声母），那么"韵"就与音节相等。

二〇二一年二月二十日于藜藿轩

注释：

[1] 李文杰《中国古代的轮轴机械制陶》，《人物春秋》2007［6］

[2] 参见百度网"百度百科""旬"字条、"均"字条。

[3] 王俊生、徐先友等《失落的贾湖遗址》，见东方今报 2020 年 6 月 8 日猛犸新闻。

[4] 王翔鹏《均钟考——曾侯乙墓五弦器研究》，武汉音乐学院学报 1989.

[5] 葛荣晋《中国哲学范畴通论·道》引《庄子》。首都师范大学出版社 2001.

[6] 参钱钟书《管锥编》第一册有关部分。

参考文献

（1）许慎《说文解字》徐铉校定本，中华书局 1963；段注本，上海古籍出版社 1981.

（2）丁福保《说文解字诂林》（影印本）。

（3）郭沫若主编《甲骨文合集》（影印本）。

（4）冯其庸、邓安生《通假字汇集》，北京大学出版社 2006.

（5）《尹文子》，见《诸子集成》第六册，中华书局 1954.

（6）董增龄《国语正义·周语下》，巴蜀书社 1985.

（7）托克托《宋史·乐一》（四库全书影印本）。

（8）郑珍《说文新附考》（《说文解字诂林》影印本"韵"字下引）。

（9）刘勰著，黄叔琳注，李详补注，杨明照校注拾遗《文心雕龙校注》，中华书局 1959.

（10）缪天瑞等《中国音乐词典》，人民音乐出版社 1985.

（11）班固撰，颜师古注《汉书·司马相如传》，中华书局 1962.

（12）欧阳询等撰《艺文类聚》四十四（四库全书影印本）。

（13）虞世南《古文苑》一百九（四库全书影印本）。

（14）房玄龄等《晋书·律历志上》（四库全书影印本）。

（15）陈寿《三国志·魏志·杜夔传》（四库全书影印本）。

（16）范晔《狱中告诸甥侄书》，见沈约《宋书·范晔传》（四库全书影印本）。

（17）陆法言《切韵序》，百度文库。

（18）沈括《元刊梦溪笔谈》，文物出版社 1975.

（19）陈澧《切韵考》，北京市中国书店 1984.

（20）曾运乾《音韵学讲义》，中华书局 1996.

（21）王力《中国语言学史》，山西人民出版社 1981.

（22）林序达《反切概说》，四川人民出版社 1982.

（23）李健正《中华雅乐音律乐调及其作曲方法研究》（上，下）（《乐府学》2012［1］，2013［1］）.

（24）萧统编　李善、吕延济、刘良、张铣、吕向、李周翰注《六臣注文选》，中华书局 1987.

（25）邓安生《蔡邕集编年校注》，河北教育出版社 2002.

（26）北京大学中国语言学研究中心 ccl 语料库。

（27）国学大师网 guoxuedashi.com.

39 "廿"的笔意

"廿"音念(宋代之前音入),意思是"二十"。这谁都知道。但是,"黄(旧字形)/堇"怎么有"廿"?"革/燕"怎么有"廿"?恐怕一般就傻眼了。这……为什么呀?其中有什么道理吗?

是的,其中是有道理的。汉字是表意文字,一笔一画都是表意的。笔画中的意思,黄侃叫做"笔意"。与笔意相关的概念叫"笔势",那是笔画的多少与走势,与毛笔的特性和书法有关,与汉字发展的历史有关。许嘉璐在介绍黄侃的成就时说:"所谓笔意,即字形的一点一画及其结构所体现的含意;所谓笔势,即字形经过长时间的嬗变,日趋约易,或书法取姿,原有的笔意已经隐晦,仅存其点画之势。"[1]笔意原始,是造字的动力;笔势多变,是写字的结果。在汉字甲金篆隶楷的历史发展中,笔意在衰减,笔势在前进。但只要汉字还是表意文字,笔意作为理解汉字表意性的基础,就会永久存在。"氵"为什么叫"三点水"不叫"三点砂"?因为它不来源于"砂"而来源于"水",就是说它的笔意不是砂而是水。当然,要彻底理解"氵"的笔意,需要汉字演变的知识。

楷书汉字的部件,有好些不止一个来源,笔意也就不止一个。常见的字下四点(灬),多数来源于"火",如"然/热";有的来源于兽脚，如"熊／罴／馬"。段玉裁认为，"鳥"只有两只脚，写四点没有道理，他注《说文》时就把鳥字的"灬"改为"ˇ"。其实，鳥字的"灬"指鸟一只脚的四个脚趾，鸟蹲树枝上，脚趾很要紧。而"魚／燕"的"灬"则是鱼尾和燕尾，"無"的"灬"却是起舞人的两脚和双手所提道具的下垂部分。是笔势把不同的笔意混同了。

"廿"的笔意，第一是"二十"（两个"十"相连在一起），第二是燕子（燕）的头和镊子样的嘴，第三是兽皮（革）的头角。本文要讲的是第四种：人的脚丫子。

"近取诸身"的汉字或汉字部件很多，取于"手"的有"左（去掉"工"）／又／手／扌／爪／仉（音掌）／廾"等，取于脚丫子的有"止／夊（音虽）／夂（音止）／牛（音跨，竖本不出头）"等。"牛"逆时针方向旋转90°，不就成了"廿"吗？它就是"黄／堇"两字头上的"廿"。是笔势把脚丫子"牛"混同于"廿"了。不过，这需要论证："黄／堇"为什么与人的脚丫子有关？不说清楚这个问题，人们是不会满意的，所谓"笔意"也就只是一种猜测，并未落实。

对人的脚丫子，甲骨文的摹写有实有虚。，这是《汉语大字典》止部所录的部分"止"字，上排的甲骨文就是两个脚丫子，左实右虚。左边的是左脚，脚趾往左，只画了三个脚趾；右边的那个是右脚，脚趾朝上。下边一排，石鼓文和篆文的"止"字是左脚，也是脚趾朝上的，它们与甲文的最大的不同是，右边代表左脚大拇趾的那一笔，其下部没有穿过中间一竖，脚掌后部就看不出来了。这也是笔势影响笔意的一个例子。看右上那个字形，它原来是右脚的脚丫子。就是"反过来的"止字，如果笔势使上边一笔（近乎横）穿过第二竖，是不是就成"廿"了？所以，"廿"和"止"的笔意都是脚丫子。

那么，"黄／堇"两字，究竟与人的脚丫子有什么关系？

先说"堇"字。《说文》："堇，黏土也。从土，从黄省。"《说文》的古文堇字作叢。段玉裁注："从黄者，黄土多黏也。会意。"原来"堇"字的上部是"黄"字之省，难怪有"黄"字之头的"廿"。这是说，堇字在意义上不是与"廿"有关，而是与"黄"有关。至少许慎、段玉裁是这么理解的。看它的古文字形，所从之"黄"还没有"省"，许段的理解无疑是正确的。

《汉语大字典》的堇字有"黄土，黏土"一义，书证有《新唐书·藩镇卢龙传》的"以堇土为钱，敛真钱"，还有《资治通鉴·唐僖宗光启三年》的"以堇泥为饼食之，饿死者太半"（胡三省注：堇泥，黏土也）。这儿的"堇泥"是黏的，指"黄土"，而笔者所知不是这么回事。

旧时湖南邵阳，老百姓荒年没吃的，有的吃"观音土"。这是一种白色的粉末状泥土。又，邵阳话有"假泥巴"一语，贴近山边的新开垦的田，如果是"假泥巴田"，那是种不出稻子的。"假泥巴"是假的泥巴，灰白色，很黏，没有一点肥性。要是邵阳的"观音土""假泥巴"是"堇泥"，那就不是"黄色"的。这"黄"大概指的是"磺子"的"磺"。"磺子"邵阳音"广子"，意思是"矿石"。"磺"是"礦（矿）"的本字，《说文》释为"铜铁樸石也"，原本是见纽字（古猛切），邵阳读音是古音之遗。所以"堇"不是地道的"土"，而是介于"土"和"石"之间的东西，如果加水成"泥土"，那也是"假泥巴"。《说文》的释语"黏土"，恐怕不能理解为"黄土"，"黄土"是土壤中很好的一种呢。

"黄"是什么意思？《说文》："黄，地之色也。从田，从炗，炗亦声。炗，古文光。[夊下炗]，古文黄。"

我们先说"光"。光字篆文作"炗"，《说文》说字形是"从火在人上"，表示"光明"。"儿"今天是"兒"的简化字，在《说文》中，它是"人"字的异体，许慎叫"古文奇字"。《说文》有儿字，"儿，古文奇字'人'也。"光字古文作"炗"，或于"炗"上加"炎"。字形中的"廿"是什么意思？这才是关键。比较此字的篆文和古文，"炗/炗"都有一个部件是"火"，另一个部件也应同类，至少相关，否则不会是同一个字。篆文"尣"下部是"人",那么古文"苂"上部的"廿"也应指"人"。如果"廿"是脚丫子的隶定,脚丫子正可以指人。如"前"字篆文作"歬",从"止在舟上","止"就是脚丫子,用以指人,说的是"人在船上"。这样,我们就说明了"苂"中的"廿"是脚丫子。"黃"字既然从古文光,那其中的"廿"自然是用脚丫子指人了。

"黃"字"从田从苂,苂亦声",意思是说,"苂"在"黃"字中担任两个角色:它既是"黃"字意义的来源,又是"黃"字读音的来源。"光"为什么是"黃"字意义的来源呢?这是古人造字的"笔意",涉及古人的认识水平,当然也涉及解释造字理据的许慎的认识水平。许慎说,"黃"是土地的颜色,古人造字时也许认为,这颜色是在有光(火光是光的代表)的情况下才看见的,而"田"是土地的代表。我们知道,许慎说文解字依据的是篆文,甲骨文的"黃"字,那"田"并不是"农田",有些"黃"字中的"田"只是个空心的圈儿。如,[字]是"入黃尹丁人"(见《甲骨文合集》)。汉字部件"田"不指农田的,还有"番"字中的"田",异体的"番"字,下部有作"囗"的,也有近乎"勹"的,它的笔意是"野兽蹄迹"中"掌"的部分。

"古文黃字作夊下苂",并没有"田"。但"古文黃字作夊下苂"这个说法有点不合适。因为这一说法似乎肯定古文黃字有两个部件,是"夊"和"苂",而这是未经证明的:难道不能说古文黃字从夅、从火?或从夊、从牛、从火吗?"苂"字不是上边有加"炎"的吗?这儿是上边是加个"夊"而已。但是,前者仍是古文"光"字,后者却是古文"黃"字。要是都讲"黃"字,讲最小部件,则是:篆文(经隶定)黃字从廿(牛)、从田,从火(廿下的长横原来是火字的两点,是笔势排斥了笔意;而田变成由,又把火字拦腰截断,使火字的笔意几乎完全隐去了。姓黃的说自己的姓是"共田黃"或"共田八黃",不说其中有火字);古文黃字从夊、从廿(牛)、从火。《说文》之所以要讲"苂",是考虑到字音,要是只讲"会意",是可以讲最小部件,而不必把"牛""火"合并为"芡"的。而且，最重要的是，讲最小部件的"会意"，篆文黃和古文黃原来是相通的：都是"围着火"。篆文黃字中的"田"并不是"农田"，而是"囗（即围）"，甲骨文的黃字，那"田"中就可以没有"十"，只是个空心的圆圈即"囗"。古文黃字中的"夂""屮"，就是"韋"字之中"囗"的上下部。"囗韋圍（围）"本同字，造字方法不同而已。这就说明了篆文黃字的部件"屮""田"，和古文黃字的部件"夂""屮"，其"笔意"是相通的：表示围。"围着火"怎么是"黃"？这就决定于造字实际和语言实际了。例如，人在木旁怎么是"休息"而不是准备"扛木头"？只能到造字实际和语言实际中去，才能得到比较正确的答案。顺便说一下，甲骨文的"黃"字不是"从田从芡"，《说文》的解说在此不适用。

字形中有脚丫子"廿"的，除了以"堇/黃"为部件的字以外，还有"庶/度/席"三字。如果不考虑甲金文，庶字从古文光（芡），度字、席字"庶省声"，三字中"廿"的笔意就都是脚丫子。[2] 不过，黃字的今字形作"黃"，其中的"廿"已经不见了。

注释

[1] 许嘉璐文见《量守庐学记：黄侃的生平和学术》，三联书店1985。

[2] 古文字学家于省吾说，庶字的甲骨文字形是上"石"下"火"，本是"煮"字初文。众庶之义的庶，字形从上到下是"石火众"，后省作"石火"，误为上"广"下"芡"。依此，则"庶/度/席"字中本无"廿"。但中国的楷书典籍历史太长，"庶"没有从上"石"下"火"的，人们已不可能依照甲金文把庶字之形改为"石火"了。见于省吾《甲骨文字释林·释庶》，中华书局1979。

40《黎氏四修族谱》总序

庚午仲冬，四修黎氏族谱即将告竣之际，族人命我作序。我想，自己寡德鲜能，谬为诸君推重，实在难以当此重任。辞之再三，竟不获准。后来反复考虑：四修大事，赖合族诸君操心劳力，我族数万人合力同心，历时两年，始能蒇事。凡我族人，莫不兴高而彩烈，誉为六十馀年以来之盛事。我也是爵公之胄，既已怠惰于前，不可再拂诸君美意于后，使族人败兴。恭敬不如从命，便怀着负疚之心拿起了笔。

四修族谱的酝酿，大约在三年之前。那时，别姓群众已在正式修谱，我也曾与族人谈及，但公务在身，止于空言。己巳初，应约赴破徒寨为爵公扫墓，而七大房敦宗睦族之贤者已先我而至。扫墓后讨论修谱事，议定各房先与族望及广大族人商议，同时寻找三修族谱。到庚午六月，集中族人意见，一致同意续修，并选举笃燎君等，组成领导小组，负责联络各房，统一指导思想与族谱的内容格式。四修大业，于是加紧进行。又半年而初稿杀青，真是众庶成疆，众志成城。

今日之宗族，一无组织，二无产业，为什么数万人意见如此统一，事情办得这么快这么好？我想，这里面的缘由是极为深刻的。

首先，正如前修所说，族之有谱，犹国之有史。族人重视修谱，正是群众重视历史的表现。旧时代的族谱虽不能避免时代的局限,但确实保存了珍贵的历史资料。目前各地正在撰修地方志,其中的氏族志就得以各姓族谱为主要的材料来源。而且无论治政治史、文化史、语言史、文学史或风俗史,除了研摩历代的经史子集及地方志之外,也得到有关的族谱中收集材料。鉴古可以知今,群众是充分懂得这个道理的。

其次,历史本来是群众创造的,但过去的所谓正史,大多是帝王将相的家史,这对群众来说是极不公平的。人民一生辛辛苦苦,为国家、为后代殚精竭虑,鞠躬尽瘁,当然希望自己的一生为后人所知,希望后人能够记取自己一生的经验教训,生活得更为幸福美好。族谱实际上是全族每一个人的简史的综合,在一定程度上满足了群众的愿望,因而为群众所赞成。

在中华人民共和国成立四十年之后的今天,续修族谱仍然能够赢得群众的普遍拥护。这个事实说明,在我国农村人口聚族而居的历史条件下,世代相传的家族观念,仍然是广大农民群众的重要意识形式。我数万族人在中国共产党的领导下,早已走上了社会主义道路。然而社会主义必须采取适当的民族形式,我们建设的是具有中国特色的社会主义。那么,在聚族而居的农村,就理应把社会主义精神灌注到家庭观念、宗族观念这种意识形式中去,同时保护在今天仍有积极意义的传统道德,如尊老爱幼、睦邻亲族、周济贫穷、互助团结、大义灭亲等等。

四修族谱的指导思想,就是建立在社会主义与聚族而居这么两个基本点上,贯彻改革族谱、群众修谱的精神。因此,四修族谱除按惯例罗列全族每个成员的基本情况之外,还注意以下各点:克服旧族谱重男轻女的偏向,族内男女一律上谱,所写内容男女一样,这既符合男女平等的精神,又有利于控制人口增长,提高族人的素质;尽量替那些为族人所拥护的正直无私的长者、为群众为国家作出贡献的族内精英立传,特别要为那些在建设家乡和保卫祖国的事业中英勇献身的烈士立传,他们的出现,是全族的光荣,也是族人的宝贵精神财富;根据国家的法律法规和族人的公共利益，制定族规族约，其中包括尊重区、乡、村政府的领导，尊重老龄委员会的规劝告诫，正确处理族内矛盾，与外族人讲团结等。

自我族始祖爵公元季入湘，迄今已逾六个世纪。六百多年以来，我族先人在邵阳、隆回、洞口、武冈、新宁、东安、黔阳、怀化、新化、邵东、宁乡、祁阳等地蕃衍生息，开发资源，披荆斩棘，建设家园，为后人创造了幸福生活的基础。前人栽树，后人乘凉。我相信，今日爵公的后裔，不会只在前人种的树下乘凉，而会在新的时代更加奋发努力，艰苦斗争，磨砺品行，改造自然，做到既无愧于祖宗，又无愧于子孙。

爵公之子孙今天已逾数万，是伟大的中华民族的一员，我们的明天将会更美好。是为序。

公元一九九一年岁次庚午季冬
十房二十二世嗣孙大学教授良军敬撰

41 芷江故地行*

一

我魂牵梦绕的芷江啊,它曾经养育了我6年。这机缘,来自当时适龄男子(长子除外)得年年交钱买兵役的严酷处境;不得已,父亲只好和母亲一起,带着我的姐姐和两个哥哥,逃离原籍,到芷江岩桥沈家冲躲起来,靠租种财主王宝山(会老爷)的田地过日子。1980年代以后,"出生地"似乎与"原籍"一样重要了。我在几个版本的《黎良军小传》中也说自己的出生地是芷江侗族自治县(岩桥镇)。从这时起,我便经常想到岩桥沈家冲,梦想着有朝一日能去那儿看看。2010年9月30日,我和老伴终于踏上旅途,准备前往芷江去寻访沈家冲,寻访这个洒满着我父亲的血汗和母亲的泪水、萦绕着我无限怀念之情的地方了;已过古稀之年的我,居然也抑制不住心头的激动,仿佛喝多了酒似的,说话比平时大声多了。

六十五年前的芷江城,是抗日战争最后一战——雪峰山战役的指挥中枢所在地,也是该战役总预备队、在缅甸屡败日寇的新六军驻地,是刚刚接受了日寇今井武夫恰降的地方,它也给我这个山里孩子带来过巨大的惊喜。那是1946年初,父亲知道自己来日无多,而全家搬迁路费又不够,只好带着三岁的弟弟和刚满六岁的我先期回原籍,母亲和两个哥哥在凑够路费后再回来。我们途经岩桥,从芷江城坐汽车到邵阳城,随即坐船到九公桥金盆湾,然后雇人挑了弟弟步行,回到黎氏冲时恰好是过年那天的傍晚,真正的农历除夕。正是在芷江城,我第一次看见了自行车。那时已经傍晚,有个小孩在一个坡地学骑自行车——蹬上踏板,车子的两个轱辘便自动转起来下坡去了,到了平缓地带,轱辘越转越慢,终于停下了,那孩子又推着车子爬上坡顶,再蹬上踏板让车轱辘往下滚,如此循环往复。我目不转睛地看着,觉得世界上最令人惊喜之事,恐怕莫过于此了。

在我的记忆里,沈家冲是个既令人憧憬,又令人恐怖的地方。

沈家冲是一个很小的山冲。这儿只有两户人家,都是王宝山的佃户:冲底那家姓邓,屋前有口泉水井;我们黎家住在山冲左边的半山坡上,用水要下到邓家门口去挑,路程约有三百来米。两家住的都是财主的庄房屋。我们家的房子是:一栋正屋坐东朝西,住人,墙壁是用木棍编的篱笆,屋顶半截盖稻草,另外半截盖杉木皮。篱笆墙连泥巴都没有糊;木棍的枝桠也只粗粗砍过,留下的枝桠头部变成了钩子,可以在上面挂东西,我记得后墙的外侧还挂过乌龟壳。屋里的摆设,现在记得的,最重要的有三样。一是大灶,父亲常用一口大锅在这里熬草药。二是一张经常帐着蓝色苎麻蚊帐的床,我玩累了就爬上去睡觉;如果是热天打赤脚,爬上床去时,父亲往往要说一句:用帐子抹抹脚!三是一个方形的打禾王桶,因为它沿子高,底部面积宽,大人把孩子放进禾桶里玩,孩子是没法爬出来的,这样大人可以放心做事,孩子也比较安全。正屋坐向右首是一间猪栏,所用材料是一条条粗大的树木,木料之间的缝隙大,可以伸进手臂;猪栏前面,面向晒谷坪有一个木板做的谷仓,底面离地有两三尺高,要爬几步楼梯才能进去。正屋前面是晒谷坪,晒谷坪前的高墈下还种过南瓜。夏天洗了澡,洗澡水就倒下去肥南瓜。屋的后面是柴山，长满了檵木树，土墈不高，但没有路；左边是柴山，有路通向山里，是砍柴放牛常走的；右边是茶山，也有路经龚岩匠家通向胡家垅三伯家，也通向大哥念书的地方。在我的记忆中，上茶山的路一开始就很陡，我从来没有走过。

那时的沈家冲古木参天，大多是松树，连做柴烧的檵木树也长得很粗，有丈多两丈高。这里经常有野兽出没，老虎，豹子，狼，野猪等等，似乎什么都有。这是对我们家的巨大威胁。听大人说，我们家的火铳是后来买的，开始家里只有一面大锣，到晚上，有时野兽围着猪栏转，要吃里面的猪，猪吓得嗷嗷惨叫，父亲也不敢出门驱赶，只在家里敲大锣吓唬野兽——据说是锣声像狮子的吼声，什么野兽都怕。防备野兽的另一个办法是养狗，最多时曾经养了六只，狗吃的饭比人吃的还多。我们家的狗就曾合伙咬死过出来觅食的年幼的豹子。令人难以置信的是：每只狗似乎都有自己的名字，它们自己也都知道，能听从人的呼唤。其中一只叫花妹子的母狗，我至今还记得。

大概是 1945 年 9 月，父亲的病已经显出危象。怀着最后的希望，母亲背着弟弟陪父亲到当时比芷江城还要繁荣的洪江去诊治，由于没钱住医院，折腾了个把月又把父亲抬了回来。这些日子里，在家的就只有 13 岁的大哥、9 岁的二哥和 5 岁的我（姐姐已回原籍）。父母安排我们白天在篱笆屋里住，晚上去谷仓里睡。有一次我早上醒来时，几乎吓蒙了——原来我发现自己昨夜根本没有进谷仓，而是在篱笆屋的王桶里睡了一夜。现在想来，这一晚我们没有成为野兽的口中之食，也真是侥幸。

沈家冲非常地偏僻，我在这儿的生活单调而平淡。弟弟太小，我没有一个玩伴，也没有任何玩具，平时只能与鸡、狗、灰、石为伍，除了家里人，终年难得见到外人。虽然三伯（父亲的亲哥）就在附近的胡家垅做佃户，可我根本没去过他家——为了躲避兵役，父亲和三伯的兄弟关系不能公开，两家得尽量少来往；母亲在附近向家认了娘家，可在我的记忆里，也仅仅去过干舅舅家一次。因此，常跟着放牛的哥哥或姐姐去野外玩——有一次玩火不知怎么把长衫的后襟燃着了，吓得大哭，幸而姐姐及时发现，把我推倒在地，才把火扑灭了；还有一次竟然见到一架飞机贴着树梢飞过，响声震耳欲聋，甚至可以看到驾驶窗里的飞行员。我脑海里的记忆碎片还有：在打禾那天，系一个兜肚，光着屁股到稻田里捡禾秫；在屋檐下漏斗状的灰质窝坑底部找土鳖；用稻草缠着火钳背在肩上，口里喊着"卖肉哦"；第一次穿上"峦裤"（满裆裤）后，偷偷地到禾场右下方的红薯地里反复学习如何扯开裤子、系上裤子；三伯要借猫，我拼命抱着猫不给，后来我累了，父亲让我抱着猫睡觉，等到一觉醒来，才知道是上当了；有一天母亲叫哥哥去对面山上寻找从老鹰的爪子中掉下来的鸭子（它一爪子抓了好几只鸭子，才有掉下的），我要跟着去，当时正在吃饭，便谎称吃饱了，这碗饭吃不完了……这几乎就是我对自己的沈家冲生活的全部记忆了。过大年的喜庆，放鞭炮的热闹，在我心里是印象全无：6岁之前的我，根本不知道世界上还有这类好事。

父母带领全家来到沈家冲隐居的时间，算起来应该是1938年（当时父母都是30岁），因为母亲谈起这一段经历时，总是说在芷江住了8年。我、弟弟和妹妹都是在沈家冲出生的。他们之所以敢这样做，一是生活所迫没有办法，二是因为父亲会算命，母亲会抽牌，他们经常外出流浪混饭吃，有着远离家乡谋生的经验（我大哥就是1931年在资兴县出生的，他的头一个名字叫资兴髦；由于是长孙，奶奶很疼爱，才把他改名叫望伢子的）。可是到芷江没几年父亲便患上尿路结石。听母亲说，结石到达阴茎部位时尿不出来，又痛得要命，是他自己在三伯的帮助下，在山里用"蛮工夫"硬把结石挤出来的。可是，结石是挤出来了，尿道却受到损伤，很快就发炎，接着就溃脓，后来就长蛆了，几年时间就夺去了父亲年轻的生命，连照片都没有留下一张——他1946年夏天去世，时年38岁，临终前还嘱咐母亲千难万难也要送我念书（当时我一年一期快念完了，他让我背过书，也许他觉得孺子可教）。在父亲患病的三年多时间里，家里生活全靠母亲一力维持。为了生计，母亲不得不把几个月大的妹妹含泪送给别人，请他们把她养大做童养媳——可妹妹在别人家不到一年就死了。诗云"哀哀父母，生我劬劳"，悬想父母在沈家冲养育我们兄弟姊妹所经历的艰难和苦痛，心里便禁不住升起一种对先人的无限敬仰与怀念的情感，也更想去沈家冲寻访我的胞衣之地了。

二

老伴燕子这次陪我回湖南，原是专为去芷江寻找故地的，80岁的大哥和一个堂弟打算与我们同往。可是，到了邵阳市之后，见大哥精神不佳，身体倦怠，脸和手掌黄得难看，患过甲型肝炎的我立即怀疑他有肝病，经不起旅途的奔波，这样一来，寻访沈家冲的计划恐怕要落空了。大哥却说自己患的是贫血，已经是第三次了。我与他的儿子陪他去医院看了病，医生也说他肝脏没有问题，只是贫血。我便让侄儿买了糯米、黄糖，送他回黎氏冲弄甜酒冲鸡蛋吃，据说这营养疗法对贫血很有效。不得不放弃与大哥他们去芷江寻访故地的遗憾，使我临时决定携燕子去湘西凤凰一游——不管怎么着也不能白回湖南一趟。

凤凰很美，它汇聚着自然和人文的精髓，叫人如醉如痴。然而，沱江两岸夜景璀璨、游人如织的热烈氛围，乾隆时期南长城重镇黄丝桥石头城（唐代叫渭阳城）的悠远沧桑，沈从文、熊希龄故居的古雅幽邃和《陈寅恪全集》的翰墨清香，都没有冲淡我积淀几十年的对芷江故地的思念：大哥不能去了，我就能因此放弃？此时不去，更待何时？

10月5日清晨离开凤凰，到吉首乘上火车才吃早餐，在怀化下了火车又直奔汽车站，下午1点多终于在芷江城的凯悦泰和酒店——据说这里是二战时期美国空军"飞虎队"成员2005年重聚芷江时下榻的地方——安置下来。仿佛知道我们要寻访故地似的，酒店的服务员送了我们一张《芷江侗族自治县旅游交通图》。地图很详细，岩桥乡竟然标出了 38 个村子。太好了，真是雪里送炭啊。我和燕子商量：沈家冲是一个很小的地方，别说芷江城里人不知道，就是岩桥人恐怕也很难知道。在芷江城找人询问沈家冲，如同在邵阳城找人询问黎氏冲，大半会白费口舌。由于我们都是在学校退休的，便决定去县教育局寻求帮助。

下午两点多，我们吃完午饭，打算回酒店歇息。燕子本来累了，但考虑到如果歇息后再去教育局，人家可能下班了，便建议先去教育局。我自然立即附议。我们乘出租车来到教育局时，值班室里有两个大人一个孩子，他们正在看电视，电视里播放的是少儿节目。我向值班人员邱会计说明来意时，孩子几次说："闭嘴！"看来我这个不速之客是打扰了她的雅兴了。等我说完，邱会计指着旁边的一位说："正好，这位萧老师是岩桥人，看他有没有办法。"

我立即请萧老师帮忙查找沈家冲其地，并把我刚出版不久的两本小书《雅林小憩：汉语字词论集》和《湘语邵阳话音义疏证》送给他。萧老师叫萧平华，40 岁光景，是岩桥中心小学的老师。他非常热情，立即用手机打电话，直接问对方是否知道沈家冲和大地主王宝山，对方反问时，他才说一句"有个老教授要打听这个地方"。我在一旁听着，计着数，他一口气接连打了五个电话，可惜回答一律是不知道，仅有一人回答"王宝山可能是电冲人"。他又把电话打到电冲，仍然没有结果。萧老师分析说，王宝山如果是电冲人，电冲是水宽乡的一个村，沈家冲就可能是水宽乡的一个小地方。

我尽量把我所知道的关于沈家冲的信息搜罗出来告诉萧老师：沈家冲离岩桥 15 里，我大哥常从沈家冲去岩桥赶场，二哥曾去岩桥卖过柴。从岩桥回沈家冲，先是走从岩桥去水宽坪的大路，大概走过 13 里，才离开大路往右走小路，走两里小路就到沈家冲了。但大哥从来没有去过水宽坪。要找沈家冲，打听 1940 年代从岩桥去水宽坪的老路也许是个办法。我以前认为岩桥是个镇，这次出发前上网查了一下，才知道岩桥不是镇而是乡。乡虽然与镇平级，一般却比镇小。这样，沈家冲就既可能属于岩桥乡，也可能属于邻近岩桥的水宽乡。王宝山是个大地主，他住的地方有他的田，别的地方也有他的田，听说他去岩桥可以不踩别人的地面……如此等等。萧老师答应帮忙，说是第二天陪我去电冲。

虽然目前尚无着落，我却已经大喜过望。从教育局回到酒店，我和燕子都特别高兴：怎么一去教育局就遇到热情的萧老师？是不是冥冥中有人知道我们要去岩桥找人，有意安排岩桥小学的萧平华在教育局等我们？

回到酒店，我拿着地图左看右看，在岩桥与水宽两点之间设想出一条老路，有相当长一段与岩桥去巽公坡水库的乡村公路重合。我对燕子说："看来，明天最好沿着从岩桥去巽公坡水库的乡村公路，去寻找当年岩桥与水宽坪之间的老路。可是，萧老师却要带我们直接去水宽乡的电冲，怎么办？"燕子说："还是多听当地人的意见，等明天找了汽车再具体商量一下。"

10月6日早上8点，萧老师如约来到凯悦泰和酒店，我们便一起上路。我说要找个出租车，他说："还是找个面的吧，坐起来舒服些。"于是我们便一起来到一辆面的前，讲好价钱后就上了车。面的司机叫刘小军，约40岁，看起来与萧平华是熟人。车往岩桥的路上，多是他们俩说话，说的又是土语，我们不懂。不过，在车上，我还是说了寻找从岩桥到水宽坪的老路的意见。这个意见得到了小刘师傅的支持，可萧老师还是坚持去电冲。最后达成折中：先沿着去巽公坡水库的公路到板桥，本来车子可以继续走毛马路东行前往电冲，但因为正在修桥，车路不通，车子需返回岩桥，绕道经水宽，再西行到电冲等我们；我们三人则从板桥步行往东去电冲，一路上打听沈家冲的所在。

车到岩桥，萧刘二位找了两位长者，我们交谈了一阵，不得要领。我临时想到我的相机已经显示照到第30张了，问燕子一共能照多少张，她说可能是36张。我便要求小刘找地方买胶卷，即使现在这个胶卷够用，买个新的备用也好。可到商店一问，老板说，如今都用数码相机了，谁还卖胶卷？只得作罢。车到板桥修桥处，下车一看，原来是一个无水的深峡（氽坑），已经堆着许多立方体的石材。小萧扶着燕子，小刘扶着我，四人踩着高高低低的石材先下后上过了深峡走上毛马路，来到一个岔路口。往左？还是往右？小刘师傅说：往左，路近些；往右，也可以到电冲，只是绕远了。我根据大哥从岩桥回沈家冲的经验，主张往右。刘萧二位却犹豫不决。刘司机这时又补充了一个情况：往左，路上没有人家；往右，有人家可以询问。我听了便断然说："就这样，往右！"

　　走不上百米，路左的墈上就有一户人家，一个穿制服的中年男子站在墈上，我们问他是否知道沈家冲，他想了想说，这一带哪有什么沈家冲！我们继续说，那儿从前有地主王宝山的庄房屋，附近还有个小地名叫胡家垅……他还是说没有这么个地方；一个老者在蹲着抽烟，没有回答；一个年长的妇女回答了，由于彼此相距较远，也许她没有把话说完，也许我们没大听清，总之听起来不太明确肯定，但好像她是知道的。我于是快步走上墈去，来到屋前的小坪里。我递了烟，重新问起沈家冲来，穿制服的仍然坚定地说"没有"，这时，一个30来岁的妇女——她本来不是我访问的直接对象——却突然大声说："怎么没有，我就是沈家冲的。"于是，我们之间有了下面一段对话。

　　问：请问你的大名？

　　答：张道梅。

　　问：小张，你娘家在哪个村子？

　　答：户家屋场，窗户的户。

　　问：沈家冲是……

　　答：是户家屋场的一条冲。

　　问：那儿有一家姓邓的，你知道吗？

　　答：不知道，没听说。

问：你知道胡家垅吗？

答：知道。胡家垅和沈家冲隔一座山，互相背靠背。

问：你们那儿有一家姓龚的，上两代是岩匠（石匠），知道吗？

答：有姓龚的，可不知道他们上两代是岩匠。

问：你们附近有姓向的吗？

答：有。

问：你婆家这里叫什么地方？

答：大地名板桥，小地名洪家堰。

问：洪家堰到岩桥有多远？

答：8里。

问：洪家堰到你娘家有多远？

答：大概7里。

我于是断定：张道梅所说的户家屋场的沈家冲，正是我的胞衣地沈家冲，正是我父母在那儿洒过8年汗水和泪水的沈家冲。我迫不及待地请求小张给我带路。她开始有些犹豫：如果那儿不是你要找的地方怎么办？步行去太难走；老公（小曹）不在家，家里有小孩，不放心。她的婆婆说："你可要送她回家哦。"听她这话的意思，是拐着弯儿让儿媳妇答应我，提个不言而喻的条件只是个说法而已。只有公公抽着烟，一声不吭。我对小张说："无论如何请帮忙，当然，我也不会让你白跑的……"又大声对她婆婆说："保证把你儿媳妇送回家，不会把她弄丢的。"最后，她终于答应了："等师傅阉了猪就动身。"原来那个穿制服的汉子是来阉猪的，不是曹家的人。此时萧平华、刘小军、燕子等都已经来到曹家的屋前，我对小刘、小张说，尽量坐车到离沈家冲最近的地方，至于车子怎么走，你们两位商量。小张说："车子可以一直开到沈家冲旁边的山坡上。"我吃了一惊：我记忆中的沈家冲，原是处在深山老林之中的，如今居然通了汽车了！

真是老天保佑！不到两个小时，我们就顺利地找到了张道梅，找到了这个完全可信的知情人。天下竟有这么巧的事：让小张从户家屋场嫁到洪家堰来，仿佛准备着有朝一日有人要到洪家堰来打听沈家冲似的。

三

于是，我们一行5人上了面的，直奔沈家冲。车子先回到岩桥，再到水宽。乡村公路虽然路面窄，但是水泥路，质量非常好；一路上人烟稀少，满眼所见都是山连着山；车子畅行无阻，极少会车；即便是两个"乡治"，也像个村落，没有形成真正的街道。在水宽，面的到达一个岔路口时，小张说，右边通柘连，左边通水宽，我们走右边。我疑惑了：车子已经到了水宽，怎么左边还通水宽？拿出地图来一查，地图上果然有两个水宽。眼下这个水宽，也是我一天来看地图所注意的水宽，画的是两个套叠的圈儿，是现今水宽乡乡政府所在地，"水宽"两字下边括弧里还有"阳田坳"三个字；左边那条公路所通的水宽，画的是一个圈儿，它是水宽村，处在沪昆高速公路以南，我原来没有注意到。阳田坳之所以叫水宽，应是水宽乡乡政府从水宽坪迁到阳田坳以后的事。那么，大哥所说的水宽坪就只能是今天的水宽村了。我和萧平华、刘小军原先都把阳田坳当做水宽坪，是搞错了。幸而从沈家冲到岩桥是要经过洪家堰的（这一点可以从道路里程上推断出来），又幸而在洪家堰又遇到了张道梅！要不是这样，我们在离开洪家堰以后去电冲，也就离开了从岩桥去水宽坪的老路，那可就麻烦了。我越发意识到，遇上小张，真正是我们这次芷江故地行得以圆满顺利的最大关键。小张的适时出现，使我们少走了多少冤枉路啊！车子走上了开往柘连的公路，萧老师似乎也有点儿惊讶，问：沈家冲不属于电冲？张道梅答：那里一路来属于柘连。

看着地图，我知道，柘连在沪昆高速公路以南，车子翻山越岭，正在往南走，越来越接近沪昆高速公路了。我还发现，张道梅的娘家户家屋场地图上也有，就在沪昆高速公路北侧，只是头一个字不作"户"而作"付"。小张口里的"户"字，与"付"字同音，认真地说，可能应该作"傅"或"扈"。不过现在不是追究这个问题的时候。我问：沈家冲邻近高速公路？小张答：那还有好远呢。这时，车子开到了一个下坡的路段，右边是座山，左边是条冲。小张叫停车，说是沈家冲已经到了。

我们下了车。小张指着公路东边的山冲说："这就是沈家冲。"她又指着对面半山坡一处树丛，说："那里，树丛的前面有一块平地，听老人说从前是个屋场。"我大致看了一下：这儿确实是一个小山冲，全冲不过十来亩水田；山冲的走势北高南低，被东西两座山夹着，北面的山最高，山顶上还高高地矗立着一座移动通信基站。公路正修在山冲西边的半山坡上。我下到冲里，沿小路往北走了一二十米，同时察看着对面的山坡，想走过田径到东山坡去。看看对面的山坡不太好走，我又回头走了二三十米，一望对面，司机刘小军已经站在那儿。他向我打招呼，说这儿路不难走。我便走过田径去爬坡。小刘正说着"慢点"，我一个不小心，脚下一滑，双膝跪了下去。小刘说："到了胞衣地，拜祖宗了！"我也应声说："是该跪一跪！"说来这事儿也奇：我这人很少跌跤，两个钟头前在板桥两过深峡，在杂乱无章的石材上上上下下，我没有跌倒；两天前参加凤凰一日游，在青龙峡爬山，山高而险，我也没有跌倒；我最近的一次跌跤，发生在2002年的北京，那是在从刘家窑公交车站回铁匠营儿子处的路上，我与女儿一边说话一边走，不小心阴沟里翻了船，被石头绊倒了，不过也不是跪下。是的，对我来说，这儿本来就是个不平常的地方，父母在这儿生下了我，这儿的山，这儿的水，养育了我，拜他一拜，跪他一跪，于理是绝对应该，于情也绝对需要。

我和刘小军爬到半山坡的地坪——我出生地的旧址，向各个方向观望了一下，不由得心潮起伏。是的，这就是65年前我们一家居住的地方：眼前的山冲右高左低，我们生活中走得最多的路是从屋前的晒谷坪下个陡坡，再向左前方下着缓坡走向农田，走向冲底邓家门前的泉水井——小路虽然痕迹全无了，可走势一点不差，只是印象中儿时的高坡、陡坡，这时看来要矮多了，平缓多了；望着对面的山，我仿佛听到赶场回来的大哥在山间毛路上打着"哦——嗬"，报告自己的平安归来。地坪分两级，高差不过一尺：靠里（东）的一级窄些，现在栽着橘子树，分明是当年庄房屋的宅基地；前边一级宽些，现在种着红薯，原是当年庄房屋前的晒谷坪。而且，这是此山唯一一处地坪，此地老年人还知道它曾经是一个屋场。没错，这就是沈家冲里黎家住过的庄房屋的旧址！这就是财主王宝山的佃户——黎勋名和向梅秀两位先人生我养我的地方！

我向对面的山坡叫道："都过来！"他们便都离开公路走下冲沟，燕子和张道梅一边走，一边拉着家常。等她俩和萧平华三位走近了，我说："谢谢大家，这儿确实是我要找的地方。我们照照相吧。"我拿着相机走来走去取景对光，此时不到11点，太阳从东山顶照过来，逆光，还真不好处理。张道梅指着一块土对我说："这块土原来是我们家的，整个山现在是柘连村的园艺场。"接着，燕子和小张聊着天，听小张告诉燕子，她小时候还在这个地坪放过牛……我拿相机对着她们，偷偷地一按——原来想偷拍一张，不想相机悉悉窣窣响个不停，是在返回胶卷了：糟糕，这相照不成了！

我收好相机，望着这片绿油油的红薯地出了一会儿神，转过身来，见小刘小萧站在左首的橘子树下。那里的橘子树比地坪的高大得多，而且挂满了成熟的橘子，实在诱人。有人问：摘几个橘子可以吧？张道梅痛快地说："摘吧摘吧，没关系的。"说着也同燕子一块儿走过去，仿佛她就是这橘园的主人。于是刘萧爬到墈上摘，燕子在下边扯开一件衣服接，很像是几个乡下孩子在摘野果。

大家回到我们的面的旁边，我意犹未尽，很是遗憾，但已经无法可想。在离开沈家冲之前，我还能做些什么呢？我想了想，对小刘说："请把车子继续往前开，我要到冲底看看。"冲底原来是佃户邓家住的地方，如今房舍已经渺无踪影，所见的都是稻田。有的已经收割，有的正等待收割。有两丘田很特别：别的稻田都是干的，这两丘田里却有三四寸深的水，稻子已经收割，禾蔸整整齐齐地排在清澈的水里——哦，我知道了，这水正是当年邓家门前的井水，正是我儿时所喝的井水，井眼虽然消失了，泉水却仍同当年一样汩汩而出，涌流不息。然而，沈家冲已经不只是"物是人非"，而是"物变人无"了：虽然有了手机基站，有了水泥路，有了园艺场，却没有了参天大树，没有了水井；最令人遗憾的是，这里没有了邓家，没有了我的小妹，一种莫名的幽思向我袭来……燕子陪着我在水田旁边流连徘徊，刘小军师傅似乎看出了我的情绪变化，他走近我，关心地问："黎老，下面有什么安排？"我稳了稳神，说："出生地找到了，也看过了。很感谢你。唯一的遗憾是没有照几张相——算了，事情总是难得十全十美的。"他说："你来一趟不容易！今天来了，也不知道哪天能再来。我建议你回芷江城买个胶卷，下午再来拍照留念，免得留下遗憾。"我听了很受感动，低落的情绪一下子便一扫而光了，说："我心里也曾这样想过，只是不好意思说出口来。没想到你竟然如此不怕麻烦，一心一意替我们着想。要是这样，我们这次的芷江故地之行就真正圆满了！"

中午 12 点多，我们 5 人在岩桥吃完中餐，送走了张道梅，即赶往芷江城。先到照相馆去买胶卷，走了两家，终于买上了。然后，萧老师指路，分别到两个地方把他的岳父岳母接上面的，随即上班去了。小刘师傅按照萧的托付要把两位老人经岩桥送往地头坪。一路上，萧的岳父告诉我，他今年 79 岁，年轻时也去岩桥赶场，地头坪离岩桥 24 里，现在的公路就是沿着从前的老路修的。他还说，会老爷王宝山是干塘坪人，为人还好，就是抽大烟，爱打牌。同他打牌，你不能赢。他不管家，管家的是他的儿媳妇，就算儿媳妇把几个庄房卖了，他也不知道。土改斗地主时，只有一个人斗争他。他只有一个儿子，土改时枪毙了。不过，他的孙子后来在贵州省政府工作，把家人都接去贵州了。

我、燕子和刘小军从地头坪赶回沈家冲时不过下午3点多。我们很感谢小刘师傅,一天中领我们二度来到沈家冲,并说:"以后,我那在这里出生的兄弟如果要来看看,仍就来找你。"他非常高兴地给我们留下了手机号。此时太阳已经偏西,恰好照在沈家冲东坡上,正是照相的好时机。我不断地按着快门,往东南西北各个不同的角度把这片故土摄入了相机,心中有说不出的快乐。回城时已近5点,刚走一两分钟,刘小军指着右边的毛马路对我说:"前两天我还开车走过这条路,它可以通到你们说的胡家垅。"我想起来,如果车路是沿着从前的老路修的,这条毛马路应该就是从前通向水宽坪的大路的拓宽,大哥赶场回家,就是在这里离开大路走小路的,如今这小路变成了水泥路,反而比大路更好了。车过岩桥后,我们又绕道到中国人民抗日战争胜利受降纪念馆,在馆前留了影。

　　据说,芷江的"受降纪念坊"是华夏大地纪念抗战胜利的唯一建筑,它记载着芷江这座抗日英雄城的光辉历史。我们的芷江故地行圆满结束了,我们的汽车正迎着灿烂的夕阳,往英雄城里的凯悦泰和酒店快速地驶去,从沈家冲摘来的黄澄澄的橘子,整整齐齐地排在车子前挡风玻璃的下缘;我坐在车上,回忆起这一天多的行程,真是感慨万千:对于从外地来的陌生人来说,芷江确实处处有贵人,他们热情诚恳,乐于助人,体贴长者,什么事都能帮你做到;他们似乎就是你的亲人,叫你心里感到无比的温暖。也许,这正是我的父母当年选择芷江沈家冲隐居的缘由吧?谢谢你们啊,芷江的父老乡亲!

2010-10-25 于桂林育才路藜藿轩,12-08 改定

* 本文写成后七年,2017 年 6 月 17-20 日,二哥文坤(魁)从黎氏冲经广州虎门来访藜藿轩(同行的有其女儿月香、女婿赵育和外孙赵黎钦),我们一起又回顾了我们家住沈家冲八年的日子。二哥比我大四岁,记性好,我们全家回到黎氏冲老家后,他又随母亲两次去芷江，对岩桥、水宽的地理和我们家当年的生活相当熟悉。据二哥说，张道梅说她家就在沈家冲，说的是实在话。从我们家右首爬上坡去，经过茶山，走二三百米就是张家，她应是这家的孙辈。张家住的是瓦房，不是王宝山的佃户。我们黎家到张家的距离，与同冲底邓家的距离相当。所以她说自己娘家是扈（付）家屋场是说村民组，胡家垅、沈家冲等都是这个村民组下边的小地名。要讲小地名，她家就是沈家冲。所以沈家冲当年有三家。二哥还记得，她家一个姑娘（应是张道梅的姑，比二哥还大几岁）曾到我们家教二哥他们怎么切瓜做菜。冲底这家正规说应该叫谢家，学氅子姓谢。但他的继父是他母亲招郎进来的，姓邓。

　　从我们家去胡家垅，路上只有张家。胡家垅也是一处属于王宝山的庄房屋。至于扈家屋场，也只有地主江保长一家，有一正两横三栋瓦屋。过了扈家屋场，就是渣田坪的学校。学校原来是庵堂，老师是一个老头儿，叫江瑶成。父亲把我和弟弟带回黎氏冲后，母亲带着大哥和二哥也离开了沈家冲，搬到芷江城北门的柳树坪，在那里住到1946年农历四月才回邵阳老家。后来二哥和母亲去芷江的住址，主要是栗木塘，那里人多和母亲同姓，姓向。

　　二哥还说，母亲背着弟弟陪父亲去洪江治病期间，有一夜我们兄弟三人没去谷仓睡觉的原因，是晚饭吃晚了，豹子已经同我们家的狗打起来（家里的狗都是这么被豹子咬死搏了去的），他和大哥只好把门关上，撑好，不敢出去，这就只能在篱笆屋里过一夜了。（搏字音巴）

42 怀念恩师袁定安先生 *
——兼谈袁师所著《论语与做人》

一

一想起恩师袁定安先生，同时就想起他的得意之作《论语与做人》。这是民国时期一部重要的经学著作，也是今天的教书育人者和立志成才者不可多得的一部参考书。此书由世界书局初版于1940年，1943年10月再版后多次印行。此后，台南北一出版社于1976年、台南大孚书局于1985年两次印行。2008年起，台中文听阁图书有限公司出版《民国时期经学丛书》，《论语与做人》入选第二辑，为第51种。

可是，对《论语与做人》的作者袁定安，世人似乎所知寥寥。连湖南图书馆的湖湘文化网站《天下湖南》的"湘人著作"一栏，关于袁先生也只有五行字：

袁定安
长沙人
《犹太教概论》，1935年上海商务印书馆出版
《论语与做人》，1940年上海世界书局出版

《基督教概论》，1947年上海商务印书馆出版
（http://www.txhn.net/xrzs/201008/t20100803_7255.htm）

其中有关作者的只有"长沙人"三个字，而袁师却并不是长沙人。另一方面，上世纪五六十年代执教于邵阳市二中、邵阳市四中的语文教师袁定安，如今虽有一些教育界的老人还记得，却又不知其有何著述。甚至生于1921年的教育界耆宿刘星堂先生（据刘老回忆，是他于1953年提议把袁师从新化县调入了邵阳市的），也始终不知道袁师有此大著。如今健在的人中，能够确认《论语与做人》的著作者袁定安，就是邵阳市1950-1960年代的语文教师袁定安的，恐怕只有曾谷荪先生和我了。

我是邵阳市二中高17班的学生，1955—1958年从袁定安先生受业三年。1960年初，我从湖南师范学院中文系回乡度寒假，返校时途经邵阳市，曾特意去四中探望袁师。在他的居室，袁师亲自从书架上抽出《论语与做人》递到我手上，说："这是我从前写的，你翻翻！"从此"论语与做人"这个书名便铭刻在我的心里。2011年我72岁时编辑我的《藜藿轩影像录》，忆及此事，随即到互联网上搜索"袁定安""论语与做人"等关键词，居然发现广州有《论语与做人》的複印本卖，便毫不犹豫地花298元买了一部。此外，《东方杂志》第三十二卷第二号（1935.1.16）有《湖南新化的灾荒》一文，其作者袁定安，也应是我的袁师。

2014-7-6，我和拙荆去拜访邵阳教育学院特级教师曾谷荪先生（1928-），他回忆说，抗日战争时期，他的父亲曾广济在上梅中学当校长（按，准确说是校董会成员兼主事，校长由主要创办人晏孝逊兼任，上梅是新化县治），袁定安先生拿着自己的两本著作作为见面礼去见曾广济，其中一本就是《论语与做人》。从此袁先生便在上梅中学教初中语文（该校没有高中），是上梅中学的名师之一（见《邵阳市文史资料》第五辑刘范金等怀念曾广济先生的文章和《新化文史》第一辑邹息云文）。曾

先生说:"袁定安先生是新化人,是我的老师,除了上语文课,课外还教我《荀子》。"他记得,他自己是1952年从新化调邵阳的,袁先生调到邵阳市后,他们还常碰面。

这样说来,我和曾谷荪先生是师出同门了:我们都是袁师的学生。我们都能证明:《论语与做人》的作者袁定安,就是曾经在新化上梅中学、邵阳市二中、邵阳市四中任教的语文老师袁定安,他不是长沙人,而是新化人,说一口地道的新化话。袁师本人生前也曾多次说及自己是新化人,此点毫无疑问。

人们不能把《论语与做人》的著者袁定安,和在新化县、邵阳市执教的新化人袁定安联系起来,首先是因为著作中没有前言或后记谈及作者自己,其次是因为作为教师的袁定安几乎从不与人谈及自己的著作。袁师为什么要这么做呢?《论语与做人》本身可以给我们提供答案。在本书上编第一篇"《论语》的人生观"中,袁师推崇儒家理想的人格标准——文(学问)质(德行)彬彬的"君子",说他们既有道德又有学问,说他们笃志、力行、好学,说他们不超分、不好名、不争执、不结党、不骄傲。原来这些也都是袁师的"夫子自道"。正是由于"不好虚名",他才对此三缄其口。

袁师把他的大著拿给我看,也许有两方面的原因。首先,《论语与做人》在论述"不好名"时说:"君子不好名者是虚名,至于副实之名,又何尝不好呢?"在引用"君子疾没世而名不称焉"后又说:君子为甚么"不以人生当世之名为意,而以没世之名不称为疾"?"这是因为人生当面讨好者多,所以当世之名或不免于虚誉,或不免于阿谀,未必真有其里。至于死后,人既无求于我,我也无欲于人,那时人还不期然而自然的称其名,是必实有其事,方足以得⋯⋯况君子既疾没世无名,则其在生必努力为善以求其实。"袁师这么做,当是向亲近他的一个学生说明:他也是一个"疾没世而名不称焉"的君子,而不是一个"四十五十而无闻焉"的人(算起来到40岁时,他已经出版了五部著作),这是他的自信。其次，是袁师希望我重视做人，要做一个谦谦君子——因为在此之前，袁师对我已经有所属意了。

二

1958年上学期，是我高中阶段的最后一个学期，期中考试后我回家拿膳食费，其时"大跃进"已经如火如荼，我母亲不能外出挣钱，家里又不能养猪，连一块钱都拿不出来。回到学校，我已经被总务处停餐了。为了念完高中最后两个月的书，我怀着忐忑的心情去找袁师。当然，我敢于去找袁师，不是没有原因的。记得在教学《孔雀东南飞》时，不苟言笑的袁师笑着描述女主人公的靓丽形象，在解释"头上玳瑁光"时说，那玳瑁的颜色，与黎良军的眼镜架颜色差不多。态度亲切，引起一阵哄笑。也许因为我长得老相（当时同学们都叫我绰号"黎先生"），走路迈步比较规矩吧，有一次在袁师的居室聊天，他突然问我：你是当过兵才来念高中的？让我颇觉吃惊。刚刚结束的全校性作文比赛，题目是"论教育与生产劳动相结合"，我获得第一名；袁师还悄悄告诉我，第二名比我低了二十多分，给我送来了一种意外的自豪。我从家里带了几本父辈所用的启蒙性线装书来校（其中有《千家诗》），袁师知道后也拿去看过。还有一次，我坐在袁师书桌的横头，袁师拉开他面前的抽屉，让我看了看他正在编写的一部字典的手稿。我是一个六岁就"慈父见背"的人，从袁师身上，我感受到一种久违的父爱的温暖。

袁师听我说明情况后，毫不犹豫地为我向总务处写了限条，使我得以继续开餐，念完高中，并且参加了高考——考前我为报考志愿犹豫不决，班主任是教化学的王香耕先生，说我"恐高"仍可以考理科，袁师却不假思索地主张我考文科，他说：比你高两届的王昌骆考上了北京大学中文系，你的基础比他还要强一点呢。这年八月底，我揣着湖南师范学院中文系的录取通知书，去学校办理户口迁移手续，由于尚欠二十多元而遭到拒绝。总务处说,要办理手续,得先缴清欠款;如果找老师写限条,得请老师写明"若限期内没有缴清,则从我的工资中扣除"。我只好再次硬着头皮去找袁师,袁师仍然没说二话,又按总务处的要求再次写了限条。这样,我才办了手续去长沙念大学。此后,我在给袁师的信中几次道歉,说所欠款项一时无法偿还。记得袁师在给我的回信中,只回答了我如何学习语言文学的提问,还开了一长串书目,包括《施公案》和《彭公案》(此书我至今未读,但对书名的印象很深刻);对于我的欠款之事,则只字未提。1960年春,就在袁师让我看他的《论语与做人》之前,我又一次说起欠款之事时,袁师严肃地说:"你别老说这事。学生用了我的钱,我是从来不要还的,不光是对你!"

现在回忆起这些难堪而又甜蜜的往事,又读了《论语与做人》,我才知道袁师不单是在帮我,也是在践行一个仁者的"做人之道"。袁师年轻时家境也是"极度困乏"的,他在本书中说,"仁者待人之道,就在善能推己及人","尤贵在己立立人、己达达人,使天下人人皆为仁德化,皆受仁者惠"。另一方面,这也是袁师重义的表现。本书在说到子路愿与朋友共其车马轻裘时说:"他看朋友以义为尚,财物有何价值?所以车马衣裘皆可公诸朋友;普通锱铢必较之徒,(面)对子路这种人当愧死。"我懂了:仁义值千金啊。而当时只有敬佩与感动,似乎有一股暖流,长时间在我心头荡漾。

袁师当然要传授知识。当时的语文课汉语与文学分家,《汉语》教材讲语音、词汇、语法的基本常识,《文学》教材则按时代先后选取《诗经》《楚辞》汉乐府、唐诗、宋词、元代杂剧中的名篇。袁师在课堂上还要补充文学史方面的知识(这个内容往往是袁师念,我们做笔记)。不过,比起传授知识来,袁师给我的更为深刻的印象,是他以自己的行为教育我们如何做人,即所谓身教重于言教。袁师不单是"经师",尤其是"人师"。

我从袁师受业时,他已经年届五旬,一头短发差不多全白了。但他仍然处处以自己模范的行为做学生的榜样，其中蕴含着他在《论语与做人》中最为强调的"积极的精神"。

《论语与做人》上编叫"论语学说"，其第一篇论述的是"《论语》的人生观"，它开宗明义说的就是"积极的精神"。"人生第一要有积极的精神"，"宇宙既是这么健行的宇宙，人为宇宙的一分子，又岂能外乎这种公例而生存？自当不尚空谈，唯务实行，勤勤恳恳，以求尽其人生本务，达其人生目的。"在引用"为之不厌、诲人不倦"后，袁师说："所谓'不厌''不倦'，是何等勇猛积极的人生！""人生天然的要勤奋度日，不宜闲散"，"'生无所息'，这确是孔子所认识的人生；人若果真了解人生如孔子，则知人生不论求学、从政、持家、理事、交游、务农……无一不要勉力、精进。我们前途的创造，希望的无穷，完全系乎我们有这点勉力进取的精神；否则，人若在大有可为的时候，仍不勉力进取，还有什么前途希望呢？"在后来的论述中，袁师还几次谈到积极的精神，例如在下编"论语人物"的"论语的仲尼观"中，说及孔子栖栖遑遑、知其不可为而为之的人格时，袁师说这"足见孔子救世的热忱，匡时的勤苦"，"显出孔子的精神是怎样的积极！不畏难，不苟安"。应该说，袁师所提倡的积极精神，蕴含着他对人生的深刻理解，是一曲生命力的放歌。

年已半百的袁师，夏天不摇扇，冬天不烤火，坐时不靠背，散步不含胸。那时还没有电扇空调，就是我们学生，夏天晚饭后洗了澡，往往摇着蒲扇或油纸扇在校园散步。至于冬天，学生是没有火烤的，老师却几乎是人人烤火。我没见过袁师摇扇；有一次，我作为学生会黑板报"二中学生"的编辑部主任，去采访学校领导，恰好遇着老师们在会议室开会。会场上有三四个火盆，老师们都围着烤火，唯有袁师一人例外，坐在洞开的门边，离火盆远远的。袁师在校园散步时，总是背着手；天冷时袁师也会把手伸入袖子，但他伸入袖筒的双手仍然总放在背后，抬头挺胸，显得器宇轩昂。袁师上课时偶然咳嗽，要吐痰（这是极其少见的），他就从裤兜里掏出手帕，把痰吐在手帕里，然后把手帕叠好塞进裤兜。2014-7-5，95岁的刘星堂先生回忆说，袁先生60岁时坐椅子也不靠背，上身保持笔直，别人要他不必太认真，他仍一如既往。所有这些，都是日常生活，但都有袁师"积极的精神"作为灵魂充实其中，体现了袁师顽强奋进的生命力，确实感人至深。

  袁师不抽烟，他的居室始终清洁整齐，一尘不染，气窗则不论冬夏总开着。虽然有木椅，袁师自己常坐方凳。居室里还有红漆条凳，我进了门，往往就是坐在条凳上跟他说事，或者聊天。在那时的师生之间，我与袁师的来往不算少，心地也相通。可是，我去找袁师时，除了心怀至诚敬爱之外，从来没有带过礼物，即使是去求他写匾条，或是工作后去探望他，都是如此，连一个苹果、一块饼干也没买过。这一点现在想起来颇觉遗憾，但是悬想当年，要是我提一网兜水果去找他，反而觉得太矫情；估计袁师虽不会拒绝，也不会更高兴。因为袁师自己除了叫我坐，也从来没有给我倒过白开水。我想，君子之交大概就是如此吧，"君子淡以亲，小人甘以绝"；要是在过去的交往中，应酬性礼仪冲淡了内心的自然与至诚，如今，已近耄耋之年的我，恐怕就不会如此念念不忘我的袁师了，"大礼必简""礼胜则离"的古训，并非虚言啊。

三

  袁师《论语与做人》一书的扉页上，赫然印着：

> 本书献给
> 先慈彭太夫人一八六六年六月十七日生，一九三七年四月八日殁
> 她生长在一个儒者的家庭受过相当教育
> 睹家庭经济极度困乏仍苦力造就子女们

可知袁师抱有一颗孝子之心，对母亲的大爱刻骨铭心地萦怀，正是在这种心境里，他完成了《论语与做人》的写作。

我念高二时，袁师曾回乡奔丧。回校后，他先是在衣袖上佩戴黑纱，后来则在蓝色帽顶的中央缀一块方形黑布，时间很长，大约是一百天吧。我想，这是他在为父亲戴孝。

《论语与做人》认为，道德的纲领在于"仁孝"二字。关于孝，袁师说："人若果真孝弟，则必心存温和，富有亲情，其所酿发者，均为温情所周流，何致有扰害社会人生种种不道德的事实发生？"孝为什么如此重要？袁师在论及曾子时说，孝能"统括一切人生道德"，"人生稍一不慎，即足以辱没其亲，是故孝子立身处世，在在必敬"。又在论及有子时说："一个真正的孝子，断不至于在社会上做那反覆无常、不顾礼义廉耻的小人。"我理解，孝的深层涵义就是敬畏生命，从而敬畏自己生命的来源。孝当然也不是一味顺从，父母如果有错，当"事父母几谏"，否则会陷父母于不义，那就不是真正的孝了。

袁师还说："先行孝弟于家，而后仁爱及于物，所谓'亲亲而仁民'者是。"一个敬畏自己生命来源的人，也会敬畏别的生命，即对于别人充满了仁爱之心。袁师是一个仁者，他的《论语与做人》可视为一位仁者的自白。再举个例子。袁师认为"人生最难得者，莫过于言语适宜"，据其同事说，在评议公开课时，袁师说话不多，而所说往往切中肯綮。这与闵子骞"言无虚发，发皆中节"相似，是仁者慎言的表现。《论语》有言："君子一言以为知，一言以为不知，言不可不慎也。"而《论语与做人》对"仁者其言也讱"的解释是："是以言语不苟为仁；否则'巧言令色，鲜矣仁'。"因此，《论语与做人》这部书，不但是理解袁师为学为人的钥匙，而且是激励后人砥砺品行、学习做人的好教材，很有必要出简体字横排版，以适应当前建设我们民族的核心价值观之急需。

"自古皆有死，民无信不立"，这个"信"既是诚信、信用，也可以扩大开来指信仰。一个人的信仰，或理想信念，就是他的核心价值观。

我深切地感到，袁师的为人，正体现了我们的核心价值观的"做人"方面：爱国、敬业、诚信、友善。前文提到的"孔子救世的热忱，匡时的勤苦"，已经关乎"爱国"；此书出版于抗日时期，在"论语的孔门观"中谈及有子时，既说了"国家以人民为主体"，也说了"人民对国家应爱护"，并热情肯定"有若见得本国领土主权受强邻侵害，他即起而尽其国民天职，参加救亡图存的爱国团，出发前线"，于此可见袁师的一片爱国之忱。此点尤其表现在袁师1934年出版的《耶稣基督》和1935年出版的《希伯来的民族英雄摩西》中，看看它们的序言或后记就知道，二书可说是为当时的中华民族写的。袁师在《耶稣基督》的"书后的感言"中说："我国今日之耶稣基督又何在？如今人之谋我，岂一罗马而已？而我政治未上轨道，农村业经破产，武人割据，土匪纵横，其危险程度实远过于犹太！长此以往，民族伊将胡底？呜呼！犹太已矣，覆辙可鉴！我人若不猛省，身自淬砺，前途何堪设想？"又在《希伯来的民族英雄摩西》的序言"赞叹的话语"中高度评价了摩西所从事的"民族解放运动"，最后说："摩西诚伟矣哉！希伯来民族对其景仰之心，数千年不稍杀，亦固其宜。呜呼，昔希伯来民族有摩西，吾人今日有谁？'有为者，亦若是。'我同胞其共勉！"。爱国，这是袁师一生为人为学的根本出发点。敬业方面，"论语的孔门观"在引述孔子回答子路问政时说的"先之，劳之，无倦"后，袁师解释说："孔子告诉子路做官不在治人，而在身为之先，做一个好模范；不可劳民，而在己勤于政，做一个真仆役；并要聚精会神地服务，不稍怠忽。像这样做官，有什么格可摆？有什么架子拉？所以孔子教育门人，做官是为切切实实的替人民干些事业；子路受了他的造就，很有这种本事。"这是讲的为官。至于为人做事态度要"庄敬"，要"忠诚"，要"友善"，本书讲述的次数就更多了，几乎在在皆是。孔子主要是个教育家，古往今来，教育的根本宗旨就是造就人。本书的字里行间所渗透的内容就是：孔子自己如何做人，他如何教学生做人，他的学生如何学习，如何做人。如果不是停留在口头，而是用心去读，认真理解，并付诸行动，读者一定会从本书中得到有关做人的深刻启迪和巨大力量，使自己的人生焕发出灿烂的光辉。

四

可惜由于当年未敢贸然问及恩师的生平事迹，今天想更多地了解先生的方方面面，只能求助于先生的档案，求教于先生的故人。为了寻找先生的档案，我曾经托刘亮（邵阳市二纺机）、张正保（邵阳市四中），和刘英（中共邵阳市委）、李明（邵阳市政协）诸君协助查找。他们找遍了有关单位，至今一无所获。这是令人遗憾的，也反映了我国的档案工作亟需加强制度建设。

2014-6-29，拙荆陪我来到邵阳市，在黄连德（邵阳市政府）、李植柏（邵阳师范）、张正保、李明、蒋正贵（广西兴安）几位的帮助下，着手亲自走访。我知道袁师生前家住大祥区三八亭，便从这儿开始。我们与街巷的老人聊天，又去了三八亭社区和红卫派出所。一位美女户籍警（绥宁人）帮我查到了邵阳的八位袁定安，可惜一个也不是我所要找的。此路不通，我们只好去拜访袁师的故人王振奇（四中教师，1928年生）、孙正国（四中原党支部书记）、刘星堂（1921年生，邵阳市教育界元老）、曾谷荪（新化人，1928年生，邵阳市教育学院特级教师）等长者，还请教了身在长沙的杨碧莲君（二中高17班学生，四中原副校长）。此外，我又到互联网上反复搜索，并购买他的《基督教概论》等著作。下边就是目前所知恩师的一些基本情况。

袁师是湖南娄底市新化县人，大约生于1905年。据曾谷荪说，袁师是基督教徒，也许在某个教会学校工作过。据互联网，袁师1934—1936年有《耶稣基督》《希伯来的民族英雄摩西》《犹太教概论》《基督教概论》等四部普及性著作出版。但袁师不是作为教徒在传教，而是作为一个中国传统知识分子（儒者）在为了祖国而研究世界及其宗教。这一点,《基督教概论》的前言"著作的起缘宗旨与态度"说得很清楚:"'一事不知儒者耻';吾人今日而欲为彼博大精深之儒者,当然力所不能,惟于此曾为西洋文明动力、而又与我国已发生关系之世界宗教,倘无些微常识,又岂学子所宜?在下故用贡其研究一得之愚,俾读者借斯简编,察验二千年来基督教之来龙去脉、内容真像;是非善恶,概不加以主观判断,专从客观事实述出,留待读者自裁。"其后,袁师从事儒家经典《论语》的研究,专著《论语与做人》1940年由世界书局出版。又据曾谷荪回忆,此书出版后,袁师即通过曾广济受聘于新化县上梅中学,住在上梅福音堂的对面,人们都叫他"袁教授"(这应是个惯例性称呼,来源说不清楚了)。据刘星堂等回忆,袁师1953年从上梅中学调入邵阳县中(邵阳市二中)。1958年后执教于邵阳市四中,直到1965年退休。晚年在教学之余从事字典编撰和先秦文学研究。1966年"文革"前逝世。刘星堂先生还记得,袁师享年62岁;他身体本来不错,去世后其女儿从广西回来奔丧,还认为袁师的去世与医师诊疗不当有关,并请求刘星堂先生帮助其父出版其有关先秦文学的书稿。

今天,敬爱的恩师袁定安先生离世已近半个世纪,作为他的学生的我,也已是垂垂老者。可以告慰先生的是,祖国正在奋进,他一生所追求的民族复兴大业正在逐步实现,他的《论语与做人》也还在继续启发着一代代年轻人,溶进他们的血液,督促他们永远积极地向前。

虽然如此,可老迈的我总难以抑制自己的寤想:袁师的女儿如今在哪里?生活过得怎么样?她所保存的袁师的书稿还在吗?袁师是否还有别的后人?袁师的求学经历怎么样?他在应聘于上梅中学之前,还在哪儿教书或工作?这些问题终日萦绕在我的心头,使我不得安寝,可惜没有任何答案……

2014年7月

* 此文部分内容在《邵阳日报》分两次登载过,全文曾收入拙著《雅林探赜:汉语

字义引申例论》。关于袁师的生卒年月、学历及后人等，本文多推测之词。后来联系上袁师大女儿袁自平的女儿王英，又购得袁师的全部著作，对上述情况才有了准确的了解。

袁师（1901.10.18—1964.3.23）系湖南娄底市新化县洋溪镇人，祖上曾是一名御前侍卫，家道颇丰。其父袁明甫从小习武，后作金银匠，开首饰店。袁师幼年跟随其兄读私塾，由于家道中落，十三岁即离家，由基督教教会供其读书，1921年毕业于湖南圣经学院（该院是美国罗安琪［今译洛杉矶］学院即今拜欧拉大学的分院）并留院任教。他虽信奉基督教，与挪威籍牧师吉利烈、贝世伟等相交甚厚，实际是一个受到中西文化熏陶的儒者。他以"一事不知儒者耻"自励，自号卧雪山人，博学安贫而清高；除抗日战争期间曾做过短期的报馆编辑和县政府秘书外，袁师一生从事著述与教学。

他1923年开始著书，处女作《神的哲学》1924年由上海广学会出版；1930年代在商务印书馆出版了《耶稣基督》（1934）、《希伯来的民族英雄摩西》（1935）、《犹太教概论》（序言写于1934年10月，台湾商务印书馆1969出第一版，1996出第二版）和《基督教概论》（1936初版，1939出简编本）四部著作，宣传爱国主义和民族解放；其代表作《论语与做人》1940年由世界书局出版（初版有序，1943年再版时删去），是民国时期一部著名的经学著作。此后即在新化县上梅中学教语文，直到新中国成立；1953年调邵阳市二中，1958年调邵阳市四中，1964年辞世。袁师在中学任教20年，是当时的名师之一。他真正做到了"学为人师，行为人范"，以身作则，品德高厚；他关怀爱护学生，急人之急，很受学生爱戴。

袁师有三子三女，叫爱生（女，后改名自平）、道生（女）、德生、本生、达生、健生（女，后改名自强），其后人现散居于湖南、广西、湖北、深圳、北京、加拿大、德国等地，爱生之女王英，是湖北长江大学（校址在荆州）医院院长。

43 家传砚池记

还是在我念高中时，祖母把家藏的线装书与文房四宝之类分给父辈三家，我们家就得到了这方砚池。但我从念初中起已改用钢笔，对它一直不以为意，以致连它什么时候进了我的书房也模糊了。去年清理藏书，这方砚池才引起我的关注，并作为 QQ 相册《藜藿轩小玩意儿》的内容之一，把它公之于友朋。

砚池整体仿汉砖形，石质黑色，长 13.3 厘米，宽 9.7 厘米，高 5 厘米。顶部为砚池功能处，左三之一为池，右三之二为捵笔处。池小，深约 0.5 厘米，捵笔处圆形，其凹甚微，研墨很有限，反映着其时墨汁艰贵，写字人颇为贫苦。

近前侧为阳刻一图，今名之为"白兔望月"。右上角的圆月上镌一阴文"月"字，白兔则作回首之状。白兔之左还有一丛花草。圆月刻字，兔左镌草，在指明此为月，此为兔，教人不要误会了。白兔望月有来历。西晋张华《博物志》卷四有云："兔舐毫望月而孕，口中吐子。"比喻文士舐毫望月，凝思孕育，下笔则文章天成，瓜熟蒂落，如生子然。背后则是白兔食草图。

左侧为一枚制钱，其轮廓为阳刻，上下左右各有一圆点。其寓意可能是"书中自有黄金屋"之类。右侧从右到左镌"文房四宝"四字，其可怪者，房字为阴刻，其馀三字为阳刻。岂房字本应为阳刻，因为刻错了，没法用阳刻改正，只好用阴刻了？又，宝字简化，下部为"玉"。但此字最后一点在第二横之上，《洪武正韵》以为玉工之义，与宝玉为二字。但《康熙字典》已说俗书不辨玉工与宝玉之字了。

底部阴文镌刻三行十字，为"乾隆拾捌年置鄧国義造"。清乾隆十八年是1753年癸酉，迄今已265年。犹记我的祖母生于1875年乙亥（光绪元年），与我二哥同庚而早一甲子。此砚池比我的祖母还年长122岁，绝非祖父初用之物。据说我的六世祖承梅公开辟屋场山院子是在康熙年间，也许这方砚池是他晚年请邓氏所造，以含饴弄孙？那么，这方砚池与屋场山的历史几乎一样悠久了，比美国历史还长呢。

我家世代务农，一直没有读书人，更没人当过官。曾祖父肇志公兼做织匠，逐渐发家。祖父和虎幼年也许读书不少，但成人之后仍是耕田，不过是屋场山十几户的宗族首脑，田产也就二十来亩，没听说他有什么文章传下来。父辈男子三人，都读过书，能写信记账而已。父亲勋名青少年时代的理想生活是"半是居家半是店，一为贸易一为耕"，不过是想在耕作之馀开个小店。时移世易，到了我这一代，屋场山才有人不再"面朝黄土背朝天"。我其实是屋场山黎家第一个读书人，大学毕业，当了教授，写了几本书。因此，在我的脑海里，一直没有"家传文物"的概念：小门小户的，哪可能有什么家传文物？不过，也许正因为这一方砚池是一个中国农民家族两百五十年来世代相传的儿童习字之物，它才显得很是珍贵，有可能被视为"家传文物"。

2018-05-08 于桂林藜藿轩

43 家传砚池记

44 经师人师，仰之弥高
——怀念俞叔迟先生

一

几十年来，一直想写点什么纪念俞敏俞叔迟先生，却一直犹豫，不敢动笔——先生的人格、学问，不是什么人都能懂得的，我一个私淑弟子能理解多少？别因为我的文章把神圣变成了平庸，玷辱了先生。可现在再不写，自己即将老去，就真没任何机会了。

我是 1979 年读《六书献疑》才头一次见到先生大名的，那时我还在中学教语文，一直订阅着《中国语文》杂志。以后就不断读到先生那充满青春活力的论文，在学术论文中独树一帜，那真诚，那智慧，那幽默，那学问，真叫拍案叫绝！我曾经多少回爱不释手，读了又读啊。我到高校任职后，1985 年带着《充满语言魅力的语言学论文——读俞敏近年论文的感想》参加中南修辞学会桂林年会，才知道先生原来已经不是初生牛犊，而是北京师范大学的老资格教授，是长辈。我真是孤陋寡闻了——这当然不稀奇，先母就常骂我"书呆子"，还有，我一直以为我们这一代之前，大学本科是最高学历，当知道我大学毕业当年已有在读研究生时，已经过去 20 多年了。我是一个从山沟里爬出来的人，"孤陋寡闻"是天性，更不懂人情世故。不小心当上了高校汉语教师[1]，我就尽力订阅语言学期刊，经常逛书店，写信向名家求教，希望能够称职。

此后，我就与先生有了来往，还有他的夫人杨藻清先生，直到先生1995年去世。虽然我只见过先生一面，先生的赐函也就那么几通，但在我的书架上，有着先生的《中国语文学论文选》，《经传释词札记》，两种《俞敏语言学论文集》和《俞敏语言学论文二集》，随时可以翻阅。语曰：忠信以为宝，多文以为富。先生的道德文章，多在他的著作当中。从先生的著作和我们交往的经历中，我有一个强烈的印象，那就是：经师人师，仰之弥高。

不久，先生的《中国语文学论文选》由日本光生馆出版的消息传来，我当然极欲得到此书。曾先后去信广州、上海、北京的学生请求帮忙不果，又直接去函中国图书进出口公司，可该公司说他们没有为读者购书的业务。百般无赖，我便去信先生。先生1986年3月22日回信说：

"17日来信收到了。谬承推奖，惭愧惭愧。我脾气太认真，57年一出假戏，我认真唱了。结果自作自受。一直到现在，说话不管用。大作既有副本，可以不必退回。暂且存在我这里等机会。我建议你寄汕头市鮀浦汕头大学学报看看。我的论文集选里，论北京实词分类见语文学习，论人称代词见国语通讯，论古韵合怗屑没曷五部通转、汉语的'其'跟藏语的gji见燕京学报，释蚯蚓名义见国学季刊。其余的文言文不少。你要用，请来信。这本书定价两万日元，太贵了。我这里也没有富裕的了。专复。顺颂春祺。俞敏上，22/3。"

先生愿意把自己所藏的发表他著作的期刊原件寄我，真叫人大感意外：可我想，邮寄过程中要是有丢失或损坏怎么办？我不能冒这个险，虽然读先生的文章是一大享受，它对我的吸引力怎么讲都不为过！

剩下的只有一条路：去日本购买。恰好邵阳师专外语系的日语老师胡琼林是日本侨民，她托一名前侵华日军的成员代劳。这位日本老兵来桂林旅游时把书带来了。还对我老伴说：为了中日友谊，这书就送给你先生了。这样，《中国语文学论文选》才终于摆上了我的案头。我也把这个好消息告诉了先生，接着先生在《中国语文学论文选》"小引"的话头说，如果先生的著作在日本出版，是中日友好的一个小插曲，那么，我得到这部弥足珍贵的书，也算其中一个音符吧！

1986年8月，先生收到我托人送去的一本期刊（其中有我的《充满语言魅力的语言学论文——读俞敏近年论文的感想》一文，该文两个小标题：一、还是大白话好！二、何必板着脸说理？）后，回信说：

"文章生气虎虎，看了让人高兴。生命蕴藏在基层，生命蕴藏在后生子里。这给我这大老头子，也加了信心和动力。不是因为你称赞了我个人，而是因为你的观点。但愿众人的力量，能把局面改变一下。

"我是绍兴人，生在天津，十几岁来北京上学，我写大白话，倒不是天性。抗战后流亡到山东滕县教书糊口，才知道中国地方大。偏远省份要想找个会认能写的人可不大容易。当时看到、听到的种种打动了我，觉得方块字太难。要想普及文化，必须改用拼音字，要用拼音字就必须写大白话。只有这样才能方便广大群众。从那时起发出誓愿，并一直躬行：写大白话，痛改自己半文半白、亦文亦白的文风。

"所提等韵问题，我以为等韵是从印度搬过来的，不懂印度书，要研究透它，有些困难。而明清时的著作，是作者记录自己的语音，有研究的必要，你可以考虑。

"祝你身体健康，工作愉快。最后还得谢谢你对我个人的奖励，我当再努力。俞敏 八月一日"（此信是杨藻清先生代劳的，但落款是'俞敏'二字。此后杨先生赐函都写自己的名字，有时加上"代复"两字）

不用说，读着回信，我极受鼓舞。可我的文章却没有看得那么深，只是从修辞的角度立论。现在重读，启发尤多。虽然"拼音字"问题在可以预见的将来是搁下了，但替广大群众着想的方向不能丢。先生装着下层百姓的那颗高尚的心，至为宝贵。当年提倡"拼音字"的人多了去了，有几个人能像先生这样躬行实践，发誓写大白话，连学术论文也不例外？至少在语言学论文这个领域，先生是走在最前头的。

1987年6月我路过北京时，曾去先生家里看望求教。当时先生正和别人下围棋，房间小，棋盘就摆在不大的书桌上，棋手也站着。我把行李放在墙角，通报了姓名后，先生立即收了棋同我说话。那时我曾想学点藏文，便问：有供自学用的藏文教材吗？他答：据我所知没有，况且研究汉藏比较要学古藏文，学了现代的藏文也没用。问：像我这情况，想学点儿古藏文，怎么办？答：待我想想……看你能不能找个高僧，拜他为师。接着又谈到做人，他说：千万别给后人留什么财产，那样会害了他们。前不久本校一位有名望的老先生去世，就是因为财产比较多，兄弟闹得不可开交，连灵堂都各建各的……

先生1987年把他的大著《经传释词札记》送我，题赠是"良军学兄正之"，1990年他又赠我《俞敏语言学论文集》（黑龙江版），抬头也称"学兄"。先生是我的父辈，知道我对他的著作未必能懂，"学兄"二字完全是出于礼节，但我却感到其中的奖掖后学之诚。也许由于我曾告诉先生《中国语文学论文选》印刷甚为精美，可惜有错字。先生在赠我《经传释词札记》时，亲自校改了7处：第21页第7行添"清"字，第22页倒第3、4行各增加一个分隔符，第34页倒第3行"四"字改为"仨"，第35页第4行删"文"字，第38页第10行头一个标点改为句号。而赠我《俞敏语言学论文集》时又附加了四页手写的勘误表（複印件），共242条，其中大多数是音标和梵文、英文单词，还有个别汉字和标点符号。我和我的学生买了20来本《经传释词札记》，先生说：你没有压着学生买吧？他们哪能看懂？我说：绝对没有，我只是推荐。实在说，我也不大懂。正如我念高中时读瞿秋白编选的《鲁迅杂感选集》，虽然有好多不懂，但要是某一点懂了，就觉得兴味盎然，"于我心有戚戚焉"，高兴得什么似的，久久不能忘怀。那种心情是很难形容的。

1991年我调到桂林，曾经去信问候，但是没有回音。后来知道，两老去了美国一趟。1993年我申报正高落空，有人说我的科研成果不错，可惜分量太少。我便于1994年初开始写作《汉语词汇语义学论稿》，初稿完成时打算请研究古代文论的老乡赵盛德先生作序，请俞叔迟先生或其夫人题签。我这么想，不完全是拉大旗，感激之情才是主要的。赵先生一直关心本书的写作和出版，而本书的引证，论次数是钱钟书的最多，论篇幅却是俞先生的最长。考虑到先生可能不愿作此类事，所以去信时说，要是先生决定不写，就请师母题签。没想到这事竟给二老特别是师母添了烦恼。杨藻清先生在寄给我题签时说：

"所托之事迟至今日方征得俞敏同意，随函奉上。书法本极差，且年事已高，久不握笔，既承诚意嘱托，不照办恐怕失礼，故只得勉强为之。毛笔、钢笔二种均不像样，最好请他人另写。好，此事总算了结。祝一帆风顺！杨藻清敬草94-11-07"

事情竟然会如此，我怎么当初没想到呢？所以后来每看到拙作的扉页，就不免悬揣杨先生为难的情景，心里总有些内疚，觉得自己让一位慈祥的长者为难很不应该。

一年以后，我奉命去南宁阅卷。等我回到桂林，桌上却摆着先生去世的讣告，看着讣告，不由得悲从中来……不久前，我还在为庆祝先生八十寿辰的论文集撰写《〈淮南〉语词札记》的稿子呢，怎么……在我的心里，先生是大海，浩瀚无涯，容受无限，永不干涸；先生是高山，苍凉万仞，独立不羁，虽然仰之弥高，然而可攀可缘……算算日子，已经出殡好几天了。我只得怀着敬意和悲哀，给师母去信……

与先生有限的几次交往，我深深感受到先生那崇高而又平易的人格力量，一位名重当时的老教授对一个陌生的后学，态度如此亲切、平等，令我感奋终生。

二

高本汉（1889-1978），哥德堡大学教授，是瑞典甚至整个世界最有名望的汉学家，一生著述 100 余部。他 1910–1911 在中国待了两年，竟记录了 24 种汉语方言，包括北方话（其中晋语八种）、吴语、粤语、闽语和日语、越语中的汉字读音。其代表作《中国音韵学研究》（1915–1926）构拟了中古音，标志着中国现代音韵学史的开端，以后又构拟了汉语上古音系，是中国现代语言学的一位领军人物。1916 先生出生时，高本汉已经开始教现代汉语。对于这样一位大师，长辈，先生也是敬重有加。他在《释蚯蚓名义兼辨朐忍二字形声》中写道："多亏瑞典高本汉教授的努力，我们对于《诗经》音系总算存了比清代古音学者亲切一点的认识。"但是，先生绝不盲从。在人格上，在学术上，人人都是平等的，先生、后生、古人、今人，都不例外。一个忠于学术的人，心中专注的是学术，追求的是真理。针对高本汉在《汉语词族》（1933）中的错误，先生在《古汉语派生新词的模式》（1939）的"后记"中回忆（后记写于 1980）说："看见他把'辆''辌'算作一族，有点儿骇然。……这种'皮相'的'一见钟情'式的方法非破坏乾嘉以来朴学的精粹不可。于是先写了一篇《释两》，随后写了这篇……我不敢盼望普天下都赞成我。我只盼同道提出更好的方法，让'相面'法失去市场，埋头读文献的风气扩散出去，那么我的功夫就不白费了。"又在《论古韵合怗屑没曷五部之通转》说："然则欲求语族，仍须涵泳于经籍之中，求其一形兼该二语之字，说其异同，籀其律例，庶乎有得。非翻检字书所能奏功也。敢以一语为我西方友人劝：'No connected texts, no linguistics.'"

对于乾嘉以来的阴阳对转和复辅音理论，先生说："顺便再冲讲复辅音、阴阳对转的师友致歉。我并不想否定这两种说法。我只想告诉他们：'太笼统了'。要是有人嫌我'寒酸'——四十年才凑出这么点儿东西，我就要说：请看我怎么抓古汉语的精神吧——'九方皋相马，遗其牝牡骊黄可也'。我抹去的比写出来的多得多哪。"（《古汉语派生新词的模式》）

郝懿行（1757—1825），字恂九，号兰皋，山东栖霞人，与王引之同是嘉庆四年进士，经学家，训诂学家。为人敏于行而讷于言，有著作30余种传世，代表作《尔雅义疏》着意以声音通训诂，探求词源，费时十四年，逝世前夕才脱稿。虽然"郝氏晚出，遂有驾邢（昺）轹邵（晋涵）之势"（黄侃语），可惜他的古音学不精，常有纰漏。所以《尔雅义疏》的版本有足本和王念孙氏删改本之别。先生除了在别的文章中批评郝氏外，1984年还专门为后学写了《王删郝疏议》。文章赞扬了王氏不用说，对郝疏却很不留情面。先生说，"删下去的到底有什么毛病呢？最多的是原文讲声韵，特别是讲古韵的。这里错误一抓一大把。"郝疏讲修循一声之转，先生说："这么乱讲声转，不担心导致诸葛亮转成张果老么？"郝疏说寡妇二字合声为笱，先生说："只是光知道平水韵的人才往'妇笱'叠韵上想哪！这么陋法，在清儒里虽然不是绝少，可也不多见了！"有时郝疏的训诂也出错，如郝疏这么有一段：（《管子·海王篇》云"吾子食盐二升少半"，尹知章注："吾子"谓小男小女。按，"吾子"犹言"我子"耳）。先生说："郝懿行出的主意是拉着别人的小男孩儿叫'我儿子'，这主意太荒唐了！错非说话的是位中年妇女，还可以说透着亲热，要是个男同志这么说话可太危险了，那不是诚心找不自在么？'吾'在《广韵》里有'五加'一个反切，跟'牙'在一个小韵里。'吾子'就是现在湖南湖北话里的'伢子'，正是'小男小女'。世上哪有随便说别人的孩子是'我的儿子'的规矩呢？把括号里面的话删下去，真是'爱护备至'的'婆心'了。"（按在今邵阳话中，伢子是指男孩，女孩叫妹子。要是不分男女，就只能叫伢伢，还在吃奶的叫奶伢伢）

先生说这些为的什么？不是为的个人痛快，也不是为了损一损古人。他是想让年轻人对照足本和删改本，"看到底哪些章节删下去了。从这里追问原文有什么毛病，为什么该删，可以学会一位高手——就是王念孙怎么分析问题，怎么处理材料，怎么写文章。换句话说，从这里看他的学风、文风。这种学习太有用处了。"原来，这是把进入学术殿堂的钥匙交给年轻人啊，多么可敬的一位老先生！学术者天下之公器，先生是无私的——虽然话说得俏皮一点儿。即使郝懿行此时在场，除了有点儿尴尬，也不会说什么，说不定"朴讷少言"的郝懿行弄懂了王念孙的删改，还会迸出一句"好！"来。因为郝懿行一生爱书，对亲人，对晚辈也是深爱着的，你读读《大众日报》2017—10—25的文章《郝懿行：此生恬淡唯著书》就知道。

先生追求真理，不惧权威，可他并不鼓励幼稚无知的胡乱"造反"。陈寿祺（1771—1834）也是嘉庆四年进士，著名经学家，有《五经异义疏证》等传世。他在《与王伯申詹士论古韵书》中对段玉裁的古韵十七部之说提出了质疑。先生说："当时段说的声势相当浩大，反衬出来陈的造反勇气不低。可是他（陈）又说'《荀子·赋》以"佩"韵"异、媒、喜"……皆支脂之三部同用之证。此又何说以处之？'可就露了馅儿了。'佩、异、媒、喜'都是古之部字，举这条例子，只能显出自己的古韵知识没入门儿，给对方长威风！"打铁先得本身硬，要批评某种学说，你得对这种学说有足够的了解，站得比人家高。

三

先生的专长是音韵学，可他学贯中西，古今赅备，也熟悉汉语方言，他的汉藏同源字谱、后汉三国梵汉对音谱以及古汉语派生新词的模式，古汉语虚词研究，等等，为中国现代语言学的攀登前进铺下了许多坚实的基石。他实事求是，在浩如烟海的中国典籍、佛藏典籍中爬罗剔抉，也在汉语方言中搜集语言学的种种材料，从不离开具体材料妄作无根之言。这样的语言学者也许不少，但中华民族要复兴，这样的学者是越多越好！无愧于中华文明的中国语言学大厦，不是几个人能够建立起来的。令人十分遗憾的是，先生本来还可以多铺些基石，却被顽皮的历史耽搁了……

1984年，先生的《中国语文学论文选》在日本出版，牛岛德次的序文后面，有《小引》一篇。文章很短，全引如下：

"这本文集里收的是我从1939年到现在写的大部分文章。这里有两成是已经发表可是绝版的。八成是没发表过的。很有点儿新见解，论证粗点儿。

"四十年才写这么一点儿，实在不好意思。二十八岁的时候，我让战争的漩涡卷进去了。中间儿有个大空白。四十刚出头，我又让政治漩涡卷进去了。又有个更大的空白。'有大力者挟之而趋'，我也身不由己。

"从中学里受了一位深通希腊、拉丁的老师影响，一进大学我就用戴钱段王来自己勉励自己。四十年后我只敢偷偷儿的用汪容甫来自己安慰自己。这也叫人容易染上点儿伤感情绪了。

"多亏德次学兄豪侠的鼓励督促，我才有勇气整理出这一批断烂丛脞的旧稿。这不光叫我一个人感激，也为中日友好史上添上一小段儿新插曲。这意义就大多了。　　　俞敏一九八〇年八月记"

我们知道，戴钱段王是乾嘉朴学的杰出代表，是中国古代语言学的高峰，先生中学时代就懂多种外语，又有坚实的国学根基，一进大学就立志以戴钱段王为榜样，可见他青年时代对语言科学的满腔热情和对自己的高远预期。"偷偷儿用汪容甫来自己安慰自己"，话说得委婉，其中却有着满腹心酸。汪容甫何许人也？汪中（1745-1794），字容甫，清代文学家，史学家，著有《述学》等书。古直《汪容甫文笺》叙录云："今观其《广陵对》《哀盐船文》《自序》《吊黄祖》等篇，至诚激发，溢气坌涌，形貌不同，而皆合于小雅、离骚之致。文质彬彬，然后君子，夫唯大雅，卓尔不群，容甫谓之矣。"王念孙《〈述学〉序》说："容甫澹雅之才，跨越近代，其文合汉魏晋宋作者而铸成一家之言，渊雅醇茂，无意摩放，而神与之合，盖宋以后无此作手矣。"王引之《容甫先生行状》说他"为文根柢经史，陶冶汉魏，不沿欧曾王苏之派，而取则于古，故卓然成一家言。"1980年代的语言学大师俞叔迟先生，一个国务院学位委员会的成员，怎么拿一个历史上的散文家来自况呢？原来汪中精于史学，敢于发表自己的真实见解，对墨子推崇备至，又扬荀抑孟，被当权者视为"名教罪人"。汪中也很自负，以为自己"才力所诣，各成其学，虽有讲习，不相依附。"（见汪中《大清故候选知县李君之铭》）他也是性情中人，"大底生性亢直，平日嫉恶如风，又恃才傲物，不能下人，给自己惹过不少麻烦，至于有生命的危险。"（《汪容甫文笺》的出版说明）这就难怪先生要引为同调了。先生一生耿介为人，追求真理，直道诙谐，不畏权威和"风气"，虽然历尽坎坷与屈辱，始终不改初衷。

每读这篇《小引》，我总忍不住要哭，不止"伤感"而已。从1939到1995，共56年，先生真正安心读书、潜心著述的时间却很有限，许多年的生命和才能是被埋没了。这是多么残酷的历史事实啊！可是，这不仅仅是先生个人的悲哀，而是中华民族语言科学的大不幸！两大段空白，先生说是共18年。我们算一算，由于日寇入侵和误判了国际风云带给先生的灾难，共有26年。可见其中有8年，先生的学术历史虽然不是空白，可他是在艰难和屈辱中奋斗，戴着镣铐从事语言研究。使先生的学术历史出现空白的总的根子是由于国弱民贫。要是国富民强，世界太平，不会埋没每一个人才，人人都能够发挥自己的潜能，自由地生活与工作而不受外部的干扰，那该多好啊。那样，先生那与我们分享的脍炙人口的著述，将会大幅增加，中国现代语言科学这块园地，必将比现在更为灿烂辉煌。

所幸的是，这样的日子就要到来了——一旦中华复兴，中国每个学人将不会再"身不由己"，每个人的学术历史上也将不会再有什么"空白"，而能最充分地发挥自己的才华。先生在天有灵，也会祝福我们，祝福一切追求真理、热爱语言科学的后继者。让我们继承先生的事业，为了建设无愧于中华文明的中国语言科学而奋发努力。

2019-03-31 于桂林藜藿轩，己亥清明改定

注释

[1]"不小心"不是俏皮话。在湖南师范大学文学院毕业时,我曾想留母校教书,结果分配到故乡一所中学。我已经打算终老于柳州的中学教师岗位了,可老伴提出来要回邵阳,故乡的老同事陈银河等又极力奔走,使我终于成了一名高校汉语教师。那时我已经 44 岁。

45 评改一首诗

车多多QQ传来内兄罗维（柳州地区外贸局离休干部）一首诗，说罗维希望帮忙修改一下。此类事以前已有多次。本来诗是难以修改的，闲来无事，姑且听从。

忆四九年行军到柳州
罗维
硝烟未散歌声扬
——｜｜———
一路行军好欢畅
｜｜——｜—｜
黄沙河畔洗行装
———｜｜——
独秀峰下撑蓬帐
｜｜—｜——｜
进入皇城搞整修
｜｜——｜｜—

途经河山用脚量

— — — ｜ ｜ —

各级班子配备好

｜ ｜ — ｜ ｜ ｜

驻进龙城柳江旁

｜ ｜ — — ｜

  印象：从邵阳行军到柳州准备建立人民政权，是一件非常有意义的事情。从题材说，完全可以写诗，而且可以写很多首。这一首诗如果不论平仄，还算可以。但"途经"一句是写全程的，放在中间不大合适，似应放在诗的开头或结尾。又，中间所经地点只有黄沙河和桂林，嫌说得少了，特别是"独秀""皇城"两句都是说桂林，有点儿重複。总的说来诗味不多，像一首顺口溜。原因大概是写得太老实，不大像作诗。诗作要有意境，是少不了浪漫、想象和夸张的。要是按七律论平仄，那就更差得远了。试改如下：

七律忆一九四九年行军到柳州

罗维

河山万里脚来量

— — ｜ ｜ ｜ — —

一路行军向远方

｜ ｜ — — ｜ ｜ —

邵水岸边辞老母

｜ ｜ ｜ — — ｜ ｜

黄沙河畔洗行装

— — — ｜ ｜ — —

皇城帐里稍休整

— — ｜ ｜ — — ｜

鹿寨山头大奔忙

∥——∥—

试看柳州惊暴雨

∥———∥

云天洗净待朝阳

——∥∥——

  六哥可能说，这已经不是我原来的诗了。是的，是改得多了些。有点像是拿你的诗作做材料，重新写作。这也是人们（包括毛泽东）不能给别人改诗的道理所在。特别是最后两句，意思虽然相差不远，都是说建立新政权，但一个是日常语言，一个是诗歌语言，语言方面确实差别很大。但窃以为这样才有点儿像诗了。您说呢？第六句是我的杜撰，如与事实不符，请六哥另外写过。

本命年（辛卯）正月初二，年七十有二

46 诉衷情·赠全班同学 *

长征意气满京城

光照我窗棂

导师意旨何在

情愿许终生

胡须短

功慢评

矗须擎

恰得良伴

男女风流

相与攀登

* 这首词填于一九六五年十月十九日，贴在邵阳县第二中学一九六三级高十二班教室的后墙上，我当时是这个班的班主任。

2010 年冬

47 七律·雪夜悼焦裕禄*

寒宵热泪滴君书[1]

愿替君身北向呼

浩气氤氲男子胆

高山伟岸壮夫躯

巉岩善感丰碑立

雨露多情万类苏

南国嫩杨风里啸

漫天白雪为驰驱

*一九六六年二月作，二〇一〇年三月十六日在一书籤上发现，遂改定。

注释

[1] 指报导焦裕禄优秀事迹的长篇通讯。

48 七律·贺燕子三十寿辰*

燕子南飞去远方

吾心激荡复徜徉

一旬每见中秋月

千里谁知路次郎[1]

花面笑容抟俊美

荷包红豆发幽香[2]

可怜三十金风里

挢母携儿向战场[3]

注释

[1]丁未岁末,我从邵阳县黎氏冲出发经东安赴兴安一六六医院度假,准备买些家当以迎接我们的孩子降生。到塘渡口车站等车数小时,不意邵阳市发往东安的汽车因为年关已到而停开,只好先去新宁回龙寺。到回龙寺已是下午一点,也没有去东安的车了;询问码头,船家都已回家过年。只好挑着行李步行去东安,当晚宿于一渡水,整个旅社尚有三人值班,但旅客就我一个。第二天清晨

---

*戊申岁(一九六八)八月二十五日(燕子生日)作。时燕子从中国人民解放军一六六医院(广西兴安)奉调至第一五八医院(柳州),离越南战场更近了。随去的有先母、小芳妹和朝儿。而我在邵阳县二中,没有同行。

离店赶路,在对江吃早餐。十二点左右冒雨抵东安,随即乘上火车,晚上抵兴安县城,宿于一六六医院驻兴安联络站(此时才知道燕子的战友杨莲美的丈夫苏先生与我同车抵达)。第三天,就是除夕那天的早上,才到达一六六医院。因电报催我回校,遂于戊申元宵之晨冒雪离开,燕子送我到院前山口,风雪呼啸,泪眼相对。在兴安火车站等车三十多个小时方上了车,过了两站,又发现钱包被盗,身上再无一分钱,一两粮票。由于车票是买到衡阳的,有人建议我到井头墟下车,然后把车票退了,用退票的钱另买汽车票回五峰铺邵阳县二中。在井头墟下车时已是傍晚,车站售票处看了我的车票后问:你车票是哪儿买的?我说兴安。她说:那你只能到兴安退票。我这才悟到是应该设法私下卖给去衡阳的旅客。可是车站里冷冷清清,一个旅客没有。万般无奈,我只好找车站的负责人,最后找到一个工会小组长,蒙他相助,借给我五元钱。然后去吃饭、歇店。第二天一早去汽车站,也还没有汽车开往芦洪寺或上花桥,更别说开往五峰铺了。只好挑着行李,穿着皮鞋,步行上路。虽然是沿着马路走,却一直没有遇着一辆车。心里盘算着:身上的钱只够吃两餐饭,晚上得向农家借宿了。好在中餐时被几个农民工赶上,其中一个是回五峰铺的(他以前在空军中待过),便同他们一路做伴。当晚宿于上花桥一农民工家中,第四天天黑时才赶到五峰铺。来回在旅途耗时一周,旅程超过千里。

[2] 大概是戊戌年(1958),燕子曾赠我相思豆八颗,我一直放在一个小小的钱包内。十年过去了,这些红豆还在。

[3] 指援越抗美的战场,柳州比兴安离此更近。

49 七绝（二首）和李谱英教授《游潭诗草》*

其一

久慕桂林山水名

混车偷逐老师行

天公颇会先生意

淡去愁云送暖晴

其二

青狮艇上话当年[1]

荷担舌耕春意酣

似水韶华留胜迹

苍山鹤发映深潭

* 此诗作于1993年9月。和诗在内容上与原作有关联是肯定的，在形式上也程度不同地与原作保持一致：以古风和古风，用律绝和律绝。形式贴近的和作，押韵也与原作一致（叫和韵）：有用同韵异字的，有用同韵同字的，甚至韵脚字的次序也一样。这两首和作虽与原作一样是七绝，押韵却不同，是和诗但不和韵。李谱英教授赐诗的原件是：

游潭诗草七绝二首

其一

雨过天晴气象新

金秋送爽更宜人

舟车老幼郊游乐

忘却年华情自真

其二

深潭岸畔笼青烟

绿水青山远接天

斜倚船栏吟翠竹

身心舒坦寿延年

一九九三年九月十九日广西师大退休教工游青狮潭时作,请黎良军老师教正 李谱英

注释

[1]"话当年"指先生说及他一九五八年带学生修青狮潭水库的情形。今年我五十四岁,偷随退休教师游潭,得遇先生,游艇上促谈久之,又共留影,甚以为幸。我素不作诗,以为不谙此道,还是藏拙为妙。今读先生诗作,感慨良多,要之愿步先生后尘而已。遂援笔,虽不免见笑,亦所不顾也。

50 七绝·梦圆*

未名湖水映青云
笑在南柯晏晏欣
湖广故人如动问
漓兰濱蕙满城芬

二〇〇五年五月写于北京南小街，二〇二〇年四月改定

* 二〇〇五年五月二十四日晨，梦千驹高中博士研究生，三天后千驹告以已得录取通知书，犹忆数月前应朱彦之约同游未名湖之情景。

51 七律·七十抒怀*

盛世躬逢六十年

读书写字育芝兰

兴生笔底龙蛇走

意会灵台慧火燃

藜藿叶微当节令

李桃花艳闹春天

从心所欲浑无觉

风景何堪摆寿筵

*此诗摘于《雅林小憩：汉语字词论集》的自序，其时余七十初度，而该论文集和《雅林赏翠：湘语邵阳话音义疏证》同时出版发行。

52 七律·南溪山今昔

一九七五年盛暑,余曾携妻儿初游桂林,到访南溪山;时年三十有六,以为时不我予,能一睹甲天下之山水,将不虚此生。一九九一年余有幸做了桂林人,今则七十二矣,方因樱花节而重游此山,感慨良多,赋此以记之。

其一
似火骄阳灼热天
桂林三十六年前
南溪水涸容人走
龙脊亭荒任鼠眠
顿悟洞边惊矢臭
园门茶肆叹萧然
一游原拟平生幸
物我相违岂有缘

其二

半生未到此山游

冷凳陪余四九秋

不意东瀛樱树好

愿为南苑玉屏俦[1]

眼前重瓣娇枝叶

远处雕鞍覆骥骝[1]

冀汝从今凭造父

横行天下太平谋

二〇一〇年四月十二日,南溪山观樱花,十四日作

[1] 玉屏,即南溪山。《南溪山公园简介》云:"南溪山,崴然两峰,并耸溪边,山水相映,景色秀丽,故称南溪玉屏。"赤骥与骅骝,周穆王骏马也,日行千里,乃造父所献。穆王西巡守,破徐偃王,咸使造父为之御。

53 五绝·沈家冲屋场旧址 *

宅基生橘树,
薯叶盖禾场。
踯躅胞衣地,
心中一炷香。

二〇一〇年十月,桂林

53 五绝·沈家冲屋场旧址

* 沈家冲为芷江侗族自治县水宽乡柘连村付（扈？）家屋场一山冲，其东坡中段有地坪，系佃户所住庄房屋旧址，作者即出生于此。作者六岁回原籍邵阳，七十一岁到此地重游，凭吊先人，有《芷江故地行》一文记其事。照片为向导刘小军所摄。

54 七律·庚寅登游记

庚寅（二〇一〇）国庆，余曾偕老伴先赴邵阳、凤凰、芷江一游，回桂林后复乘兴登游西山公园之观音峰，迭彩公园之仙鹤峰、四望山与于越山，七星公园普陀山之摘星亭、月牙山之小广寒，以及虞山公园、园林植物园、杉湖、滨江路等地。其时心情兴奋而舒畅，或登临啸歌，或揣摩石刻，意兴甚浓，至今不能忘怀，因赋此以记其事。

七秩沱江溥水行
归来步武顿时轻
观音峰顶眺虞庙
揽月亭前话摘星
仙鹤四望穷旷宇
康岩仰止忆治平[1]
千秋冷暖摩崖意
勘破三方爽一生

注释

[1] 仰止堂和康岩均在叠彩山公园大门附近。仰止堂系纪念瞿式耜、张同敞二公之建筑；康岩乃康有为讲学于此所题名。

55 七律·北望伏波山*

烟云薄暮几般多

岁月蹉跎老奈何

解放桥横迎落照

漓江岸曲候衰波

秃桐得令枝萌蘖

翠柏终年叶覆柯

万象独惟生意贵

訾洲北望欲登佗

*伏波山位于桂林市中心,一半伸入漓江,因东汉伏波将军马援而得名。其还珠洞内有一奇石,传说为马援的试剑石。《后汉书·马援列传》谓马援有云:"丈夫为志,穷当益坚,老当益壮。"山之南,解放桥横跨漓江,气势宏伟;更南即为訾洲岛,今已辟为訾洲公园。

55 七律·北望伏波山

56 十六字令（三首）咏书贺天宫一号

书

字字灵丹可治愚

洪荒别

赖此地球苏

书

页页飞毡垫坦途[1]

文明进

跨海免蹀躞

书

本本金砖化导图

登天去

玉兔快迎吾

二〇一一年十月二十九日于厦门

注释

［1］飞毡,一般作飞毯,由于毯字不合律,故代之以毡。出自阿拉伯神话故事。

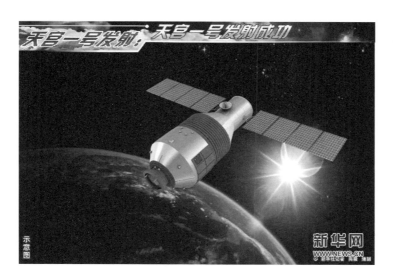

57 读述良摄影（五首）

其一

远近山崖能养眼

琼浆涌自杏花村

漓江风物纵然好

不是醉人难写魂

其二

如梦令
山水红旗伉俪
半老情人联袂
借问影中人
何有此番笑睇
笑睇笑睇
胜似风光月霁

其三

飞鸟若依人
自由必定泯
小鸟不依汝
奈何遗汝真

雅林鸿爪：汉语字词论馀

其四

路畔清溪众影留

挺然老树万枝遒

夕阳西下岂无怨

犹放光华照九州岛

57 读述良摄影（五首）

其五　渔家傲龙胜晒衣节 *

六月六辰天气热　|　火把禳田今日设
晒衣正是好时节　|　星星点点梯田列
瑶族姑娘多喜悦　|　尽日狂欢忙不迭
　　迎检阅　　　|　天意决
廊檐绚烂人间绝　|　漫山遍野银河泄

二〇一一年十一月于厦门

* 龙胜红瑶以六月初六为晒衣节（又称尝新节、半年节）。相传这天所晒的衣物不会起霉，不会遭虫蛀。所以每到这天，村民都要把自己家的花衣、花裙和其他装饰品拿出来晾晒，每家每户的晒排和晾衣架上红红绿绿的衣服，组成了一道亮丽的风景线。这天，农家还盛行做酒曲，用这天做的曲拌醋，其醋味道特别醇美。俗语说："六月六，士晒书，女晒衣，农禳田（祈祷田神）。"至于这天夜里的千百只火把，虽为吸引游客所催生，并非传统仪式，但还是能从"禳田"中找到若干根据。不过，如把这天叫做瑶族火把节，则恐未为允当。

58 七绝·象牙红老枝护花

鲜红嫩瓣如象牙
枯叶粗枝爱有加
老迈难期排阵巧
唯求花好不求奢

摄于厦门筼筜湖中之导流堤

59 七律·癸巳清明厦门即事*

春寒料峭霖雨肥

惊觉南窗似有曦

字义引申游意处

荧屏响应忘情时

忽闻湘邵亲人电

始涌清明寄客思

祭祖吾儿劳拜告

乃翁陪享且延期

二〇一三年清明

* 二〇一三年清明前一个多月,堂弟长清在良田家给我电话,说准备给桥边山曾祖母的坟茔立碑,询问怎么凑钱,并让我给墓碑写一副对联。曾有人建议按我们父辈三大家出钱,碑上的子孙名字也刻到父辈为止。我觉得这样不妥。既然是我们给曾祖母立碑,子孙的名字得如实刻到我们这一代。他们后来接受了我的意见。我给墓碑写的对联是:乔山有荫孙孙茂,福路无波世世昌。清明这天,铮儿从墓地给我打来了电话,让我十分激动——这是他有生以来第一次参加给祖宗扫墓的活动。其时，我正在厦门筼筜湖边看着荧屏敲键盘，写作《雅林探赜：汉语字义引申例论》。接着，他又用QQ发来了照片三帧。只是曾祖母坟茔的墓碑，其后又重新立过了。

60 南乡子·榕树颂

翠盖蔽长空
平出遒枝远贯虹
如瀑须流何所往
泥中
地气接来魂魄雄

生意盎然浓
日坠矛头任夏冬
化作干桢谁与似
棕丛
独木成林啸大风

二〇一三年十月一日写于厦门筼筜湖畔振兴新村

61 五律·纪念袁师*
——书《雅林探赜》卷首

袁师不可及

追影入苍茫

粟雨昏禳鬼

天鸡晓引吭

寻踪多竭蹶

跋履欲轩昂

云帐成眠否

喧尘遗帙香

* 拙著《雅林探赜：汉语字义引申例论》由广西师范大学出版社于 2016-04 出版，在此书之撰写与出版的前后，一直伴随着对袁师的无尽思念。

62 七律·答世静*

世静题字"师恩如山"为赠,赋此以答

秋风落叶马齐喑
时值潮回君见临
传道难期人满意
灌园却盼柳成荫
年高不叹知音少
情重全关故旧心
可惜聱牙红烛喻
师恩一句久沉吟

二〇一七年十二月,桂林

* 世静是网名,实名杨仕进,柳州八中首届高中学生(一九七〇级)。

《答世静》之写作

"师恩如山"吗？我不知道。但我知道，我自己是永远懷念我的恩师湖南新化袁定安先生的，因此在我七十七歲所出的书的扉页上，还题了一首小诗懷念他："袁师不可及，追影入苍茫。粟雨昏禳鬼，天鸡晓引吭。寻踪多竭蹶，跋履欲轩昂。云帐成眠否？喧尘遗帙香。"一九七零年秋天，正是叶落草黄的季节，可说是万马齐喑——舞台上就几个戏，八亿人都只能看它。就在这个所谓回潮的季节——听说是资产阶级反动路线回潮——我来到了柳州八中，被安排在这个学校的首届高中班当班主任并教语文。紧接着世静也来到了高一连三排，这正是我当班主任的教学班。那时，世静快要长成，充满了青春的活力。我呢，也算年轻人吧，刚刚三十一岁。那时我刚到柳州，事业人生来到一个转折点，从事的还是中学教育，而班上却有一个学生，叫做世静。于是，我们便成了师生。教书育人，我是认真的，这与我湖南师大中文系毕业有关，也与我曾经参加毛泽东青少年时代的故事的采写（由共青团湖南省委组织）有关。说来话长，不说也罢。但要做一个受学生欢迎的教师，使所有学生对你的教学叫好，那是困难的，很难做到。在一定程度上，我是耽搁了学生——包括你世静——的青春年华的。不过，我这颗心是属于学生的，对于教育事业和年轻人是充满感情的。哪一个园丁不希望自己培育出稀世的花木？我自然不能例外。那时虽已不是教育救国的年代，但我明白，教育对祖国建设的重要性是不言而喻的。在我刚刚毕业到邵阳县二中教书时，就曾经推辞讓我马上教高三的安排，希望从初一教起，一直教到高三，有这么六年打底子，以后听任领导如何安排（这个要求未能获準）。从那时到现在已经很久了，仔细算来是五十五年多。这么长时间，我从来没有离开过学校，从来没有离开过学生。我的一生，可以说是献给了教育，献给了年轻人。我所认识、所怀念的，也都是年轻人——我的学生。反过来说，我的知音，我的情感寄托，也都是青年们。他们数量不少啊,所以我没有"知音能几人"的寂寞孤独之慨叹。老了,许多朋友去世了,我仍然没有这种感喟。因为学生都是我的知音啊。师生关系的魅力,谁也说不清道不明。就说你吧,我们在一九七二年分别之后,就没有联系过,更没有见过面,四十五年后的今天取得联系时,我们都已经退休。但我们还是那么亲,那么激动,那么相知,彼此信任……这其中的缘由,谁能解释?有一个企图阐明师生关系的比喻,说教师就像蜡烛:燃烧了自己,照亮了别人。此说固然有它一定的道理,但师生关系就是照亮与被照亮的关系吗?这也太简单了,太苍白了,并不能阐明师生关系。例如我,就曾从学生身上吸取了巨大的力

左起,第一排,杨仕进、叶浩东;
第二排,梁志强、孙玉凤、黎良军、罗艳芳、陈玲卿、蓝寶阳;
第三排,胡文浩、王红英、关治文、张卓冶、龙鑲榜、罗光源;
第四排,吴燕萍、洪柳意、陈柳芬、全玉娥、沈惠花。

量。如果不是处在师生关系之中，我会在退休后自己花钱费力出书吗？"教学相长"啊，我是从学生那儿得到力量的。顺便说一句：我决不写让出版社赚学生的钱那种辅导材料式的书，这一点我是非常清醒的。蜡烛燃烧过就完了，毁灭了，教师是这样吗？绝对不是。教师不单纯是"牺牲者"，他们也是"受益者"，学生叫一句"恩师"，我就心潮顿起，而且持续不断。人啊，是有思想、有感情、有灵魂的，当我听到"师恩如山"时，我的灵魂震撼着，我想：我这一生没有虚度哦，我可以泰然自若地老去了。

二〇一八年一月二日星期二写

63 七律·手机淘宝

二〇一七年九月,以华为荣耀智能手机从宁化县翠江镇购得建宁莲子,感而赋之。

建宁莲子翠江来
老汉桂林嗟满怀
六十倩儿装计算机
八旬购物在书斋
呼呜高铁惊欧美
铿亮单车享匹侪
狮客自嘲多启发[1]
手机支付上台阶

二〇一七年九月二十六日作,二十八日改定

注释

[1]"狮客"指新加坡总理。他在上海路边摊看到中国老百姓用手机支付,自嘲说:我们都成了乡巴佬了。读此新闻后,作者即学网购。

64 七绝·看植柏古镇摄像并忆其琴声有感

车去黄姚过桂林

未曾觌面见君心

如琴流瀑累三迭

胜似知音道古今

二〇一八年五月十六日晨,是日中午改定

黄姚古镇

65 七律·戊戌重阳感怀

莫愁老耄事惟艰
风雨八旬羞悯怜
拾穗芷江曾有恨
观书岳麓累无眠
情投母语湘而桂
好咏菁莪月又年
今日登楼还越等
明朝潇洒薄云天

二〇一八年重阳前夕

66 七律·悼连德*

忽闻连德溘仙游

五内俱焚夜未休

忆昔黄荆多见识

抚今白邑任淹留

万难之事劳君处

一诺其然暖我俦

此去西天寒旅逮

冬裘两袭请查收

一夜无眠，于二〇二〇年三月二日凌晨四点

* 黄连德，湖南邵阳县黄荆乡人，邵阳县二中1964级高13班学生，后毕业于湖南师大中文系。他二〇二〇年二月二十九日仙逝，生前曾任新邵县委书记，有散文集《白水清溪》行世。我与连德1966年相识，以后时有过从。他念高中时就以其过人的才气赢得师生的尊重。大约是一九八四年，我弟良田把全组村民一一盖了手印的宅基地申请书，托他的亲戚送邵阳县政府一个办事人员，请他办理有关批准手续。过了几个月，这位亲戚说自己去了几次塘渡口，最后，那个办事人员竟称该申请书丢了。受良田之托，我请邵阳师专干训班李本咏君（原二中高12班学生）过问此事。听本咏说，他找到连德（那时连德是县委宣传部部长），连德很快就查到接申请书的人，进行了严肃的批评，找回了申请书，并立即办理了批准手续。二〇一四年夏天，我为了解袁定安师的生平，偕拙荆去邵阳市，蒙他和李植柏、张正保二位盛情款待，三位餐餐陪饭；我们住邵阳市白公城宾馆达七天之久，是连德买的单。我在宾馆写了《怀念恩师袁定安先生》一文，他又为我联系邵阳日报刊出。二〇一八年清明，我携家人回乡扫墓，他和蒋正贵等又热情接待了我们。由于我有邵阳方言方面的著作出版，他又介绍我与邵阳市史志办和邵阳县史志办的尹、唐二位先生见面。

邵阳市东塔公园留影

67 拜读和诗奉赠路遥运宽教授 *

残梦依稀犹自惊

诗人和作蕴深情

饥肠辘辘灯熏豆

诵口琅琅雨打棚

壮把金身捐八桂

老熔古意赋狮城[1]

荣枯本是因缘事

落去长庚有启明

2020-04-29 于藜藿轩

*2020 年 4 月,新冠肺炎肆虐全球,从 2 月初开始,我们便居家抗疫,时间多的是。4 月 某一天,路遥(这是樊运宽教授的网名)在文学院离退群发了一首和冯振先生咏孤桐的七律。此事引起我的兴趣,遂查了冯振孤桐诗的原文。评论原诗"狷介",和诗"开朗"。但和诗把梧桐和油桐"合二而一"了,严格说不能算"孤桐"的和诗。路遥告诉我,这和诗是一个校友的,并不是他所作。在互联网聊天时,我曾赋一联拟路遥的大

学生活云：饥肠辘辘灯熏豆，诵口琅琅雨打棚。活脱脱一个苦行僧。我还说及，自己曾在柳州工作13年，也曾登鱼峰山赋诗，还记得其中一联云：江水北来还北去，分明朝后却朝前。他问我要全诗，可惜我已忘了，底稿也没留，便把《戊戌重阳感怀》发给他。他当即指出第二句犯孤平（羞字原作耻）。过了几天，竟收到他的和诗，称赞了我一生的努力。全诗是：

步步韵和老三良军教授《戊戌重阳感怀》

樊运宽
难忘稼穑历辛艰
拾穗营生独自怜
幸得专心勤阅览
每曾刺股不遑眠
萍踪湘桂云游遍
母语渊源探有年
健足行行临胜境
道长论短可巡天

樊运宽教授任教于古代文学教研室，是我们文学院的教授诗人和诗评家，有多部著作行世。能得他的和诗，甚为高兴。

这首诗发出后，他立即又有命意措辞俱佳的和诗：

步韵和良军教授赠诗
路遥
陵谷沧桑幻梦惊
风霜雨雪铸才情

油灯昏暗熏眉额
瘪肚嘈嗷闹竹棚
剑胆琴心迎舜日
残宵亭午逛书城
甜酸苦辣知真味
始得神清老眼明

  五月二日，路遥又在文学院离退群发了贾博士（读书岩诗社社长即图书馆陈登岳先生的网名）对我《戊戌重阳感怀》及路遥和诗的和诗：

茫茫尘事道途艰
幸有文章顾自怜
霜落寒灯夜半读
风高冷梦五更眠
催人岁月不归日
随世功名无尽年
浊酒一壶书一卷
对杯坐醉菊花天

  此后同毛毓松教授、樊运宽教授偶有唱和。二〇二〇年八月，毛教授写了一首回文诗，希望有兴趣者和之。我听说过这种诗，从来没研究过，更没写过，便拿出《北望伏波山》供毛樊诸君一哂。我们的诗翁又和上了：

步韵老三《北望伏波山》
两间浩淼物华多
夕照江山更若何

犁浪渔舟环蓼渚
卧滩鸥鹭恋沧波
隆情雅意连天外
令绪明眸越古柯
神布画廊千百幅
伏波迭彩自佗佗

注释

［1］樊运宽教授有词作《思佳客·赠新加坡"翰林书会"客人》，这儿泛指他的诗词。

68 原韵赠毛教授并请正*

清闲几日忍惟艰
深爱耕耘岂告怜
继晷焚膏因好事
蓄文明志胜高眠
形音义法小无咎
黍麦禾麻大有年
自古儒林多烈士
壮心迟暮仍冲天

*毛教授即毛毓松教授，任教于文学院古代汉语教研室。他研究的是"小学"，却能诗会画，乐观大度。他在文学院离退群发了一首对拙作《戊戌重阳感怀》等的和诗，并有小序。我读后的评语是：直抒胸臆之一端耳。便写了这首拟其胸臆之"另一端"。原诗并序是：

黎兄良军、樊兄运宽、陈兄登岳：诸君大作读后甚喜，不揣浅陋，原玉奉和，以乐吾怀。

研治说文何等艰
寒冬酷暑有谁怜

古音缈缈不相识
传注昏昏难入眠
释义索形频倦眼
窅神知化已衰年
如今悟得人生谛
欲度清闲无事天

69 七律·古国脱贫
——应广西师范大学离退处征文而作

世事苍茫惜未均

貂狐袒褐每相邻

穷居闹市犬不识

达在深山鸟亦亲

遗憾先贤贫格富

难平大乱人食民

今朝共走小康路

精准帮扶古国春

2020年季夏于桂林育才路20号藜藿轩

70 五绝·晨望

老汉晨望眼
风云不措心
新冠虽说毒
终教后生擒

71次韵和毛教授《登伏波山》*

老将南征山岳惊
名延江石令闻升
伏波伫见漓江月
立地安知桂背形
天眼悉观河外响
蛟龙潜泳海中平
回眸汉后古今事
千佛岩前物色轻

二〇二〇年八月十八日

述意：正是马援将军的南征震惊了无名的山岳，他凭着杰出的战功和"老当益壮"的精神被封为伏波将军，这封号也延伸指漓江边的一座巨石——伏波山，从而提高了"伏波"的知名度。真是人以山传，山以人传。不过，马援（"伏波"也可以指拟人化的伏波山）毕竟是汉代人，他虽然见过漓江的月亮，但他站在地球上凭肉眼察看，怎么能像今人那样，通过玉兔号月球车，知道月球背面（桂背者月背也）的情形。至于射电望远镜

"天眼"仔细地观察着河外星系的动静——搜罗着从银河系之外投射来的电磁波,深海探测器"蛟龙号"深潜于大海之中而如履平地的事,他根本不可能想象。回想从东汉到现今,有多少人干了多少事啊,历史就是这样写成的(事者史也)。在人类的永恒事业面前,别说一座小山,千佛岩前任何幽美的景色都显得无足轻重了——所幸我们是这永恒事业的参与者,这就够了。

* 昨天上午,毛毓松教授在文学院离退群发了他的旧作《登伏波山》,一个多钟头后樊运宽教授立即有和作发表,文思敏捷之至。我到今天花了一个上午才成,迟钝多了。毛兄的原作是:

千尺悬崖入目惊
江天胜景我攀升
马援试剑还留石
米芾画山难见形
癸水亭前烟雨渺
听涛阁上蓼风平
游观能使心澄澈
抛却浮名身觉轻

近体诗要讲究格律,常规是依照平水韵(唐宋人实际用的是《切韵》或《唐韵》,但按其所标"同用"之例,与元末才产生的平水韵基本一致)来讲平仄和押韵。按照平水韵,这首诗的平仄合律,押的是庚韵而杂入了青韵、蒸韵各一字。惊、平、轻三字在庚韵,形字在青韵,升字在蒸韵。唐人写古风有用"通韵"的,他们认为邻韵可以相通。庚

青蒸三韵在平水韵中是下平的第八、九、十韵,当然相邻。如此说来,这首诗在押韵方面符合古风的要求。但这是一首七律,七律属于近体诗。出韵是近体诗的大忌,在考场上是不能及格的。王力曾说,"近体诗不得通韵,仅首句可用邻韵"(见《汉语诗律学》)。虽然如此,大诗人毛泽东只写旧体诗,他的七律也有出韵的,如《长征》韵难闲丸寒颜,用寒韵而杂入删韵的闲颜二字;《人民解放军占领南京》韵黄江慷王桑,用阳韵而杂入江韵的江字;《答友人》韵飞微衣诗晖,用微韵而杂入支韵的诗字。我们不是科场的考生,不及格又有何妨?为了表达的需要,只要尽力按照近体诗的格律做了,个别字做不到不出韵,也是可以原谅的。何况语音在发展变化,诗歌用韵的标准怎么能万古不变呢!

72 读梦中得句

  2020年9月9日晨，梦醒。犹忆梦中参加柳州学生聚餐，人多极了，有1970级、72级、75级的，回程上心情激动，不断大声呼喊：谢谢各位了！声音在一个山谷回荡。爬上一个山坡，却见张卓冶在准备大家来"打红薯窑"，山坡上一个个坑已挖好，只等把红薯、芋头埋下去，把火烧起来。我问：聚会不是散了吗？他说：曲径通幽嘛，拐个弯才见柳暗花明，不是更刺激吗？我于是躺在地上，大喊：我要写诗！有人拿来了一方包红薯用的旧报纸，我坐起来写道：东门斜刺到西门。一个学生凑前看，并说：我妈是后婆生的，我眼睛初时看不清，过一阵就没事了。梦醒，旋即去书房续成全诗。

    东城斜刺到西门
    坐地题诗旧报根
    老友欲看逢眼昧
    后婆疑似种前因
    融融餐罢开怀乐

72 读梦中得句

谢谢雷鸣满谷闻
归路打窑煨白薯
通幽曲径柳州魂

73 女神节忆元宵

（调寄满江红）

难忘元宵，梓伊阁，盛装迎客。

才下轿，门亭楼宇，教人羡煞。

挨踹挪窝休恼火，摔跤倒地犹眠榻。

旷达哉，祸福不偏求，天回答。

绿巴马，情融洽。

黄果树，忙周匝。

八旬迷山水，甚于青发。

万贯家财身外物，千秋风景心头愜。

好老弟，邀上石敢当，将春踏。

2021-03-08 写于藜藿轩；03-14 改定

74 咏物诗二首

老牛卸轭兄[1]有近作《巴西野牡丹（三首）》，见于《南方诗林》110期，抒情惬意，状物毕肖，联想丰富，平仄合律。诚不愧为教授诗人也。犹忆两年前游逍遥湖，于荒野灌木丛中见几朵紫花，秀丽清纯，实在可爱。用"形色"[2]一辨认，是"巴西野牡丹"（也叫蒂牡花）。其情其景，至今不忘。爰作此诗，一忆旧游，二附骥尾云尔。

  （一）野牡丹（痢疾罐）
    姿色本无朝野分
    牡丹专宠九天闻
    人称荒甸花王意
    岂解贱枝疗世心

  （二）艳紫野牡丹（巴西野牡丹）
    甚么外佬甚么野
    侬思无邪侨立家
    妾有娇羞郎识得

随君飘荡到天涯

二〇二〇年十一月一日于藜藿轩

注释

[1] 老牛卸轭，广西师范大学文学院民族民间文学教研室教授黄绍清的网名。黄教授是壮族诗人，曾主编《不屈的诗城，愤怒的战歌》（共四大本）汇集抗战时期桂林的诗歌，有《黄绍清诗文选》五卷行世。

[2] "形色"是一款手机软件，可用以辨认花草。

75 歌曲二首

一　无题*

1=G　3/4　4/4

3 — 2 | 5 — 3 | $\overset{3}{2}$ - - | 2 — 0 | 1 — 1 | 2 — $\dot{7}$ | $\dot{6}$ — — | $\dot{6}$ — 0 |
我　的　房　间　小，　　　　门　外　发　桃　花。

$\underline{5}$ — $\underline{67}$ | 1 — — | 5 — 3 | 1 — 3 | 2 — — | 1 — 2 | 3 - $\underline{23}$ | 1 - 2 1 |
溪　　流，　河　　　沙，　　　滩　上　有　人　有

6 — — | 5 — 6 | 2 — 1 | $\overset{2}{3}$ - - | $\overset{5}{3}$ 1 2 | 6 - $\underline{65}$ 6 | 5 - - | 6 5 3 |
马。　相　思　啊，　过　山　　去，　飞　到

1 — 2 | 3 — — | 2 1 6 | $\overset{6}{5}$ — | 6 - 5 $\underline{13}$ | 2 — — | 0 0 0 | 1　7 0 |
她　的　家。　街　头，　檐　　下，　　　　哪　裏，

6 1 0 | $\underline{6}$ $\underline{12}$ 1 2 | 3 — — | 5 — 3 | 6 — 3 | 2 - - | 1 — $\dot{7}$ | $\dot{6}$ — 1 |
哪　裏，　哪　裏有我有　她，　　有　　　她，　有

$\underset{.}{5}$ 6 — — | $\dot{6}$ — — ‖
她。

*此曲作于1963年桃花盛开的时候。

二　催眠曲*
——为小朝朝而作
1=A　3/4, 2/4

```
3 2 1 | 5 6 5 | 3 — | 2 6 2 | 1 — — | 5 3 2 | 1 3　2 | 6 — | 7 2 6 | 5 — — |
```
天上的白　云轻　轻　的飘，　　太阳的光　辉满　屋　裏照。
可爱的宝　宝睡　梦　裏笑，　　好像那梅　花风　雪　裏俏。
甜水裏生　来战　鬥　裏长，　　幹革命靠　的是毛　泽　东思想。

```
3 — 5 | 6 5 6 | 7 — | 6 5 7 | 6 — — | 5 6 1 | 3 2 3 | 2 — | 2 6 5 | 1 — — |
```
爸爸下班抱宝　　宝，　小宝宝就　　要　睡　觉。
無限幸福属于　　你，　风流人　　物　在今　朝。
永远忠于毛主　　席，　千万千　　万　不能　忘。

```
3 — 6 | 1 7 6 | 0 0 0 | 3 — 3 | 1 2　3 | 2 — — | 0 0 0 | 3 3 · 3 | 6 6 — | 1 1 · 7 |
```
睡吧小宝宝，睡　吧小　宝宝，　　　　安心地　睡吧　安心地
笑吧小宝宝，笑　吧小　宝宝，　　　　愉快地　笑吧　愉快地
是啊小宝宝，是　啊小　宝宝，　　　　永远地　忠啊　永远地

```
2 6 — | 1 2 3 | 5 2 4 | 3 — — | 2 3 2 | 1 7 6 | 5 — 6 | 2 — 1 | 5 — — |
```
睡吧，等你　睡醒了，　　爸爸抱　你去看大字报，
笑吧，愿你在笑　声中，　长成个战　士骑马跨　刀，
忠啊，忠于毛　主席，　　你才能成长得茁　壮刚　强，

```
5 6 5 | 1 2 3 | 2 — 5 | 3 — 2 | 1 — — ||
```
爸爸抱　你去看大　字报。
长成个战　士骑马跨　刀。
你才能成长得茁　壮刚　强。

* 此曲写于1968年8月13日夜。

版权专有　侵权必究

图书在版编目（CIP）数据

雅林鸿爪：汉语字词论馀 / 黎良军著.－－北京：北京理工大学出版社，2023.6
ISBN 978-7-5763-2089-3

Ⅰ.①雅… Ⅱ.①黎… Ⅲ.①汉语—词汇—研究
Ⅳ.①H13

中国国家版本馆CIP数据核字（2023）第023073号

出版发行 / 北京理工大学出版社有限责任公司
社　　址 / 北京市海淀区中关村南大街5号
邮　　编 / 100081
电　　话 /（010）68914775（总编室）
　　　　　（010）82562903（教材售后服务热线）
　　　　　（010）68944723（其他图书服务热线）
网　　址 / http://www.bitpress.com.cn
经　　销 / 全国各地新华书店
印　　刷 / 唐山富达印务有限公司
开　　本 / 710毫米×1000毫米　1/16
印　　张 / 35.75　　　　　　　　　　　责任编辑 / 顾学云
字　　数 / 477千字　　　　　　　　　　文案编辑 / 顾学云
版　　次 / 2023年6月第1版 2023年6月第1次印刷　责任校对 / 周瑞红
定　　价 / 128.00元　　　　　　　　　　责任印制 / 李志强

图书出现印装质量问题，请拨打售后服务热线，本社负责调换